HISTÓRIA DOS CANDOMBLÉS DO RIO DE JANEIRO

DO AUTOR:

Òrun-Àiyé: O encontro de dois mundos
Jogo de búzios: Um encontro com o desconhecido
Mitos Yorubás: O outro lado do conhecimento
As Águas de Oxalá
Dicionário Yorubá-Português
Dicionário Português-Yorubá

JOSÉ BENISTE

HISTÓRIA DOS CANDOMBLÉS DO RIO DE JANEIRO
O ENCONTRO AFRICANO COM A CIDADE E OS PERSONAGENS QUE CONSTRUÍRAM SUA HISTÓRIA RELIGIOSA

1ª edição

CIVILIZAÇÃO BRASILEIRA

Rio de Janeiro
2025

Copyright © José Beniste, 2019

Todos os esforços foram feitos para localizar os fotógrafos e os retratados nas imagens reproduzidas neste livro. A editora compromete-se a dar os devidos créditos em uma próxima edição, caso os autores as reconheçam e possam provar sua autoria. Nossa intenção é divulgar o material iconográfico, de maneira a ilustrar as ideias aqui publicadas, sem qualquer intuito de violar direitos de terceiros.

Todos os direitos reservados. Não é permitida a reprodução total ou parcial desta obra, por quaisquer meios, sem a prévia autorização por escrito da Editora.

Texto revisado segundo o Acordo Ortográfico da Língua Portuguesa de 1990.

Direitos desta edição adquiridos pela:
EDITORA CIVILIZAÇÃO BRASILEIRA.
Um selo da
EDITORA JOSÉ OLYMPIO LTDA.
Rua Argentina, 171 – 3º andar – São Cristóvão
20921-380 – Rio de Janeiro – RJ
Tel.: (21) 2585-2000.

Atendimento e venda direta ao leitor:
sac@record.com.br

CIP-BRASIL. CATALOGAÇÃO NA PUBLICAÇÃO
SINDICATO NACIONAL DOS EDITORES DE LIVROS, RJ

B415h

Beniste, José
  História dos candomblés do Rio de Janeiro: o encontro africano com a cidade e os personagens que construíram sua história religiosa / José Beniste. – 1ª ed. – Rio de Janeiro: Civilização Brasileira, 2025.
  462 p.

  Inclui bibliografia
  Inclui encarte colorido
  ISBN 978-65-5802-180-3

  1. Candomblé - História - Rio de Janeiro (RJ). 2. Cultos afro-brasileiros. I. Título.

25-95736

CDD: 299.673098153
CDU 259.4(815.3)

Gabriela Faray Ferreira Lopes - Bibliotecária - CRB-7/6643

Impresso no Brasil
2025

*À Carol, a quem tudo devo,
minha constante saudade.*

SUMÁRIO

AGRADECIMENTOS	11
APRESENTAÇÃO	13

1ª PARTE

Africanos no Brasil — Números e Nações	23
Os Afros — Bantus e Povos Sudaneses	27
Os Yorubás e Jejes	30
A Escravidão e a Igreja — Os Indígenas	34
Os Quilombos — De Zumbi a Chico Rei	38
Ciclo do Ouro e do Café — Grupos Bantus no Rio	42
Cultos Sincréticos — A Lei Áurea	46
Anotações	49

2ª PARTE

Africanos e Afrodescendentes no Rio	55
Os Negros e Brancos — Suas Denominações	59
A População Negra	61
A Vida do Negro Escravo na Cidade	65

A Conduta e Outras Tarefas 68

Angolas e Congos no Rio e na Bahia 74

Conceito de Vida e Religião entre os Bantus 77

A Família, Natureza e Crenças 80

Influências Linguísticas dos Bantus 85

Sincretismo I — Batismo e Fusão de Crenças 89

Sincretismo II — Santos Negros e Irmandades 95

Os Afro-Baianos no Rio de Janeiro 100

Tia Ciata e as Doceiras de Rua 105

Malabarismo Negro — Os Festejos 109

Os Quilombos do Rio — As Cartas de Alforria 113

A Cultura Afro-Carioca 117

Anotações 120

3ª PARTE

O Rio Antigo e o Desenvolvimento Religioso —
O Bairro da Saúde 127

O Bota-Abaixo e a Fuga para os Bairros Suburbanos 132

Baixada Fluminense, a Casa do Candomblé 138

O Omoloko e o Início da Umbanda 141

A Decadência Patriarcal e o Crescimento Religioso 146

Anotações 149

4ª PARTE

Os Candomblés do Rio de Janeiro — Cronologia,
Nomes e Apelidos 155

Nomes e Formas dos Apelidos Usados 159

O Candomblé Jeje do *Podabá* e *Kwe Sinfá* 163

O Candomblé do *Àṣẹ Òpó Àfọ̀njá* 168

Fase Independente do Rio de Janeiro 186

O Candomblé de João Alágbà 201

O Culto Africano de Cipriano Abedé 204

O Clã dos Bángbóṣé	213
Martiniano do Bonfim	222
Vicente Bánkọlé — O Axé de Mesquita	226
Os Primórdios do Jeje em Cachoeira, na Bahia	233
O Jeje de Cachoeira no Rio — Tata Fomutin	240
O Candomblé Jeje de Gayaku Luiza	251
O Candomblé Jeje do Bogum	255
O Candomblé de Zé do Vapor	259
Candomblé Angola do Bate-Folha	262
O Candomblé da Nação de Ẹ̀fọ̀n	268
O Candomblé de Tumba Junsara	276
O Axé de Otávio da Ilha Amarela	282
O Candomblé do Gantois	290
O Axé do Gantois no Rio	296
O Candomblé do Engenho Velho — Origens e Sincretismo entre as Diversas Etnias Negras	301
Os Primeiros Momentos do Candomblé no Brasil	304
O Axé do Engenho Velho no Rio	319
O Axé de Álvaro Pé Grande	325
O Candomblé de Joãozinho da Gomeia	330
A Transformação das Vestimentas de Santo	337
O Candomblé do Alákétu — de Salvador para o Rio	346
O Axé da Casa de Oxumaré	352
O Candomblé de Egúngún	357

UNIDADES DE OUTRAS ORIGENS

I — Caboclo Venta de Axé	362
II — Candomblé de Rafael Boca Torta	363
III — Axé da Nação Ijexá	365
IV — Axé de Rufino do Beiru	366
V — Candomblé de José de Ọbakòso	368
VI — Manuel Falefá	369

RITUAIS DO NORTE-NORDESTE NO RIO

I — Casa das Minas	370
II — Xangô do Nordeste	371
III — Casa de Nagô	373
As Famílias Biológicas no Candomblé	375
Depoimentos complementares	382
Anotações	388

CONCLUSÕES

Diagrama dos 3 Candomblés da Bahia com Gestão de Cada Titular e Período de Vida	400
Novos Estudos sobre o Candomblé	401
Revisão nos Hábitos e Tradições	407
Adaptação Baiana no Rio de Janeiro	411
A Participação Masculina e Homossexual	414
Ampliação e Dissidências nos Candomblés	417
Mudanças pelo Poder de Mando	421
Ampliação do Espaço Físico	427
Sincretismo Entre as Diferentes Etnias Negras	430
Orixás, Santos e Caboclos — A Visão do Sincretismo	433
A Herança dos Terreiros — Os Herdeiros do Axé	439
Religião e Política — O Crescimento do Candomblé	442

GLOSSÁRIO
445

BIBLIOGRAFIA CONSULTADA
451

AGRADECIMENTOS PELOS DEPOIMENTOS E CESSÃO DE IMAGENS
459

AGRADECIMENTOS

Desejo expressar minha homenagem à memória ancestral afro-brasileira. A seus herdeiros e sucessores, que souberam entender a importância do trabalho que realizaríamos, fornecendo-nos entrevistas, material de consulta, revistas e fotos pertinentes aos Axés de cada um. Eles aqui estão lembrados e mostrados por meio de imagens que revelam a importância de sua contribuição à história africana no Rio.

Foram momentos em que também pudemos avaliar melhor ainda com que carinho as pessoas eram lembradas. De repente, as entrevistas tomaram outro sentido, o da recordação sentida. O fabuloso tempo dos inícios em que o mais simples dava motivos a emoções diferentes.

Mantivemos dezenas de conversas e comentários informais com muitas pessoas, o que nos permitiu reconstituir situações já esquecidas pela memória coletiva. Foram retalhos de histórias, versões devidamente conferidas, analisadas e juntadas. Os nossos agradecimentos aos inúmeros contatos com os quais conferimos datas e tiramos dúvidas, sempre sem hora marcada. Em momento algum deixamos de ser atendidos. Todos têm o nome devidamente creditado neste trabalho, resultado, na realidade, desse esforço coletivo.

Um agradecimento especial à Editora Bertrand Brasil, nas pessoas de Renata Pettengill, Marcelo Vieira e Camila Figueiredo, pela qualidade editorial que foi dada à edição anterior desta obra. E agradeço à Editora Civilização Brasileira por incluí-la em seu catálogo.

O Autor

APRESENTAÇÃO

Este trabalho é o resultado de uma busca intensa de documentos e relatos sobre a religiosidade de origem afro no Rio de Janeiro. Constatamos que as fontes de informações revelaram-se difíceis em virtude, talvez, da falta de hábito no arquivo de documentações, pois tudo tem sido resumido não apenas em estudos da religiosidade, mas também em explicação de ritos complexos e quase esquecidos. A memória histórica era simplesmente recordada em conversas ou nos fuxicos tradicionais, e seus personagens, lembrados para justificar ou censurar procedimentos. O que conseguimos foi o bastante para conduzir um assunto muito pouco estudado, de modo a justificar a curiosidade e a busca de experiências de quantos se interessam pela história religiosa afro-carioca ou afro-fluminense.

Curiosamente, nunca houve, por parte dos escritores consagrados, interesse no estudo do desenvolvimento dos Candomblés do Rio. Quando citados, foram apenas de forma crítica nas comparações com os Candomblés da Bahia. Para isso, tomamos como base uma série de narrativas orais dos remanescentes e herdeiros religiosos com uma coletânea de entrevistas que efetuamos a partir dos anos 1970 e que serviam para ilustrar um trabalho radiofônico desenvolvido por nós na época, o Programa Cultural Afro-Brasileiro.

Isso foi ocorrendo de forma despretensiosa, até verificarmos o volume de informações que era registrado por meio das citações de personagens e titulares de Axés fundados no Rio de Janeiro, bem como de seus descendentes. Em ambos os casos, muitos deles não mais se encontram conosco, o que confere a esses relatos uma rara importância por lembrarem histórias esquecidas ou, pelo menos, por reconstituírem verdades.

A BAHIA NO RIO DE JANEIRO

A diáspora baiana teve no Rio de Janeiro o seu núcleo mais importante para o desenvolvimento das comunidades do Candomblé no sudeste do país. Toda essa movimentação promoveu uma nova mentalidade para o entendimento afro-religioso. Alguns ritos foram introduzidos e outros, recriados com novas roupagens motivadas pela aculturação das tradições locais. Ao contrário do que se pensa, isso enriqueceu o Candomblé, personalizando todo o processo religioso na região.

Por outro lado, essas transformações foram vistas como deturpações, pois, no conceito desses estudiosos, a Bahia era a detentora do padrão religioso denominado afro-brasileiro. O propósito do presente trabalho é exatamente fazer uma revisão desse conceito que foi adotado por inúmeros autores em suas obras literárias, levando em conta o fato de a instalação do nosso modelo religioso ter sido promovida pelos próprios baianos aqui chegados nos primeiros anos do século passado.

PROCESSO ESCRAVO

Na busca de justificativas, concluímos que qualquer estudo a esse respeito deveria se iniciar pelo processo escravo instalado no Rio de Janeiro, o qual teve diferenças enormes do resto do país. Seria um trabalho sem base se não fosse feita uma revisão dos pontos que ligam a vida dos escravos às atuais manifestações religiosas. A escravidão durou três séculos. Ainda hoje, podemos recordar que a liberdade escrava contou com a bravura de brasileiros pela sua consagração. Dentre eles, temos Zumbi, que não poupou sua gente para uma resistência heroica, porém, com um final cruel para seu povo. Houve também Chico Rei, poetas e escritores, como Castro Alves, Joaquim Nabuco, José do Patrocínio, entre outros, definidos no capítulo "Os Quilombos do Rio — As Cartas de Alforria".

Em razão disso, dividimos o nosso estudo em quatro partes, iniciadas com o sistema escravo, as formas de adaptação e resistência, a confusa integração entre as múltiplas etnias aqui instaladas sem qualquer critério seletivo. As condições de vida, de trabalho, de luta e tudo mais tiveram de ser revistas em conjunto para chegarmos à descrição dos grupos religiosos. Uma visão plena que deu base para a religiosidade e para as razões das diferenças Rio-Bahia, que provocaram críticas daqueles que julgam que as formas de lá eram as corretas, e as de cá, as modificadas e, até mesmo, desvirtuadas, o que foi sempre destacado não apenas por escritores, mas também por dirigentes de comunidades baianas, incorretas.

A partir da transferência da capital da colônia portuguesa de Salvador para o Rio, o processo de urbanização foi acelerado em virtude da importância que passou a ter com a descoberta das minas de ouro e diamantes. A vinda da família real portuguesa, a chegada de novos africanos escravos, bem como o deslocamento de escravos do resto do país para o Rio em razão da cultura do café, a escravidão urbana, as irmandades religiosas, as transformações da cidade e tantos outros fatos foram importantes para explicar como ocorreu o processo religioso afro no Rio. Seguimos o rastro escravo até os quilombos formados no Rio, observando os agrupamentos das minas e dos cafezais, a vida nas senzalas e o quanto ela influenciou no cotidiano religioso. Tudo isso é abordado neste trabalho, que contou com vasta consulta a autores devidamente citados.

ENTREVISTAS E DEPOIMENTOS

Uma série de entrevistas foi realizada para a elaboração dos capítulos referentes às Casas de Candomblés do Rio de Janeiro, a razão de ser desta obra. Desde a chegada do titular, ou seja, daquele que instituiria a história de um núcleo de Axé em terras do Rio, procuramos aqui relatar toda a sua trajetória não apenas com trechos de seus depoimentos, mas também com as histórias que motivaram a criação de um Terreiro. Para isso, tivemos de localizar sucessores e herdeiros, alguns até já esquecidos da importância de que são possuidores. Suas lembranças são devidamente destacadas nestes relatos de cunho didático e merecedores de estudos que revelam a vontade e a competência de uma geração que soube sobreviver às dificuldades da época. A citação de certos acontecimentos, alguns particulares, deve ser entendida como forma de aprendizado para as novas gerações por meio das experiências vividas, recontadas sempre de maneira respeitosa.

DATAS E ORIGENS DOS PERSONAGENS

Demos real importância às datas mencionadas, procurando conferir os fatos a fim de nos situarmos no tempo e entendermos algumas situações de época. Contamos com acesso facilitado a certas pessoas em virtude de nossa convivência iniciática, mas, sobretudo, pelo respeito com que sempre nos conduzimos no meio religioso. Procuramos entender a dificuldade de memorizar certas situações, principalmente o nome civil dos personagens e a origem dos apelidos comuns. Assim, as datas históricas e outros fatos correlatos, em alguns casos, podem ser contestados, mas procuramos seguir uma regra de contagem atendo-nos a qualquer data fornecida, como de nascimento ou de iniciação religiosa, por meio de cálculos para chegar a uma conclusão. Outra questão que atinge a exatidão ou não dos fatos é a peculiar cultura baseada na memória oral, em que as informações são passadas de pai para filho de geração em geração. Assim, as datas que se referem ao período de vida da pessoa estão destacadas entre parênteses.

Os nomes iniciáticos consagram os personagens citados e são aqui destacados, segundo as normas da ortografia do idioma adotado pela modalidade do culto praticado. As traduções são fundamentadas no estudo do idioma, seguindo as regras da formação dos nomes próprios, com as palavras devidamente separadas e, posteriormente, ajustadas por meio de elisões. Quando houver possível duplicidade na tradução, os nomes serão devidamente destacados.

ORIGENS DOS AXÉS

Dividimos os Candomblés pelos Axés, ou seja, pela origem, pela raiz religiosa do seu fundador, separando-os pelas datas de sua instalação no Rio e não pela antiguidade na Bahia. Valemo-nos ainda de depoimentos e textos de estudiosos consagrados, a fim de justificar uma interpretação necessária ao tema. Outro fato é referente ao volume de informações conseguidas, e que faz um determinado texto ser mais ou menos extenso conforme sua real importância. Procuramos iniciar o relato desde a origem da casa matriz, na Bahia se for o caso, até sua instalação no Rio, com os sucessores do fundador e os demais herdeiros de Axé até uma determinada geração. Como será visto, a intenção de se instalarem em locais distantes da matriz é comum nos Terreiros descendentes, o que lhes confere certa independência para realizar as modificações que julgarem necessárias. Sobre o assunto, veja o capítulo "Ampliação e Dissidências nos Candomblés".

Isso significa também que, embora o Terreiro descendente não pratique o culto da mesma forma que a casa matriz, neste trabalho isso não é considerado. O que vale é ele pertencer direta ou indiretamente ao Axé de origem. Ao final de cada Axé, relacionamos os Terreiros descendentes com as respectivas subdivisões. Em função disso, optamos por identificar a casa ao Axé estudado em razão de sua última obrigação feita. Por exemplo, se o dirigente começou no Axé da Gomeia e depois foi para o Axé de Ciríaco, ele será identificado com algum possível comentário histórico nessa última Casa.

A memória fotográfica aqui inserida é outra das fortes razões deste livro, pois ela possui origens diversas, fruto de pesquisas em arquivos e memoriais, imagens do acervo pessoal deste autor e outras cedidas pelos entrevistados. Algumas desgastadas pelo tempo, mesmo assim, foram aproveitadas para fins de registro dos acontecimentos. Foi uma busca incessante com o objetivo de prestar reverência digna a essa ancestralidade a que tanto devemos pelo esforço que tiveram em manter vivas suas concepções em épocas difíceis.

O IDIOMA AFRICANO

Os termos africanos, quando relatados, são devidamente destacados se escritos no idioma original e, em sua maioria, com a devida tradução. Os nomes e títulos possuem relação profunda com as atividades que a pessoa terá no decorrer de suas tarefas religiosas.

Algumas palavras dos diferentes idiomas africanos, quando adaptadas para o português, seguem a forma consagrada pelo uso. Especificamente, no idioma yorubá, quando transcrito, algumas regras devem ser observadas: *três letras possuem um ponto embaixo, e os acentos grave e agudo, que não devem ser confundidos com os nossos acentos, indicam o tom baixo e alto da sílaba. Sem acento, tom médio.*

Veja a seguir as letras que possuem um ponto embaixo e o respectivo significado:

Q — leia como em **bola**	O — leia como em **bolo**
E — leia como em **bela**	E — leia como em **letra**
S — tem o som de **x** ou **ch**	S — tem o som normal de **s**

W — tem o som da letra **u**

Y — tem o som da letra **i**

G — leia como em **guerra** e não como em **gentil**

H — não é mudo e tem o som expirado de **rr**

J — tem o som de **dj** como em **adjetivo**

N — quando seguido de consoante, tem o som próximo de **um**

R — apresenta som brando como em **arisco** e nunca como em **arroz**

As demais letras são semelhantes ao nosso idioma.

As sílabas *Mo* e *Na* devem ser lidas com um som nasal.

O alfabeto yorubá não utiliza as letras C, Q, X, Z e V.

1ª PARTE

AFRICANOS NO BRASIL — NÚMEROS E NAÇÕES

É necessário realizar um estudo do sistema escravocrata e ver o que ele oferece para explicar como se deu o surgimento das religiões africanas e suas variantes no Rio de Janeiro. A história da escravatura que envolveu os africanos no Brasil começou quando foram descobertas as terras americanas. Na Europa, a escravidão já era praticada, mas sob uma forma de servidão que vinculava milhões de seres às terras de seus amos e para quem trabalhavam até a morte.

Mão de obra era uma necessidade nas colônias estabelecidas nas Américas, considerando que, segundo algumas versões, os nativos não suportavam esse tipo de trabalho. Em alguns casos, citaremos os termos *angola* e *congo*, definindo os conjuntos étnicos que fazem parte dos grupos bantus, como os cabindas, monjolos, lundas, quicongos, benguelas, moçambiques, quiocos, casanjes, rebolos, e os grupos sudaneses oyós, ijéxas, egbás, hausás, fulah, mandingas, tapas e os daomeanos jejes, a fim de facilitar o entendimento e evitar um aprofundamento desnecessário.

No século XVII, a cruel rainha dos jingas prestou-se ao papel de intermediário na captura dos negros pertencentes a tribos mais ou menos pacíficas. Ela os mantinha prisioneiros em comunidades chamadas quilombos, a fim de, posteriormente, vendê-los. Em outros casos, os negros eram vendidos aos portugueses pelos sóbas, chefes de tribos africanas.

24 | JOSÉ BENISTE

Antes de embarcados, os grupos de escravizados eram batizados por padres brancos, e cada um recebia um papel com seu futuro nome cristão: João, Miguel, Pedro etc. Um intérprete traduzia o que o padre lhes dizia.

Os dados não muito precisos sobre a evolução do negro africano no Brasil confundiram vários autores, pois se ignora muito a respeito da escravidão. Quando foi abolida no Brasil, em 1888, houve um grande movimento romântico no sentido de se apagar essa mancha de que nenhum brasileiro deveria recordar da história. Por meio do Decreto de 14 de dezembro de 1888, expedido pelo abolicionista Ruy Barbosa (1849-1923), então ministro da Fazenda no Governo Provisório, foi determinada a queima de todos os documentos históricos da escravidão existentes nos arquivos e nas repartições. Muitos entendem esse ato como uma forma de impedir, mais tarde, qualquer medida que viesse a sugerir indenização ou ressarcimento pelo trabalho servil. Outros admitem que o motivo centrava-se em não permitir que o controle legal sobre seus ex-escravos viesse a ser restabelecido pelos antigos senhores de escravos.*

> Durante muito tempo o Brasil não estudou essa página da História porque criou-se o mito de que Rui Barbosa teria queimado todos os documentos. Como se sabe hoje, ele queimou os documentos tributários diante da enorme pressão dos escravistas para serem indenizados [...] Rui indeferia o pedido em 1890 dos ex-donos de escravos de que se criasse um banco para indenizá-los pelo prejuízo com a Abolição. (Miriam Leitão, *O Globo*, 26 de junho de 2011.)

Em 1916, Ruy Barbosa não só chamou os jogadores da seleção brasileira de futebol, que começava a se popularizar, de "corja de malandros e vagabundos", como também criticou a música "Corta-Jaca" de Chiquinha Gonzaga, alegando ser "a mais baixa, a mais chula, a mais grosseira de todas as danças selvagens, a irmã gêmea do batuque, do cateretê e do samba".

---

* No livro *O negro na civilização brasileira* (Arthur Ramos, Editora Casa do Estudante do Brasil, 1971), encontra-se todo o teor do decreto.

Neste mundo de misérias
Quem impera
É quem é mais folgazão
É quem sabe cortar jaca
Nos requebros
De suprema, perfeição, perfeição.

Oficialmente, o tráfico de escravos para o Brasil teve início em meados de 1549, com a vinda de Tomé de Sousa para a Bahia como governador-geral acompanhado por soldados, feitores, artistas e também seis jesuítas. Com eles, veio a primeira leva de escravos, iniciando-se aí dupla conquista: a da terra pelos soldados e a das almas pelos jesuítas.

Todavia, antes daquela época, já existiam escravos africanos trazidos pelos primeiros donatários. Na verdade, o tráfico tem início assim que se define uma intenção prática de exploração da terra descoberta. A Bahia foi a porta de entrada de numerosos escravos, que eram conduzidos para as regiões onde se fazia necessária a mão de obra. O tráfico de escravos para o Brasil foi assim definido por Luiz Vianna Filho e revisto por Verger:

1º — Ciclo da Guiné na segunda metade do século XVI
2º — Ciclo de Angola e do Congo no século XVII
3º — Ciclo da Costa da Mina em meados do século XVIII
4º — Ciclo da Baía de Benin, entre 1770 e 1850, incluindo o período do tráfico clandestino

Enquanto certos fatores econômicos na Bahia foram importantes a fim de dirigir o tráfico de escravos para outras regiões, o segundo ciclo, o de Angola e do Congo, prolongou-se até o fim do tráfico pelo resto do país, principalmente para o Rio de Janeiro. A chegada do povo yorubá é tardia e corresponde a esse quarto período. Foi uma existência fértil e resistente às influências culturais em razão de o povo ser constituído de inúmeros prisioneiros de guerra capturados pelos reis do Daomé, de pessoas de classe social elevada e de sacerdotes conscientes dos valores de suas instituições religiosas. Chamados de nagôs no Brasil e lucumi em Cuba, estes chegaram em grande número ao Novo Mundo.

Em quatro dos seus cinco séculos de existência, o Brasil ficou sob a regência da escravidão, populacionando-se, construindo suas unidades e toda uma cultura. Foi uma forma de colonização, na qual a exploração de suas riquezas naturais superou os interesses populacionais da posse da terra para o seu crescimento. Em outras palavras, o Brasil sofreu um saque de suas riquezas pelos colonizadores, enquanto os Estados Unidos se mantiveram dentro de um projeto de construção de um país aberto ao povoamento de todo imigrante interessado nas propostas de colonização. É necessário lembrar que metade do ouro das Américas saiu do Brasil. Além disso, o negro foi transformado em moeda corrente para troca de mercadoria.

OS AFROS — BANTUS E POVOS SUDANESES

No século XVII, foi grande a importação de povos bantus para o Brasil, mais especificamente para a Bahia, o que assinala de forma firme a cultura desse povo, em virtude de os sudaneses serem mais fechados aos processos de integração. Foram esses bantus que mais forneceram escravos ao Brasil, definidos por alguns autores como "da Guiné", entre os quais estavam angolas, congos, benguelas, caçanjes, rebolos, moçambiques, cabindas, monjolos e bundas, palavra essa que viria a ser incorporada ao vocabulário brasileiro por identificar os nativos cuja parte traseira era bastante desenvolvida.*

Os angolas e congos seriam os preferidos pelos portugueses por serem os mais aptos e dispostos aos duros trabalhos que a exploração da nova terra exigia. E foram eles também que representaram a quase totalidade dos negros destinados ao garimpo das minas, a partir do século XVIII até meados do século XIX, sendo posteriormente encaminhados ao Rio de Janeiro para as plantações de café, o que justificaria suas influências nas futuras manifestações religiosas dessa região. Eram ainda extremamente festeiros, a ponto de criarem movimentos e danças

---

* Do quimbundo, *mbunda* — nádegas, traseiro. *Kukina mbunda* — saracotear, remexer.

populares, como os reisados, cucumbis, as congadas, folias de reis, o samba de umbigada, entre outros.

Registrar em nações todos os grupos afros que chegaram ao Brasil foi uma maneira de definir suas etnias, uma vez que, na época em que teve início o tráfico escravo, grande parte dos povos da África não havia chegado a se constituir como tal, mesmo nas regiões mais desenvolvidas, pertencentes ao grupo sudanês. Os diferentes dialetos utilizados por esses grupos somavam, aproximadamente, três mil.

O plano idealizado para o tráfico incluía manobras preventivas contra possíveis rebeliões. Desse modo, os grupos étnicos, tão logo desembarcados, eram distribuídos para diferentes regiões, e os familiares, separados como forma de destruir seus vínculos. Assim, dois fatos importantes ocorreram: o reduto de trabalho e as senzalas, as plantações ou o garimpo tornavam-se agrupamentos diferenciados de etnias com línguas distintas, dificuldades de comunicação e rivalidades que se reportavam ao continente de origem, surgindo, daí, os casos de denúncias, conspirações e traições. Os jejes não gostavam dos nagôs, que não apenas desprezavam os hausás, mas que, juntos, como sudaneses, não admitiam os angolanos e congolenses que eram bantus. O predomínio numérico de um grupo sobre o outro implicava briga pelo poder. Eram resquícios das guerras tribais e oposições culturais que ocorriam na África.

Nos anos do tráfico, era muito comum, entre eles, dirigir aos povos vizinhos termos pejorativos. No Daomé, os povos de fala yorubá eram denominados de nagô ou anagônu, que significava piolhentos, sujos, pois era como chegavam das lutas tribais, além de famintos e esfarrapados. Com o tempo, a expressão perdeu a conotação ofensiva e passou a definir os povos yorubás de nagôs, sendo eles mesmos chamados dessa forma (ver Anotações, item 4).

Diante disso, é possível entender que a solidariedade da cor não organizava a vida deles, mas, sim, a solidariedade étnica. Esse sistema produzia a perda de identidade cultural, fato que ocorreu de forma pronunciada entre os primeiros pertencentes ao grupo aqui chegados. Além disso, houve o próprio fato de sua desintegração cultural predispor uma forte aproximação junto à sociedade dominante, fundindo-se com ela e praticamente a modificando. Isso explica a maior influência do quimbundo na linguagem brasileira — o que será visto mais adiante — em comparação com a pequena contribuição das línguas sudanesas, produzindo um verdadeiro monopólio no folclore negro no Brasil.

OS YORUBÁS E JEJES

Os yorubás ou nagôs, vistos como povos extremamente inteligentes, foram os últimos a estabelecerem-se no Brasil, produto do declínio do reino de Oyó,* após sucessivas lutas com os daomeanos, resultando na venda de seu povo como escravo pelos fulah e hausás, em grandes levas a partir de 1780. Estes intermediavam a venda de escravos negros nascidos no Brasil com o rei do Daomé. Acertavam os negócios tentando manter prioridades no comércio vergonhoso, trocando escravos pela pior parte da safra de fumo baiano. Juntamente aqui, aportaram como escravos negros povos de ketu, oyó, ijexá, egbá, tapa, gruncis e hausás, estes, que tanto haviam comerciado escravos, aqui chegavam nas mesmas condições. Negros cultos e conscientes de sua cultura com base em uma elaborada filosofia e prática religiosa eram prisioneiros de guerra.

> Os traficantes e senhores talvez não soubessem, mas, naqueles navios negreiros, acorrentadas como animais viriam verdadeiras princesas e as mais importantes sacerdotisas africanas do país yorubá escravizadas durante a guerra contra os dahomeanos. Ao desembarcarem, teriam sido reconhecidas pelos seus conterrâneos, vindos a reconstituir, mais tarde, suas tradições esquecidas. (Vinicius Clay, *Correio da Bahia*.)

---

* Sobre a origem do povo yorubá em território africano, ver *Òrun Àiyé, o encontro de dois mundos*, deste autor (Bertrand Brasil, 1997). Ver, adiante, Anotações, item 3.

Nesse período, eram grandes as atividades marítimas na condução dos escravos, contando com cerca de cem veleiros que faziam constantes travessias entre a costa africana e a Bahia. Os reis do Daomé, atual Benin, enviavam prisioneiros yorubás e os embarcavam no porto de Ouidah, local que viria a ser chamado de Costa dos Escravos; os prisioneiros jejes, capturados pelos yorubás, eram embarcados em Lagos, e foi esse contingente denominado jeje-nagô que chegou ao Brasil trazendo suas divindades.

Dentre eles, havia os Mahi, que trouxeram à Bahia o culto a Sapata, de Nanã e de Dan, conhecido como Oxumaré. Os jejes Modubi vieram com Hevioso, Sogbo e Badé. Outra considerável parte de voduns veio por meio da clandestinagem. Os voduns da família real de Abomei chegaram a São Luís do Maranhão, onde foram estabelecidos por Nã Agontimé, a mãe do rei Ghezo, vendida como escrava para o Brasil por Adandozan, no tempo em que ele detinha o poder no século XIX.

Os prisioneiros yorubás de Ketu e Savé trouxeram com eles os cultos a Oxóssi e Omulu. Os yorubás de Oyó vieram com o culto a Xangô, o orixá dos trovões e considerado o seu terceiro rei mítico; os Egbá trouxeram Yemanjá, que viria a ser a divindade do mar. A partir de 1820, um número cada vez maior de yorubás continuava a chegar, dentre eles os Ijexá, que vieram com Oxum, e os de Ekiti, que trouxeram Ogum. De Ifé vieram Obatalá e Oduduá; de Ifon, Oxalufã, e Oxaguiã veio de Ejigbo, todos generalizados no culto aos orixás de cor branca. Tanto os demais voduns como os orixás aqui chegaram ou clandestinamente ou pela memória coletiva do grupo. À medida que chegavam, traziam suas lembranças, seus costumes e sua religiosidade, acumulando conhecimentos com os que aqui já estavam.

Essas divindades eram cultuadas separadamente em suas regiões de origem, e aqui tiveram de passar por um processo de adaptação, acordo político e religioso, com todas as divindades cultuadas em um único espaço. Esse foi um fato de real importância para entender os motivos de a religiosidade afro se distanciar das tradições africanas. Uma tarefa muito bem realizada pelos líderes de uma época em que tudo era feito de modo bastante reservado para não atrair a atenção das autoridades.

32 | JOSÉ BENISTE

Apesar da aparente concordância em se recriar uma modalidade religiosa única em terras brasileiras, as tradições étnicas das regiões africanas não deixaram de influenciar pequenas modificações na prática do culto entre os grupos a serem aqui instalados. (Ver o capítulo "O Candomblé do Engenho Velho — Origens e Sincretismo entre as Diversas Etnias Negras".)

As populações bantus que aqui já estavam cada vez mais diminuíam o contato com suas regiões de origem. Por outro lado, o tráfico constante de sudaneses trazia sempre novas levas de escravos de mesma origem, mantendo vivos, dessa forma, os vínculos com suas tradições, chegando, inclusive, a se fechar em verdadeiras sociedades secretas. O final do século XVIII, na Bahia, seria o ápice dos sudaneses, predominando de forma permanente. Em razão disso, os yorubás viriam a conferir o formato de culto religioso a todas as manifestações religiosas afros denominadas de Candomblé, que seriam instituídas no Brasil.

Eles seriam diferenciados pelas origens étnicas e culturais dos grupos que os formavam, entre eles ketu, jeje, efom, angola, congo e nagô-vodun. A palavra *ketu*, uma nação política yorubá, foi usada para definir o sentido de reunião do grupo, realizada nos primeiros momentos de sua organização. Nagô-vodun tornou-se uma forma de Candomblé oriunda da fusão de costumes ketu e jeje.* Ainda em terras africanas, já havia ocorrido essa identificação de costumes jeje e yorubá, em razão da proximidade da cidade de Ketu, que fazia fronteira com algumas cidades do Daomé, criando um novo modo de falar e promovendo a assimilação de divindades. Pelo novo tratado de fronteiras entre os dois países, Ketu passou a integrar o território jeje.

Essa questão de supremacia dada aos grupos nagô-yorubá sobre os angolas, em virtude da impossibilidade de se manterem fiéis à sua memória religiosa, pode ser assim explicada: os primeiros angolas aqui chegados foram escravizados com os índios, de quem receberam os segredos das plantas da terra. Além disso, foram destinados ao trabalho do

---

* Sobre a palavra jeje, suas origens, ver Parés, p. 47 a 51.

campo, onde era bem mais difícil reconstituir as práticas religiosas, sendo a repressão, naquela época, considerada muito maior do que quando da vinda dos nagôs. De qualquer forma, tal fato determinaria, na época, a não participação dos bantus nas insurreições que aconteceriam na Bahia. A liberdade dos nagôs, entretanto, era relativamente grande nas atividades urbanas, a ponto de eles se aglutinarem em tentativas de restauração das próprias crenças, o que conseguiram com muita dignidade, fazendo com que muitos estudiosos, como Nina Rodrigues, Arthur Ramos e Roger Bastide, entre outros, se repetissem ao considerar a teologia nagô a mais desenvolvida. Todavia, nada disso impediu que houvesse um mínimo de influências ritualísticas entre todos eles.

Outro fator importante deu-se por ocasião da descoberta das minas. O elemento colonizador já resignado à vida do campo, após dois séculos de busca pela riqueza do ouro, voltou-se de forma decidida à nova exploração da terra. A cada dia chegavam notícias da descoberta de novos filões de ouro, o que viria a repercutir, como veremos mais adiante, na tomada do Rio de Janeiro pelos negros do Congo e de Angola. Os campos começaram a esvaziar-se de trabalhadores, sendo muitos deles enviados para as regiões das minas. Os navios negreiros que vinham de Luanda, onde foram carregar escravos, não mais aportavam na Bahia, pois os valores pagos no Rio de Janeiro eram muito mais atraentes. Na base de troca por mercadorias, um negro custava de sete a dez rolos de fumo. Com o advento do garimpo das minas de ouro,* esse valor passou a ser de quinze a vinte rolos. A estatística de entrada de escravos no período de 1808 a 1810 indicava uma razão de 47.114 sudaneses para 11.494 bantus.

---

* O Brasil colonial foi o maior centro mundial de produção de ouro na primeira metade do século XVIII.

A ESCRAVIDÃO E A IGREJA — OS INDÍGENAS

Quando desbravado pelos portugueses em 1500, o Brasil era ocupado por nativos que foram denominados de índios e que viviam tranquilamente, sem grandes pretensões de trabalho que não fossem atividades em busca de alimentação, muito farta na época. O indígena era o senhor das florestas e, no dizer de uma velha canção, o patrão de si mesmo e o dono de sua vontade. Assim, seria impossível admitir a escravidão. O entendimento inicial com os tupiniquins ocorreu por meio de gestos e presentes durante os trinta dias em que os recém-chegados permaneceriam no litoral baiano.

No retorno a Portugal, alguns índios foram levados como prova da nova terra conquistada, ficando aqui dois portugueses, Afonso Ribeiro e Diogo Dias, a fim de que aprendessem os costumes e a língua do povo. Embora contrariados, não tiveram opções e foram, com certeza, os pais dos primeiros mamelucos brasileiros. Outras viagens se sucederam entre portugueses e franceses. Enquanto os primeiros mandavam homens rudes e oportunistas, além de degredados e criminosos, ao Brasil, os franceses enviavam nobres e pessoas cultas. Antes disso, houve a tentativa de vinda de camponeses portugueses, mas o fato de as exigências deles de conseguirem terras e liberdade pessoal de trabalho não serem atendidas inviabilizou essa medida.

Pela natureza de temperamento e costumes, habituados à liberdade e à vida nas florestas, nos rios e nas praias, os nativos nunca representaram o tipo ideal de trabalhador que os portugueses desejavam. A história veio a revelar que, em matéria de crueldade, os portugueses e os espanhóis eram mestres no assunto. Centenas de milhares de índios foram aniquilados desde o descobrimento do Brasil até aproximadamente a época da República.

Em uma terra na qual a mão do negro alcançou todos os pontos da sociedade, o sertão permaneceu intocado. O índio, em compensação, uniu-se ao branco-português e holandês, resultando em uma raça mestiça de vaqueiros e domadores. A exaltação às atividades do campo ficou restrita ao indígena — o índio, o caboclo —, denominação que caracterizou as entidades nativas dentro do plano espiritual, da mesma forma como não houve qualquer cântico entoado nas futuras casas do ritual de Umbanda, ou em outras de ritos similares, retratando o índio como escravo.*

> Porém, negros e índios, através da história, e desde cedo também cooperaram, trocaram experiências, fizeram alianças [...] a partir da convivência nas fazendas e engenhos, os índios também se integraram aos quilombos africanos, inclusive o dos Palmares. (Renato da Silveira, p. 187.)

Os portugueses receberam a colaboração dos indígenas em muitas batalhas. Entre esses povos, devem ser ressaltados os Temiminós, de que faziam parte Maracaiguaçu e Arariboia, os quais seriam, mais tarde, forças coadjuvantes na luta contra os invasores franceses, holandeses e os corsários ingleses. Além da ajuda nas batalhas, eles foram também usados como guias. Conhecedores da terra e dotados de resistência física, tornaram-se os responsáveis pelas entradas e bandeiras, que viriam a ampliar as dimensões do território conquistado para muito além da

---

* Os índios denominavam os negros *tapuiunas*.

36 | JOSÉ BENISTE

linha do Tratado de Tordesilhas. Se não fossem eles, "O Brasil bem podia ser hoje uma tênue faixa atlântica, parecida com o Chile".*

Porém, a escravidão do índio estava fadada ao fracasso pelos fatores já relacionados e pelas doenças comuns, em consequência da mudança das condições de vida. Aprisionados, os indígenas morriam de sífilis e tuberculose, sendo enterrados aos montes. A substituição seria feita pelo negro africano, embora o custo fosse bem maior. O índio brasileiro não ultrapassava os quatro mil réis, enquanto o negro nunca era vendido por menos de cem mil, constituindo, portanto, mercadoria de alto valor, além de apresentar também fácil adaptação ao trabalho agrícola.

A partir de 1570, o rei de Portugal, D. Sebastião, determinou a proibição do cativeiro para os índios, embora em algumas regiões tal determinação não fosse obedecida, continuando o índio escravizado na produção agrícola. Essa mudança teve como argumento a bula papal que havia dado aos reis ibéricos o domínio sobre o Novo Mundo desde que difundissem o Evangelho junto aos pagãos e os atraíssem para a Igreja. Em 1537, o Papa Paulo III declarou que "os índios eram seres suscetíveis à cristianização e, por isso, não podiam ser privados de sua liberdade [...] nem deviam em nenhum caso ser escravizados". Esse poder que a Igreja utilizava com interesses próprios veio justificar a recente série de perdões conferidos às sociedades vitimadas por sua omissão, entre outros, a negros e a judeus.

> [...] a dispersão da família de Noé, donde se originariam as três raças. Japhet foi o tronco da raça branca ou árabe, indiana, céltica e caucásica; Sem, o da raça amarela e da azeitona dos chineses, lapões e americanos; Caim, finalmente, o filho amaldiçoado por seu pai Noé, que lhe predisse que seus descendentes seriam escravos dos irmãos, foi o tronco da raça negra e hotentote. (Nicolau A. Rodrigues, p. 60.)

---

* Geraldo Gustavo de Almeida, *Heróis Indígenas do Brasil*. (Rio de Janeiro: Cátedra, 1988. p. 41.)

O cristianismo representado pela Igreja sempre fez votos solenes de uma existência de devotamento à caridade, porém manteve-se divorciado do abolicionismo, mediante uma neutralidade que via o sofrimento do homem negro sem por ele se interessar; que o via tratado como animal sem intervir; que cruzava os braços diante do crime, sem denunciá-lo. Tornou-se, assim, um coparticipante do escravismo. Podia tê-lo combatido, mas não o combateu, como também podia ter impedido sua perniciosa expansão, no século XVIII, e não o fez.* A escravidão, repita-se, era considerada uma instituição legítima, não só autorizada por lei, como aprovada pela moral. Não faltava quem lhe atribuísse origem divina.

---

* Em estudo recente sobre a Inquisição no Brasil, foram descobertas, do século XVI ao XVIII, mais de 20 mil execuções no país por delitos de fé. A maioria, de judeus.

OS QUILOMBOS —
DE ZUMBI A CHICO REI

O termo *quilombo* vem do quimbundo *kilombu*, que significa arraial, acampamento, união. Foi uma recriação daqueles que os angolanos haviam conhecido na formação social de sua terra. Enquanto os quilombos angolanos constituíam instrumentos para o tráfico negreiro, os quilombos brasileiros tornaram-se esteios na luta e na resistência contra a escravidão como resposta às condições de tratamento a que eram submetidos. Em todas as regiões do Novo Mundo, onde se processou o escravismo, criaram-se essas comunidades de fugitivos com outras denominações:

No Brasil — *quilombos* ou *mocambos*
Na América Espanhola — *palenques*
Na América Inglesa — *marron comunities*
Nas Antilhas Francesas — *maronage*

O rigor dos castigos levou os escravos a fugirem e a se abrigarem nos quilombos e, em muitos casos, em tribos indígenas, onde os aceitavam depois de verificarem que não eram brancos com a pele tingida de cor negra. No Rio Antigo, alguns quilombos localizavam-se na Baixada Fluminense e nas cidades de Macaé e Campos. Dentro da cidade havia quilombos nos morros do Desterro e de Santa Teresa e na região do atual

Leblon, na zona sul. Na medida em que eram perseguidos, fugiam para a Serra dos Órgãos e para o Vale do Paraíba.

Os quilombos simbolizavam a rebeldia e não tinham a estrutura original africana. Eram habitados por negros, brancos, soldados desertores, índios e negros escravizados pelos próprios chefes dos quilombos, que se mostravam intransigentes nas lutas em busca de vitórias, embora, na maioria das vezes, viessem a ser derrotados. Descartavam qualquer compromisso de acordo com os oponentes, o que é evidenciado no quadro de sucessão do mais famoso quilombo, o dos Palmares.

Em 1678, o chefe de Palmares era Ganga Zumba, que, não apenas sentindo a impossibilidade de luta contra os militares portugueses mais bem armados, mas também na tentativa de preservar seu povo, vai pessoalmente ao Recife, com um séquito de quarenta soldados, assinar um acordo que deveria selar o fim de Palmares. É recebido como nobre, e o governador adota dois de seus filhos, que passam a chamar-se Souza e Castro. Garante-se, então, a liberdade a todos os nascidos em Palmares, que se tornam vassalos da Coroa. Como o fato não agradou a alguns de seu grupo, Ganga Zumba foi assassinado pelos seus correligionários.

Zumbi o sucedeu e liderou o grupo por catorze anos. Recusou as várias ofertas de paz, não a querendo de forma condicional. Mesmo sabendo não ter condições de sair vencedor, levou o povo a constantes lutas até serem todos dizimados. Não houve o cuidado de preservar sua gente. Zumbi morreu em 20 de novembro de 1695, assassinado, em um ato de traição, por um auxiliar seu, Antonio Soares. Séculos mais tarde, foi reverenciado como arauto da libertação negra.* Zumbi havia sido criado e educado pelo padre Antonio Melo, que o batizou com o nome de Francisco, chegando até a ser coroinha de sua igreja.

Esse, talvez, seja um fator que veio a diferenciar o negro brasileiro dos negros norte-americanos no futuro. Eles não tinham por princípio

---

* Alguns documentos comprovam que Zumbi, além de dono de escravos negros em Palmares, ainda permitia a escravidão dos irmãos de raça inimigos de sua tribo. Foi instituído um feriado municipal na data de sua morte pela Lei nº 2.307, de 17 de abril de 1995.

40 | JOSÉ BENISTE

realizar revoltas de graves proporções contra a escravidão, não por terem consciência de uma submissão irreversível, mas por saberem que eram minoria diante do poderio militar do branco. Tornaram-se, então, mestres de uma forma de resistência pacífica que viria a refletir em uma cultura afro-americana bastante rica, centralizada na manutenção do vínculo familiar, importante referencial nas sociedades africanas.

Ao contrário do que foi feito aos escravos brasileiros, que tiveram, em grande parte, seus familiares separados como forma de destruição de culturas, os senhores americanos, em sua maioria, não procederam dessa forma por entenderem que a manutenção da família reunida seria essencial à paz e ao progresso de suas plantações. Mesmo que houvesse a venda de um ou outro membro, restava bastante gente para dar continuidade à família, não abalando sua estrutura. Assim, os escravos conseguiram constituir famílias extensas em sua diáspora africana, com tios, tias, avôs, avós e parentes diversos desempenhando um papel fundamental de sustentação.*

No Brasil, esse mérito deve ser creditado a Chico Rei, legítimo opositor do sistema escravo, que soube resistir mediante um processo passivo, mas bem objetivo pela forma como foi realizado. Aqui chegou no começo do século XVIII, talvez em 1740, aprisionado com sua tribo por meio do tráfico de escravos. Soberano africano, natural do Congo, com o nome de Galenga, aqui foi chamado de Francisco, sendo levado para as minas de Vila Rica, atual Ouro Preto, em Minas Gerais. Costumava dizer que fora rei em sua terra e que continuaria a sê-lo fora dela. Juntou economias e conseguiu comprar a carta de alforria do filho. Com novas economias, conseguiu comprar não apenas a própria liberdade, mas também a dos demais companheiros, de acordo com plano preestabelecido. Com as economias de todo o grupo,

---

* Os Estados Unidos tomaram como base uma colonização de povoamento, abolindo a escravatura por meio de uma guerra civil entre o norte e o sul (1861-1865), 23 anos antes do Brasil, que sofreu colonização de exploração de suas riquezas. É inegável que a conquista política de Abraham Lincoln (1809-1865) serviu de inspiração para os abolicionistas daqui, mediante sucessivas leis, culminando na Lei Áurea 1888.

foi redimida a tribo inteira. O processo, legal e pacífico, restituiu a liberdade de todos os membros de seu grupo.

Outros grupos os imitaram, somando um número considerável de ex--escravos que formaram uma espécie de colônia. Francisco foi aclamado rei daquela comunidade, passando, então, à história com a legenda de Chico Rei. Formou uma "família real" em Vila Rica, com a anuência do governador-geral, o Conde de Bobadela, chegando a comprar uma mina riquíssima, com cujo produto comprou a liberdade de muitos negros. A "nação" criou uma irmandade adotando Santa Ifigênia como protetora, construindo uma majestosa igreja, a do Rosário, que existe até hoje. Posteriormente, criou-se um folclore festejado todos os anos, em 6 de janeiro, com reis e príncipes que desfilam em procissão. No dizer de Arthur Ramos, "Chico Rei foi o primeiro líder negro abolicionista do Brasil". Libertou sua gente sem derramamento de sangue.

Na Bahia oitocentista, a propriedade de escravos dos negros libertos era bastante frequente. Da mesma forma que o cidadão abastado investia o seu capital em escravos, os libertos com poder aquisitivo agiam da mesma forma. (Ver no capítulo "O Candomblé do Engenho Velho — Origens e Sincretismo entre as Diversas Etnias Negras" Marcelina Ọbà Tọ́sí, proprietária de dezoito escravos de sua mesma nação.)

> Era comum entre os libertos daquela época, os quais, inicialmente, compravam escravos de ganho e, com o lucro destes, investiam depois em imóveis que, por sua vez, geravam renda com os aluguéis. (Luis Nicolau Parés, p. 130.)

CICLO DO OURO E DO CAFÉ — GRUPOS BANTUS NO RIO

As duas economias — a do ouro e a do café — são importantes para explicar a evolução das religiões afro no Rio e no sul do país, pois ambas possuem relação direta com as transformações econômicas e sociais que ocorreram no país. Após o período econômico da cana-de-açúcar, o Brasil conheceu, no decorrer do século XVIII, mais precisamente em 1710, o ciclo do ouro, em uma região montanhosa que, na época, era subordinada a São Paulo e se conheceria mais tarde pelo nome de Minas Gerais. Durante anos, a habilidade do negro, tanto braçal como técnica, constituiu o único guia para o garimpo, valorizando-o e abrandando, em certa medida, o rigor da escravidão.

O trabalho tornava-se cada vez mais duro, exigindo mão de obra cada vez mais numerosa, o que definiu esse período como o grande século do tráfico, constituindo, sem dúvida, a maior aventura coletiva do Brasil. Os corsários ficavam atentos e escondidos nos recantos da costa brasileira a fim de capturar os embarques de ouro para Portugal. Como o porto de desembarque era o do Rio de Janeiro, a acomodação das populações negras crescia.

Essa expansão das atividades portuárias foi fundamental para o povoamento da região da Gamboa, que marcaria as atividades dos primeiros grupos de negros voltados a práticas diversas de religiosidade.

O ouro e os diamantes não ficaram no país. Em vez disso, escoaram para Portugal, onde serviram para a reconstrução de Lisboa depois do terremoto ocorrido em 1755, sendo usados na ornamentação de igrejas e no desenvolvimento da vida faustosa da corte. Com a repercussão da descoberta do ouro, em Portugal, seu rei, D. João, mostrou-se opulento nos gastos. Aqui no Brasil, entretanto, continuou a luta: o povo sendo sacrificado, sofrendo até perseguições por simples suspeitas da Inquisição. Com a descoberta ocorreu o esplendor português. A preocupação de Portugal sempre foi explorar a terra, e não a povoar nos moldes da América do Norte.

A voracidade pelo ouro dominou todos de tal maneira que houve uma mistura de pessoas de todas as condições: homens, mulheres, moços e velhos, pobres e ricos, nobres e plebeus, clérigos e religiosos de diferentes igrejas, negros de todas as etnias, ocorrendo um enorme desenvolvimento populacional no país. Presume-se que, entre 1700 e 1820, tenham sido retirados mais de 524 mil quilos do metal na região, o que equilibrou as finanças de Portugal.

A permanência de negros bantus na região influiu fortemente em usos, costumes e crendices, como um importante folclore da mineração. Uma forma de vocabulário da língua benguela motivou o surgimento de cânticos populares denominados de vissungos, os cânticos de trabalho que viriam a ser, muitos deles, entoados em cultos de Terreiros denominados de Omoloko, exercidos nessa região e com mais força no Rio de Janeiro.

Esses vissungos eram entoados em uma mistura de português e vocabulário "crioulo", no que viria a ser uma característica desses cânticos, tornando, portanto, difícil a tradução de muitas palavras neles inseridas. Os cânticos retratavam as atividades, os desejos e as crenças do negro:

"Ia uê ererê aiô gombê
Com licença do curiandanba,
com licença do curiacuca,
com licença de sinhô moço,
com licença de dono de terá."

"O cantador pede licença
ao mais velho,
ao cozinheiro,
ao senhor moço,
ao dono da terra, e poder cantar."

"Oiê! Padre-Nosso cum Ave-Maria.	"Ao começar o trabalho,
Securo câmera qui	o negro pede
T'Ángananzambê, aiô...	pede a Deus
Aiô! T'Angananzambê, aiô	e a Nossa Senhora
Ê calunga ê calunga qui tom'ossemá	me abençoe o seu caminho
Ê calunga qui tom'Anzambi, aiô!"	e a sua comida."

No fim do século XVIII, a exploração do ouro decaiu diante de outro ciclo econômico de exploração, e a fabulosa riqueza advinda dessa atividade só seria superada pelo próximo ciclo — o do café.

O início de tudo se reporta à viagem de um brasileiro, o tenente Francisco de Melo Palheta, à Guiana Francesa, de onde traz as primeiras mudas de café, plantando-a inicialmente no Pará, em 1723. Como o resultado não foi satisfatório, introduziu-se uma nova cultura em 1760 ou 1781, nos subúrbios do Rio de Janeiro, na época elevado à capital do reino, e também em São Cristóvão, no Mendanha, em São Gonçalo e em Resende. A primeira fazenda conhecida por plantar café localizava-se na atual Ladeira do Ascurra no Cosme Velho, onde residiam alguns ingleses.

Na Floresta da Tijuca foram plantados cem mil pés de café, mais especificamente nas encostas de Santa Teresa e Laranjeiras. Em sequência, dois religiosos cultivaram as primeiras plantações pelas redondezas e, em seguida, o cultivo penetrou no Vale do Paraíba, onde se instalou de 1797 a 1836, ultrapassando as fronteiras do Rio e invadindo terras vizinhas de São Paulo, o que viria a enriquecer essa província. Em sua marcha foi criando cidades, fazendo fortunas. A planta estrangeira transformou-se em brasileira. Seu reino iniciou-se sob a denominação de "ouro-verde" e fez a riqueza do Brasil.

Para uma avaliação correta da época, a riqueza da produção agrícola foi tão grande que somente a do café ultrapassou os resultados de oitenta anos de produção das minas de diamante. Os efeitos na economia brasileira foram a expansão das ferrovias, a modernização dos portos, os desenvolvimentos industrial, comercial e financeiro, em grande parte, devido ao trabalho de negros escravizados.

Desse modo, a população negra cresceu no Rio de Janeiro, com muitos já alforriados como negros livres dispondo de tempo para exercer funções e ofícios e com a oportunidade de reativar as próprias crenças, porém um fator importante viria a ocorrer. Foi durante o ciclo do café que a escravidão caminhou para seu término. Havia duas soluções possíveis para o café continuar em ascensão: educar o escravo a fim de transformá-lo em trabalhador livre ou, então, substituí-lo pela mão de obra branca, intensificando a imigração de colonos europeus, principalmente italianos, que seriam assalariados.

CULTOS SINCRÉTICOS — A LEI ÁUREA

A transição do trabalho servil para o assalariado constituiu um fator importante por fazer o negro mudar certos princípios a fim de se enquadrar em um sistema mais ágil de produção. Igualmente, tornou-se importante para justificar a perda do interesse nas práticas religiosas afro bastante complexas a que os negros eram submetidos e que tomavam grande parte do tempo deles. Nesse momento, a maior preocupação era a sobrevivência e a busca possível de participação na sociedade branca. Cultos mais simples e sincréticos, porém, com identificação africana, seriam oportunos para o novo status. O espiritismo africanizado entre diferentes grupos de negros e brancos, o Omoloko e os primeiros momentos do que viria a ser a Umbanda foram, por esse motivo, as modalidades religiosas encontradas pela diáspora baiana na época de sua vinda para o Rio de Janeiro, no final do século XIX e início do século XX.

Os anos seguidos de boas colheitas provocaram a primeira crise de superprodução entre 1903 e 1906. A safra de café dessa época ultrapassou os 20 milhões de sacas para um consumo mundial inferior a 16 milhões. Além disso, outros países começaram a cultivar o produto, o que viria a ser, em longo prazo, uma fonte de problemas para a nossa economia, culminando na crise mundial de 1929 que atingiria o Brasil, determinando falências e o fim de grande número de fazendas de café. Não nos deteremos nesse assunto, interessando-nos apenas por suas repercussões.

HISTÓRIA DOS CANDOMBLÉS DO RIO DE JANEIRO | 47

Essa questão sobre a educação do negro, vista anteriormente, era uma das metas da Princesa Isabel (1846-1921), que estava ciente do risco que corria ao assinar a Lei Áurea e que, de fato, aconteceu: após libertar uma raça, perdeu o trono. Uma de suas descendentes, Eleonora de Orléans e Bragança, declarou:

> A Princesa Isabel, que era minha bisavó, se portou generosamente como chefe de Estado, aceitando correr o risco. Ela queria colocar em prática seu projeto de remuneração-base e empreender um amplo programa de educação para os negros, uma espécie de "Mobral Imperial". Tudo foi prejudicado pela precipitação dos acontecimentos e por não ter havido a colaboração por parte dos senhores rurais que ficaram logo contra o Império e cometendo erro de não aproveitar a mão de obra dos ex-escravos na lavoura. Ela faleceu em 1921, nunca deixando de se preocupar com o Brasil, respondendo todas as cartas que lhe eram enviadas. (*O Globo*, 13 de maio de 1977.)*

O caráter de Isabel pode ser analisado por meio do trecho de uma correspondência, datada de 11 de agosto de 1889 e endereçada ao amigo Visconde de Santa Victória, na qual se mostrava defensora da reforma agrária e do sufrágio feminino:

> Pois as mudanças que tenho em mente, como o senhor já sabe, vão além da libertação dos captivos. Quero agora dedicar-me a libertar as mulheres dos grilhões do captiveiro doméstico. Se a mulher pode reinar, também pode votar.**

De 1530 até maio de 1888, foram 358 anos de trabalho escravo como base para a economia, sendo o Brasil o país com a maior concentração

---

* Há um movimento para o processo de beatificação da Princesa Isabel nas mãos do Cardeal Arcebispo do Rio de Janeiro, D. Orani João Tempesta.
** O voto feminino foi assegurado em 24 de fevereiro de 1932. Nas eleições de 1933, Carlota Pereira de Queirós foi eleita a primeira mulher deputada federal.

de escravos. Sendo assim, não era possível reinventar o país de um dia para o outro. Quando a Lei Áurea foi assinada, 95% dos descendentes de africanos já eram livres. O Brasil foi o último país independente do continente americano a abolir completamente a escravatura.* O primeiro projeto concreto para o fim da escravidão apresentado à Câmara, em 1880, por Joaquim Nabuco (1849-1910), entre outras medidas, previa indenizações, o ensino primário e doação de terras para criação de colônia dos libertos, o que não foi aprovado.

Ao assinarem a lei, os abolicionistas concluíram que haviam vencido a luta e que nada mais havia a fazer. Esse foi o grande erro: a ausência de um planejamento para a educação dos ex-escravos e de uma preparação para a nova ordem de trabalho assalariado como forma de reconstrução de uma nova fase de vida e destruir tudo o que era velho, a fim de que ele não fosse mantido sob novas formas. Isso é o que deveria ter sido feito.

---

* O último país do mundo a abolir a escravidão foi a Mauritânia, em 9 de setembro de 1981.

ANOTAÇÕES

1. Entre 1889 e 1910, o Brasil tinha, praticamente, o monopólio da produção da borracha, com 75% da produção mundial.

2. A mandioca é um produto da América, sendo denominada pelos fons de "ferrim", derivado de farinha.

3. "Entre o povo de Oyó havia um terrível meio de controle sobre o rei. Quando se tornava culpado por derrotas ou crime escandaloso, obrigavam-no a andar com uma cabaça vazia ou com ovos de papagaio. O Bashorun era o encarregado de levar a moção de censura dizendo-lhe: 'As nossas consultas às divindades nos revelaram que o seu destino é mau e que o seu órum (o seu outro ser celestial) já não tolera que continue aqui na Terra. Pedimos-lhe, pois, que vá dormir.' O soberano devia envenenar-se a seguir." (Josefh Ki-Zerbo, *História da África Negra-1*, p. 204.)

4. Nago — Anago. Quando os nagôs chegaram da cidade de Egbado, fugindo de suas guerras intertribais, encontravam-se esfarrapados, cheios de piolhos, famintos e doentes. Daí o antigo apelido de anago, em fon, que significa piolhento. Com o tempo, a palavra perdeu essa suposta conotação ofensiva, passando a ser usada na Nigéria, em Daomé e pelos próprios yorubás.

5. W. J. Argyle, em *The Town of Dahomey* (Oxford, 1966), sustenta a teoria de que a religião tradicional do Daomé inclui vários sistemas

de crenças, cada um com os próprios cultos e costumes. Eles chegaram ao país em diferentes épocas e lugares distintos, sem que, no entanto, se tenha formado até agora um sistema único, apesar de muitos tratados comuns e tendências sincréticas.

6. "Quando o Brasil começou a enriquecer com o açúcar produzido na Bahia, tornando-se o maior produtor do mundo, e depois com o ciclo do ouro, no Rio e em Minas, os Tribunais da Inquisição instalados em Portugal passaram a acusar os brasileiros de praticar bruxaria. Essa foi a forma que a Igreja encontrou de conquistar as riquezas pessoais, pois o primeiro ato do acusado perante a mesa inquisitorial era declarar seus bens. Dos 130 judeus brasileiros cujos bens foram confiscados no Rio de Janeiro, a Igreja tomou o equivalente a cinco toneladas de ouro puro ou 61 milhões de dólares — ao câmbio de 1984." (Inquisição em Debate, *O Globo*, 16 de fevereiro de 1987.)

7. Uma outra espécie de discriminação nascia entre negros e brancos, em consequência da chegada ao Brasil de um grande número de colonos brancos, trabalhadores braçais que não queriam trabalhar ao lado de pessoas de cor, mesmo ex-escravos. Em 1848, no Rio de Janeiro, havia 8.449 africanos livres e 5.012 crioulos livres, contra 110.512 escravos.

8. "No Rio, procede algo curioso: o prestígio dos traficantes de escravos. Um deles é José da Silva, que transfere para D. João sua propriedade em São Cristóvão onde se instala o palácio. Veja que, ao oferecer sua propriedade, esse negreiro já tinha uma das melhores casas da cidade." (Alberto da Costa e Silva, 2007.)

9. O Brasil sofreu um processo de colonização tendo como base a exploração de suas riquezas. Como colônia portuguesa, aqui nada se industrializava. Então era preciso importar tudo, até caixões para o sepultamento das pessoas nobres. Um alvará de 1785 proibia a fabricação de qualquer produto na Colônia. O sal só podia ser importado de Portugal. Só em 1803 foi autorizada a produção de sal no Brasil, embora já houvesse a produção clandestina em Cabo Frio. Quando proclamou a independência em 1822, aos 24 anos de idade, D. Pedro I teve de recorrer várias vezes a bancos europeus para renegociar a dívida contraída pela Coroa

portuguesa. Entre 1864 e 1870, o Brasil endividou-se ainda mais com a Guerra do Paraguai, pois foi a Inglaterra quem forneceu os navios e os empréstimos.

10. Zumbi é reconhecido como herói e tem o nome inserido no Livro dos Heróis da Pátria, no Panteão da Pátria e da Liberdade, localizado na Praça dos Três Poderes, em Brasília. Em 1986, no Rio de Janeiro, foi criado, usando mais de 800 quilos de bronze, um monumento com o nome de Zumbi, uma réplica da escultura do rosto do príncipe da etnia yorubá, Olorun Funmi, à mostra no Museu Britânico, mas que não tinha relação alguma com a etnia de Zumbi. Essa foi uma decisão do vice-governador Darcy Ribeiro, em razão do desconhecimento da verdadeira fisionomia de Zumbi.

11. "Organizadores do movimento negro partiram para mistificar Zumbi, atribuindo-lhe a aura artificial de herói pátrio. Para condicionar a massa inculta, com omissão grosseira da verdade histórica, escondem que Zumbi, além de dono de escravos negros, permitia a escravidão dos irmãos de raça inimigos de sua tribo." (*O Globo,* 17 de dezembro de 2015.)

12. Nos Estados Unidos, os escravos não podiam tocar tambores nem lembrar suas tradições.

13. A Guerra da Secessão nos EUA (1861-1865), entre os rebeldes do Sul, sustentado com trabalho escravo, e os do Norte, que o provia, motivou a fuga dos escravos do Sul para o Norte, integrando-se às tropas da União a fim de lutar contra os que se opunham à Emancipação.

14. O africano aqui chegado trazia suas ideias e sua cultura dentro da alma, pois não lhe era permitido carregar seus pertences.

15. Na região das Minas Gerais desenvolveu-se o ritual do jarê, com o culto às pedras e diamantes, acreditando-se que a pedra teria vida e, por isso mesmo, podia se mostrar ou se esconder ao seu senhor. Não teria apenas dono, mas também visão e voz.

16. "No ano de 1701, o bispo primaz do Brasil, o Sardinha, achou a possibilidade de sustentar o clero requisitando a lei da inquisição. A mortandade eliminou os sacerdotes de orixás, muçulmanos, israelitas, pois só podia

existir na terra brasileira o catolicismo. Durou 22 anos. Depois começou a aparecer o sincretismo." Trecho de um longo depoimento de Manuel Falefá, babalorixá baiano, a este autor em 10 de abril de 1974.

17. Ao retornarem à África, os ex-escravos africanos e descendentes formaram comunidades conhecidas como agudás.

18. Ao assinar a lei para a libertação dos escravos, usando uma caneta cravejada de brilhantes, a Princesa Isabel ganhou um buquê de camélias cultivadas por escravos fugitivos em uma chácara do bairro do Leblon, tornando-se símbolo do movimento abolicionista. Quem a levasse na lapela ou a exibisse em seu jardim, manifestava seu protesto contra a escravidão.

19. O Brasil é, atualmente, o maior exportador de café do mundo.

2ª PARTE

AFRICANOS E AFRODESCENDENTES NO RIO

Já no início do século XVII, duas novas etnias surgiram: a dos mamelucos — português e índio — e a dos mulatos — branco e negro. O fato de viver tanto na senzala como à beira do fogão de lenha da casa-grande, ou ainda como acompanhante do seu "senhor", não modificava a condição de servo. A afeição de muitos negros por seus donos nasceu dessa variedade de atividade. Na verdade, o cativo não tinha consciência de sua força e não compreendia o que seu sacrifício representaria.

> Ao pôr do sol, o apito do engenho encerrava o trabalho do dia. Os trabalhadores faziam, então, a última refeição e depois iam dormir. Mas não sem que antes pedissem muito filialmente a bênção ao seu senhor e à sua senhora: Bênção, Nhonhô! Bênção, Nhanhá! (Gilberto Freyre.)

> As senzalas, além de abafadas, eram desconfortáveis pela grande quantidade de pessoas alojadas; [...] se viam obrigados a dormir no chão, os homens dormiam separados das mulheres e das crianças; [...] também ficavam acorrentados dentro das senzalas, para evitar fugas. Possuíam, à sua frente, o pelourinho utilizado para castigar os negros, aos fundos, sanitários primitivos, um fogão improvisado, utilizado para assar a própria comida, geralmente pesca e caça, ou sobras. Ficavam abertas até as dez horas da noite; [...] eram trancadas e somente reabertas no dia seguinte. (Tschudi, 1980.)

As mucamas escravas, embora nessas condições, agiam como um padre confessor que ouvia mais do que um médico. Assim, integradas à intimidade da casa, participavam de grande parte dos acontecimentos da vida doméstica de todos os seus integrantes. Gozavam de uma posição privilegiada como amas de leite e, por esse contato direto com "nhonhôs" e "sinhazinhas", exerciam influência marcante sobre as crianças. A mãe branca, casada muito cedo, aos 15 ou 17 anos, e tendo o primeiro filho um ano depois, não podia amamentá-lo. Assim, o pequeno brasileiro branco com dois meses, cuja mãe branca e severa estava sempre ocupada, era cuidado pela mãe preta, que o embalava no berço ou na rede, cantando acalantos ou cânticos da própria terra, chegando às vezes até a improvisar:

"Boi, boi, boi
Boi da cara preta,
Vem comer este menino,
Que tem medo de careta."

"Dedo mindinho,
Seu vizinho,
Maior de todos,
Fura-bolos."

Quando a criança crescia, as mães pretas contavam histórias de bicho-papão e lendas de animais retiradas da memória africana, revelando-se grandes contadoras de histórias. Esse entrelaçamento de culturas aproximou as raças.

A falta de médico e medicamentos fazia a mãe preta voltar-se para os remédios que a própria experiência aconselhava a utilizar. Eram sumos de plantas e fórmulas mágicas cujas combinações ela conhecia bem. Havia também outras, como urina de criança para ferimentos nos olhos, emplastros de esterco de boi nas feridas purulentas e banha de tatu com esterco de bode para mordeduras de cobra. Era a medicina das senzalas. Utilizavam-se rezas e simpatias com a ajuda de santos católicos, estendendo-se até os dias atuais pela eficiência dos resultados.

> Muitas doenças foram trazidas pelos negros escravos, aqui chegados sem qualquer critério preventivo: alastrin ou varíola, gundu (tumores nos ossos do nariz), ainhum (fazia cair os dedos mínimos dos pés), bouba (pústulas), mosquitos africanos, (transmitiam a febre ama-

rela e paludismo), bicho-da-costa e bicho-de-pé. Nos problemas de luxação, a velha escrava da senzala vinha com um novelo de linha e uma agulha em cima do local doente, fingia coser com a agulha no novelo em diversos sentidos, dizendo: "o que coso eu? Carne quebrada e nervo torcido" e respondia "por isso mesmo que eu coso". (Octávio de Freitas, *Doenças Africanas no Brasil*, Brasiliana, 1935.)

No conceito geral, o negro era, ao mesmo tempo, um homem, embora inferior, e uma máquina de trabalho. E, assim, com um mandando e o outro trabalhando, brancos e negros passaram a se aproximar e a se compreender, contribuindo com seu quinhão para a formação da nova sociedade brasileira. Essa aproximação ocorreu de forma lenta, sem que o negro assim o quisesse e sem que ninguém o percebesse, pois, caso contrário, haveria forte oposição. Assim, a sociedade foi assimilando tudo o que o negro lhe transmitia da mesma forma que os negros foram se aculturando*, muitas vezes, com o contato abalado pelo choque de culturas, pelas injustiças do regime escravo, mas que, no fim, acabou por constituir uma obra de entendimento.

Essa fusão fez surgir o elemento intermediário, o mulato, que diminuiria as distâncias raciais e tornaria o Brasil um país mestiço a ponto de se tornar impossível definir uma linha nítida de separação entre suas raças. Uma fusão que se iniciou desde o berço com a mãe preta e continuou através dos tempos. Praticamente todas as pessoas de cor existentes no Brasil descendem, em grau mais ou menos remoto, de antigos escravos vindos da África. Raríssimas serão as exceções. Daí o fato de Gilberto Freyre não ter vacilado em iniciar seu segundo volume de *Casa-Grande & Senzala* com as seguintes palavras: "Todo brasileiro, mesmo o alvo, de cabelo louro, traz na alma, quando não na alma e no corpo [...] a sombra ou, pelo menos, a pinta do indígena e do negro."

---

* Aculturação: fenômeno de mudança ou transformação da cultura de um povo quando em contato com outra diferente.

É certo que as relações entre escravos e senhores incluíam a afetividade e a intimidade, e muitas vezes resultavam em sexo. Mais fortes do que essas "fraquezas" humanas, porém, eram as hierarquias sociais. Se as relações afetivas entre senhores e escravas provocavam escândalos, imagine entre senhoras e escravos. Sinhazinhas se envolviam com crias dos engenhos, amigos de folguedos, e com eles perdiam a virgindade. (Suely Creusa Cordeiro Almeida, 2013.)

OS NEGROS E BRANCOS — SUAS DENOMINAÇÕES

Convém ressaltar que o termo *nação* era o preferido para identificar os grupos de africanos, tanto uma pequena tribo africana quanto um grande reino. Isso não significa que eles tenham criado estados ou nações independentes dentro da província do Rio de Janeiro para incentivar ou manter suas tradições. A palavra era usada como elemento identificador de origem e que nem sempre correspondia à realidade. Havia os escravos africanos e os escravos brasileiros, que eram os negros já nascidos no Brasil. Para os africanos, a nação de origem complementava seu nome: Manoel do Congo, Antonio de Angola, Joana de Casanje, sendo destacados pelos cortes das marcas tribais no corpo; os aqui nascidos não seguiam o costume de marcar o corpo e, assim, eram chamados Benedita Parda, Antonio Baiano, Luisa das Minas, entre outros nomes.

> Em todas as culturas em que houve a escravidão, o africano era menosprezado, reduzido na visão que se tinha de sua humanidade, para justificar o fato de ter sido escravizado. (Alberto da Costa e Silva, 2013.)

Essas denominações aleatórias feriam um dos princípios mais expressivos do africano: a designação do nome de uma pessoa. Os nomes eram dados de acordo com algum acontecimento ocorrido durante a gestação. Os nomes subsequentes eram herdados de um antepassado falecido, o outro nome referia-se ao clã da família e o outro apresentava alguma ligação com seu espírito familiar. Todos esses significados eram atrelados à criança ao ser nomeada. Entre os cabindas, por exemplo, o primeiro nome nunca era revelado ao filho, sendo apenas conhecido pelos pais.

Essa característica foi seguida pelos descendentes e praticantes dos ritos de Candomblé Angola, que somente permitem que a pessoa saiba parte de seu nome iniciático, conhecido como dijina. Por outro lado, os futuros dirigentes de casas de Candomblé admitirão apelidos para serem nomeados em uma tentativa de se esconderem por trás de alcunhas a fim de, por questões diversas, não serem identificados. Ver na 4ª Parte a relação de alguns dos apelidos mais conhecidos.

Ao receberem nomes católicos dados pelos colonizadores, embora os escravos achassem que eram apelidos de terra de branco, permaneciam com eles e, quando alforriados, recebiam o sobrenome de seus senhores.

Conheça outras denominações que os identificavam:

Negros — africanos recém-chegados.

Crioulos — negros nascidos no Brasil.

Boçais — escravos rudes que desconheciam o idioma.

Ladinos — os mais espertos e conhecedores do idioma português.

Mulatos ou **pardos** — filhos de brancos com negros.

Fulas — mistura de negro com mulato.

Mamelucos ou **curibocas** — filhos de brancos com índios.

Cafuzos — filhos de negros com índios.

Negros livres — os que conquistaram a liberdade mediante diversos processos.

Libertos — os que foram libertados pelos seus senhores.

Alforriados — aqueles que pagaram pela liberdade.

A POPULAÇÃO NEGRA

A saga dos escravos africanos revelou-se heroica, pois, além de eles serem estrangeiros em uma terra onde tudo era estranho à sua cultura, lutavam constantemente pela sobrevivência diante do infortúnio da escravidão. Apesar de tudo, mantiveram-se coesos em suas tradições, construindo novas famílias e comunidades para ajudá-los a sobreviver. Sobre o fato, considerou-se por muito tempo que os escravos não tinham família, porque, embora cativos, isso não garantiria a permanência de todos juntos, pois poderiam ser vendidos. Pesquisas posteriores mostraram que a maioria das negras tinha relações estáveis e duradouras com o mesmo homem. Porém, com a Abolição, em 1888, houve grande movimento de famílias que tentavam se reencontrar depois de separadas pela venda de alguns de seus familiares para outros senhores.

A odisseia dos escravos era constante. Aqui chegados da África, logo eram conduzidos para regiões onde o braço trabalhador deles se fazia necessário. E essa maratona tinha sequência, na medida em que se descobriam novas fontes de exploração, com migrações internas para diversas províncias do norte e do sul. Em cada um desses lugares, foram deixando o rastro de sua cultura, influenciando os costumes da região, a ponto de termos um país onde a influência negra é bastante diferenciada, principalmente no folclore e na religião.

No Rio de Janeiro, os africanos aparecem ainda antes de a cidade completar vinte anos de fundada. Aqui chegaram depois de trocados na África por aguardente, fumo, pólvora, fuzis, facas etc., o que significava que eram vistos também como mercadorias de troca. O contingente bantu foi muito grande a ponto de influenciar decisivamente a criação de cultos com base na manifestação de espíritos ancestrais. Confira alguns deles:

Angola	*Lunda*	*Quioco*
Congo	*Cabinda*	*Matamba*
Kikongo	*Ambundo*	*Bunda*
Ganguela	*Casanje*	*Monjolo*
Luanda	*Angicos*	*Moçambique*
Muxicongo	*Rebolo*	*Jaga*

Conforme vimos, os escravos perdiam o nome original e ganhavam o de seus donos. Deve ser considerado que, ainda na África, durante a infiltração portuguesa na tarefa de colonização e exploração das riquezas do país, esses contatos fizeram com que muitos nomes africanos recebessem nomes portugueses. E, assim, vieram para o Brasil como escravos, muitos já com nomes europeus. Essa perda da individualidade talvez seja explicada pelo fato de as iniciações terem um momento de retorno a essa individualização perdida, quando os iniciados ganham uma nova designação pela qual serão conhecidos. Nomear na iniciação — Orúkọ, Dijina, Hunyí — representava uma forma de resgatar uma identidade com a origem africana.

Entre os grupos étnicos que deixaram sua marca no Rio de Janeiro, é possível destacar algumas particularidades:

Angolas — tinham habilidade no trabalho mecânico, na agricultura e no trabalho doméstico, enfrentando dificuldade na pronúncia do português, o que acabava modificando bastante o sentido das palavras. Essa seria uma das razões de muitos cânticos utilizarem palavras modificadas por força de hábitos que impediam uma pronúncia correta, tornando difícil a tradução. Angola era o ponto de origem do maior número de escravos trazidos para o Rio, incluindo, entre eles, os de Luanda e os caçanjes, que dariam forma aos futuros cultos afro-espíritas no Rio.

Cabindas — muitos negros eram classificados como cabindas por virem de um porto de tráfico escravo ao norte do rio Zaire, na África.* Ver mais adiante "Conceito de Vida e Religião entre os Bantus".

Angicos e **monjolos** — eram identificados pelos cortes faciais, cinco ou seis linhas paralelas entre si, riscadas das sobrancelhas até o queixo. Essa forma de traçar cortes no rosto não se assemelha à da linhagem étnica yorubá de Oyó, que usava apenas a parte das faces para os riscos, que seriam reproduzidos nos traços de pintura nas faces durante os ritos de iniciação no Candomblé. Tinham boa aparência, eram astutos e corajosos, inclinados à revolta e à resistência se sofressem agressões.

Congos — eram hábeis na agricultura e no trabalho doméstico. Como os angolas, preservavam as tradições a ponto de terem seus reis e rainhas. (Ver "Malabarismo Negro — Os Festejos".)

Moçambiques — eram valorizados pela inteligência e por serem mais pacíficos do que os minas da Costa do Ouro; reconhecidos pelas marcas que circundavam todo o rosto, da testa até o nariz. Essa característica os fez serem desprezados como criados domésticos por não terem os padrões de beleza exigidos para a função.

Benguelas — por motivos estéticos ou religiosos, tinham o hábito de limar os dentes incisivos superiores da frente formando uma abertura triangular. Daí o termo banguela para uma pessoa sem dentes.

---

* Havia o costume de agrupar os escravos africanos pelas denominações dos portos de embarque.

Minas — orgulhosos, indômitos, corajosos, grande parte muçulmanos de língua árabe. Trabalhavam duro para comprar sua liberdade e tinham potencial para revolta, sendo, por isso, temidos por seus senhores. Podiam ser minas muçulmanos, hausás, tapas, mandingas, yorubás ou nagôs; por isso chamados de minas-nagôs. Tornaram-se numerosos no Rio depois de 1835, em parte, devido à venda dos yorubás de Salvador para o Rio, assim como ocorreu com os minas-jeje. Eram reservados e não se misturavam.

Negros galinhas — receberam esse nome por diversos fatores. Por serem bravos e indomáveis, eram constantemente presos. Escapavam, precipitando-se das altas janelas, o que motivou muitos compradores a se recusarem a comprar "os negros que voavam como galinhas". Segundo outra versão, o nome foi dado pelo modo como dançavam, abrindo os braços e inclinando o tronco para a frente, imitando o movimento de proteção das galinhas para proteger os pintinhos de qualquer ataque. No entanto, o mais provável é que o nome tenha procedência de uma região africana, provavelmente onde habitavam os gruncis, ao norte da atual Nigéria, às margens do rio Galinhas.

Malês — eram negros muçulmanos hausás, tapas, fulah com hábitos austeros e seguiam os preceitos de sua religião. Tinham dificuldade em se manter dentro do próprio sistema religioso diante de sua condição de escravos. Não se misturavam. Os homens usavam barba e não se alimentavam de tudo a eles oferecido. No Rio, eram chamados de alufás.

A VIDA DO NEGRO ESCRAVO NA CIDADE

Um melhor modo de compreender mais as religiões que o africano legou ao Rio de Janeiro é acompanhar não apenas o processo escravo, mas a vida desses povos, seus hábitos no dia a dia da cidade e o resultado das transformações ocorridas na sociedade em razão de sua presença.

Os escravos viajavam amontoados com uma alimentação mínima e, não raramente, 20% dos embarcados morriam nas viagens. A farinha de mandioca natural do Brasil, antes de sua aclimatação na África, juntamente com cachaça e açúcar, servia como moeda de troca de escravos de Angola para o Rio. Depois do desembarque, eram alojados acorrentados nos armazéns da rua Direita, atual Primeiro de Março, e da rua do Cano, atual Sete de Setembro, no Centro do Rio, e depois mudados para a rua do Valongo, atual Camerino, aguardando, então, a venda.* O Rio constituiu o maior mercado de escravos das Américas. A estimativa de escravos que chegaram ao Rio de Janeiro entre 1500 e 1856 é de dois milhões, sendo que havia mais congos e angolas. Mais de trezentos mil morreram durante a viagem.

---

* O interesse era por escravos do sexo masculino, sendo que a maioria dos negros trazidos tinham de 12 a 14 anos por apresentarem condições de suportar os traumas da escravidão. Entre esses e os de 30 anos, ao serem vendidos, eram diferenciados como "novos e usados".

O Rio nasceu indígena e ganhou batismo português, mas sua base étnica é composta pela negritude, que foi fundamental para nossa formação cultural. (Milton Guran, antropólogo, 2015.)

Neste local passaram a funcionar escritórios de corretores de escravos, armazéns, além da fabricação de instrumentos de tortura feitos de ferro. Existia, também, uma "casa da engorda" destinada a alimentar o escravo e, consequentemente, engordá-lo para sua venda alcançar melhor preço. Os negros eram apresentados como mercadorias, sentados em bancos colocados na porta, com filas de jovens com cabeças raspadas, em um espetáculo deprimente. Eram examinados como animais, apalpados, tinham dedos enfiados na boca, e seus órgãos sexuais eram tocados a fim de verificar a potencialidade sexual das mulheres como parideiras.

Entre os seus mais hábeis vendedores se destacavam os ciganos, todos de botas, chicotes e vistosos brincos nas orelhas. Injusto seria, no entanto, atribuir-se tão somente aos brancos a culpa; [...] partilhavam os régulos, os maiorais das tribos africanas, como entregadores de negros aos traficantes. (Brasil Gerson, 1954.)

Havia um processo de destruição até a integração do negro ao trabalho escravo. Já haviam perdido contato com as tribos de origem durante a viagem, seus costumes, sua família, separados até do próprio idioma pela confusa mistura de negros de tribos diferentes. Em outras palavras, perdiam tudo, até o elementar meio de comunicação, o que criaria, mais tarde, uma nova forma de linguagem negra, confusa e toda adaptada, conhecida como idioma das senzalas. Esse conjunto de situações refletia uma forma de dominação que anulava qualquer possibilidade de uma reorganização de vida.

Só os cambindas (sic) ignoram o eubá, mas esses ignoram até a própria língua, que é muito difícil. Quando os cambindas falam, misturam todas as línguas. (João do Rio, 1902.)

O local de moradia de uma população negra, composta por ex-combatentes da Guerra do Paraguai, seria nesse bairro da região central do Rio, ao lado de baianos que para aqui viriam em grande número em fins do século XIX. O Valongo localizava-se entre os morros da Conceição e do Livramento, no centro da cidade, de frente para a praia, onde havia pequenos barcos na altura da atual praça Mauá, denominada de Prainha, local de embarque das famílias abastadas que passavam o verão em Petrópolis.

Os escravos eram alimentados duas vezes por dia. Comiam com as mãos uma mistura imutável de farinha de milho, feijão sem caldo e eventualmente um pedaço de carne ou peixe seco. Graus sociais e culturas diferentes se misturavam em uma confusão linguística. A depressão era minorada com a obrigação de fazer com que os escravos dançassem e cantassem, ao som de palmas e atabaques. Prontos para a venda e, por meio de um instrutor contratado, já devidamente ensinados com alguns rudimentos da religião católica, atingiam o estágio de marcação a ferro com o símbolo dos novos donos.*

---

* Os companheiros de viagem que viriam a se manter unidos por força de uma compra conjunta eram chamados de *malungos*.

A CONDUTA E OUTRAS TAREFAS

O dia típico para os escravos iniciava-se bem antes do amanhecer, às 5h30, e, para aqueles que eram responsáveis em carregar água e levar as provisões matinais, às 6h. O horário dos negros de ganho e dos ambulantes era às 7h, e às 8h todos já estavam no trabalho. Exceto quando houvesse real necessidade, não eram permitidos gritos nas ruas. Havia, porém, uma concessão: o canto era permitido, pois facilitava o trabalho. Os escravos faziam um intervalo para o almoço e uma refeição à noite. Trabalhavam um total de 18 horas por dia. Na cidade imperial, a população deveria se recolher a partir das 18h25. A alimentação básica variava entre o angu, sardinhas, feijão, farinha, caldo de peixe e miúdos de porco e de vaca que não eram aproveitados na cozinha dos senhores. Temperavam a comida com pimenta e azeite de dendê. O sal utilizado vinha de Portugal e, em 1803, foi autorizada sua produção no Brasil. Alguns escravos tinham o hábito de comer insetos, lagartos e cobras.

Depois de 1835, quando os baianos se tornaram numerosos no Rio, trouxeram os hábitos alimentares, como doces e alimentos à base de noz--de-cola, óleo de amendoim e outras especiarias importadas da África. Esse costume chegou a ser absorvido também pela população branca. O feijão, por exemplo, a comida dos escravos nos engenhos de açúcar, nas minas de ouro e depois nas fazendas de café, tomou o rumo das mesas de todos os senhores e trabalhadores. Ocorreu, então, a troca do bacalhau com batatas cozidas pela feijoada. O feijão começou a ser servido a todas as bocas em forma de feijoada, com carnes desprezadas pelos senhores e que passaram a ser aproveitadas.

Esse fato não é aceito por alguns que concluíram que a origem da feijoada não ocorreu nas senzalas como se pensava. Alegam que não havia recursos disponíveis naquela época nem tempo para o preparo. Havia duas cozinhas nas fazendas — a dos senhores e a dos escravos. O interessante é que os ritos de Umbanda costumam lembrar o fato quando pretendem festejar a figura dos Pretos Velhos, oferecendo uma feijoada, que, para eles, era a comida típica da época. O feijão-preto é de origem sul-americana, e os indígenas já o utilizavam, mas a mistura do feijão com o arroz só surgiria no final do século XIX.

> Desde o século XVI existiu um movimento de fluxo e refluxo. De trocas de vegetais, por exemplo. Os africanos trouxeram o inhame, a malagueta, o dendê e a maconha. Para a África foram a mandioca, a batata-doce, o caju e o abacaxi. A maconha veio de Angola para o Brasil, talvez já no século XVI ou XVII. (Alberto da Costa e Silva, 2005.)

Nas casas de família de maiores recursos, a alimentação se dividia em três refeições: o almoço, feito pela manhã, era composto por beijus de tapioca, queijo, carne de galinha, sendo difícil haver manteiga; o jantar era às 15 horas, com sopa, carne cozida, assado, arroz e, às vezes, peixe; a ceia ocorria à noite, com peixe, arroz, camarão, canjica. Havia sobremesas como banana, laranja, goiabada com queijo, fruta-de-conde, carambola, pitanga e pudins. O chá era servido, mas considerado remédio. Depois de 1830, o pão e a manteiga se tornaram comuns, assim como o café servido após as refeições. Surge o pão francês em substituição às broas de mandioca e milho, em razão da queda de Napoleão, motivando, em larga escala, a presença francesa no Rio. O sorvete foi introduzido em 1834.

70 | JOSÉ BENISTE

Os grupos muçulmanos hausás, nupês, fulah, mandês, tapas e alguns yorubás eram minoria e tinham costumes diferentes. Altos e fortes, gostavam de usar barba e cavanhaque. Influenciaram o hábito da vestimenta "baiana" da rodilha ou turbante, chinelas, miçangas, balangandãs e pano da costa. Não comiam carne de porco, e as bebidas variavam entre aluá, café, mate e aguardente de cana. De certa forma, não abandonavam a religião, mas eram impossibilitados de rezar nas horas certas. Como parar de trabalhar e se virar na direção de Meca para orar?

Os negros também eram utilizados nas pequenas indústrias, como fábricas de charutos e moinhos de farinha. Na época de D. João VI, importavam-se os tecidos da Inglaterra e dos Estados Unidos, embora já existissem fábricas têxteis na Lagoa e no Engenho Velho, como a Fábrica de Chitas, que, na verdade, não fabricava nada, apenas estampava os tecidos vindos da Índia. Localizava-se na Tijuca em 1820, e o caminho de acesso a ela é hoje a rua Desembargador Isidro, em homenagem a Isidro Borges Monteiro, morador da região, cujos jardins viriam a se transformar, em 1911, na atual praça Saens Peña.

> Com a chegada de D. João ao Rio, foi concedida a liberdade de comércio e indústria manufatureira no Brasil. A medida revogava o alvará de 1785, que proibia a fabricação de qualquer produto na Colônia. Combinado com a abertura dos portos representava na prática o fim do sistema colonial. (Laurentino Gomes, Revista *National Geographic*, nº 1, 2008, p. 28.)

Para varrer as ruas e acender os lampiões para iluminar a noite, o serviço público utilizava escravos e negros livres, pelo serviço público.* Eram eles que transportavam para o mar a urina de seus senhores, pois não existia saneamento. Havia escravos, verdadeiros mestres

---

* Os lampiões utilizavam o óleo de baleia na iluminação noturna, até 1854, quando passaram a ser a gás, o que veio a preservar esses animais.

altamente especializados na arte da escultura e construções, alugados pelas autoridades municipais e muito bem remunerados.* Outros eram pedreiros, ourives, pintores ou ferreiros, cujas obras ainda podem ser vistas pela cidade.

As mulheres atuavam como auxiliares de modistas, parteiras e enfermeiras, sendo essas últimas funções aliadas aos conhecimentos delas no uso de ervas. Devido a isso, eram procuradas como último recurso em doenças para as quais os médicos europeus não encontravam cura. Outras tinham suas atividades voltadas à venda de produtos e de alimentos, principalmente próximo ao porto, atual praça XV. Cozinhavam comidas quentes, que vendiam aos escravos, e conversavam, fumando longos cachimbos.

A escravidão originou a ideia de que ser dono de escravos equivalia a não precisar trabalhar. Desvalorizou não apenas o homem livre, mas também o trabalho. Os senhores dependiam dos escravos para o suprimento de comida, para cuidar do serviço de esgoto, da iluminação, da limpeza, da comunicação. Quanto maior uma residência, maior o número de escravos qualificados. O fato gerou a função do escravo de ganho, ou seja, o aluguel de escravos, pelos seus senhores, conforme consta nos documentos da Santa Casa da Misericórdia do Rio:

> **Em 1791** — o Capitão Gomes da Silva alugou um seu escravo por oito dias pelo valor de 3.200 réis.
>
> **Em 1792** — Luiz Amaral alugou seu escravo durante 43 dias por 3.180 réis.
>
> **Em 1804** — Cezar Augusto Lima alugou para serviço no hospital um escravo por 5.370 réis.

---

* Mestre Valentim (1745-1813) foi um dos representantes mais notáveis da nossa arte colonial. Suas obras ainda podem ser vistas nas igrejas e praças públicas. Era filho de um fidalgo português com uma negra.

Em outros casos havia a venda de escravos que não mais interessavam aos senhores, em virtude de idade ou doença, em uma verdadeira "liquidação de estoque". Um anúncio de 26 de outubro de 1883 dizia que, no Paço da Câmara Municipal de Valença, seria feita a venda dos seguintes escravos:

Joaquim, mina, quebrado, 51 anos, avaliado em 300$000;
Manoel, cabinda, cego, avaliado em 50$000;
João, moçambique, 86 anos, avaliado em 100$000;
Militão, 50 anos, doido, avaliado em 10$000.

Pessoas libertas também possuíam escravos, como lavadeiras e vendedoras ambulantes, que os compravam a fim de ajudá-las no trabalho, treinando-os para seguir na profissão. De modo geral, a Igreja estava aberta à participação de homens de cor nos rituais religiosos como padre ou, pelo menos, admitia a colocação de santos negros em altares laterais. Não há referências a mulheres de cor entrando em conventos como freiras.

É necessário lembrar a atividade militar que o negro exerceu em muitas oportunidades em que o Brasil ficou exposto aos ataques estrangeiros, sobressaindo o heroísmo dos negros Vidal de Negreiros, Henrique Dias e Marcílio Dias, além dos atos de bravura dos batalhões negros na Guerra do Paraguai (1864-1870). Há toda uma história a ser devidamente relatada sobre os feitos heroicos dos negros em defesa de uma terra que não era a sua por tradição. Curiosamente existia distinção entre negro e mulato ou pardo. Os negros e crioulos eram devotos de São Benedito e Nossa Senhora do Rosário, e os pardos, de Nossa Senhora da Conceição. Se fossem livres, somente aos mulatos eram permitidas certas regalias, como as de ser militar graduado, médico ou padre, podendo até aspirar a cargos políticos.

O uso de vestimentas variava segundo suas condições de escravo ou liberto, e também as dos mulatos. As mulheres usavam saias de comprimento variado, blusa e xale. O pano da costa tinha vários usos: ajudava a amarrar uma criança nas costas ou era usado por cima do corpo. Os homens vestiam calças até o tornozelo ou joelho e camisa folgada, as quais eram feitas do tecido de algodão dos sacos para embalagens que carregavam. Com a chegada da corte portuguesa, novos modismos surgiram com o estilo europeu. Saias longas, babados e rendão fariam parte de vestimentas das escravas. Complementavam com um turbante, brincos, fios de contas com crucifixo,* figa e bentinhos com desenho de santos católicos.

Depois de 1850, a cidade começou a se europeizar e os negros se afastaram do próprio passado, sendo que as roupas femininas usadas nas casas-grandes eram mantidas ora como peça exótica no ato da venda de produtos de tabuleiro nas ruas, ora como vestuário nos ritos religiosos. Essas vestimentas ficaram marcadas com a denominação de "baianas". Ao entrarem em um recinto onde os membros da família estivessem presentes, deviam pedir a benção estendendo a mão direita e dizer "louvado seja Nosso Senhor Jesus Cristo". Orientava-se os meninos para que beijassem a mão de uma pessoa idosa.

E a desigualdade entre negros e brancos atingia uma evidência maior, pelo fato de, ao se encontrarem na rua, os negros serem obrigados a dar passagem aos brancos. Permanecia o costume estranho que proibia o uso de sapatos que possuíssem o "emblema da liberdade", embora os senhores ricos que vestiam seus criados domésticos ignorassem a medida. Por andarem descalços, muitos contraíam bicho-de-pé e até tétano, causa de muitas mortes.

---

* O símbolo da cruz era usado talvez mais por influência católica, lembrando, entretanto, que os bacongos tinham o simbolismo do universo com os quatro momentos do sol, visto como a grande reserva do poder.

ANGOLAS E CONGOS NO RIO E NA BAHIA

Os grupos bantus constituíram-se, em uma determinada época, no elemento dominante da população escrava. Foram os primeiros a aqui chegar, escravizados juntamente com os índios, de quem receberam os segredos das plantas da terra. As influências mais fortes ocorreram na linguagem, com inúmeras palavras já inseridas no falar brasileiro, e também nos festejos folclóricos. Luiz Vianna Filho (1908-1990) revela que "falavam melhor o português, com mais facilidade que os negros da Costa da Mina".

Eram mais dóceis e capazes de se integrar, diferentemente dos demais, que conservavam uma atitude de rebelião e de isolamento. Quanto às religiões, os bantus não mostraram a mesma perseverança em conservar fielmente a tradição de seus antepassados. Muito se perdeu, a ponto de os nagôs terem servido de modelo para a reestruturação religiosa deles.

Havia os escravos no trabalho urbano, porém grande parte era destinada ao trabalho do campo, permanecendo nas plantações, onde, como já mencionado, era muito difícil reconstituírem suas tradições. Ao chegarem em grande número, eram logo batizados e separados, quando já não o eram no próprio porto de embarque, na África. Essa era uma forma de destruir sua cultura, apagando, assim, suas lembranças. Por outro lado, aceitavam as influências cristãs e portuguesas com mais facilidade, o que viria a permitir sua aproximação à sociedade dominante. Isso foi facilitado pelo fato de suas religiões se constituírem de culto à manifestação dos antepassados, um sistema mais simples do que o culto à natureza dos nagôs-yorubás.

Nesse ponto, faz-se necessário diferenciar alguns grupos bantus da Bahia e do Rio. Os primeiros tomaram como modelo os Candomblés jeje-nagô em sua dinâmica de trabalho, mantendo, entretanto, sua linguagem nativa nos cânticos e nas rezas. Foram buscar divindades, os inkises, que se assimilassem aos orixás, divindades nagôs. Por último, influenciados pela revolução da Independência, em 1822, que tinha o índio como novo herói, adotaram uma maneira de reverenciar os nativos da terra, em um ritual denominado de Candomblés de Caboclo, e que, mais tarde, seria estendido aos vaqueiros do sertão, os boiadeiros. Esse fato incluiria o homem no culto, pois os primeiros Candomblés eram dirigidos apenas por mulheres.

> Os Candomblés das nações jeje e angola-congo uniram-se na Bahia num matrimônio feliz que precisa de registro. O Bate-Folha e Tumba Junsara [...] fazem rituais secretos na nação jeje e dominam como poucos o culto de Besen bastante complexo. É perfeita a convivência do angola com o jeje, o que nem sempre aconteceu entre o jeje e o ketu [...] (Cléo Martins, 2001.)

A partir de 1870, o espiritismo se propagou na América, não sob a forma de experiências metafísicas, com as mesas falantes, mas como um culto organizado, com a manifestação de espíritos nos médiuns para passes e consultas. Os bantus que aqui estavam encontraram no kardecismo* pensamentos semelhantes sobre a teoria da manifestação de espíritos familiares e puderam, assim, reintegrar seu antigo culto aos antepassados ao nível da mediunidade de seus senhores brancos. Foi essa abertura que fez com que os bantus, apesar de seu grande número, tivessem poucas formas religiosas verdadeiramente fiéis às suas origens étnicas.

---

* Denominação dada ao espiritismo codificado por Allan Kardec (1804-1869) em sucessivos questionamentos com mentores espirituais.

A religião dos nagôs existiu outrora, tanto no Rio como na Bahia, mas fundiu-se com a dos bantus, mais numerosos, e a dos índios, adotada pelos africanos, dando origem ao que seria denominado Omoloko. Mais tarde, todas as formas receberam a denominação Umbanda, que passou a ter complementações diversas a fim de justificar a forma de suas práticas. O que deve ser ressaltado é que esses nagôs deixaram marcas na denominação das divindades reverenciadas. Com algumas variantes, podemos assim definir as diferenças entre Rio e Bahia:

Bantus no Rio — Culto às divindades do sistema nagô-yorubá, os orixás; à ancestralidade africana, os Pretos Velhos, indígenas e caboclos de pena. Posteriormente, outras formas de espírito passaram a ser aceitas nas linhas de trabalho.

Bantus na Bahia — Candomblés de Angola e Congo com culto às divindades próprias de suas tradições, os inkises; Candomblés de Caboclo, com culto aos indígenas, os caboclos e vaqueiros do sertão, os boiadeiros.

Em capítulo correspondente, será detalhada a forma como é realizada essa modalidade de culto.

CONCEITO DE VIDA E RELIGIÃO ENTRE OS BANTUS

Por força de um bom entendimento das transformações desses grupos na vida brasileira, é necessário rever a vida africana desse povo que se divide em dois grupos linguísticos: kicongos ou ambundos e os kimbundos.

Os primeiros contatos dos portugueses com o reino do Congo, em meados de 1482, revelou o manicongo,* o rei da região, muito inclinado a aceitar os costumes portugueses. Em 1490, uma expedição de missionários partiu de Portugal rumo ao Congo, aportando no Zaire. O tio do rei da região foi o primeiro a ser convertido e receber o batismo com o nome de Manuel, o qual, por sua vez, denominou os portugueses de *Ngana Zambi*, ou seja, "os feiticeiros de Deus". Assim, antes da vinda dos escravos ao Brasil, muitos já tinham nomes e crenças católicas.

O reino do Congo, uma província ao norte de Angola, conheceu seu apogeu com construções de igrejas, habitações e desenvolvendo o comércio com novos produtos cultivados. A partir de 1560, o interesse dos portugueses se voltou ao reino de Angola, enfrentando dificuldades junto aos soberanos da região. A mudança brusca para os hábitos da Europa, porém, não os fez esquecer seus antigos costumes. O reino de

---

* *Mani* ou *Muene*, o senhor dono da terra. Muxicongo vem de *Ngana Muchinu Ria Kongu*, o rei da dívida, aquele que impõe um tributo a um natural do Congo.

Ngola (Angola) foi originalmente denominado de Dongo, que, na língua *bunda*, significa grande canoa. O termo *Angola* era a denominação de um de seus reis e passou a definir a região.

Há uma compreensão definida de que existe um poder que confere não apenas existência à vida, mas também força a esse universo. Ninguém deve perder tempo explicando ao africano a existência de Deus, pois, com a maior facilidade e naturalidade, ele a deduz, olhando e contemplando o espaço infinito, vivenciando a natureza, o sol, a chuva, a terra e o desabrochar das flores e dos frutos.

Tudo que existe é visto como uma participação conjunta com esse Ser. Ainda em terras africanas, era nos bosques sagrados que se recolhiam os homens para absorverem as forças — *ngunzu* — vitais de sobrevivência. Em algumas etnias, as mulheres, quando chega a hora de se tornarem mães, acolhem-se à sombra das árvores com uma esteira em contato direto com a terra, autêntica terra-mãe denominada *ntoto*.

O nome do Ser Supremo varia, mas o entendimento é sempre o mesmo, ou seja, ele representa a fonte e a origem de tudo que existe, e as formas de religião dependem de seus atributos. Os kiokos, angolas, cabindas, congos e lundas o denominam *Nzambi* com variantes como *Nzambi Mpumgu*. Entre os cabindas, Deus é distinto de tudo. Mesmo quando comparado à chuva, a raios e ventos, não o identificam com esses fenômenos. Querem apenas mostrar seu poder criador, sua beleza e sua ação. Esse Ser Supremo não possui representação figurada, como ocorre com os yorubás, e nunca foi representado por qualquer imagem e figura. Seu culto é simples e muito íntimo, variando de tribo para tribo, mas sempre com o mesmo objetivo de reconhecer sua soberania.

De maneira geral, os antepassados surgem como intermediários entre Deus e os homens. Daí alguns dizerem que, entre esses povos, a verdadeira religião é a ancestralogia. Cada família tem os próprios ancestrais.

> Conta-se que tudo se iniciou quando um grande chefe bantu tinha por hábito subir uma montanha e lá fazer suas preces a Deus. O seu filho, que o sucedeu, sentiu medo de se aproximar do Grande Deus

que seu pai adorava, e então chamou pelo espírito de seu pai para que intercedesse por ele e pelo povo. A partir daí, cada chefe de família adotou esse método de se aproximar de Deus, até que cada família teve seus próprios espíritos ancestrais, primeiramente como intermediários e depois como objeto de culto. (Henry A. Junod, 1897.)

Essa ausência de divindades intermediárias verificada entre os negros bantus do Rio pode explicar a aceitação das divindades yorubás intermediárias conhecidas como orixás, que passaram a ser admitidas nas antigas crenças do Rio Antigo, ou seja, o Rio adotou o culto aos ancestrais denominados de bacuros, que mais tarde teriam a denominação Pretos Velhos, e os orixás, as divindades intermediárias do panteão nagô. Na Bahia, ocorreu a aceitação dos inkises assimilados aos orixás nagôs, além do culto aos indígenas, denominados encantados, em rituais específicos dos Candomblés de Caboclo.

A FAMÍLIA, NATUREZA E CRENÇAS

O homem é designado pela palavra *muntu*, cujo plural é *bantu*. O termo *bantu*, usado para designar o grupo de etnias africanas em análise, baseia-se, segundo alguns, na palavra *bantu*, no sentido de homens, por considerarem--se gente superior aos demais. *Muntu* é toda forma dotada de inteligência — os vivos, os mortos, os manes são *bantu*. Deus é um grande *Muntu*.

Não há um termo específico para designar a alma, podendo ser *ilunzi* ou *luzingu*, cujo significado é vida. Com a morte, *lufua*, a alma é separada do corpo, *nhitu*. Por meio da convicção de sua imortalidade, poderá entrar em contato com os vivos. Nesse estado, o espírito é chamado de *nkulu*, termo, aliás, que designa os ancestrais, plural *bakulu*, e, por extensão, bacuro. O cadáver recebe o nome de *mvumbi*.

Os espíritos são criados por Deus com determinados poderes de interferir na vida das pessoas quando invocados para tal fim. Para isso lhes fazem oferendas. Os angolas, congos e cabindas lhes dão o nome de *nkise*, em tradução literal, o feitiço ou magia da terra, personalizados nas chuvas, na caça, na fecundidade etc. com o objetivo de aliviar a vida humana. Seus nomes serão vistos mais adiante. Entretanto, poucos lembram os *inkises* cultuados nos Candomblés atuais. Outros angolanos os denominam *miondoma*, que constituem os anjos da guarda.

Eles já tiveram corpo e voltaram a possuí-lo por certo período, quando manifestados em um descendente que se torna seu intermediário e intérprete.

Tal como na vida terrena, mantêm seus antigos sentimentos e hábitos, ainda gostando de comer, beber, fumar e divertir-se. Entre os cabindas, a família é constituída pelos que já morreram, pelos que estão vivos e pelos que hão de vir. Para que assim seja, é preciso haver recordações vivas de seus atos e rituais específicos e, desse modo, eles passam para a categoria dos antepassados. Os congos e os angolas acreditam que esses espíritos permanecem à volta dos familiares durante muito tempo, sendo merecedores de oferendas e comidas votivas. Os cabindas, antes de beber vinho de palma,* derramam algumas gotas sobre a terra em honra aos antepassados.

A família é uma instituição firme, unida e mais durável por se perpetuar para além da morte. O conjunto de toda a vida familiar africana baseia-se no interesse pelo bem social do clã. Desde jovem, os filhos são orientados nesse sentido. Nunca chamam o pai ou a mãe pelo nome, utilizando a palavra *tata* para pai e *mama* para mãe, com profundo respeito.

> Há duas coisas na África Ocidental que são muito marcantes: os valores familiares e o respeito à idade. Ninguém se aproxima de uma pessoa mais velha sem uma postura de respeito, a olhar o mais velho na mesma altura dos olhos, mas sempre de joelhos ou de cócoras. (Alberto da Costa e Silva, 2005.)

Todos os filhos constituem a reencarnação de algum antepassado. Os nomes serão dados de acordo com algum acontecimento ocorrido durante a gestação, podendo ser um momento de tristeza, alegria ou outra situação. Apenas os pais conhecerão esse nome, e ele nunca será pronunciado diante do filho. Outro nome virá de um antepassado falecido, outro fará referência ao clã e outro terá ligação com seu espírito protetor. Novamente, encontramos semelhança com a cultura yorubá de nomear as pessoas. A palavra *jina* é uma contração de *rijina*, que significa nome: *"Jina rie nanhi?"*, ou seja, *"Qual o seu nome?"*.**

---

* Extraído do dendezeiro e denominado *malafu*. Entre os yorubás é chamado de *ęmu*.
** Nos Candomblés de ritual angola, o nome dado por ocasião de uma iniciação é denominado dijina. Sobre a questão dos nomes yorubás, ver: *Jogo de búzios*, Bertrand Brasil, 1999.

82 | JOSÉ BENISTE

Umbanda e *uanga* representam dois polos: o primeiro designa a ciência e a arte de curar ou prática ritual; o segundo, a ciência do malefício e drogas nocivas. Como em outras religiões, sua função primordial é a de atrair o bem e impedir o mal. Nada se opera sem a influência dos espíritos que revelam as causas dos desacertos e apresentam soluções. Em todos os povos, o bem e o mal andam sempre lado a lado.

> Rigorosamente, ninguém é bom dentro de si, cada qual alberga os sentimentos primários da ferocidade. A conduta depende do momento. Com o negro, idêntica psicologia se verifica [...] e é neste caso que usa o feitiço para maleficiar quem o hostiliza, mas valendo-se igualmente dos espíritos. (Ribas, 1975.)

Na família está a cargo do chefe, o patriarca; na aldeia, a cargo do sóba. Os espíritos tutelares receberam de Deus o governo imediato do mundo e constituem o núcleo de sua missão. Alguns de seus sacerdotes são assim denominados:

Angola	*Ndoki, Nganga, Kimbanda*
Lunda	*Tahi*
Congo e Cabinda	*Nganga*
Benguela	*Tchimbanda, Vimbanda*

O *Kimbanda** é o que pratica os ritos de Umbanda com curas e ajudas diversas. No Brasil, a palavra se tornou sinônimo de feitiçaria. Ele tem duas denominações:

Kia Dihamba — o que invoca os espíritos.
Kia Kusaka — o que cura as doenças.

---

* *Kimbanda* — curandeiro, mágico; pl. *Imbanda*; *Umbanda* — magia, arte de curar; *Xingiri* — adivinhador. J. D. Cordeiro da Matta, *Ensaio de Diccionario Kimbundu-Português*. Lisboa: 1893, p. 23, 150 e 152.

O sistema de adivinhação possui algumas variantes entre os angolas e os congos e é denominado *ngombo*, tendo como sacerdote o Nganga ou Ngombo. Xinguilador é um tipo de adivinho que não se utiliza dos búzios. O Ser Supremo, Zambi, serve-se de intermediários, que, em face das atribuições assumidas, são vistos como divindades denominadas Mahamba. A palavra *nkise* relaciona-se a tudo que se faz ou se fala em termos de religião. Não apresenta a mesma conotação dos orixás nagôs. Os Mahamba classificam-se de acordo com as seguintes denominações e funções, sendo alguns deles capazes de se manifestar nas pessoas devidamente preparadas para esse fim:

Miondomas — espíritos tutelares vistos como anjos da guarda.

Calundus — representam as almas das pessoas que viveram em épocas remotas.

Malungas — espíritos simpatizantes das raças branca e negra.

Quitutas — seres espirituais terrestres que vivem em todas as partes, como matas, rios, montes e rochas.

Quiandas — as sereias que vivem nas águas do mar, dos rios e das lagoas, mas sem a concepção europeia de metade gente e metade peixe.

Mutacalambo — divindade caçadora.

Calungangombe — o juiz dos mortos.

Nkosi — divindade guerreira.

Mukumbe — divindade ligada à fertilidade da terra e que deu origem à plantação da palmeira do dendê.

Calunga — identifica-se com tudo que é imenso e, por isso, é visto como o próprio mar.

Ndanda — divindade que surge no momento em que as plantações adquirem suas raízes. Também conhecida como Ndandalunda, por ser natural da região onde habitam os Lundas.

Lemba — divindade feminina que rege o momento de fertilidade da mulher.

Katende e *Npanzu* — representam o encanto de tudo que existe.

Kitembo — rege as doenças que surgem pelo ar.

Vunji — rege os fetos.

Pode-se observar não apenas que as divindades conhecidas no Brasil e denominadas Nkise não são conhecidas, mas também que algumas possuem o nome idêntico, porém com outras funções. Tudo leva a crer que, talvez, tenham sido aqui criadas por meio de assimilações inteligentes com as divindades nagôs, o que justificaria as mesmas formas de assentamentos, de iniciação e da simbologia dos instrumentos. (Ver Anotações, itens 15 e 16.)

INFLUÊNCIAS LINGUÍSTICAS DOS BANTUS

O idioma utilizado pelos bantus na época da escravidão variava entre lunda, hausá, kikongo, bacongo, ovibundo, ambundo, kioko e kimbundo, todos falados entre si, à revelia do interesse dos senhores, que os obrigavam a falar o português. Isso contribuiu para o aportuguesamento de muitas palavras africanas que mais tarde foram inseridas no falar diário e nos cânticos, dificultando, assim, o conhecimento de seu significado. Logicamente, os escravos tinham dificuldade de pronunciar certas letras, o que os fazia criar uma nova palavra. Alguns, porém, apresentavam facilidade de aprender porque aqui chegaram com idade entre 5 e 10 anos.

As diferentes formas de linguagem dos povos bantus que marcaram profundamente nossa maneira de falar têm os mesmos princípios fundamentais, compreendendo mais de 260 dialetos, muitos deles sem caracteres gráficos. De todos eles, o kimbundo, falado no antigo reino de Angola, foi o primeiro a tornar-se conhecido no Brasil. Já foi denominado de ambundo e bunda, possuindo relação com o kikongo e com as línguas kioko e lunda. Dessa forma, as expressões ditas nos cânticos populares e religiosos dos grupos bantus serão uma confusa mistura de dialetos, justificando a dificuldade futura de suas interpretações. É exatamente na tentativa de se traduzirem rezas e cânticos que as dificuldades serão observadas de modo mais aprofundado.

A riqueza da contribuição linguística de origem bantu já inserida em nosso vocabulário é a maior e mais rica entre todos os demais grupos africanos aqui chegados. Seguem algumas palavras:

angu	fubá	moringa	surra
arengueiro	fumo	morrinha	tabefe
babar	fungar	mulambo	tabu
bagunceiro	fuxico	mulata	tanga
bajular	fuzuê	mulato	tangerina
balaio	gamela	mungunzá	tapear
bamba	gingar	munheca	tara
banana	goela	pamonha	tarimba
banguela	gogó	pança	tigela
batucada	gulodice	papo	toca
bengala	guloso	pinga	topada
bodum	iaiá	pito	tripa
bugiganga	inhame	quebranto	troco
bunda	ioiô	quiabo	trumbicada
cabaça	jagunço	quindim	tutu
cabaço	jiló	quitanda	urucubaca
caçamba	lambança	quitute	vatapá
cacete	lenga-lenga	resmungar	xereta
cacimba	maconha	rixa	ximbica
caçula	macumbeiro	rusga	xingar
cafuné	mandinga	sabugo	xixi
cambada	manjuba	samba	xodó
candomblé	maxixe	senzala	zanga
candonga	miçanga	sinhô	zarolho
farinha	mocotó	sorumbático	zeca
farofa	moleque	sova	zum-zum

Da mesma forma que a população colonial, sem perceber, passou a cantar e a falar como o negro, o próprio negro teve de se adaptar à linguagem do branco, criando, no dizer de Yeda Pessoa de Castro, um dialeto das senzalas. Isso seria registrado na forma de falar dos ancestrais africanos no momento de suas manifestações nos futuros Terreiros. A seguir, destacam-se algumas das particularidades do modo "crioulo" de falar.

a) A eliminação do **r** final dos verbos — *ajudá, andá, arrumá, arranjá*.
b) A elisão final do **l** — *jorná* (jornal), *papé* (papel), *sá* (sal).
c) A substituição do **l** pelo **r** — *mureque* (moleque), *saravá* (salvar).
d) A substituição do **lh** pelo **i** — *fôia* (folha), *paia* (palha), *fia* (filha).

Outras expressões usadas são:

mi zifio	(meu filho)	*zirimão*	(irmão)	*fulô*	(flor)
suncê	(você)	*oxente*	(gente)	*vavá*	(falar)
nhonhô	(criança)	*cafiot*	(criança)	*dumba*	(mulher)
Zé	(José)	*Mané*	(Manoel)	*kuriá*	(comer)

Seguem algumas palavras nativas usadas com alteração no sentido ou na pronúncia:

USUAL	ORIGINAL	SIGNIFICADO
bacuro	*bakulu*	antepassado
calunga	*kalunga*	mar, cemitério
camutuê	*mutue*	cabeça
candengue	*ndenge*	criança
canzuá	*kanzo*	casinha, cabana
curiár	*kuria*	comer
dendê	*ndende*	fruto da palmeira
dijina	*hijina*	nome
fundanga	*fundanga*	pólvora
gira	*njila*	caminho, rumo
gunzo	*ngunzu*	força, vigor
jimbo	*njimbu*	concha, moeda
mãe	*mametu*	minha mãe
maleme	*malembe*	perdão
marafo	*malafu*	minha mãe
quilombo	*kilombo*	união, junta

quizila	*kijila*	união, junta
senzala	*sanzala*	reduto, casa coletiva
zuelar	*zuela*	povoação

O negro errava na gramática, mas acertava no ritmo, no som e no coração. Com expressões e sinais criados para uso próprio, como meio de adaptação a uma sociedade adversa, encontrou meios de utilizar-se da linguagem como elemento de reencontro com as próprias origens. Não houve chance de aproximação junto à sociedade branca por meio do ensino e da educação, mesmo após a Abolição.

De maneira geral, a instrução brasileira no século XIX foi aristocrática e destinada à preparação de uma elite, mas não à educação do povo. Surgia, assim, uma minoria de letrados, e uma enorme massa de analfabetos, que viria a se tornar uma herança, pois o aspecto negativo da colonização portuguesa sempre foi o desinteresse pela difusão da cultura, comparado com a colonização espanhola.

> Meus bisavós vieram de Moçambique. Contam que ficavam entre eles conversando na língua deles. Mas, quando o senhor via que eles estavam conversando na língua africana, gritava! Não era para falar mais. Tiveram que perder a língua à força. E aí tinham que falar português, que eles não sabiam direito. (Relato de Benedita em *Memórias do Cativeiro*, Civilização Brasileira, 2005.)

> Uma das consequências da colonização foi o enriquecimento do idioma. A nossa língua absorveu, assimilou milhares de palavras e expressões indígenas e africanas que às vezes a gente usa sem perceber. (Milton Hatoum.)

SINCRETISMO I — BATISMO E FUSÃO DE CRENÇAS

O antigo Rio revelou claramente sua convicção religiosa por meio de inúmeras igrejas construídas, estátuas e santuários católicos, ruas, vielas e morros, todos com nomes de santos. Nada mais natural que um forte sincretismo surgisse e até a mudança de religião fosse observada entre os negros. Na realidade, ocorreu um sincretismo entre a religiosidade africana e o catolicismo português, que, na época, estava bem identificado nas devoções e nas ruidosas festas das Irmandades, por meio de cânticos e imagens. O africano não sentiu problema algum em identificar-se com tudo isso, a ponto de o processo ter continuidade entre seus descendentes. Acreditaram que viviam em uma cidade cheia de forças espirituais poderosas capazes de fazer o bem para todos, caso aprendessem a lidar com elas.

> A multiplicação dos templos religiosos é um indicador indireto de prosperidade do Rio de Janeiro no século 17: N. S. da Apresentação, em Irajá, em 1613; S. Francisco da Penitência, em 1619; N. S. da Conceição, em 1624; S. Francisco Xavier, em 1625; São Cristóvão e Candelária, em 1627; Cruz dos Militares, em 1628; N. S. do Rosário, em 1639; N. S. da Penha, em 1635; N. S. da Glória do Outeiro, em 1671; São Roque, em Paquetá, em 1697, etc. (Carlos Lessa, 2001.)

Em todas as esferas da população, o movimento para a construção de novas capelas é grande. Assim, imagens e estandartes circulam em procissões pelas ruas. A religião virá a permanecer como uma trincheira cultural do negro. Todos eles eram compulsoriamente católicos, embora reagissem sempre. A visão era que a aceitação do catolicismo conferiria a todos uma promoção social. E esse foi o pensamento de muitas dirigentes dos futuros Candomblés, que tinham cargos significativos dentro de irmandades. De forma inteligente, tudo aceitavam a fim de ocultar sua verdadeira crença evitando, assim, perseguições.

Em face disso, criaram formas sincréticas, algumas até exóticas, com o intuito de viver sua religiosidade reprimida. Identificaram nomes de santos a seus cultos e rituais, não significando, entretanto, aceitação da religião oficial, mas, sim, uma forma de assegurar uma coexistência menos conflitante com o branco ou com as forças dominantes, sabidamente, cristãs. Com esse processo, o negro reorganizava, por meio da religião, seus costumes e valores, revivia com nova forma sua cultura ameaçada.

É possível explicar a adaptação das crenças nativas africanas com o pensamento católico, lembrando como os povos do antigo Congo viram a chegada dos portugueses em suas terras. O fato de terem "saído das águas", de terem a cor branca, diferentemente da conhecida deles, de falarem de Deus e de países desconhecidos contribuiu para que fossem identificados como emissários dos antepassados, que organizariam na Terra a "sociedade subterrânea" e divulgariam o segredo da boa-vida, do poder e da riqueza. Nesses dois erros profundos se baseia a primeira fase da cristianização do reino do Congo: a identificação dos portugueses como emissários dos antepassados, os *bakulu*, e a adaptação de *Nzambi Ampungu* às características do Deus cristão.*

O batismo obrigatório, que inferiorizava mais ainda aquele que não se deixasse batizar, não criou condições para a integração social. Nenhum negro era antirreligioso e, sim, obviamente, antiescravista. Ao chegarem,

---

* Marli Geralda Teixeira do CEAO citando G. Balandier, *La Vie Quotidienne au Royaume de Kongo.*

os escravos eram encaminhados a uma igreja, geralmente a da Candelária, no atual Centro do Rio, para serem batizados, pois uma lei colonial assim o exigia, com o propósito de tornar todos eles cristãos. Assim, eram perfilados de acordo com os nomes que receberiam.

Havia os grupos das Marias, dos Joãos, dos Josés e assim por diante. Com uma vassourinha, o padre borrifava a cabeça do escravo e gritava seu novo nome. Como o escravo deveria responder afirmativamente a algumas perguntas, era indicado um padre que entendia os dialetos. A resposta à pergunta "Queres comer o sal de Deus?" era extremamente difícil, pois comer sal, na crença dos congos, é tornar-se igual a um europeu, ou seja, havia a perda de seus poderes, renunciando até a retornar à África.[*]

Por outro lado, alguns entendiam o batismo como uma maneira de receberem mais consideração, pelo fato de entenderem o ritual como uma forma de iniciação. E eram esses que denominavam selvagens os escravos não batizados. As mulheres dedicavam-se mais à nova religião do que os homens, comparecendo à missa e recebendo os sacramentos.

> Ao falar do negro católico, quero também estender esta reflexão para os negros cristãos, das demais denominações cristãs, batistas, presbiterianos, luteranos, adventistas, etc., porque, se a Igreja católica produziu uma lavagem de consciência negra, as igrejas cristãs não católicas fizeram, praticamente, uma lavagem dobrada. (Frei David, 1993.)

Voltaram-se, então, para a adoração reservada dos santos católicos, rezando diante de imagens de rua, em jardins ou onde estivessem. Essa veneração a santos padroeiros forçou um sincretismo complicado e muitas vezes inexplicável. Carregavam as imagens durante longas procissões, visitavam as igrejas de Nossa Senhora da Lampadosa, próxima à atual Praça Tiradentes, a de Santa Efigênia, na rua da Alfândega, a de São Gonçalo Garcia, mais conhecida como Igreja de São Jorge, na atual

---

[*] Mary C. Karasch, *A vida dos escravos no Rio de Janeiro de 1808-1850*, p. 343.

praça da República, onde existia, na época, um pelourinho, reunindo-se, no largo do Paço, com a procissão de Corpus Christi.

> Ainda ia São Jorge, com o Ferreiro e o Escudeiro, receber em copo de prata, do tesoureiro do Paço da cidade, o conto de réis em moedas de ouro do seu soldo de oficial honorário das forças da monarquia. (Brasil Gerson, 1954.)

Era na Igreja de Nossa Senhora da Glória que realizavam homenagens a Yemanjá, pois, na época, as águas da baía vinham até a base da igreja. Ali faziam suas obrigações às águas, as quais, outras vezes, aconteciam na antiga praia do Russel perto da Igreja de Santa Luzia. Os trabalhos destinados às águas doces eram feitos no rio Trapicheiro, na Tijuca, hoje quase totalmente canalizado, e que nasce próximo ao atual Colégio Batista. As encruzilhadas serviam para oferendas:

> Numa iniciação, se o santo é a mãe-d'Água doce, Oxum, o cabelo vai para a Tijuca, a Fábrica de Chitas; se é ye-man-já, fica na praia do Russel, em Santa Luzia. [...] À frente vinha uma com alguidar na cabeça e cantavam baixo:

> > *"Baô de re'se*
> > *Equi jé manjá*
> > *Pelebe apota auoyo*
> > *Tô toro fyin la cho eie"*

> Uma onda mais forte veio virar o vaso de barro e todos balbuciaram: *"Ye-ma-já".* (João do Rio, 1902.)

Na realidade, mesmo não participando dos rituais mais íntimos, os negros eram bem-vindos. Se por um lado buscavam aceitação mais ampla, consideração maior ou promoção social, a fim de serem vistos como seres normais, por outro, não resta dúvida de que pagaram um preço para

HISTÓRIA DOS CANDOMBLÉS DO RIO DE JANEIRO | 93

conseguir isso, o de enfraquecerem alguns de seus conceitos e tradições. Devem ser lembrados os núcleos e agrupamentos para reunião dos descendentes dos angolas e congos em práticas religiosas que admitiam a manifestação de ancestrais africanos, escravos ou não, e antigos indígenas que desciam no corpo de seus médiuns denominados "aparelhos, burros ou cavalos". Formavam uma linha espiritual de trabalho sob o comando de divindades nagôs em uma fusão sincrética africana e afro-indígena.

Essa mistura teve sequência com o catolicismo do branco, pois suas imagens de santos identificavam-se com os orixás. Como a religião dos bantus, angolas e congos consistia na manifestação de espíritos, o espiritismo de Kardec encontra, assim, uma porta fácil para aceitação nos grupos que se formam. Com isso, ampliam a fusão para um sincretismo afro-indígena-católico-espírita, elementos básicos formadores de movimentos religiosos com várias denominações, que seriam definidos no futuro como Umbanda.

Em razão disso, tornou-se difícil traçar uma linha demarcatória entre o Candomblé de Caboclo, a Macumba do Rio e o Espiritismo Kardecista. Tudo virá a ser integrado como um conjunto de trabalhadores espirituais que formarão falanges e legiões, comandados por divindades, sejam com denominações africanas, orixás ou seus correspondentes católicos, os santos.

> Nosso sincretismo veio da época colonial [...] o catolicismo português estava centrado principalmente nos sacramentos, nas devoções e nas festas. Ora, nestes três campos o africano reencontra elementos de sua própria religião. Numerosos efeitos atribuídos pelos católicos aos santos eram igualmente atribuídos pelos africanos aos seus orixás. Assim, não havia nenhum problema grave em identificar-se com aquele tipo de catolicismo. O gosto pelas festas ruidosas, pelas imagens, a riqueza das cerimônias, os cânticos foi, principalmente nestes pontos, que se fez o encontro sobre o qual se estabeleceu o sincretismo. (Frei Boaventura Kloppenburg, *O Globo*, 18 de maio de 1987.)

Não tem sincretismo, mas sim uma aproximação de religiões diferentes. Tem momentos em que a pessoa é profundamente católica, e em outros um filho de Xangô. E, com sinceridade, acreditando de verdade em ambas as religiões. (Pierre Verger.)

Somos como um copo em que podem colocar água e óleo. Estão num mesmo lugar, mas não misturam. Não há sincretismo no Candomblé como na Umbanda, há uma justaposição. (Balbino Daniel de Paula, *Obaràyí.*)

SINCRETISMO II — SANTOS NEGROS E IRMANDADES

Para justificar e entender as realidades atuais religiosas que contenham tradições afros é necessário voltar no tempo acompanhando a evolução dos acontecimentos. No Rio Antigo havia inúmeras práticas religiosas africanas como também grupos étnicos, o que viria a produzir uma série confusa de situações. Conforme já mencionado, os africanos aqui chegados, em grande parte, eram jovens e sem conhecimento das bases de suas crenças ancestrais. Embora instruídos pelos mais velhos, criam uma confusa interpretação, ficando, assim, abertos às práticas católicas, pois a cidade era uma imensa igreja. Por todos os lados para que se olhasse, lá estavam símbolos e construções da crença católica.

Isso se tornou mais evidente pelos grupos de escravos pertencentes a pequenas etnias. Um exemplo claro foi o da minoria jeje que vivia no Rio e que assimilou suas divindades com as dos nagôs. Outras seguiram o procedimento. Com o aumento da vinda de escravos de outras regiões do país para o Rio, após 1850, quando o tráfico foi abolido oficialmente, as religiões sofreram novas transformações, que, ao exaltarem os cultos praticados em Salvador, serviriam de motivos às críticas futuras de escritores.

Muitas igrejas criaram confrarias a fim de atrair o negro, originando um catolicismo negro que iria gerar uma série de subculturas de etnias.

96 | JOSÉ BENISTE

Será no seio dessas confrarias negras que as tradições africanas ganharão um novo espaço necessário à sua perpetuação. Muitos dos escravos ladinos e crioulos conseguiram, mediante o consentimento e o auxílio de seus senhores, entrar para alguma confraria ou irmandade dos homens de cor. As igrejas de N. S. do Rosário, São Benedito, São Domingos, N. S. da Lampadosa, das Mercês, da Conceição, de Santa Efigênia, entre outras, teriam como integrantes aqui no Rio não apenas negros de camada simples, mas, em um futuro distante, dirigentes de terreiros afros devidamente discretos em suas práticas religiosas.* É importante destacar que as irmandades e confrarias do Rio Antigo não utilizaram, exatamente, o método das igrejas da Bahia, que distinguiram o ingresso de negros de acordo com as etnias deles, como relata Verger.** Isso não impediu a organização de um grupo católico de origem jeje, conforme relata Helio Vianna:

> Os negros jeje no Rio se organizaram em torno de determinadas Igrejas, a do Rosário em fins de 1730 abrigando as Irmandades de Santo Antonio da Mouraria, [...] Confraria de N. S. dos Remédios que promovia assistência aos pobres e doentes jeje na Devoção às Almas do Purgatório em 1786, dedicada a salvar as almas dos parentes mortos. [...] Essa identificação com as Igrejas não autorizava práticas africanas, [...] a ameaça de excomunhão a todo aquele que participasse diretamente de "divertimentos" totalmente alheios ao louvor de Deus. (*Somos uma montanha*, 1999, v. II.)

Talvez nem todos fossem realmente jejes, pois se adotou essa classificação para todos os embarcados na região da Costa dos Escravos, na África, para

---

* "A Iyalorixá Aninha, Cipriano Abedé, Alberto Lobo, entre outros faziam parte de [...] irmandades católicas. Esse último era o responsável pelas primeiras missas mensais da Igreja de Santa Efigênia, que foi em vida uma princesa africana Núbia, devidamente santificada."
** Ver relação no capítulo sobre o Candomblé do Engenho Velho e Pierre Verger, *Orixás*, Corrupio, 1981, p. 28.

onde todos eram conduzidos sem qualquer critério de classificação. Por outro lado, é necessário que se registre que, apesar dessa participação, não ocorreu assimilação entre os santos católicos e os inkises dos angolas. Isso ficou por conta dos orixás que foram aceitos em sua identificação com os santos católicos. Tudo leva a crer que esses inkises não existiam no Rio Antigo em forma e número como hoje são conhecidos.

> Com a chegada da grande religião dos yorubás, seus Orixás, conquistando os terreiros que batiam tarde, às vezes disfarçados em meras reuniões sociais. Mesmo nas casas dos bantus, os Orixás yorubás passam a descer juntos com suas entidades. (Roberto Moura, 1983.)

Os santos negros eram bastante populares entre a gente negra, ocorrendo um fato marcante em sua época. Por ocasião de uma procissão católica em 1849, os brancos da igreja se recusaram a carregar nos ombros a imagem de São Benedito, um homem negro. Deixaram a imagem na sacristia. Em dezembro daquele ano, quando ocorreu a epidemia da febre amarela, a maioria dos mortos era composta por brancos. Afirmou-se que era a vingança de São Benedito. No ano seguinte, o santo foi reintegrado à procissão. A cor da pele desse santo é contestada pelo padre da Igreja N. S. da Conceição da Praia, em Salvador:

> "Ele não era negro", disse o padre, enfaticamente, "era bronzeado e nasceu no norte da África. Um mouro. Foi um pescador, rufião, bêbedo, ladrão, talvez assassino. Mas sua alma foi salva e ele foi santificado". (Entrevista a Ruth Landes, 1938.)

Outros santos reverenciados e aceitos eram Santa Luzia, protetora dos olhos, Santo Antônio, que combatia os maus espíritos, São Jorge, que protegia contra as lutas, Santa Efigênia e Santo Elesbão. Esses últimos tornaram-se importantes por registrarem a presença de integrantes de Candomblé, quando se criou o hábito de reunir todos nas missas mensais. De certa forma, viam as imagens como novos símbolos de poder da própria religiosidade.

Era tão natural e legítimo à instituição servil que as próprias ordens religiosas possuíam numerosos escravos. Por exemplo, os beneditinos tinham mais de mil em suas numerosas fazendas, nos mosteiros, nos serviços domésticos e nas obras de construção, mas eram selecionados mulatos tão claros que poderiam passar por brancos. A Igreja apoiava a escravidão e estava do lado dos senhores. Não sem razão, ela, como instituição, foi a última a levantar voz em defesa da Abolição. Apesar disso, algumas ordens católicas anteciparam-se à Abolição e foram pouco a pouco libertando seus servos, alforriando em 1873, sem compensação, os que ainda possuíam.

Havia os negros muçulmanos com seus grupos, os yorubás, os hausás, minas que praticavam seus cultos secretamente por não serem tolerados. Mesmo batizados com nomes portugueses, continuavam a ler o Corão e a seguir os tabus alimentares. Os muçulmanos, porém, por serem extremamente reservados, não deixaram suas influências nos ritos futuros. Foram eles os primeiros ex-escravos a retornarem à África após a libertação.

> Os muçulmanos eram menos numerosos. Além disso, não tinham somente suas concepções religiosas, mas, também, um sistema de vida, uma teoria política, um sistema jurídico. Sua religião exigia rezar em horas determinadas, fazer os banhos e purificações corretas, dar esmola, cumprir as grandes obrigações do crente. Isso era extremamente difícil numa situação escravocrata. Não era possível parar de cortar cana e se virar para Meca. A escravidão cerceou mais as práticas dos negros muçulmanos do que as da religião de orixá. (Alberto da Costa e Silva, *Jornal do Brasil*, 14 de novembro de 2001.)

As Irmandades constituíram, na época, o centro de uma das mais importantes posições de resistência e defesa do negro contra a escravidão no

Brasil. O estudo realizado por Veríssimo de Mello* revela fatos importantes sobre as diferentes estratégias do negro em busca de sua adaptação e liberdade. Para entender as práticas aculturativas do negro e inseridas em sua religiosidade, torna-se necessário rever todo o procedimento feito por diferentes grupos étnicos aqui chegados.

Houve várias formas de reações diante da opressão obstinada do poder. Algumas violentas e ruidosas, como a rebelião do negro muçulmano na Bahia, os quilombos e os crimes praticados, e outras silenciosas, mais de fundo psicológico, como o banzo, os suicídios, as fugas ou refúgios nas religiões. As Irmandades podem ser consideradas sob o último aspecto, pois, de outra forma, não se pode entender o interesse dos negros por uma religião, a católica, totalmente estranha a sua crença de origem. Passaram, então, a conceber os orixás e santos católicos como de categoria igual, abrigados no desconhecimento geral do idioma que falavam.

Aparentavam convertidos ao catolicismo, e, com isso, suas práticas religiosas se mantiveram entre eles até hoje. Pode-se entender, então, que o ingresso nas Irmandades era mais uma posição do que uma conversão. A partir daí, foram criadas várias instituições negras, como a coroação de seus reis, rainha e autos festivos populares, como os congos, cucumbis, reisados, maracatus, pois todos esses elementos se vinculavam diretamente às confrarias.

> Os negros se aproveitavam do carnaval, iludiam a perspicácia dos brancos opressores e festejavam os seus reis, as suas instituições, as suas religiões. (Arthur Ramos, 1935.)

---

* Revista *Afro-Ásia* do CEAO, Bahia, nº 13 1980.

OS AFRO-BAIANOS NO RIO DE JANEIRO

As organizadoras dos primeiros Candomblés de que se tem notícia foram as mulheres, principalmente em Salvador, assumindo a liderança religiosa a partir do início do século XIX, sendo essa questão de data tema de discussão entre seus descendentes. No princípio, as cerimônias eram mantidas por movimentos discretos e disfarçadas de reuniões sociais, faladas em língua nativa que o branco não entendia e, assim, aceitavam-nas. Ressalte-se o papel das mulheres nessa tarefa de preservação das religiões africanas, pois utilizavam a palavra falada e não a escrita. Além disso, sua participação em ordens religiosas era confundida com a aceitação das crenças católicas. Assim, suas reuniões seriam formas de reverência e culto a essas divindades, o que contribuiria para o surgimento do hábito de realizar missas católicas aos orixás identificados com os santos, antes das cerimônias nos Terreiros.

O Candomblé será uma religião diferente das religiões ocidentais, em que o homem exerce forte hegemonia, dando pouco espaço às mulheres. Será observado que nos Candomblés baianos o poder da mulher será total com atuação espiritual e temporal sobre seus filhos de santo. Inicialmente se constitui em um matriarcado em que o trabalho intenso do homem escravo ocorreria na agricultura ou no garimpo, ficando as mulheres com os serviços domésticos e com mais disponibilidade de tempo nas senzalas ou em áreas próximas. Não se pode negar que os conselhos e

HISTÓRIA DOS CANDOMBLÉS DO RIO DE JANEIRO | 101

as orientações no dia a dia dos membros da comunidade estabelecerão uma forte relação familiar entre todos. E, como as mulheres desenvolvem mais o lado afetivo, o papel de líder religiosa com características maternais se ajustaria melhor a elas.

Os cargos inicialmente femininos viriam a ser diferenciados pela participação masculina. Essa inclusão foi muito mais forte no Rio, pois aqueles baianos aqui chegados não distinguiam critérios em virtude da necessidade de sobrevivência. Todos seriam aceitos indistintamente, contrariando os princípios do seu Candomblé de origem.

O Candomblé foi um novo culto diferenciado do que se fazia na África, com ritos adaptados* e outros aqui criados. Constituiu o começo para exercer uma personalidade profunda pelas mãos de uma de suas mais destacadas representantes, Ìyá Nàsó, e seu grupo, por volta de 1830, em Salvador. Na 4ª Parte desta obra será realizado um levantamento do quadro sucessório dos Candomblés baianos.

Em 1822, as perturbações políticas em Salvador dificultam a vida na cidade, o que promoverá a vinda de um contingente de libertos com longa tradição urbana para o Rio.

> Depois do fracasso do levante malê de 1835, em Salvador, esses africanos da Bahia, muitas vezes chamados de nagôs, aportam aos milhares nas costas do Rio de Janeiro, fugindo da repressão, vendidos por seus senhores temerosos ou mesmo como libertos em busca de mercados mais promissores para seus produtos de rua. Eles também trazem o credo religioso que vai fazer dos zungus portas de acesso ao sobrenatural para centenas de africanos ansiosos por fé, rito e religiosidade. O zungu adquire então uma acepção misteriosa, obscura e sedutora. (Carlos Eugênio L. Soares, *Reino do Zungu*, 2006.)

---

* Ver em *Òrun Àiyé*, Bertrand Brasil, deste autor, p. 324, comentário sobre o assunto. Em *Mitos Yorubás*, também deste autor, há uma visão sobre a descaracterização dos Candomblés, p. 287.

102 | JOSÉ BENISTE

Esses afro-baianos com longa vivência religiosa seriam citados como tios e tias. As mulheres atuavam como verdadeiros chefes de família, costureiras, quituteiras, cozinheiras, bordadeiras. O comércio das quitandeiras de rua seria ampliado com a venda de novos produtos que fizeram grande sucesso, aliado à indumentária definida como "baiana" para as vendedoras de tabuleiros. Certamente, vem daí a ideia de as Escolas de Samba reverenciarem a memória dessas matriarcas com a obrigatoriedade da ala das baianas. A legalização das Escolas de Samba e dos desfiles de rua foi oficializada no Rio, em 1935, na gestão do prefeito Pedro Ernesto. No trajeto das escolas era obrigatória a passagem na Praça Onze pelas casas das tias baianas.

No Rio, capital do Império e posteriormente da República, haveria mais possibilidades de um padrão de vida mais digno, o que viria a ser uma constante até meados do século XX, com população negra considerável, em razão da decadência da cultura do café, no Vale do Paraíba. Os negros se situariam nas imediações do Cais do Porto, atual praça Mauá, onde os homens conseguiam emprego na estiva e as mulheres vendiam doces de tabuleiro. Eram pessoas simplesmente iniciadas, mas que aqui se tornariam dirigentes, abrindo suas casas, com o currículo de serem da Bahia. Algumas o faziam por necessidade de sobrevivência e outras, por imposição das pessoas que atendiam para jogos ou rezas, segundo diversos depoimentos.

> Até se pode afirmar que a macumba dos negros cariocas é a menos interessante dessas sobrevivências religiosas, tal seu grau de diluição, sua rápida transformação com a civilização litoral. (Arthur Ramos, 1935.)

Essa forma de pensamento seria seguida por vários autores, começando por Nina Rodrigues (1862-1906), e todos estabeleceriam comparações com a "beleza e a tradição" dos Candomblés baianos. Esse tipo de pensamento entre cientistas marginalizou o Rio de Janeiro e seus diferentes cultos, que nunca foram estudados como mereciam. Todos os autores se copiaram sem qualquer tipo de investigação séria. O fator de desagregação, a partir de comparações entre o Rio e Salvador, se é que houve, teve como princípio a participação dos próprios baianos. Aqui chegando, interessaram-se apenas por fazer iniciações, muitas sem o devido preparo para tal e sem qualquer critério seletivo. (Ver o capítulo "A Participação Masculina e Homossexual".)

Em termos de valores, não há o que se comparar, pois cada um teve sua própria história política e colonizadora, que não seguiu os mesmos ditames. A transferência da capital da Colônia Portuguesa de Salvador para o Rio em 1763 acelerou o processo de urbanização e alterou o panorama da cidade, que se expandiu introduzindo novos estilos arquitetônicos e apresentando à sociedade uma maneira cosmopolita de viver. Por uma questão natural, uma cidade centro do vice-reinado, posteriormente capital do reino e da república, teria de ser diferente em todos os sentidos, mesmo que não fosse esse o seu desejo.

A participação baiana no Rio viria a se constituir em uma nova e rica liderança de grupo, juntando-se a eles negros libertos de todas as partes do país em busca de melhores condições de vida. Aqui viveriam seus descendentes, situando-se próximo ao cais do porto, onde os homens trabalhariam na estiva, e as mulheres atuariam no trabalho diferenciado entre cozinha, costura e venda de produtos de tabuleiro. Todos eram conhecedores do sistema de culto praticado em Salvador e na cidade de Cachoeira, conferindo uma nova forma ao ritual que aqui já existia. Igualmente, foram aplicadas as articulações de Rodolpho Martins de Andrade, citado como *Bángbóṣé*, a partir de 1870, em suas seguidas viagens ao Rio.

Em 1902, João do Rio (1881-1921) tentou explicar isso em uma série de reportagens importantes que retratavam o culto daquela época. Os negros chamados de cabindas de forma crítica pelo seu informante eram aqueles que já aceitavam um culto sincrético. Suas cerimônias chamadas de macumba, com ritos diferentes dos conhecidos Candomblés, seriam os cultos denominados de Omoloko, praticados no Rio Antigo. Viriam alimentar as casas abertas pelos baianos aqui chegados com a iniciação de pessoas que abandonariam essa prática em detrimento do Candomblé.* Deles sairiam futuros e importantes dirigentes, como seria feito com a Umbanda, a partir da década de 1950.

---

* Entre outros, Egbomi Dila, Natalina de Oxum, Ọbà Ganjú e Djalma de Lalú.

TIA CIATA E AS DOCEIRAS DE RUA

As tias baianas radicaram-se, em grande parte, na Pedra do Sal, no morro da Conceição, e nos arredores próximos à Prainha, atual praça Mauá e ponto de partida da Pequena África. Outras desciam do morro do Castelo e de Santo Antônio para vender seus produtos no centro da cidade. Uma das iniciadoras dessa tradição carioca foi a baiana Ciata de Oxum (1854-1924),* nascida Hilária Batista de Almeida, que tinha grande liderança entre as comunidades negras e que se tornaria mãe-pequena do Candomblé de João Alágbà, no Rio.

> Ciata morava na rua Visconde de Itaúna, 117. Era baiana, era das mais procuradas e ajudou a fazer a fama da praça Onze. No Carnaval todos os clubes paravam perto da casa dela e a cumprimentavam e pediam a bênção. Uma mágoa que eu tenho, ter perdido a única foto dela. (Carmen do Ximbuca, em 30 de julho de 1978.)

Carmen do Ximbuca, nascida Carmen Teixeira da Conceição, era irmã de Ciata e conhecida pelo apelido dado pelo marido, Manoel Teixeira. Era da Bahia e veio para o Rio, passando a morar na rua Senador Pompeu, talvez, na casa de Perciliana Maria Constança, mãe de João da Baiana.

---

* Segundo alguns, foi iniciada no Engenho Velho, em Salvador. Sua irmã carnal, Carmen do Ximbuca Oxum, faleceu em 1988, mas, segundo Egbomi Dila, não era iniciada.

106 | JOSÉ BENISTE

Carmem do Ximbuca era muito requisitada, vindo a reunir os baianos da velha guarda até seu falecimento em 1988.

Ciata chegou ao Rio aos 22 anos já iniciada por Bángbóṣé, fazendo parte de um grupo que deixou Salvador em razão de perseguições religiosas. Morou na Gamboa, no Santo Cristo, na Praça Onze e na rua da Alfândega, 304. Conheceu Norberto da Rocha Guimarães, tendo com ele a filha Isabel. Quando se separou, trabalhou como quituteira, mantendo um tabuleiro de vendas na rua Sete de Setembro, no Centro do Rio. Sua casa funcionava como moradia, local de festas e de trabalho, onde fazia as comidas de tabuleiro vendidas nas ruas por diversas baianas. Ela e outras eram facilmente reconhecidas pelo turbante, com um elegante pano da costa jogado no ombro, pelas pulseiras e pelos brincos, suas marcas características.

> O conceito de adornar está distanciado do conceito de significar conscientemente. Para o português era sinal de poder adornar a sua mucama bonita, jovem e muitas vezes concubina. Para a crioula, a penca remetia a uma história cultural, onde retomava matrizes étnicas e, consequentemente, de identidade. (Raul Lody, p. 49.)

Ciata veio a casar-se com João Batista da Silva, um negro bem-sucedido, com quem teve catorze filhos. Alugava roupas para exibição em teatros e realizava festas regadas com muita música. Em sua casa, na antiga praça Onze,* recebia muitos visitantes, que se tornariam grandes nomes da música popular brasileira, como Pixinguinha (1897-1973), Heitor dos Prazeres (1898-1966), João da Baiana (1887-1974), Sinhô (1888-1920), Ataulfo Alves (1909-1969) e outros compositores de raiz. Foi lá que nasceu o primeiro samba — que de samba não tinha nada — gravado em disco, em 1916, "Pelo Telefone", de autoria de Donga (1889-1974) e Mauro de Almeida (1882-1956).

---

* O atual Monumento a Zumbi dos Palmares situa-se em terreno que fazia parte da antiga praça Onze.

A palavra Terreiro surgiu da reunião desses sambistas em determinado local com o intuito de compor seus sambas. Realizavam as festas de Cosme e Damião e Nossa Senhora da Conceição, e também a roda do partido-alto, onde se dançava o miudinho, uma forma de sambar de pés juntos. No samba, batiam-se pandeiro, tamborim, agogô, o que se tivesse à mão, com panelas, pratos arranhados com facas, sendo tudo tocado por mãos competentes. Eram os batuques, o jongo, o partido-alto e, logo depois, o samba que conhecemos.

> Era preciso ir até a Chefatura de Polícia e explicar que ia haver um samba, um baile, uma festa, enfim. Daquele samba saíam batucada e candomblé, porque cada um gostava de brincar a sua maneira. (João da Baiana, MIS, 1970.)

Entre as doceiras baianas que aqui se instalaram nos anos 1940, Amanda de Jàgún fazia ponto no largo de São Francisco, Benta de Ogum, na Quinta da Boa Vista e na avenida Rio Branco, Agripina de Xangô, na praça Saens Peña, Senhorazinha, no largo da Carioca, e mais Teodora de Yemanjá, sua irmã Cotinha, Marota de Ogum, Dila de Obaluaiê, Bida de Yemanjá e sua irmã Helena de Oxum, Damiana de Xangô, Maria José do Gantois e Dezinha, todas com os próprios pontos de venda na cidade. Todas deveriam usar o pano de cabeça para serem identificadas. Eunice de Oxalá, filha de Procópio e mãe da Iyalorixá Regina do Àṣẹ Òpó Àfọ̀njá, declarou a nós em março de 1978:

> Deixei de costurar e fui vender doce no Circo Norte-Americano, depois na rua Primeiro de Março e em Copacabana. Para puxar a venda, eu pedia aos orixás. Parei em 1974, quando passei a fazer jantares na Feira da Providência.*

---

* Suas duas filhas formaram-se: Regina como professora e Rosemary em medicina, graças a esse trabalho.

Depois de cumpridos alguns preceitos aos orixás, levavam seus tabuleiros com manjares, cocadas, bolo de estudante, pé de moleque, cuscuz, puxa-puxa e milho. Muitas que se tornariam futuras dirigentes de Candomblé tiveram ponto fixo em vários locais da cidade e puderam, assim, ter um meio de sobrevivência, até conferindo formação educacional a seus familiares. Na gestão do prefeito Francisco Negrão de Lima (1956-1958) foi dada a autorização oficial de venda às doceiras de rua com a condição de que fossem paramentadas de baiana, não pagassem a passagem de ônibus e não fritassem o acarajé na rua, trazendo tudo pronto de casa.

A marca das baianas ficou registrada na denominação Tabuleiro da Baiana, uma cobertura de concreto em formato de um grande tabuleiro, localizada no largo da Carioca, que servia de local de embarque e desembarque das viaturas para a Zona Sul do Rio.

> Eu vendia na cidade e os guardas que passavam reclamavam. Na última vez exigiram que eu vendesse somente depois das 5 horas da tarde. Fizeram-me desmontar todo o meu tabuleiro. Agora, só vendo em eventos. A última foi Cotinha, que vendia em São Cristóvão. Sua filha ficou no lugar dela. Teve, também, Nair de Oxalá, que era irmã dela. Hoje não tem mais ninguém. (Iyalorixá Maria Isabel de Oya, em 26 de novembro de 2005.)

MALABARISMO NEGRO — OS FESTEJOS

O escravo negro soube dançar, cantar, criar novas instituições e relações religiosas, enganar seu senhor, às vezes envená-lo, em represália pelos maus-tratos. Além disso, soube também defender sua família, sabotar a produção, fingir-se de doente, fugir do engenho, lutar quando possível e acomodar-se quando lhe convinha. No dizer do professor João J. Reis da Universidade Federal da Bahia, "foi este malabarismo histórico que resultou na construção de uma cultura negro-brasileira, caracterizada pelo otimismo, coragem, musicalidade, ousadia estética e política". Assim, defendiam-se do sistema impiedoso, mantendo formas para uma reorganização de suas vidas, sendo a música e a religião elementos importantes para esse processo de socialização.

Essa liberdade para realizar seus festejos e usar seus instrumentos, até certo ponto, não foi a mesma entre os negros escravos da América do Norte. O fato de um país ter a própria música popular calcada em ritmos negros sem tradição na percussão sonora é explicado pelo medo que os feitores de escravos sentiam de os cativos usarem tambores para organizar um levante ou lembrar suas tradições, e, assim, proibiram seu uso. Com isso, impediram o surgimento de uma cultura percussiva, como a brasileira, e criaram a própria música — o blues, na região dos algodoais do rio Mississipi — usando instrumentos europeus, violão e gaita, e sem percussão. No Sul, o gospel das igrejas negras resultaria no soul e no funk, e, em Nova Orleans, nasceria o jazz. O ritmo era marcado com o pé ou, no máximo, com um escovão esfregado em uma tábua de lavar roupa. Os tambores* seriam revividos por meio da atual parafernália eletrônica.

No Brasil, a partir do segundo século de colonização, os batuques negros tiveram uma expressão maior. Abafavam o canto das danças indígenas e se perfilavam junto às modinhas introduzidas pelos portugueses. Além disso, tomavam conta das senzalas, repercutindo primeiro na população rural e depois na área urbana. Os batuques eram formas de poesias, que se somariam ao colorido dos reisados, na constituição da cultura musical tipicamente negra. Seria o caráter festeiro do bantu, abrindo suas celebrações nas ruas, apropriando-se do calendário católico para criar novas tradições. Luis Edmundo revela uma cena e alguns cânticos do Rio Antigo de 1811:

> [...] eram comuns, vindos pela rua do Rosário, os grupos vinham cantando ao som de tambores (adufos) chocalhos e agogôs. Negros de todas as etnias, congos, moçambiques, mojolos, minas cabindas, benguelas e rebolos. [...] São as congadas! [...] As coroações dos reis-congos faziam-se nas próprias igrejas.

"Quenguerê oia congo do má	*"E mamão, e mamaô*
Gira Calunga	*Ganga umbá, saísse iacô*
Manu que vem lá.	*E mamão, e mamaô*
Quenguerê oia congo do má	*Zumbi, Zumbi oia Zumbi,*
Gira Calunga	*Oia Mametu mochicongo,*
Manu que vem lá."	*Oia papeto [...]"*

(*O Rio de Janeiro no tempo dos vice-reis*, 1956, p. 257.)

Observamos aí expressões nitidamente bantus, e que alguns desses cânticos, e outros não transcritos, seriam inseridos nos ritos religiosos,

---

* Tambor e atabaque são palavras que vêm do árabe *drambaque* e *atabol*.

com algumas modificações. Além do aspecto de tradição folclórica, essas festas dos congos possuíam um significado social: revelavam a tendência dos negros de se agruparem para sua defesa e organizarem politicamente sua libertação. De certa forma, os cânticos e as danças constituíam um meio de os negros dissimularem suas queixas e raivas. Nos cânticos das nações, tornam-se comuns as giras de batuqueiros, onde surgirá o samba de roda que utiliza a faca arranhando o prato em um ritmo certo, uma diversão descontraída dançada e cantada ao ar livre. Em 1833, um juiz no Rio requereu que os cativos da cidade fossem proibidos de tocar tambores porque atraíam escravos das fazendas vizinhas. Sem o tambor, batiam palmas ou usavam outro objeto para fazer a marcação, como a faca arranhando o prato.

> Esse batuque que veio a ser chamado de Samba era formado com um círculo de pessoas, com um deles no meio dançando, balançando o corpo com movimentos de pés, braços e cabeça. Uma visão idêntica ao conhecido samba-de-roda, pois, *kusamba*, do dialeto *ganguela*, significa saltar, dar piruetas, expressar alegria e, por isso, batuque talvez viesse a ser conhecido como Samba, por este motivo. (Mary C. Karasch, 2002.)

Houve um processo de mistura de instrumentos musicais africanos e europeu que daria origem a outras modalidades de músicas, como o lundu e o choro. Para isso, concorreu o uso do violão, do reco-reco e do tamborim. Será nas juntas de alforria ou na habitação coletiva, e nos futuros Candomblés, que o negro exercerá sua personalidade profunda, seus ritmos e valores ligados ao inconsciente coletivo. O trabalho, a religião e o lazer darão um perfil às comunidades afro. Toda forma de ser está ligada a isso, a essa alegria, e será transplantada para a religião, porque uma das características que ela terá é a de não ser uma religião castradora, do não pode, do não deve. Ela se constituirá como uma religião alegre, em que todos poderão sorrir, brincar, dançar e, ainda, usar o próprio corpo para se comunicar com as divindades. Com essa medida, manterão vivas suas tradições à sua maneira, aceitando interferências, por entenderem estar longe de sua terra e definitivamente incorporados à nova civilização.

Por outro lado, de modo geral, alguns estudiosos rotularão essas manifestações como folclóricas, sem verificar o que isso realmente significa.

> Muitas vezes rotulamos uma criação de "folclórica" simplesmente porque não encontramos sua certidão de nascimento, a fim de regis-trá-la devidamente no cartório da cultura. São mais do que estreitos os vínculos entre o conceito de "folclore" e a discriminação cultural. (Antonio Risério, 1991.)

OS QUILOMBOS DO RIO — AS CARTAS DE ALFORRIA

Havia algumas formas de resistência à escravidão, e suas consequências envolviam desertar, conquistar a alforria ou cometer suicídio. O Rio não foi palco de revoltas ao estilo de Salvador. A fuga para os morros, escondendo-se nas diversas florestas tropicais, era uma opção viável, pois ali havia comida, caça e muita água. Os quilombos localizavam-se na Lagoa, no Leblon, em Santa Teresa, Inhaúma, Irajá e Icaraí. Outra opção era a fuga para a região da Serra dos Órgãos, formando pequenos acampamentos. No bairro da Tijuca, em 1820, existiam vários quilombos.

> Quem souber de um preto por nome Domingos, de nação Monjolo, com cara retalhada de sinais, [...] vestido de calças de ganga, véstia branca, procure a casa do conselheiro José Joaquim Carneiro de Campos, rua de trás do Hospício, n. 133, que terá suas alvíssaras. (*Gazeta do Rio*, 1821.)

Nas antigas freguesias de Marapicu, Jacutinga, Pilar, Piedade do Iguaçu e Meriti, integradas aos já municípios da atual Baixada Fluminense, no período de 1790 e 1880, existiam diversos quilombos às margens dos rios Sarapuí e Iguaçu. Eles sobreviveram por quase um século, desenvolvendo um comércio razoável com a cidade e influenciando a relação

114 | JOSÉ BENISTE

entre fazendeiros e escravos. Em Campos, Macaé e Vassouras havia pelo menos dez quilombos, que, apesar da clandestinagem, distribuíam lenha aos comerciantes das freguesias em troca de tabaco, aguardente e carne, promovendo um jogo de interesses, considerando que os negociantes forneciam informações de diligências policiais para capturá-los. O líder era um tal de Manuel Congo, considerado pai espiritual de mais de quatrocentos escravos.

A perseguição era feita pelo capitão do mato auxiliado por negros livres e índios conhecedores das trilhas. Embora não capazes de realizar revoltas, apelavam para outras formas de resistência, como assassinatos, incêndios, envenenamentos e trabalhos de feitiçaria com o intuito de amansar seus donos. A morte prematura, entretanto, em muitos casos era inevitável e causada por motivos diversos, como castigos públicos, excesso de trabalho, doenças diversas em uma cidade insalubre, desnutrição, prisão e suicídio para fugir ao castigo. O açoite era feito em público, por volta das 10 horas da manhã, nos pelourinhos existentes nas atuais praças da República e Tiradentes.

A partir de 1829, os castigos foram restritos à privacidade do Calabouço, que se localizava próximo ao atual Aeroporto Santos Dumont, cuja construção foi produto do aterro do desmonte do morro do Castelo. Para lá eram enviados os escravos cujos senhores desejavam castigar. Para isso pagavam uma importância referente a cem açoites, que seria aplicada na construção do Passeio Público. Os castigos corporais eram permitidos pela lei e pela Igreja. No pelourinho, continuaram a punir os condenados por sentenças judiciais, bem como os escravos criminosos, os quilombolas e os lutadores de capoeira.

Quando os escravos morriam, diversas podiam ser as causas: algumas doenças eram especificadas e outras não, e simplesmente se remetiam os corpos para o cemitério, em muitos casos, quebrados a fim de ganhar mais espaço.

A forma como eram enterrados aqui era um grande motivo de sofrimento. A cultura das pessoas dessas regiões tem uma série de requisitos para os funerais e enterros de seus mortos para que eles possam, na outra vida, encontrar seus antepassados. Trata-se de uma crença fundamental e que era violentada com a forma de tratamento dado aos corpos nos cemitérios dos pretos novos no Rio. (Júlio César M. da Silva Pereira, 2007.)

Os registros da Santa Casa da Misericórdia revelavam que os donos de escravos mandavam para lá os que estavam morrendo com o intuito de não ter despesas com o funeral. A Santa Casa registrava a idade, o local de onde tinham vindo e a causa da morte. Morriam principalmente de tuberculose. A causa das mortes no período de 1695 a 1824, quando eram constatadas, podem ser assim resumidas:

Ataque epiléptico	23	Coqueluche	157
Convulsões	206	Disenteria	195
Elefantíase	196	Febre gástrica	27
Gangrena	28	Tétano	319
Tuberculose pulmonar	2.182	Opilação	86

Desde cedo surgiram como parte da população os libertos ou forros, cujo número cresceu rapidamente. A carta de alforria constituía o instrumento legal pelo qual o senhor exercia o direito de conceder a liberdade a qualquer de seus cativos, e, uma vez liberto, não mais poderia ser reduzido à condição de escravo. Muitos compravam a própria liberdade com o produto de seu trabalho extra ou por meio de recompensa por ajuda às autoridades, denunciando roubos, crimes e revoltas.

Havia preferência para libertar primeiro as mulheres a fim de que os filhos nascessem livres. A compra da roupa marcava a nova situação, principalmente os sapatos, que, mesmo carregados na mão, conferiam dignidade de homem livre. Houve casos de negros forros que conseguiam ascender socialmente, casar, constituir família e direito à propriedade. Outros chegavam a comprar escravos para lembrar que já não eram mais escravos.

116 | JOSÉ BENISTE

A alforria variava de forma. Salvo a hipótese de o escravo comprar, mesmo em parte ou à prestação, sua liberdade, podia ser sob a determinação de uma data futura para gozá-la ou geralmente com a morte de seu senhor. É de destacar o heroísmo do escravo para formar o pecúlio que lhe daria o direito de comprar sua liberdade no todo ou em parte. Havia também a possibilidade de compra com a criação de caixas de alforria. O dinheiro provinha de doações, legados, heranças ou trabalho a terceiros em um sábado ou domingo, com o consentimento de seu dono. Os valores eram fixados pelos senhores e, quando não ocorria o acordo, havia um arbitramento judicial. Outro tipo de alforria ocorria com uma parte à base de troca e a outra em dinheiro, conforme documento da Santa Casa da Misericórdia do Rio:

> Aos oito dias do mês de maio, o ano de nascimento de N. S. Jesus Cristo de 1785, apareceu presente a escrava Catharina, que, querendo que se lhe desse a sua liberdade e, em satisfação, ofereceu uma preta de nome Maria da nação Bengala e 12$800 em dinheiro corrente [...] e por esse instrumento lhe dava a liberdade de hoje para todo o sempre para poder a dita Catharina tratar de sua vida e ir para onde for de seu gosto.

Os nomes católicos eram utilizados apenas pelos colonizadores. Diziam ser apelidos da terra de brancos, mas acabaram permanecendo e se adaptaram a eles.

A CULTURA AFRO-CARIOCA

Em síntese, houve uma diversidade étnica africana com negros de muitas nações e culturas diferentes combinando com luso-brasileiros e negros brasileiros que concorreram para criar uma cultura afro-carioca. Já não seriam mais nem um nem outro, individualmente. Essa mistura de costumes, linguagem, comidas, roupas e religião distinguiu o Rio de qualquer outra região brasileira. O que se percebeu ao longo dos anos foi uma flexibilidade de aceitação de mudanças constantes em práticas diversas com a inclusão de novos símbolos e novas crenças. Foi uma característica carioca nas práticas africanas, a qual se desenrolou até os dias atuais.

Com a chegada da corte portuguesa, em 1808, toda cultura africana aqui instalada acompanhou essas transformações.* Já antes, esse processo ficou determinado quando houve a transferência da capital, da Bahia para o Rio, em 1763, pelo Marquês de Pombal. De posto colonial, o Rio passou a ser o centro do mundo luso-brasileiro.

> A corte traz novos comportamentos, outra forma de servir à mesa, de vestir, passa a ser elegante falar como se falava na corte, da mesma forma como algumas formas do português local, cheio de expressões indígenas e africanas, também passam da massa para a elite. O Rio

---

* D. João VI chegou ao Brasil como príncipe, permanecendo cinco semanas em Salvador e seguindo para o Rio de Janeiro, onde ficou por treze anos.

118 | JOSÉ BENISTE

se torna o centro do poder e prestígio, e isto viria a influenciar tudo e a todos. (Miguel Conde e Rachel Bertol, 2008.)

Em 1822, por ocasião da Independência, o Rio passa a ser a capital do Império. A partir de então, consagra-se como a capital do Brasil, um território único e institucionalmente diferenciado das demais províncias. O desenvolvimento da cultura do café contribuiu para o crescimento da atividade dos portos da cidade, atraindo imigrantes europeus e americanos. Os novos africanos aqui chegados enfrentariam dificuldades em se relacionar com os que aqui estavam. O crescimento da população se fez sentir, impondo novas formas de costumes e de caráter à população. A cidade crescia para as bandas de Botafogo e da Lagoa. Fazendas surgiam nos novos bairros e freguesias da Glória e do Engenho Velho.

Sobre a crença de Salvador ter sido o único ou mais importante berço da cultura africana no Brasil, Verger revelou que o ocorrido lá foi uma exceção graças à conexão especializada pelo comércio de tabaco entre Brasil e África. Os próprios cariocas chegaram a admitir isso, ignorando o Rio como o principal mercado de escravos vindos, em sua maior parte, da região central da África, especialmente das etnias cabinda, angola, congo, moçambique, caçanje, benguela etc.

Muitos deles possuíam formas de identificação como cortes nos rostos ou entalhe nos dentes, sendo conduzidos para as grandes plantações de café. Enquanto o Rio se ligava à explosão do café do século XIX, Salvador encontrava-se integrada à economia açucareira decadente do Nordeste e, já em 1840, vendia alguns de seus escravos para o Rio de Janeiro. Em linhas gerais, quase um milhão de africanos passou pelo porto do Rio e adjacências, embora a maioria não tenha permanecido na cidade. Isso, entretanto, foi o suficiente para influenciar o povo. Colocando em números, nenhuma outra cidade nas Américas chegou perto de ter a população escrava do Rio, com 80 mil em 1849, lá trabalhando e vivendo.

A ênfase à importância do Rio durante o ciclo do café se dá pelo fato de ele ter ocorrido em um período em que a escravatura fora abolida, proporcionando a transição do trabalho servil para o assalariado.

Assim, os ex-escravos e familiares tiveram de se habituar à luta pela sua sobrevivência e aceitação na sociedade, o que fez com que abandonassem seus princípios religiosos radicais, que tudo deles exigia, e cuidarem mais de sua existência, visando à integração social. Para não perderem sua identidade total, buscaram outras formas de lembranças ancestrais, participando de modalidades afro-sincréticas que lhes possibilitavam exercer a prática religiosa e tarefas de trabalho com possível aceitação da sociedade.

ANOTAÇÕES

1. Algumas categorias do trabalho escravo: agricultores nos engenhos de açúcar, fazenda de café e algodão, pecuária, domésticos, mineradores, ambulantes, ourives, ferreiros, pedreiros, fazedores de cestas, carpinteiros, barbeiros, calafates, carregadores, extratores, correio, moleques de recado, mucamas, amas de leite, parteiras, cozinheiras, carregadores de liteira, vendedores, músicos, escravos dos santos, soldados de convento e igreja, reprodutores.

2. Para aliviar o fardo da escravidão, muitos escravos fumavam maconha, também conhecida como fumo-de-angola, liamba, diamba ou pango.

3. A comida dos escravos nos engenhos de açúcar e nas minas de ouro, depois nas fazendas de café, e daí para a mesa de todos os senhores e trabalhadores, foi o feijão, que veio servir a todas as bocas. Era virado na feijoada com linguiça, feijão-branco com lombinho, sopa de feijão, salada de feijão-fradinho, acarajé, baião de dois, feijão-tropeiro e doce de feijão. Era feijão de todo jeito.

4. Curiosamente, os mulatos ou pardos sempre invocam sua condição negra, mas não a cor branca. Isso não aconteceu com o jogador de futebol Ronaldo Fenômeno, filho da mestiça Sônia com o pai Nélio, um raro exemplo de um mulato reivindicando sua condição de branco. "Acho que todos os negros sofrem. Eu, que sou branco, sofro com tamanha ignorância." Entrevista à *Folha de S.Paulo*, maio de 2005.

O jogador de futebol Romário, em entrevista a *O Globo*, 23/11/2012, por ocasião da posse do juiz Joaquim Barbosa: "Eu também, como negro, fico feliz de saber que temos uma pessoa competente [...] que vai assumir o maior cargo do país no Poder Público." Enquanto um parece, mas não quer ser, o outro não parece, mas deseja ser. (Coluna do Anselmo, *O Globo*.)

5. O negro velho, quando morre, representa a perda de uma biblioteca. Essa expressão revela o respeito que a sociedade negra mantinha em relação a seus ancestrais.

6. Embora mantivessem uma convivência obrigatória nas senzalas, a desgraça comum que existia entre eles não os fazia esquecer os antigos rancores tribais e as guerras que os tornavam adversários. Como exemplo, havia uma oposição conjunta jeje-malê-nagô.

7. Os maiores fornecedores de escravos eram também os próprios negros, que intercambiavam suas "mercadorias" com seus representantes, dois antigos escravos que se tornaram ricos e famosos. Por duas vezes, em 1750 e 1795, o rei do Daomé mandou embaixadores a fim de propor uma espécie de monopólio do comércio de escravos. A moeda de troca era o fumo baiano. No século XVIII, a cachaça também se tornou a moeda do tráfico, pois o Rio, nesse período, contava com mais de seiscentos engenhos produtores de açúcar e cachaça.

8. Quando o preço do escravo estava em baixa, os senhores não admitiam que as negras engravidassem, obrigando-as ao aborto. Para isso, enfiavam ervas e raízes pela vagina delas a fim de que expelissem o feto. Em outros casos, obrigavam as jovens de 15 e 16 anos a se prostituírem com o intuito de conseguirem outra forma de lucro. Esse tipo de comércio que rendia em favor dos proprietários era garantido pela própria Constituição do Império de 1824, que, em seu artigo 179, garantia a propriedade em toda sua plenitude.

9. Angola conta com 11 línguas, e mais de seiscentos dialetos nos quais a maioria se mistura, tornando a África uma verdadeira floresta linguística. Os portugueses não tiveram outra saída a não ser impor a própria língua, pois, sem isso, não seria possível permanecer em contato com a civilização.

122 | JOSÉ BENISTE

10. Lei Eusébio de Queirós nº 581, de 4 de setembro de 1850, fim do tráfico escravo — Lei do Ventre-Livre nº 2.040, de 28 de setembro de 1871 — Lei dos Sexagenários nº. 3.270, de 28 de setembro de 1885 — Abolição da Escravatura, em 13 de maio de 1988. Brasil e Cuba foram os últimos a abolir o trabalho escravo.

11. A Lei Áurea, em 1888, estipulou que o negro é livre e a Constituição de 1891 garantiu sua igualdade como cidadão em deveres e direitos.

12. Mesmo após a Abolição, o direito dos negros ao voto foi garantido apenas em 1934, sendo que a mulher teve direito à Constituinte, em 1933.

13. Pierre Edouard Leopold Verger (1902-1996).

14. Quando se completaram os 500 anos do Descobrimento, houve quem dissesse que não havia nada a comemorar, esquecendo-se de que os estudiosos das coisas brasileiras, no mundo inteiro, sempre enfatizam que a miscigenação das raças foi uma experiência bem-sucedida no Brasil. Da mesma forma como se diz que os índios daqui sumiram porque foram massacrados. Nesse caso, deveria ser explicado de onde vem aquele tipo físico do povo do Pará ou do Amazonas, que não tem semelhança alguma com o tipo físico caucasiano.

15. Edison Carneiro (1912-1972) fez o seguinte comentário sobre o Candomblé da Nação de Angola, da Bahia: "Talvez só haja na Bahia um Candomblé afro-bantu, não caboclo. O Candomblé de Santa Bárbara do pai de santo Manuel Bernardino da Paixão, no Bate-Folha. [...] Pode-se dizer que, na Bahia, os negros bantus esqueceram seus orixás. Este facto, fácil de ser notado mesmo à primeira vista, explica-se, naturalmente, pela pequena consistência das suas concepções mythicas. Não tendo orixás a adorar, os negros sul-africanos ladearam a dificuldade adaptando, às suas práticas feitichistas, os orixás dos cultos gêge-nagôs, sudaneses em geral, e os 'espíritos familiares' às mattas brasileiras. E isso elles o fizeram de diversas maneiras, ora decompondo o orixá em diversos 'modos' de ser. Tal caso do orixá Ogum, que às vezes é Ogum da Pedra Preta, às vezes Ogum Sete Espadas e, até, às vezes Ogum Marinho." (*Negros Bantus*, Civilização Brasileira, 1937, p. 28.)

16. Manuel Bernardino da Paixão participou do Congresso Afro-Brasileiro, na Bahia, em 1937, deixando registrado um trabalho com o título "Ligeira Explicação sobre a Nação Congo", do qual nós transcrevemos alguns trechos para uma devida análise, respeitando a grafia da época: "Dar Comida a Cabeça: Esta cerimônia leva-se a effeito a começar pelo dicajaja (oubi) e água fria captada no mesmo dia; [...] estende-se no chão uma esteira que é forrada de roupas brancas. A pessoa que vae dar comida à cabeça veste-se de branco, trazendo nos hombros uma toalha ou lençol; [...] senta-se na esteira tendo as costas voltadas para a rua; [...] sobre a mesa coloca-se uma quartinha com água, um copo, um prato com dicajajas; [...] o executor da cerimonia humedece os dedos da mão direita na água da quartinha, bate três vezes na mão esquerda fechada e diz: jarafuman, o que significa — a cabeça da iniciada ajuda a todos e descansa a mão direita na cabeça da iniciante, o que equivale a invocar o anjo da guarda. Depois eleva o prato de dicajajas à altura da fronte, [...] parte um dicacajas, molha-o, fecha-o nas mãos e acto continuo joga-se no chão. Depois, partem-se os outros, [...] distribuindo-se com os presentes [...], completando com as demais formalidades." (*O negro no Brasil*, Civilização Brasileira, 1940, p. 349-350.) Nota deste autor: o ritual descrito é praticamente semelhante ao ritual do bori dos Candomblés Ketu.

17. Sobre a palavra Candomblé: "Uma das danças outrora correntes entre os escravos, nas fazendas de café, era o candombe. Esse era o nome dado a certo tipo de atabaque." (Edison Carneiro, *Ladinos e Crioulos*, 1964, p. 127.)

18. Os Candomblés da modalidade ketu e jeje foram criados para serem dirigidos por mulheres. Foram os angolas e congos, talvez, os primeiros a iniciar homens e tê-los em Terreiros abertos.

19. É interessante registrar que os cânticos de Umbanda costumam exaltar personagens históricos e situações políticas brasileiras. Mas nada se fala nos franceses e holandeses que aqui estiveram no período colonial, nem no negro como vaqueiro.

20. A cidade do Rio de Janeiro foi fundada em 1º de março de 1565. A data de 20 de janeiro consagra São Sebastião, o padroeiro da cidade. Esse santo foi escolhido por ser também o nome do soberano reinante em Portugal, D. Sebastião, o rei menino. Foi em 20 de janeiro de 1567 que ocorreu a batalha que expulsou os franceses definitivamente do Rio. Mem de Sá, seu fundador, veio da Bahia trazendo auxílio e escolhendo-o para ser padroeiro. Naqueles tempos de forte emoção e fé ingênua, confiava-se no santo protetor para dar vitórias às pessoas.

3ª PARTE

O RIO ANTIGO E O DESENVOLVIMENTO RELIGIOSO — O BAIRRO DA SAÚDE

Para abordar o desenvolvimento afro-religioso faz-se necessário discorrer sobre o histórico do Rio em fins do século XIX e no decorrer do século seguinte. De que modo as religiões afro, espíritas e umbandistas foram construídas e sobreviveram até os dias atuais? Como transcorreu o tempo já vivido por seus praticantes e qual a função dos atuais seguidores, enquanto intermediários entre as gerações que nos precederam e aquelas que ainda hão de nos suceder?

Em 1900, a cidade ainda guardava o estilo desolador dos velhos tempos do rei, dos vice-reis e dos governadores com ruas estreitas e vielas sujas. O novo regime ainda não tivera tempo de modernizá-la. Nesse período, morria-se de febre bubônica, febre amarela, varíola e outras epidemias, como a gripe espanhola (1918-1920). Além disso, faltava água e não havia higiene. Nas praças amplas, quase não existiam árvores, e havia sobrados centenários sem saneamento e sem janelas nos quartos. Nas ruas, viam-se alguns bondinhos elétricos instalados a partir de 1892 e outros ainda puxados por um par de burrinhos. O povo das ruas era composto por cerca de 30% de negros, 30% de mestiços e o restante de brancos. Havia vendedores ambulantes, leiteiros, vassoureiros, peixeiros, paneleiros, funileiros, doceiras, cesteiros, quitandeiros etc. Com esse quadro é possível entender que a cidade constituía uma imensa feira sem regras estabelecidas, e, se as tinha, não eram cumpridas.

128 | JOSÉ BENISTE

Para obter uma renda mensal de 50 mil réis, um operário precisava trabalhar até dezesseis horas por dia, incluindo sábado e domingo. Para morar em um cortiço, o aluguel custava 40 mil réis; se fosse uma casa velha, 200 mil réis. O quarto no cortiço era a residência padrão do homem livre e pobre no século XIX. Esses cortiços, denominados "cabeças de porco", eram geralmente grandes casas ou galpões subdivididos e alugados por parte pelos seus proprietários, na maioria das vezes, portugueses e espanhóis ou mesmo algum aristocrata.

Essas habitações coletivas eram mais frequentes nas áreas planas próximas ao centro do Rio, nas antigas ruas General Caldwell, Senador Pompeu, Barão de São Félix, Riachuelo e São Cristóvão. Muitos grupos afro primitivos, o embrião dos futuros Centros ou Terreiros, funcionavam nesses locais. Nas favelas predominam os negros mesmo antes da Abolição, pois o Governo Imperial havia alforriado multidões de escravos para enviá--los à Guerra do Paraguai (1864-1870). Os que retornaram severamente mutilados alojaram-se nessas habitações.

O bairro da Saúde adquiriu importância por se tornar reduto de baianos e ex-escravos, e por estar próximo ao largo da Prainha, onde, por muito tempo, esteve erguida uma forca. Esse local era ínfimo, mas, após a construção de um porto, converteu-se em uma praça enorme denominada praça Mauá. Como o Rio não tinha cais, essa obra foi muito importante. Os navios eram obrigados a ancorar no meio da Baía e o desembarque acontecia através de embarcações menores. A construção iniciou-se em 1904, ficando parcialmente pronta em 1906, o que viria a estimular a imigração.

A estiva passou a constituir o reduto de trabalho de muitos negros, gente do Candomblé e futuros ogãs. João Alágbà tinha seu Terreiro ali perto, na rua Barão de São Félix, 76. No bairro próximo do Valongo, localizavam-se os trapiches, onde os escravos eram reunidos acorrentados e expostos aos compradores, conforme já visto.* Muitos doentes ali

---

* As escavações feitas nas atuais obras de drenagem na Zona Portuária do Rio têm revelado preciosidades, como as ruínas dos cais da Imperatriz e do Valongo, que se estima em ter recebido mais de um milhão de escravos africanos.

morriam e eram enterrados em valas comuns, em um cemitério próximo no caminho da Gamboa, na atual rua Pedro Ernesto. O nome Gamboa foi dado pelo fato de os pescadores daquela área armarem gamboas, pequenas represas, para prender os peixes. Os aterros sucessivos transformaram a praia primitiva em uma rua, que conservou o nome e estendeu-se a ponto de designar toda a região.

O nome das ruas contribuiu para a magia do lugar, transmitindo imagens do cotidiano presente e passado. Ladeira do Escorrega, travessa do Sereno, rua do Propósito, travessa da Felicidade, rua do Jogo da Bola são alguns nomes que permaneceram, não sendo substituídos por palavras sem significado. A maioria, porém, desapareceu, como a rua da Harmonia, o beco do Suspiro, a ladeira do Quebra-Bunda e o beco Sem Saída.

Depois de o tráfico escravo se tornar ilegal, o Valongo e a Gamboa passaram a ser locais de armazéns e trapiches. Um desses trapiches ficava no local denominado Pedra do Sal, localizado no Morro da Saúde, onde se descarregava a produção de sal. Hoje é denominado de rua Argemiro Bulcão e localiza-se próximo ao largo João da Baiana. Com a dificuldade de encontrar moradia no centro da cidade, os Morros da Conceição e da Saúde eram cada vez mais procurados. A favela passou a ser uma nova forma de moradia com a vantagem de, na maioria das vezes, não haver aluguel. Na época localizados junto ao mar, foram tantos os constantes aterramentos para a construção do cais do Porto que Gamboa, Saúde e Santo Cristo acabaram afastadas da orla marítima. Mais recentemente, a partir de 2012, a área sofreu alterações com obras do Porto Maravilha e remodelação de sua principal via.

> No início das obras da Zona Portuária, em 2009, a prefeitura foi informada por arqueólogos e historiadores de que haveria restos do cais, o maior porto de escravos das Américas no século XIX, onde hoje é a rua Barão de Tefé. Construído em 1811, o Cais do Valongo foi soterrado por ordem da Coroa para a construção do Cais da Imperatriz, que em 1843 receberia dona Tereza Cristina, trazida para casar com dom Pedro II. A área estava aterrada. (Simone Cândida, *O Globo*.)

As escavações daquela área da Zona Portuária, iniciadas em 2011, revelaram centenas de milhares de objetos, como dentes de porco, pulseiras, cachimbos, colares, búzios e pedras, muitas das quais usadas em rituais religiosos ou como amuletos pelos negros. Esse fato vem motivando o ritual da lavagem simbólica do chão de pedra, por representantes de casas de Candomblé, utilizando água de cheiro, cânticos e orações, por onde passaram cerca de 500 mil africanos escravizados entre 1811 e 1843.

Esses locais eram redutos de antigos terreiros e neles nasceriam ranchos e grupos carnavalescos precursores das atuais Escolas de Samba, o que daria origem a nomes expressivos de sambistas. Foi um local de convergência dos negros baianos, livres, que se juntavam aos grupos já ali instalados, formando comunidades com tradições da cultura negra. Na época, porém, essas manifestações eram marginais à cidade, à sociedade e à cultura. Em 1886, a Pedra do Sal seria o local de reunião de militantes de Candomblé que viriam a organizar mais tarde, entre outros, um dos mais afamados Candomblés do Rio, o Àṣẹ Òpó Àfònjá.

Era nos antigos zungus, espécie de casa coletiva, onde cativos e libertos encontravam-se, desfrutando momentos de festa, batuque, religiosidade e até de conspiração. Procuravam refazer os laços de sociabilidade, mantendo, de forma adaptada, sua cultura diante da realidade. Eram formados em locais criados no perímetro urbano do Rio do século XIX e que permitiam o máximo de privacidade, proteção e facilidade de fuga. Um desses zungus situava-se no bairro da Saúde e foi descoberto após uma batida policial, em 1879. Foram encontradas "filhas de santo" e diversos objetos que revelavam o culto a divindades africanas. O zungu pode ser visto, portanto, como um dos lugares de construção da identidade negra no Rio de Janeiro do século XIX.*

---

* Ver a parte inicial do capítulo "O Candomblé do Àṣẹ Òpó Àfònjá".

A forte presença negra da região fez o compositor Heitor dos Prazeres (1898-1966) chamar a região que se estendia do cais do Porto até a praça Onze de Junho de Pequena África. Havia o costume de hastear uma bandeira branca para mostrar que ali havia uma comunidade solidária, vista pelos passageiros dos navios que aportavam, por ela constituir a forma de transporte da época. Esse hábito de colocar uma bandeira branca permaneceu com as casas de Candomblé. A partir de 1906, a colônia baiana, radicada na Pedra do Sal e adjacências, desloca-se para as áreas próximas à atual avenida Presidente Vargas.

O BOTA-ABAIXO E A FUGA PARA OS BAIRROS SUBURBANOS

No Império e mesmo nos primeiros anos da República tentou-se melhorar essa situação. Havia planos, mas eles não eram realizados. Para atrair imigrantes e capital estrangeiro, era necessário sanear e modernizar a Capital Federal, abrindo caminho para o progresso. A abolição da escravatura, a proclamação da República e a chegada de novos estrangeiros eram acompanhadas por novas ideias, novos valores, novos modos de vida, o que tornou necessário modernizar, higienizar, civilizar e renovar.

O governo de Rodrigues Alves (1902-1906) teria essa capacidade e se faria respeitado por mudar o aspecto acanhado e provinciano do Rio, já com quase um milhão de habitantes. Nomeou para prefeito o engenheiro Francisco Pereira Passos (1836-1913) e para diretor de Saúde Pública, o Dr. Oswaldo Cruz (1872-1917). Logo a cidade se transformaria com rapidez vertiginosa, simultaneamente à campanha de saneamento, à vacinação obrigatória e novas noções de higiene, à abertura de novas avenidas, ao alargamento de ruas e praças, à destruição de pardieiros e à demolição de quarteirões inteiros com vielas estreitas cheias de lixo e ratos.

A intenção era transformar o Rio numa "Europa possível", e para isso era necessário esconder ou mesmo destruir o que significava atraso ou motivo de vergonha aos olhos das nossas elites. Vielas escuras e esburacadas, epidemias, becos mal-afamados, cortiços, povo, pobreza destoavam visivelmente do modelo civilizatório sonhado. (Monica P. Velho, p. 11.)

Essa mudança não poderia ocorrer sem críticas, lutas e ofensas. Era a rotina da ignorância e do atraso em luta feroz contra a ciência e o progresso. Toneladas de pedra amontoavam-se, o centro parecia área bombardeada, todos eram vacinados em meio a revoltas e discussões. Os resultados não tardariam a aparecer, e uma nova cidade seria entregue aos governantes, passando de Cidade da Morte para Cidade Maravilhosa.

Inspirado nas reformas que transformaram Paris na mais imponente capital europeia, Pereira Passos mandou multar quem urinasse fora de mijadouros ou cuspisse na rua [...] e fechou estábulos, então comuns no Centro. (Lúcia Luppi.)

Os casarões e sobrados utilizados como casa de cômodos, alugados ou funcionando como moradias coletivas, também chamadas de "cabeças de porco", e cortiços, ao serem demolidos obrigaram seus moradores a ocupar os morros, ampliando a moradia nas favelas. Acostumados a viver no centro da cidade, recusaram-se a ir para os subúrbios, preferindo subir os morros. A palavra favela tem origem na Guerra de Canudos, na Bahia. O morro em que ficaram acampados os soldados à espera de um encaminhamento do Exército era denominado por eles morro da Favela, por conta de uma planta facilmente encontrada que dava muita coceira. Ao final da luta, muitos dos soldados vieram para o Rio e protagonizaram a primeira ocupação irregular na cidade, acampando no atual morro da Providência a partir de 1897, o qual logo apelidaram de favela. A partir de então, todas as ocupações irregulares passaram a se chamar favela.[*]

---

[*] O Rio de Janeiro é o estado mais favelizado do país, com 10% da população vivendo nesse tipo de comunidade. A denominação morro da Providência foi uma homenagem a um dos rios que banhavam Canudos.

134 | JOSÉ BENISTE

A lista aberta pelos prefeitos obreiros iniciou-se com a demolição parcial do Morro do Castelo, durante as obras de abertura das avenidas Central e Paulo de Frontin, em 1919, e continuou com a conclusão da derrubada, em 1921, bem no Centro do Rio, fazendo surgir, ali, uma área de 448.400 m², denominada Esplanada do Castelo. No local surgiram as ruas México e Graça Aranha, a Biblioteca Nacional e a Escola Nacional de Belas-Artes. Já no tempo do Império, o morro era citado como causador de epidemias por bloquear, no dizer da época, o vento saudável do mar. Nas pesquisas efetuadas, não se constataram grupos de Terreiros expressivos nas áreas do Morro do Castelo. Apenas uma citação:

> Na travessa do Castelo existia a casa de João Gambá de Luanda. Era alto, magro, cabelos grisalhos, barba curta, uns 70 anos e trazendo na cabeça um barrete. Era íntimo do célebre feiticeiro Apotijá da rua do Hospício (atual Buenos Aires). [...] Cada corpo de médium guarda dentro de si uma alma diferente. [...] Adiante, quem dá conselhos de mansinho é um negro escravo desencarnado há mais de 200 anos, cativo dos tempos da pletora do açúcar em Pernambuco. (Luis Edmundo, p. 201.)

Esse João Gambá de Luanda seria João Miguel Gonçalves, pai carnal do babalorixá José Miguel Gonçalves, mais conhecido como Miguel de Exu, radicado em Niterói.

> João Gambá possuía um Terreiro na travessa do Castelo, no antigo morro do Castelo, no centro do Rio, sendo feito por João Alágbà. Meu pai veio para Niterói em 1904 com a prática da Umbanda, primeiro no morro de São Lourenço, Pendotiba, Tenente Jardim. Quando aconteceu a febre espanhola, ele atendia as pessoas fazendo fusão de ervas, mesmo sofrendo perseguições policiais. Não era chamado de macumbeiro, era conhecido como canjeirista. Vinha a cavalaria do Fonseca conhecida como canelas pretas, arrombando a porta para ver se o pegavam fazendo macumba. Ele faleceu em 1954. (José Miguel Gonçalves, 2011.)

No Estado Novo, em 1937, foi aberta a avenida Presidente Vargas, área antes ocupada por diversas ruas e vielas, locais históricos por terem servido de moradia para importantes nomes do Candomblé, entre elas a rua Senador Eusébio, de Tia Ricardina, a praça Onze, de Tia Ciata de Oxum, a rua Visconde de Itaúna, 192, de Henrique Assumano do Culto Malê,* e, mais tarde, a rua João Caetano, 69, de Cipriano Abedé. A rua Barão de São Félix, 76, do famoso João Alágbà de Omulu, ainda permanece, mas sem o trecho de sua antiga casa, atualmente uma rodoviária. Essa obra isolaria os bairros da Saúde, Gamboa e do Santo Cristo do restante da cidade. O progresso fez com que essas ruas não tivessem mais sentido da forma como foram construídas. Acreditava-se que tudo que fosse velho, antigo, deveria ser descartado, sem a preocupação de preservar a história da cidade.

As grandes reformas efetuadas aliaram-se a algumas anteriores criadas por outro grande nome do modernismo, o Barão de Mauá (1813-1889), que implantou a iluminação da cidade pelo sistema de gás em substituição às lamparinas de óleo, poupando, com isso, as baleias. Construiu, em 1852, a primeira linha férrea ligando Porto Mauá à Raiz da Serra, um trajeto antes feito por carruagens. Em 1886, pequenas ferrovias particulares se agrupariam para originar a Leopoldina Railways, ligando o centro da cidade a Caxias, na Baixada Fluminense, fazendo surgir, em seu trajeto para o norte, novas estações com loteamentos de novos bairros. Somente a partir de 1937 é que haveria a eletrificação das linhas férreas. (Ver Anotações, item 17.)

As casas de Candomblé instaladas modestamente no centro da cidade irão para essas regiões, para pontos diferentes dos subúrbios. Essa foi uma forma de afastar as populações pobres do centro, demolindo suas casas em nome da reforma urbanística. Apesar da crise, permanecerão ainda algum tempo no centro do Rio Abedé, Alágbà, Maria Ogalá, Aninha, Benzinho, Sanin e outros que serão estudados mais adiante.

---

* Sua mulher era Tia Gracinda, também do Candomblé, mas não vivia com ele, pois era dito que o culto de Assumano só lhe permitia ter a mulher três vezes por mês.

136 | JOSÉ BENISTE

Vamos encontrar essas pessoas, os homens em sua maioria estivadores, reunindo-se em uma confraria denominada Companhia dos Pretos, como um elemento formador de conhecimentos e ideias que não ficariam apenas entre eles, mas seriam transmitidos aos grupos dos Terreiros aos quais estariam ligados. Esse intercâmbio cultural possibilitou manter muitas tradições religiosas. Assim, o lazer, os blocos e ranchos, o carnaval, o maxixe e os ritmos de origem africana começaram a tomar conta da consciência do povo. Como será visto, o trabalho, a religião e o lazer fornecerão o perfil das comunidades afro, muito ligadas a isso; a essa alegria que as pessoas de fora pouco entenderão. Seus integrantes sabem não apenas o momento de dançar, de sorrir e de brincar, como também o de emprestar o próprio corpo para comunicar-se com as divindades.

Então, com a reformulação da cidade e o "bota-abaixo" de prédios, houve uma diáspora, ou seja, as famílias que moravam juntas, que moravam no mesmo bairro, com estreita intimidade, trocando ideias e confidências, afastaram-se, inviabilizando um contato constante. O que as manteve unidas foi o culto religioso. Ele representou o órgão unificador da comunidade. Os primeiros grupos que se organizavam para reviver suas crenças funcionavam em quartos ou em fundos de quintal.

As Tendas de Umbanda, religião que se iniciava, como Mirim, Tupiara, Caminheiros da Verdade e as da linhagem do Caboclo das Sete Encruzilhadas, antes de serem edificadas nos locais atuais, começaram em salas e sobrados no centro da cidade, recebendo, por isso, o nome de Tenda, constituindo, então, a diferença entre Tenda e Terreiro. As de Candomblé eram, na verdade, casas urbanas alugadas. Embora não fossem Roças organizadas, havia toda uma estrutura, todo um segmento de tradições, todo um fundamento de vida formalizado em espaços reduzidos.

Até atingirem o lugar definitivo, as sucessivas mudanças de locais em nada afetavam seus princípios. Pelo contrário, estimulavam-no, a ponto de recriarem espaços mais amplos para os rituais, que, antes, eram realizados em ambientes reduzidos. O grupo de Aninha começou no bairro da Saúde e, antes de chegar até Coelho da Rocha, passou por seis lugares diferentes. O Bate-Folha de Lesengue, Vicente Bánkọlé, a

Gomeia de Joãozinho e tantos outros também tiveram essas características, produto de épocas difíceis de adaptação, em uma sociedade que alternava fases de transição de costumes. As casas urbanas dos velhos "tios" e "tias" eram, assim, antes do advento das Roças e Terreiros, um misto de residência e casa de santo.

BAIXADA FLUMINENSE, A CASA DO CANDOMBLÉ

O estado do Rio de Janeiro ocupa uma área de 43.696 km² e localiza-se na parte leste da região Sudeste. O que se conhece como Baixada Fluminense é uma planície que se estende paralelamente à costa, entre a Serra do Mar e o Oceano. É nessa extensa região que se instalou o maior núcleo de Terreiros de Umbanda e Candomblé, provavelmente, de todo o Brasil. Ela é formada por vários municípios, dentre os quais estão Nova Iguaçu, Duque de Caxias, Nilópolis, São João de Meriti, Belford Roxo e Mesquita. O Caminho Novo foi construído por suas terras em 1767, por onde passavam aqueles que conduziam o ouro diretamente das Minas Gerais para o porto do Rio, ocasionando o surgimento das cidades da região.

Com o advento da estrada de ferro com o trem maria-fumaça, houve a lógica do progresso com o traçado de novos caminhos que surgiriam à volta das estações, povoados que se transformariam em populosas cidades, como Pavuna, Edson Passos, São Mateus, Vilar dos Teles, Pantanal, Gramacho, Coelho da Rocha e Queimados.

A atual região de Belford Roxo era domínio dos índios Jacutinga, do grupo Tupinambá, que seriam dizimados por estabelecer contatos amistosos com os franceses, inimigos de Portugal. Entre os séculos XVIII e XIX, um grupo de escravos fugitivos dos canaviais da Baixada Fluminense criou vários quilombos à beira dos rios Sarapuí e Iguaçu, que cortam a região. Havia quilombos que mantinham negócios com os fazendeiros e comerciantes, revelando que estes não viviam isolados.

Em todas as regiões foram instaladas grandes fazendas, que mais tarde seriam desmembradas, formando bairros e municípios. A produção agrícola cultivava mandioca, cana e banana. Um grande contingente populacional vindo de todas as partes do Brasil escolheu os mais diferentes municípios para fixar residência, o que contribuiu para que cada um deles encontrasse o próprio perfil como cidade. O processo de ocupação, em grande parte, foi feito de forma indiscriminada, disseminando bairros populares e favelas.

A necessidade de uma maior liberdade nas ações religiosas promoveu a vinda de Terreiros do centro da cidade e de outros bairros para a Baixada. A necessidade de espaços para a realização de determinados ritos, a busca por fontes de água natural e o silêncio natural exigido nos momentos de maior concentração religiosa fortaleceram a ideia de ocupação da região. Composta por treze municípios, serviu para a instalação dessas casas, cujas estatísticas indicam um número provavelmente superior a dez mil Terreiros. Duque de Caxias, o município mais populoso, e Nova Iguaçu, o de maior extensão da região, acolhem o maior número dessas comunidades religiosas.

> As décadas de 1950-1960 podem ser consideradas como os "anos de ouro" do candomblé no Rio de Janeiro. [...] Um grande público, proveniente dos bairros de classe média e alta da cidade, frequentava os subúrbios por ocasião das festas. As casas mais concorridas eram o Bate-Folha, em Anchieta, o Axé Opó Afonjá, em Coelho da Rocha, e principalmente a casa do mais famoso pai de santo da cidade, Joãozinho da Gomeia, o chamado "rei do candomblé", em Caxias. (Agenor Miranda, p. 34.)

O mesmo vem ocorrendo, atualmente, na Zona Oeste do Rio, onde estão instalados inúmeros Terreiros em Itaguaí, Sepetiba, Seropédica e Guaratiba, em virtude do amplo espaço da região, com rios, matas e a facilidade de água nascente, necessária aos rituais religiosos.

Por ser uma religião de culto direto à natureza e às suas energias, o Candomblé necessita de contato com elementos, tais como a mata, praias e cachoeiras. Os Terreiros, ao longo da história, têm sistematicamente migrado em busca de imóveis mais seguros e próximos do contato com a natureza. Daí a grande concentração deles na Zona Oeste do Rio de Janeiro, em nosso caso, onde fundamos nosso Ilé Àṣẹ Àiyé Ọbalúwáiyé, em Pedra de Guaratiba, exatamente na busca desses mesmos fatores. (Marcio de Jàgún, 2001.)

O OMOLOKO E O INÍCIO DA UMBANDA

A participação intensiva de povos bantus trouxe uma estrutura religiosa bastante significativa após a Abolição, tanto em algumas regiões do Rio como no sul de Minas Gerais. O elo de identificação foi o do contato com as divindades e formas especiais de espíritos dos antepassados, conhecidos como bakuros, pela possibilidade de eles se manifestarem em pessoas devidamente preparadas.

Esse quadro reflete a tendência afro-religiosa no Rio de Janeiro na virada do século XIX e explica as razões dos ritos litúrgicos das antigas manifestações do Jongo ou Caxambu, Omoloko e a Umbanda. A expressão macumba carioca é dessa fase da vida do Rio. O que hoje nós conhecemos como Candomblé tinha a prática bastante restrita e dentro de padrões particulares. Conforme será visto, a vinda dos baianos em busca de oportunidades maiores, com fluxo aumentado após a Abolição, contribuiu para que o Candomblé tomasse novos formatos, agora influenciado por dirigentes ligados a Casas tradicionais e implantando também seus costumes pessoais.

Citamos aí o Jongo, cujo tambor denominava-se Caxambu, uma dança semirreligiosa por nela haver muitos elementos de culto, não só nos cânticos, chamados de pontos, entoados nos trabalhos, como também nos amuletos que os brincantes carregam:

142 | JOSÉ BENISTE

"Cheguei no angoma
E já dei meu saravá
Quem não pode com mandinga
Não carrega patuá."

O Omoloko foi um processo espontâneo originado não apenas como tentativa de fuga aos princípios ortodoxos africanos, mas também como aproximação da sociedade branca sem que sua tradição básica fosse extinta. Nele surgiram os primeiros espíritos de índios e africanos manifestados dentro de um padrão ritualístico. Eram entidades estranhas à época e formadas por reminiscências tribais dos grupos casanje, cabinda, rebolo, monjolo, nagô, incluindo almas e caboclos. No dizer de antigos praticantes, o Omoloko representava as sete linhas onde se apoiava o culto, embora pudesse seguir outras tradições, como benguela, mucoca e lunda.*

O sacerdote máximo era o Embanda ou Ganga, sendo os médiuns femininos denominados de Samba ou Cota e os masculinos, de Cambone, com variações de Cambone Kolofé e Cambone de Ebó.

A iniciação era feita por meio de recolhimento em um espaço de sete dias, não havendo o ato de raspar toda a cabeça, mas com a realização da coroa no iniciado, que posteriormente deveria dar seu nome, denominado de *sunda*, riscar seu ponto e cantar sua cantiga. Djalma de Lalú, antes de ser iniciado por Tata Fomutin, praticava o Omoloko. Como exemplo, transcrevemos o ponto que o Caboclo dele cantou quando iniciado:

"Trabalhava Deus nas horas
O seu ponto curimava
Rompe-Mato pássaro velho
Zambi, Calunga é hora."

---

* Ver em Anotações, item 9, nomes de antigos praticantes.

Os assentamentos das divindades cultuadas eram realizados em pequenas vasilhas de louça cheias de água com pedras votivas em seu interior, colocadas embaixo do altar e protegidas por uma cortina; em cima delas havia imagens diversas de santos católicos e outros símbolos. As divindades que se manifestavam eram aquelas identificadas com a linhagem tribal que compõe o culto, como Cita, Cinda, Zambará, Cangira Mungongo. Toda a ritualística era essencialmente musicada e dançada. As letras dos cânticos apresentavam um pouco do português com dialetos diversos, e, por esse motivo, alguns de difícil tradução:

> *"Kenguele, kenguele no calunga turê*
> *Ó mamãe kenguele no calunga turê*
> *Ó papai kenguele no calunga turê"*

O Omoloko viria a se confundir com outra forma religiosa que estava em formação e que seria generalizada como Umbanda. É possível determinar seu início a partir do surgimento de Centros Espíritas, inicialmente denominados de Alto Espiritismo ou Espiritismo Científico, que tinham o preconceito de não admitir a manifestação de espíritos julgados inferiores, como os de negros e índios, por não verem neles qualidades para exercerem essas funções. Continuavam apegados à discriminação das classes desfavorecidas.

Aliás, uma das características do desenvolvimento umbandista foi exaltar as figuras oprimidas ou excluídas pela sociedade, como os negros, os índios, as meretrizes e os malandros, os vaqueiros do sertão e os ciganos. Era uma oportunidade para seu crescimento espiritual, conforme o ensinamento cristão a que se dedicavam. Com isso, formavam grupos de dissidentes que se reuniam em diversos pontos da cidade, organizando novos modelos de culto, cada um a seu jeito. Os espíritos dos índios e dos negros passam, então, a ser denominados de Caboclos e Pretos Velhos.

Assim, a palavra Umbanda começou a ser usada para definir toda forma de culto que admitisse negros e indígenas em sua seara de trabalho espiritual, embora não seguisse um perfil ritualístico uniforme. Alguns absorviam cânticos e práticas do Omoloko, outros faziam alterações nos ritos de acordo com as convicções pessoais ou o desejo das entidades chefes do Terreiro. Em ambos os casos, o sincretismo católico foi de fundamental importância. E, assim, criaram-se palavras complementares para diferenciá-las, como Umbanda Traçada, Umbanda Branca, Umbanda Esotérica e, a partir da década de 1950, Umbandomblé.

Essa última denominação registra um capítulo do avanço da Umbanda em busca de novos conhecimentos. Pelo menos é esse o pensamento de dirigentes de Umbanda que se iniciaram no Candomblé ou simplesmente assentaram seu orixá. Ao retornarem, trouxeram hábitos e costumes recebidos durante a iniciação, acompanhados de auxiliares diretos que lhes darão os conhecimentos ignorados em virtude da pouca participação nos rituais. Assim, passam a ter núcleos e momentos de Candomblé, com novos cargos religiosos, como mãe-pequena, equedi e ogã. As roupas são adaptadas, a iniciação da Umbanda é revista com a inclusão de atos e símbolos novos. Os dirigentes agora passam a ser conhecidos pelo nome de seus orixás, contrariando os princípios de utilizar o nome de seus guias espirituais como cognome e forma de identificação de crença: Orlandino do Cobra Coral, Virgílio do Cipozeiro, Benjadim do Caboclo Mirim, Jurema do Caboclo Caçador, Acarino do Omoloko.

Futuros e importantes dirigentes do Candomblé surgirão por meio desse procedimento. Eram remanescentes da Umbanda e do Omoloko que seriam iniciados pelos baianos aqui chegados, fornecendo, além de tudo, real ajuda na construção de seus Axés no Rio de Janeiro.

Seriam os Caboclos e os Pretos Velhos, entretanto, os porta-vozes da nova religião por meio do diálogo franco, aberto e de fácil compreensão. Foi uma conquista rápida a de novos adeptos em vista da forma erudita com que eram feitas as explanações em outras religiões. Nos centros kardecistas, a postura mediúnica era extremamente formal, e nas igrejas os atos solenes eram seguidos de ritos falados e cantados em latim. Houve uma troca dos atos de confissão e penitência pela conversação alegre e descontraída, seguida de orientações seguras e do passe confortador.

A Umbanda é uma religião profundamente ecológica, devolve ao ser humano o sentido da reverência em face das energias cósmicas. Renuncia aos sacrifícios de animais para restringir-se somente às flores e à luz, realidades sutis e espirituais. Além disso, ajuda a desmontar preconceitos que cercam a Umbanda, por causa de suas origens nos pobres da cultura popular, espontaneamente sincréticos. (Leonardo Boff, 2009.)

A DECADÊNCIA PATRIARCAL E O CRESCIMENTO RELIGIOSO

Em fins do século XIX, o modelo patriarcal das classes média e alta, em que o poder familiar centrava-se na figura severa e soberana do pai, sendo a mulher e os filhos meros coadjuvantes dentro de casa, iniciava um lento declínio. A família constituía o mundo do homem que desfrutava todas as regalias, inclusive morais. Crianças e mulheres não passavam de seres diminuídos e amedrontados, cuja maior aspiração eram as boas graças do patriarca. Nesse universo masculino, os filhos mais velhos também desfrutavam grandes privilégios, especialmente em relação a seus irmãos.

À mulher cabia procriar e formar grandes homens, como esposa e mãe. Tudo lhe era proibido. Não saía de casa sozinha, e toda uma postura era cobrada dela. Apresentava o rosto sempre pálido, pois era o tipo de beleza da época, constituindo uma das razões do uso de chapéus com abas largas. Nem pensavam em apanhar sol. Não havia um relacionamento constante com os filhos, uma vez que os confiava aos cuidados de amas de leite e governantas. Permaneciam em silêncio, não falavam à mesa nem aparteavam conversas de gente grande, falando apenas quando solicitadas. Bolos, puxões de orelha e varadas eram os castigos corporais em casa e nas escolas. Nesse universo masculino, o homem tinha o pátrio poder* garantido por tradições seculares e leis impostas às sociedades mais civilizadas.

A família patriarcal, entretanto, começava a mostrar sinais de fraqueza. Acompanhando o crescimento, a velha família abandona o campo, trocando a casa grande da fazenda pelo sobrado da cidade. As novas profissões, a luz elétrica, os bondes, as lojas comerciais e as indústrias ameaçam o patriarca. Iniciam-se os anos de transição com o fogão a gás, os aparelhos elétricos, o ferro de passar roupa, produzindo mudanças nos hábitos, incluindo o surgimento da geladeira em 1923, o que permitia armazenar mantimentos. Tudo começa a facilitar as tarefas caseiras. Os novos empregos e o direito ao voto fazem a mulher se libertar e buscar novas experiências.** A partir daí, o mundo mudou.

Os membros das famílias procuram novas maneiras de estabelecer contato diante da falta de diálogo. As pessoas sentem falta de alguém para contar suas histórias, confissões de fatos sem temor de reprimendas e busca de soluções. Cresce, assim, a participação em centros e tendas, com as diferentes formas de consultas que promoverão o crescimento e a anuência dessas casas como válvula de escape e aceitação religiosa. A Igreja já se encontrava separada do Estado, desde o advento da República, regulamentando o casamento e o registro civil. Começa a haver uma mudança na atitude dos brancos com relação à religião afro-brasileira, constituindo, assim, um processo de aceitação e adição das tradições afro-brasileiras.

> O Brasil me deu uma compreensão totalmente inesperada da facilidade com que diferentes raças poderiam viver juntas de maneira civil e proveitosa. (Ruth Landes, 1938, p. 2.)

---

* No novo Código Civil Brasileiro (em 2003), o conceito de pátrio poder dá lugar ao poder familiar, ou seja, pai e mãe com os mesmos poderes.

** Em 1932, Getúlio Vargas instituiu o direito de voto às mulheres. No ano seguinte, Carlota Pereira de Queirós conseguiu ser a primeira mulher eleita a assumir um cargo público no Brasil.

À medida que a sociedade predominante começou a procurar novas soluções espirituais para seus problemas, o interesse pelos cultos religiosos afro-espíritas aumentou. Isso se tornou mais evidente nos anos 1940, após a Segunda Guerra Mundial.

ANOTAÇÕES

1. A primeira Escola de Samba começou no Estácio em 1926. A Deixa Falar saiu a primeira vez entre 1927 e 1932. As cores da escola, vermelha e branca, eram uma analogia ao clube de futebol América, que ficava próximo. Além disso, como estavam próximos da Escola Normal, atual Instituto de Educação, definiram-se como Escola de Samba. A dança tem raiz famosa nas pernadas, quando o malandro, antes de jogar a perna no desafiante, ensaiava passos para melhor se aproximar e arremessar a perna nele. A oficialização dos desfiles e a legalização das Escolas de Samba somente viriam a ocorrer a partir de 1935.

2. A expressão *cabeça de porco*, para definir as antigas casas coletivas, era a denominação de um antigo cortiço. O nome foi escolhido em razão de na entrada haver um grande portal em arcada ornamentado com a figura de uma cabeça de porco. O uso de cabeças de animais em gesso era comum nas chácaras da época. A figura de leões vigiando as entradas provavelmente originou a expressão *leão de chácara*. O cortiço localizava-se próximo ao local atual do Túnel João Ricardo, atrás da Central do Brasil, e teve de ser demolido em 1893 para a construção do túnel. Chegou a abrigar cerca de 4 mil moradores, sendo em 1880 o maior cortiço do Rio, com ruelas, cocheiras, carroças, galinheiros e armazéns.

3. A orla da atual Av. Rodrigues Alves, da praça Mauá até a rodoviária, era recortada por enseadas, praias e duas ilhas. Com aterros diversos,

recebeu o atual alinhamento, inaugurando seu novo cais em 1910, afastando, porém, os morros da orla marítima. Viria a ser remodelada, tornando-se uma via expressa a partir de 2013, com túnel e um bulevar sobre uma pista subterrânea.

4. A ocupação dos morros foi o resultado da ausência de uma política de habitação para alojar os que ficaram sem casa e acostumaram-se a viver no centro da cidade. Para a abertura da Av. Presidente Vargas, foram demolidas 4 mil habitações diversas; para a Av. Rio Branco, seiscentos cortiços.

5. A corte de D. João, que ainda não era VI, ao vir para o Rio, uma vila colonial, em 1808, consagrou a cidade como o local que a realeza escolheu para se instalar, diferenciando, assim, o Rio de outras províncias. Em 1818, D. João é coroado rei. A partir daí, portugueses aqui se instalam com interesse de trabalho sério, os ingleses trazem suas mercadorias para venda, e os franceses, após a queda de Napoleão, aqui chegam difundindo a moda com joias e sapatarias para as elites. A rua do Ouvidor torna-se a vitrine francesa, conferindo novo estilo à cidade. Anos depois, Pereira Passos realizaria as obras no Rio Antigo com qualidade e estética, substituindo a antiga cidade escravista e colonial, herança de um passado atrasado, por uma cidade moderna como as metrópoles europeias. Passos deu o suporte para a autoestima brasileira e destaque ao Rio como a capital de tudo.

6. "Duque de Caxias virou herói naquele período, porém, o papel dele na Guerra do Paraguai, quando mandou milhares de escravos para a morte, foi, simplesmente, ignorado." (Prof. Rubem Aquino, *História que os Professores não Contavam na fase da Ditadura Militar, a partir de 31 de março de 1964 a 1985.*)

7. A Pedra do Sal é o primeiro monumento ligado à cultura negra, e foi tombada em 20 de novembro de 1984, Dia da Consciência Negra. O largo João da Baiana foi criado por decreto da Prefeitura.

8. Dom Obá II, Cândido da Fonseca Galvão (1845-1889), nasceu na Vila dos Lençóis, na Bahia, filho de africanos alforriados, e foi um negro livre que lutou na Guerra do Paraguai, sendo condecorado pelos servi-

ços prestados durante o confronto. Em 1890, já estava no Rio. Escrevia artigos sobre os direitos do ex-voluntário de guerra e passou a publicá-los na imprensa, denunciando a miséria e investindo contra os escravagistas. Residia na rua Barão de São Félix, mesma rua do Terreiro de João Alágbà, na Saúde. Sempre trajando roupas elegantes, era amado e respeitado pelas pessoas simples que o reverenciavam. Tinha acesso fácil às audiências concedidas pelo Imperador D. Pedro II, de quem era amigo.

9. Os antigos nomes praticantes do culto de Omoloko podem ser assim enumerados: Maria Batayó, Tio Maurício, Maria Carambola, Ambrósio, Virgílio do Morro de São Carlos, Cacheado, Zé Espinguela, Ricardina, Tancredo, Tia Chica do Velho, Tia Chica de Vavá, Alzira do Caboclo Ventania, Antonieta do Gravatá, Maria Capoeirão, Maria Augusta, Acarino, Gerson de Madureira, Tia Simba, Leocádia, Zezinho do Caboclo Nazaré, Tião de Éden, Benedito Espírito Mau, Inhá de Tranca-Rua, Esmeralda, Santana, Zé Marinheiro, Orlandino do Cobra Coral e Eloy Anthero Dias, o qual gravou o primeiro disco de música de terreiro, em 1930, com o título de *Macumba*.

10. Um dos grupos formadores da Umbanda em 1908 teve a liderança de Zélio de Moraes (1890-1975), que deu início a uma modalidade de ritual com padrões definidos e o denominou Umbanda. Uniforme único de cor branca, atendimento gratuito, não havia assentamentos ou tronqueiras, sacrifícios, atabaques ou palmas, e os cânticos tinham a forma de hinos. Outros grupos se formariam, como o de Benjamim Figueiredo (1906--1986), criando a Tenda Mirim, com uma filosofia identificada com as práticas indígenas: João Carneiro de Almeida (1901-1973) dando continuidade ao Centro Espírita Caminheiros da Verdade, a maioria trazendo como herança kardecista a prática da caridade, que se tornaria o alicerce em que a Umbanda se sustentaria em todas as suas modalidades de prática.

11. O poder patriarcal com direitos de vida e morte sobre os filhos pode ser demonstrado pela passagem bíblica em que Abraão ouve a voz de seu Deus para sacrificar o filho Isaac. E, com a autoridade que possuía, foi fazê-lo, sendo impedido por seu Deus com a alegação de que queria apenas saber até onde ia a sua fé.

12. No passado, o sincretismo resolveu muitas alianças, impedindo derramamento de sangue. Platão afirmava que os deuses das diferentes nações eram somente diferentes aspectos da mesma divindade. O Júpiter romano seria o mesmo Zeus grego. Cristo foi comparado com Mithra, divindade hindu da Pérsia que representava o Sol Invicto e sua festividade era em 25 de dezembro. Cristo, como o Novo Sol, passou a ter a data de 25 de dezembro atribuída a seu nascimento.

13. O racismo é definido como um problema pessoal com uma raça.

14. "O negro sempre aparecia como uma presença incômoda, exceção, peça exótica e fora de lugar... quando não era discriminado como exótico, o negro aparecia fatalmente ligado à periculosidade e ao mundo do crime." (Monica P. Velloso, p. 17.)

15. Na Enciclopédia editada por W. M. Jackson no início do século passado, o Candomblé é citado como "espécie de batuque de negros acompanhados com exercícios de feitiçaria", o que evidencia uma definição fruto do preconceito. A convivência com esse tipo de pensamento foi quase obrigatória por cerca de um século.

16. Na *Revista da Semana* de 19 de julho de 1907, há uma espécie de seção que funciona como uma crônica policial da cidade. Um dos crimes mais frequentes era a prática do Candomblé. Os chefes dos rituais afros são classificados como "feiticeiros", o local de culto, como "covil", e as peças ritualísticas, como "bugigangas".

17. Este autor presta reverência ao Barão ou Visconde de Mauá, Irineu Evangelista de Souza (1813-1889). Pioneiro na industrialização brasileira, foi alvo de sabotagens, invejas e perseguido pelos poderes do Império por não entenderem seus objetivos. Era uma pessoa adiante de seu tempo.

4ª PARTE

OS CANDOMBLÉS DO RIO DE JANEIRO — CRONOLOGIA, NOMES E APELIDOS

O estudo do desenvolvimento das Casas Religiosas Afro-Brasileiras, em suas várias modalidades, sempre encontrou dificuldades para uma interpretação clara dos acontecimentos. Os registros são raros por dependerem da memória coletiva e da documentação oral. No caso desta obra, a tarefa se tornou mais fácil devido ao trabalho radiojornalístico que iniciamos a partir dos anos 1960, em que autoridades religiosas, pesquisadores e estudiosos da cultura afro se integravam aos estudos que realizávamos. Foram relatos de suas histórias e experiências que tivemos o cuidado de guardar. Além do mais, nossa participação em casas consagradas pela tradição, os diálogos internos, a busca em uma vasta documentação literária e fotográfica nos proporcionaram meios para a reconstituição do processo religioso.

Incluímos todos os fatos de nosso conhecimento, sem encobrir a realidade de alguns altamente duvidosos, mas que, como proferidos por personalidades marcantes, chegaram a nós como verdadeiros. Não se pretende com isso diminuir as qualidades reconhecidas das pessoas citadas, mas sim mostrar a realidade dos acontecimentos que influenciaram a história religiosa.

Neste trabalho, como já mencionado, a questão de datas é um fator relevante, mas que poucos recordam. Há a dificuldade de levantar dados sobre personagens que viveram há mais de oitenta anos dentro de uma sociedade baseada no segredo. Isso nos fez articular um processo de contagem entre a idade das pessoas, a data da iniciação e outras que são sempre anotadas como forma de conclusão satisfatória, mas que sabemos nem sempre serem exatas. E isso tanto vale para a fundação das Casas de Candomblé, como para as datas de iniciações e transferências de localidades. Sem cronologia, não há história, pois não se pode distinguir o que precede do que sucede.

Como exemplo, estabelecemos as datas de fundação do grupo no Rio de Janeiro, tomando como base a chegada do titular do Axé à nossa cidade, uma vez que, como será verificado nas entrevistas, grande parte, tão logo chegava, vinha para formar grupos de trabalho, e, em seguida, na maioria dos casos, partia para a abertura do próprio Terreiro. Como exemplo, determinamos a data de 1900 para o Candomblé de Cipriano Abedé, em virtude da citação do seu Terreiro no livro *As religiões no Rio*, de João do Rio, editado em 1904; o que viria a ser o Àṣẹ Òpó Àfọ̀njá em 1886 correu diferentes locais do Rio até instalar-se definitivamente em Coelho da Rocha, em 1945.

Nossa fórmula de seleção dos grupos instalados no Rio é definida como Axé. Não poderia ser diferente, por ser necessário identificar o modelo religioso adotado e o que viria a ser seguido pelos seus sucessores, partindo do seu titular, de seus parentes até os dias atuais. Esses, apesar de parentes distantes, reverenciam os mesmos antepassados, pois descendem do mesmo núcleo. Ao final de cada relato anotamos algumas unidades descendentes ou os nomes de seus dirigentes até um determinado número, pois seria impossível neste livro relacionar todos até hoje.

Os Axés também utilizam o conceito de referência para justificar certos procedimentos. Não há fórmula padrão, como outras religiões que se servem de textos tradicionais como a Bíblia. Os Axés possuem personalidade própria e se diferenciam por características sempre lembradas como justificativa, embora todos apresentem um formato aproximado de atividade, em que certos ritos e cânticos se alteram. Nesses casos, tornam-se referências para justificar determinadas tradições ou hábitos; costumam dizer: "No meu Axé é assim."

O conceito de Axé,* portanto, pretende revelar o modelo religioso ou as tradições herdadas, adotado pelo grupo original formador, trazido e seguido pelo seu instituidor no Rio de Janeiro. Da mesma forma que não diferenciamos culto de religião, definimos o local do culto como Terreiro, Roça ou Casa, de acordo com o desejo dos informantes. Nos textos, utilizamos alguns nomes em dialetos originais africanos, traduzindo-os quando é viável — como é o caso dos nomes iniciáticos posicionados após a definição do orixá da pessoa ou do seu nome civil —, principalmente aqueles nomes com mais de um sentido possível. Para uma avaliação clara dos personagens participantes dos acontecimentos de época, todos eles são devidamente citados sem omissão dos nomes.

Quando algum comentário é estabelecido pelo informante ou pela fonte, este é devidamente mencionado. A inserção de trechos dos depoimentos e entrevistas feitas, ou de outras considerações, tem o objetivo didático de conhecer o pensamento e as experiências da época em que viveram os personagens retratados. Entendemos ser uma oportunidade para rever ideias e avaliar erros e acertos.

CRONOLOGIA DOS AXÉS INSTALADOS NO RIO DE JANEIRO**

1874	Candomblé Jeje do Podabá
1886	Candomblé do Àṣẹ Òpó Àfọ̀njá
1890	Culto Africano de Cipriano Abedé
1890	Candomblé de João Alágbà
1902	Axẹ́ Bángbóṣẹ́
1930	Candomblé Jeje de Tata Fomutin

---

* Do yorubá Àṣẹ, força, poder, o elemento que estrutura uma sociedade. Ver as diferentes interpretações da palavra em Òrun Àiyé, Bertrand Brasil, deste autor, p. 276 a 279.

** "Em 1886, Mãe Aninha de Xangô veio ao Rio com Bamboxê e Ọbà Saniá, com os quais fundou uma casa no bairro da Saúde." (Agenor Miranda, 1994.) Foi feita na Pedra do Sal, em antigo zungu, espécie de casa coletiva, onde cativos e libertos se encontravam em momentos de festa, batuque e religiosidade, e até de conspiração. Ver relato mais adiante.

1932	Vicente Bánkọlé — O Axé de Mesquita
1938	Candomblé do Bate-Folha
1938	Casa de Nagô
1940	Candomblé da Nação de Ẹ̀fọ̀n
1941	Candomblé de Otávio da Ilha Amarela
1942	Candomblé de Rufino do Beiru
1946	Candomblé de Joãozinho da Gomeia
1948	Candomblé de Tumba Junsara
1948	Candomblé do Engenho Velho
1950	Candomblé de Rafael Boca Torta
1950	Candomblé de José de Ọbakòso
1954	Candomblé do Alákétu
1954	Xangô do Nordeste
1954	Candomblé Jeje Kwe Sinfá
1955	Candomblé de Álvaro Pé Grande
1960	Candomblé do Gantois
1960	Candomblé Ìjẹ̀ṣà
1965	Casa das Minas
1965	Caboclo Venta de Axé
1970	Zé do Vapor
1974	Candomblé Jeje de Gayaku Luiza
1974	Axé de Oxumaré
1980	Candomblé de Egúngún
1992	Candomblé Jeje do Bogum

NOMES E FORMAS DOS APELIDOS USADOS

Os nomes próprios dos personagens que fazem parte da história do Candomblé raramente são conhecidos, e esta é uma entre tantas razões de nossa busca. Eles se ocultam mediante alguns procedimentos:

1. O nome próprio ou um apelido acompanhado do nome do orixá:

Miriam de Qya	Elias de Iansã	Dandá de Oxum
Renato de Obaluaiê	Arlene de Katendê	Paulo de Oxalá
Ícaro de Oxóssi	Alcyr de Oxalá	Gustavo de Omulu

2. O nome iniciático é declarado junto à divindade da pessoa:

Taláde de Ògún	*Mametu Madozan*	*Qya Jìnde*
Mona Muquiamazi	*Qdẹ Kilewi*	*Kayoji de Qmulu*
Sinavuru	*Qṣun Gere*	*Toròdi de Ògún*

3. A fidelidade ao lugar é tanta que ele passa a fazer parte do nome da pessoa. O apelido é seguido do local onde se instalou o Terreiro ou a cidade de origem:

Zezinho da Boa Viagem	Paulinho da Pavuna	Tião de Irajá
Otávio da Ilha Amarela	Joãozinho da Gomeia	Rufino do Beiru

4. O nome ancestral familiar, por sua qualidade e atributos históricos, substitui o nome do orixá:

| Regina da Encarnação | Vanda da Encarnação | Astéria da Encarnação |
| Balbino Daniel de Paula | Regina *Bángbóṣé* | Irene *Bángbóṣé* |

5. O aspecto físico é declarado:

| Miguel Grosso | Rafael Boca Torta | Maria Violão |
| Miguel Tangerina | Agenor Santinho | Álvaro Pé Grande |

Os apelidos são criados também de acordo com algumas circunstâncias do orixá da pessoa, particularidades de sua iniciação e características pessoais. São designações especiais e até carinhosas que não ofendem, mas, sim, marcam definitivamente a pessoa, o que a faz esquecer, com o tempo, seu nome civil. Anotamos que, em alguns casos, essas designações objetivavam evitar reconhecimento diante de perseguições movidas pelo poder dominante da época. Por esse motivo, nas citações históricas, alguns nomes eram substituídos pela alcunha que era conhecida.

> Eu fui assistir a uma festa junina, e teve um momento em que resolveram soltar um balão. Era um balão tangerina. Aí as pessoas me olhavam achando que eu parecia com o balão tangerina, pelo formato do meu rosto. E ficaram falando assim, Miguel do balão tangerina, até que acharam que Miguel Tangerina ficava melhor. E aí fiquei com este apelido, e com o tempo acabei gostando. (Miguel Tangerina, abril de 2002.)

> Este apelido de Vavá Coice de Burro foi dado porque ele estava treinando boxe. No meio da luta, ele deu um soco mais forte no seu instrutor. Este, então, se aborreceu e revidou e deu outro soco mais forte ainda que derrubou o Oswaldo, que caiu. Aí ele disse: "Puxa, este soco foi um coice de burro." E o apelido pegou. Ele era primo do Luis da Muriçoca. (Luis Bamgbala, 2001.)

Relacionamos alguns exemplos de como esses apelidos surgem, sendo alguns deles até explicados pelas próprias pessoas. Entretanto, será o nome do orixá da pessoa que terá proeminência na divulgação do nome de alguém. As pessoas serão conhecidas pelos seus nomes, com o sobrenome substituído pelo nome do seu orixá, ou seja, o sobrenome das pessoas é omitido e, em seu lugar, passa a dominar o nome do orixá.

Grande parte dos nomes, porém, é desconhecida, sendo mais comum conhecer as pessoas pelo apelido ou pelo nome recebido na iniciação. Eles já faziam parte do nome, tanto que, quando assinavam algo, escreviam a seguir o apelido a fim de caracterizar a origem do documento. E isso continua ocorrendo.

APELIDO	NOME CIVIL	HISTÓRICO
Àjàlèyí	Walace Antonio F. Mota	Nome dado na iniciação.
Álvaro Pé Grande	Álvaro Antonio da Silva	Tinha o pé grande, calçava 45.
Antonio 24 horas	Antonio	Dizia resolver tudo em 24 horas.
Baba Beija-Flor	Sebastião Prata	Nome da entidade infantil (erê).
Bángbóṣé	Rodolpho M. de Andrade	Carregue comigo o poder de *Ṣàngó*.
Benzinho	Felisberto Américo de Souza	Forma de amenizar seu temperamento.
Bida de Yemanjá	Lucília Pereira de Brito	Corruptela de sabida.
Caçula	Emília dos Santos Moreira	Era a de menor idade na iniciação.
Djalma de Lalú	Djalma de Souza Santos	Nome do seu Exú.
Donontinha-*Mejitó*	Adelaide dos Santos	Derivado de um título na nação jeje.
Empata Viagem	Joviniano dos Santos	Impediu uma viagem desastrosa.
Gamo da Oxum	Geraldo Correia Filho	Posição no barco de iniciação.
Gún Ọbí	Sergio Barbosa da Costa	Nome dado na iniciação.
João Lesengue	João Correia de Melo	Título iniciático.
José de *Ọbà Kòso*	José Augusto dos Santos	Nome do Terreiro de origem.

162 | JOSÉ BENISTE

Luis da Muriçoca	Luis Alves de Assis	Nome de um local em Salvador.
Mabeji	Floripes C. da Silva Gomes	Título iniciático.
Manuel da Formiga	Manuel V. Costa (Falefá)	Um bairro de Salvador.
Maria Violão	Maria Bernarda da Paixão	Tinha cintura fina e corpo esbelto.
Meninazinha	Maria do Nascimento	Denominação familiar.
Menininha do Gantois	Maria E. da Conceição Nazareth	Por ser criança quieta e franzina.
Miguel Grosso	Miguel Archanjo Paiva	Tinha o corpo arredondado.
Neive Branco	Manuel N. Rodrigues Soares	Denominação do seu Caboclo.
Nino	Antenor Pereira Palma	Forma reduzida do nome.
Nitinha	Areonithes da C. Chagas	Forma diminutiva do nome.
Ọbà Sànyà	Joaquim Vieira	O rei compensa as humilhações.
Ọbaràyí	Balbino Daniel de Paula	O rei resgatou todos vocês.
Rafael Boca-Torta	Rafael Borges de Oliveira	Devido a um acidente no maxilar.
Rufino Bom-no-pó	Manuel Rufino do Beiru	Pelo poder no preparo de feitiços.
Santinho	Agenor Miranda Rocha	Tinha uma postura quieta.
Senhora	Maria Bebiana do Espírito Santo	Denominação familiar.
Senhorazinha	Maria da Trindade	Denominação familiar.
Tata Angorense	Ricardino Querino Gomes	Variação da divindade *Angoro*.
Tata Fomutin	Antonio Pinto de Oliveira	Posição no barco de iniciação.
Tia Massi	Maximiana Maria da Conceição	Forma reduzida de seu nome.
Vavá Coice de Burro	Oswaldo Manuel	Em razão da força do soco que levou.
Venta de Axé	Cícero Alves da Rocha	Em razão das feições do rosto.
Vicente *Bánkọlé*	Vicente de *Ṣàngó*.	Ajude-me a construir a casa.
Waldomiro Baiano	Waldomiro da Costa Pinto	Era natural da Bahia.
Xangozinho	Firmino Pereira Alves	Diminuitivo do seu orixá.
Zé do Vapor	José Domingos de Santana	Trabalhava a bordo de um vapor.

O CANDOMBLÉ JEJE DO
PODABÁ E *KWE SINFÁ*

O Rio de Janeiro conheceu o rito jeje pelas mãos de Gayaku Rozena de Besẹn, cujo nome iniciático era Okisinibawu. Suas origens são desconhecidas, tendo como fonte sua chegada da África, da cidade de Aladá, para o Rio de Janeiro, provavelmente em 1836, já iniciada. Organizou o que se tornaria o *Podabá*, no bairro da Saúde, no centro da cidade.*

Foram realizadas as iniciações de Tia Sanan de Gagatolu, talvez irmã de santo, Mejitó, Tia Gunsi iniciada para Lẹgbara, Ọbasi, Tia Mariquinha de Gun, Tia Abáda de Aziri, com o cargo de gozengan ou equedi, Mariquinha de Lisa, sendo que esta ocuparia o cargo de zandokwe ou Hùnsó na Casa de Mejitó. Era costume fazer essas iniciações com as pessoas ainda crianças. Mejitó foi iniciada em 1892 com quase 7 anos de idade, um critério que, por precaução, pretendia evitar a paralisação da casa após a morte da titular.

Os pais da iyalorixá Dila de Obaluaiê, que seria iniciada por Cipriano Abedé, pertenciam ao Candomblé de Rozena. Eram eles Miguel Afonsekoloanu, primeiro pejigan da Casa, e Dandanueji ou Adapan Noeji, feita de Oxumaré. Em 1920, aproximadamente, morre Rozena, assumindo o Terreiro Mejitó Adelaide dos Santos (1885-1956), natural do Espírito

---

* Gayaku Rozena é citada por João do Rio como Rosenda, no livro *As religiões no Rio*, 1904, p. 15.

Santo, também conhecida como Donontinha, uma forma modificada do nome Dofonitin que define a segunda posição de um barco de ìyàwó. Foi iniciada para Vodunjọ, em 1892, aos 7 anos de idade, divindade do ar, dos ventos, assimilada a Iansã, e recebeu Zivode como nome iniciático.

"Vodunjọ die
Ero jọjọ n' ara we
Hunbona ba wu ba
Ero jọjọ we bọnan
Nu me we"

Reativou o *Podabá*, na Saúde, em 1934, e mais tarde fez a transferência para a rua Laurindo Filho, no bairro de Cavalcanti. Quase todos os bairros da Zona Norte tiveram seu começo em chácaras, fazendas e sítios que se formavam nas antigas sesmarias dos jesuítas.* A partir daí, os bairros construíam-se em torno das estações de estradas de ferro inauguradas a partir de 1858 com os primeiros trens da então estação Pedro II, hoje Central do Brasil. Ocorreu nova mudança, desta vez para a rua Cecília, em Coelho da Rocha, próximo ao Terreiro do *Òpó Àfònjá*. Fez apenas dois barcos: Tia Joana da Cruz de Avimaje, que, após a morte de *Mejitó,* viria a ser a mãe-pequena de Djalma de Lalú, Amância de *Akorombẹ,* Glorinha de *Ọṣun,* Natalina de *Ọṣun,* Teresa de *Badẹ,* Isaura de *Sapata,* Maria Adamastor de *Sogbo* e equedi de *Ògún. Mejitó* abriria o Candomblé de Dila, após a morte de Aninha, com quem Dila tirou a mão de Abedé.

> Minha tataravó era africana, dizia que era princesa, veio na leva de escravos, foi diretamente para a Bahia. Era de Oxum. Muitos africanos traziam os otás presos no corpo. Quando Oxum virava na cabeça dela, dizia que viria alguém dentro da geração dela que iria fazer o santo e ter o mesmo caminho. Essa pessoa era eu. (Glorinha de Oxum.)

---

* Sesmaria significava a operação de divisão de terras distribuídas pelo rei a seus súditos. A Igreja foi uma das grandes contempladas com essa tomada de posse de grandes terras.

HISTÓRIA DOS CANDOMBLÉS DO RIO DE JANEIRO | 165

Mejitó faleceu em novembro de 1956, aos 72 anos, contando com a participação de Dila e de Runhó (*Hunyọ*), do Bogum de Salvador e Ogã Caboclo, nas obrigações fúnebres. Com sua morte, o Terreiro paralisou as atividades. As poucas iniciações feitas pelo *Podabá*, de certa forma, comprometeram sua expansão na modalidade que Rozena implantou, o que dará importância, mais tarde, a Tata Fomutin ao imprimir uma modalidade do jeje de Cachoeira bem ampla por meio de seus seguidores.

A herança do santo de Rozena e *Mejitó* ficou nas mãos de Dila até a maioridade de Gloria Maria Siqueira Ferreira, mais conhecida como Glorinha de Oxum, ou Glorinha *Tokweno* — a criança que convive, nascida em 1945, no Rio, e iniciada em 1946 no mesmo barco de Natalina. É formada em Belas-Artes, assumindo o *Podabá* como fiel depositária consciente de sua função. Com todos os familiares identificados com a religião e tendo Ogã, da casa de *Ajàlèyí*, como esposo, construiu um núcleo que preserva as antigas tradições e a história de seus personagens.

> Eu não quero criticar ninguém, mas eu vejo pessoas brigando com o santo quando não conseguem o que desejam. Veja você, eu sofri um acidente. Logo que pude, a primeira coisa que fiz foi bater cabeça para minha mãe. Em outra ocasião roubaram o meu carro e imediatamente dirigi-me a minha casa de santo para agradecer a Oxum pela minha vida. Eu sou assim, eu tenho um respeito muito grande, e sou muito rigorosa com a parte do Santo. Todos os euós são rigorosamente cumpridos. Tanto que, até hoje, eu não sei o gosto que tem a abóbora, aranhola, feijão-branco etc. Muita gente deixou de comer certas coisas depois da feitura, eu nunca comi. (Glorinha de Oxum.)

Entre as filhas de *Mejitó*, a única com Casa aberta foi Natalina de Araújo Rostini, conhecida como Natalina de *Ọ̀sun* — Esintọindé, o vodun das águas chegou —, iniciada por *Mejitó*, em 1946, e fundadora do *Kwe Sinfá*, Casa das Águas de Ifá, que é na realidade uma derivação do *Podabá*, à rua Ana, 234, em Agostinho Porto, São João de Meriti, no ano de 1954. Em sua gestão, tirou, aproximadamente, dezesseis barcos, até falecer em 1973. Helenice, a primeira filha de Natalina, assumiu o Terreiro durante três anos. Com seu falecimento, o encargo de cuidar do *Kwe Sinfá* passou para Helena de Beşen, por decisão do jogo feito por Bida de Yemanjá, que tinha o cargo de zandokwe.

Helena de *Beşen*, nascida Helena Batista de Araújo — *Vodun Dan Naesin*, o vodun das águas —, professora, iniciada em 1965 por Natalina, complementa suas obrigações com Glorinha, reativando o *Kwe Sinfá*, em 1995, no bairro de Santa Cruz da Serra, em Duque de Caxias. Com uma ampla casa e um barracão para os rituais, tem ao lado uma extensa área verde com plantas e árvores indispensáveis para os rituais jeje.

Helena pertence ao grupo de pessoas que surgiu na última década tentando rever os valores esquecidos das diferentes modalidades do Candomblé, principalmente o angola e o jeje. Formada em Literatura e Língua Portuguesa, tornou-se estudiosa e pesquisadora incessante na reconstituição de suas autênticas tradições, com o estudo do idioma *fọn*.

> Embora eu seja conhecida como Helena de Beşen, na realidade meu vodun é *Azanado*. Eu quando fui iniciada, eu era ainda criança, na casa as pessoas me chamavam de ìyàwó de *Beşen*. Aí, um dia, minha mãe me chamou e disse: "quando te chamarem de ìyàwó de *Beşen* não atenda, porque você é de *Azanado*". [...] No jeje as dirigentes podem ter diferentes nomes de acordo com a iniciação da divindade, como *Gayaku*, literalmente a mulher que atingiu a maioridade. *Mejitó* significa o ato de a mulher parir, e *Donę*, um título para as pessoas de Loko. *Vodunjọ* equivale a um vodun do tempo, e daí ser atribuído como uma qualidade de Iansã. O nosso candomblé não tem descendência da Bahia. É jeje do Rio de Janeiro mesmo. (Helena de *Besęn*.)

Para dar continuidade à tradição do *Kwe Sinfá*, Natalina abriu somente uma casa, o *Kwe Labya* — casa do nobre nascente, em 1969, no bairro de Irajá, para Jandira de Freitas Alonso, de *Òşun Togbesin* —, joia das águas, que após seu falecimento, em 1988, foi assumida por seu neto carnal Pedro Paulo de Sogbo, iniciado por Natalina em 1972.

UNIDADES DESCENDENTES DO *KWE SINFÁ*

Rui Mathias de Oxaguiã, terceiro filho de Natalina, já falecido, iniciado ainda em Salvador, quando tinha 7 anos de idade; Antonia da Conceição Bacelar — *Qbà Ganjù*, o rei realmente superior — viria a passar pelo *Kwe Sinfá*, a fim de corrigir obrigações feitas anteriormente, em outro Axé, adquirindo, com isso, conhecimentos do ritual jeje, embora se mantendo dentro da nação ketu.* (Ver item 14, em "Depoimentos Complementares".) Neusa de Sogbo, já falecida, era filha carnal de Qbà Ganjù, com Casa aberta em Sepetiba, Kwe Dan Bandiha. George Maurício, mais conhecido como Qdę Kilewi, que acumula funções de radialista e escritor, iniciado por Qdę Siale, que, por sua vez, era filho de Ruy de Oxaguiã, e Pedro de Xangô, com Casa em Irajá.

---

* São exemplos importantes de como o Candomblé consegue contornar situações diante de dúvidas futuras que possam prejudicar um atual desempenho religioso.

O CANDOMBLÉ DO *ÀṢẸ̀ ÒPÓ ÀFÒNJÁ*

Sua história se funde com a própria história do Candomblé no Rio de Janeiro, pois consiste em uma Casa que veio se mantendo sem interrupções até os dias de hoje. Acompanhou o desenvolvimento da cidade e, por esse motivo, teve constantes mudanças de instalação até chegar a Coelho da Rocha, na Baixada Fluminense, onde ainda se encontra. Outra característica é a de ter sido criado um só Axé em duas regiões diferentes, Rio e Salvador, pela mesma fundadora. Sob o ponto de vista histórico, o do Rio contou com a participação dos três personagens centrais de sua história a partir de 1886, quando aqui estiveram reunidos na Pedra do Sal.

Eugênia Anna dos Santos, mais conhecida como Sinh'Aninha, nasceu em Salvador, em 13 de julho de 1869, tendo africanos gruncis* como pais, Sergio José dos Santos, chamado de *Aniyọ* — aquele que é alegre e feliz —, e Lucinda Maria da Conceição, *Azambriyọ*. Aqui chegaram com a leva de escravos jejes-yorubás que deram entrada no início do século XIX, entre 1815 e 1840. Os dois grupos, gruncis e yorubás, não mantinham relações entre si, o que só ocorreu nos contatos de vivência entre todos, na cidade de Salvador, em uma casa de moradia urbana,

---

* Os gruncis, aqui chamados de *galinhas*, teriam sido embarcados na feitoria existente na foz do rio Galinhas, no Golfo do Benim. Para isso, teriam atravessado a perigosa terra dos Axantis.

próxima à Igreja da Barroquinha. Foi uma criança normal, sendo conduzida pelos pais aos grupos yorubás para um conhecimento amplo sobre a religião.

Aninha era de *Şàngó* e tinha Ìyá, divindade grunci aproximada à *Ìyámase*. Nessa primeira fase, em 1886, aos 17 anos, foi iniciada para *Şàngó Ògòdò* ou, talvez, tenha apenas assentado esse orixá, na casa de Ọmọ́níkẹ́ (Maria Júlia Figueiredo), à rua dos Capitães, atual Rui Barbosa, com ela própria e, talvez, com *Bángbóşé* (Rodolfo Martins de Andrade), tendo como àjíbọna, Pedro Cabeça, marido da Oloxum Tiana.*

Recebeu o nome de *Ọbá Bíyí* — *Şàngó* gerou este nascimento. Olga de Alákétu, em longo depoimento a este autor em novembro de 1977, diz o seguinte:

> Aninha foi criada dentro do Alákétu, saiu mocinha, aos 17 anos, do Alákétu, onde foi alfabetizada por minha Tia Dionísia, que era professora. Fez o santo no Campo Seco na parte de galinha. E depois, quando este *Bángbóşé* chegou, foi fazer a segunda obrigação nela, e depois foi embora para a África. Quando voltou, fez a obrigação dela de três anos.

Há quem afirme que Maria Julia não fez *Àfọnjá* por não saber a feitura, e, assim, fez *Ògòdò*. Anos mais tarde, *Bángbóşé* viria refazer sua iniciação com novas obrigações. Há algumas versões sobre a iniciação de Aninha e as pessoas nela envolvidas. Se a iniciação de Aninha foi realmente em 1886, pela combinação de datas, Marcelina *Ọbà Tọ́sí* não poderia ter participado por ter falecido um ano antes, embora mestre Didi dê Marcelina como a iniciadora de Aninha. Outra versão revela a data de nascimento dez anos após 1869, o que não procede, pois poderia alterar o nome dos participantes na iniciação de Aninha. Segundo consta, foi a própria Aninha que, mais tarde, fez seu registro de nascimento em cartório.

---

* Segundo depoimento de Mãe Senhora.

170 | JOSÉ BENISTE

Logo depois, ainda em 1886, Aninha, com alguns familiares e *Bángbóṣé*, acompanhados por Joaquim Vieira da Silva, mais conhecido como *Ọbà Sànyà** de *Ṣàngó Aira*, vem ao Rio de Janeiro, estabelecendo contatos e organizando um pequeno grupo de seguidores na Pedra do Sal. Desde o século XIX, a Pedra do Sal funcionou como ponto de encontro de imigrantes e de desembarque de negros africanos. Foram os escravos que garimparam o sal da Prainha; aliás, foram eles mesmos os construtores da atual escadaria que permeia o bairro da Saúde como uma simples alameda.

O local era a casa de um africano ligado a Joaquim Vieira da Silva, e lá havia um santo assentado. Eles arrumaram tudo e fizeram algumas obrigações. Esse santo assentado, mais tarde, será levado por Aninha e entregue a Agripina, para ser entronizado como *Ṣàngó Àfọ̀njá*, no futuro Terreiro do Rio, onde se encontra até hoje. Em seguida, *Bángbóṣé* segue para Recife e Joaquim e Aninha retornam para Salvador.

> Mãe Agripina recebeu diretamente das mãos de Mãe Aninha a tigela branca contendo a força sagrada da casa, cuja guarda constitui privilégio da zeladora do templo. A partir daí lutou com grande esforço para manutenção da casa, sendo seu maior aliado Xangô, seu orixá. (Regina Lúcia, 2005.)

Sobre essa casa, conforme já vimos, era um antigo *zungu*, uma espécie de casa coletiva, onde cativos e libertos se encontravam, desfrutando momentos de festa, batuque, religiosidade e, quem sabe, conspiração. Eram formados em locais criados no perímetro urbano do Rio do século XIX, como no bairro da Saúde, que permitia o máximo de privacidade, proteção e facilidade de fuga. O *zungu* pode ser visto, portanto, como um dos lugares da reconstrução da identidade negra no Rio de Janeiro do século XIX.

---

* *Ọbà Sànyà* — *Ṣàngó* suporta e compensa as humilhações — tem sua foto creditada na estampa VIII do livro *Costumes Africanos no Brasil*, de Manuel Querino.

HISTÓRIA DOS CANDOMBLÉS DO RIO DE JANEIRO | 171

Quando Marcelina *Ọbà Tọ́sí* faleceu, em 27 de junho de 1885, o Engenho Velho já estava no local atual, na forma de um barracão com cobertura de sapê. No início, as reuniões dos africanos ocorriam na Ladeira Berquó, hoje Visconde de Itaparica, perto da Igreja da Barroquinha, no centro de Salvador. A sucessão coube a *Ọmọníkẹ́*, que assumiu gerando descontentamento de Maria Júlia da Conceição Nazaré (1840-1910), filha de *Bàyànnì* e *Òṣàgiyán*, a qual se retirou com seu grupo para fundar, mais tarde, o atual Gantois, em 1890. Aninha se manteve afastada da polêmica, permanecendo silenciosa, em obediência e respeito a sua iniciadora. Investiu na paciência perante seu futuro já delineado. Mais tarde, em 1891, aos 22 anos, seria recolhida no Engenho Velho para obrigações, fazendo a iniciação de outra qualidade de *Ṣàngó*, denominada de *Àfọ̀njá*,* divindade que se tornaria a denominação de seu futuro Terreiro.

Todo o ritual contou com a participação de Tia Teófila, *Bángbóṣé* e Ọbà Sànyà. Os dois últimos seriam sempre lembrados por Aninha, em virtude da ajuda que lhe foi dada em todo seu início de vida religiosa, sendo ambos citados no ritual do *Ìpàdé*, como *Ésà*, os Ancestrais, e reverenciados logo depois de *Bàbá Asika*, um africano que muito ajudou as mulheres que fundaram o Candomblé do Engenho Velho. Quando *Bángbóṣé* faleceu, provavelmente em 1902, deixou com Aninha algumas peças de seus assentamentos, da mesma forma que o *Ṣàngó* de Joaquim Vieira da Silva, sempre citado como Ti Joaquim, coube a ela como herança. Ele tinha o título no *Àṣẹ* de *Olùgbèmí*, o Senhor me apoia.

Há uma referência sobre as origens de Ti Joaquim, avô carnal de Cantulina que viria a assumir o Axé do Rio de Janeiro:

> Antonio Vieira da Silva era comerciante de escravos. Comprava em Ouidah e os vendia na Bahia e em Cuba. Morreu em 1866, e em seu testamento deixa alforria para o africano Joaquim, de 49 anos, com ofício de marinheiro, e residente na Bahia. Em 1872, mudou-se para

---

* Sobre essa denominação, ver Anotações, item 13, ao final desta Parte.

Recife durante 24 anos. Em 1806 vem para a Bahia e se instala numa Roça chamada Santa Cruz, no Rio Vermelho. Faleceu em 1902 com 76 anos. (Paulo Victor de Oliveira, Recife, 2014.)

Sobre a segunda obrigação de Aninha, a Ìyálórìṣà Senhora, bisneta de Marcelina, que viria a suceder Aninha, revelou mais tarde que as duas qualidades de Ṣàngó tinham de ser feitas, em razão de Ṣàngó ter dado dois nomes na terra de Tápà: Ògòdò e Àfònjá. De qualquer forma, a obrigação inicial feita na nação grunci e, posteriormente, com orixá da nação ketu, viria lhe permitir que se posicionasse futuramente como uma iyalorixá, sendo essa talvez a razão principal. É importante destacar que dúvidas e contradições devem ser entendidas em razão de a documentação ser baseada na tradição oral.

É no ano de 1892 que ocorre a morte de Ọmọníkẹ́, havendo novo desentendimento na sucessão. Ọbà Sànyà dizia que Aninha, embora com 23 anos, deveria ser a sucessora; a escolhida, porém, é Ursulina de Figueiredo, conhecida como Sussu e sobrinha de Ọmọníkẹ́. Com a divergência surgida, Aninha se retira com seu grupo e vai para a roça de Ti Joaquim, o Ọbà Sànyà,* no Rio Vermelho, onde participa de diversas iniciações. Em 1902, passa a residir na rua dos Capitães, onde faz a iniciação de Rosalina de Oxalá. Com pouco mais de 30 anos, já constam em seu currículo iniciações feitas desde o Engenho Velho, na roça de Ọbà Sànyà, até suas diferentes residências no centro de Salvador.

Em 1903, Aninha passa a residir na rua Chirriachito, próximo à Barroquinha, onde faz mais duas iniciações, a de Salú de Aira e a de Maria das Dores de Oxóssi. A partir daí, o Rio de Janeiro passa a fazer parte de seu ideal religioso. Há a sugestão de que nesse mesmo ano tenha vindo ao Rio, já aos 34, procurar o local organizado em 1886, na viagem que fez aqui anteriormente com Bángbóṣé e Sànyà. Era costume

---

* Alguns alegam que a saída de Aninha ocorreu depois da morte de Sussu, certamente um equívoco, pois ela faleceu em 1925, e o Àṣẹ Òpó Àfònjá foi inaugurado em 1910, quando ela já atuava de forma independente.

seu trazer seu grupo de pessoas e seus pertences religiosos até seus assentamentos quando vinha ao Rio. Em sua estadia na cidade, agrupava ao seu redor tias que aqui moravam, como Tia Sanan, do Axé do *Podabá*, Paulina, Liberata, Josefa, Joana *Qbasi*. Encontra o local na Pedra do Sal, onde havia o santo assentado, com tudo abandonado. Realiza, então, uma arrumação em tudo que encontra, fazendo alguns preceitos na casa de uma senhora baiana. Deixando as devidas instruções, retorna a Salvador. Em 1907, aos 38 anos, fixa residência na Ladeira da Praça, e, no ano seguinte, muda-se para o número 77 da Ladeira do Pelourinho.

Em Salvador, os nagôs moravam no centro da cidade e realizavam suas obrigações de santo, incluindo iniciações, nas próprias casas. Aninha, nesse mesmo ano, com a ajuda de José Theodoro Pimentel, que tinha o cargo de *Balę Șàngó*, por exemplo, realiza algumas iniciações, entre elas a de Senhora, sua futura sucessora, na Ladeira da Praça. Antes do advento das roças e dos Candomblés com áreas extensas, as casas urbanas dos velhos tios e tias eram assim. Em 1909, Aninha adquire um grande terreno em São Gonçalo do Retiro, inaugurando, no ano seguinte, seu próprio Terreiro, auxiliada por *Qbà Sànyà*, que viria a falecer em 8 de setembro de 1910, ficando seu Terreiro entregue a sua mulher Isidora. O Terreiro, originalmente construído em taipa e folhas de palmeira, foi totalmente reformado em alvenaria, e com habitações em toda sua área. Aninha daria acolhimento às pessoas que a auxiliavam, mantendo-as em moradias próximas ao Terreiro, na forma de uma comunidade solidária que morava perto e comia junto, reminiscência dos antigos quilombos.

Outra pessoa que se manteve ao lado de Aninha foi o *Babalawô* Martiniano Eliseu do Bonfim (1859-1943), considerado irmão das mães de santo, e visto como Tio, merecedor de todas as reverências. Devido a isso, o termo *Olúwo*, um equivalente a *Babalawô*, é citado em muitos cânticos em homenagem a esses senhores. Nesse mesmo ano, Aninha faz a iniciação da primeira filha feita no Terreiro, Agripina Soares de Souza (1890-1966), aos 20 anos, de *Șàngó Aganjú Qbà Déyí* — o rei criou esta pessoa. Ela será, mais tarde, a primeira iyalorixá designada para dirigir

174 | JOSÉ BENISTE

o Axé do Rio de Janeiro. Comentou-se ser ela de *Ọ̀ṣọ́ọ̀sì*, mas feita para *Ṣàngó* por meio de certos mecanismos de acomodação, a fim de se harmonizar com o patrono do Terreiro. Talvez por isso ela tenha se tornado a sucessora de Aninha.

A citação desses personagens justifica-se não apenas pela importância que passariam a ter, mais tarde, na condução do Axé do Rio de Janeiro, como também para dar uma ideia dos métodos para a organização dos Terreiros da época. É o caso de Matilde Gomes (1877/79-1963), conhecida como Tia Filhinha Preta, de *Ọ̀ṣun Ọ̀pàrà Yìndá* — Oxum louva a criação, a natureza —, iniciada em 1921, irmã carnal de Agripina e que se tornaria sua segunda pessoa no Axé do Rio. Para essa iniciação, veio do Rio Maria Ọgala, a fim de ser mãe-pequena de Tia Filhinha, combinando com Aninha que viesse ao Rio, mais tarde, fazer a obrigação de Conceição, sua filha.

No início de 1925, Aninha, já aos 56 anos, segue a influência de seus mestres, fazendo constantes viagens. Vem ao Rio, hospedando-se na casa de Maria *Ọgala de Ọ̀ṣàgiyán* e seu marido, João Cavalcante (?-1937), à rua São Luís Gonzaga, 49, em São Cristóvão. Embora fossem irmãs de santo, foi Aninha quem a consagrou como iyalorixá. Houve, então, nova mudança, desta vez para a rua Comendador Leonardo, em Santo Cristo, onde faz a iniciação da sobrinha de Maria *Ọgala*, Conceição de *Omulu*, mãe do futuro alágbè Guilhermano da Conceição, conhecido como Bila de *Omulu*.* Não devemos entender as atividades dos Candomblés da época como as dos dias atuais. Naquela época, as pessoas faziam o santo em algum lugar disponível, pois as casas eram, em sua maioria, alugadas, e, quando moravam em casas coletivas, destinavam pequenos espaços para essas obrigações.

Aninha lava as contas de Clarice de Oxóssi, *Ọdẹ Mọnjọlọ*, que seria a mãe de Nilson de *Ọ̀sányìn*, e amplia seu grupo de amigos com Alberto Lobo, a quem conheceu por ocasião da procissão de Nossa Senhora da Boa Morte, pois ela era Juíza Perpétua dessa confraria, como também

---

* Ver "Depoimentos Complementares", item 8.

do Senhor Bom Jesus dos Martírios, além de ser a Priora da Ordem de Nossa Senhora do Rosário do Pelourinho e Irmã Remida de São Benedito, das Quintas. Alberto era ligado ao Candomblé de Cipriano Abedé e se tornaria o autêntico *bàbálósányìn* do Axé de Aninha. Segue uma versão sobre a história de Maria *Ogala*:

> O orukó dela era Endusi,* era africana tendo passado por Salvador. Não era filha de santo de Aninha. Maria Ogala deixa o Oxaguiã dela com Tia Filhinha e uma senhora de Òsún, Maria Jose Sá Freire, que morava no Encantado. Mais tarde, o santo dela vai para Coelho da Rocha levado por Filhinha, onde está até hoje. Maria Ogala morreu com alto grau de glicose, pois era diabética. Contam que se levantou à noite e no escuro pisou no rabo da gata que ela criava, chamada Fifi, que arranhou a sua perna. Como ela não tinha avaliado o alto grau de glicose que possuía, e por falta de tratamento adequado, veio a falecer. (Depoimento de Ajàléyí, março de 2003.)

Conceição era de *Omulu* e *Sàngó*, feita em 1925, tendo como nome iniciático *Ìjitoba — Omulu* se apoia ou está próximo a *Sàngó*. Ela possuía um barraco de sapê, onde residia, na rua Cecília, em Coelho da Rocha, próximo ao Candomblé de *Mejitó*, o qual Aninha denominava de Pavilhão *Obà*. Pela falta de espaço, era comum que os assentamentos fossem levados de um lugar para o outro. Era um vaivém com tudo que era necessário, retornando para a cidade após o término das obrigações. Por outro lado, a casa começa a se tornar pequena pelo número de gente querendo fazer parte do grupo. Daí as andanças de uma casa para outra. Como não havia contratos, as casas eram alugadas com muita facilidade, sendo tudo acordado verbalmente, tanto para entrar como para sair, sem qualquer obstáculo jurídico. Era uma época em que a palavra tinha valor.

---

* O nome correto seria Iwindùnsi. É o mesmo nome de um filho carnal de Agripina, Fernando de *Òsàlá*, iniciado por Senhora, em 1940.

176 | JOSÉ BENISTE

Essa transformação de um canto de sala ou de outra dependência em um espaço mágico para a realização de ritos complexos evidencia o poder e o conhecimento nas realizações. E isso foi efetivado pelos antigos, com muita competência, antes da ampliação dos espaços para as terras da Baixada Fluminense. Os primeiros Candomblés do Rio funcionavam dessa forma. Os espaços utilizados nas moradias eram extremamente diferentes daquilo que hoje entendemos como casa de Candomblé.

Em 1930, Aninha retorna a Salvador para, então, voltar ao Rio, devido a problemas particulares, com o pensamento de permanecer na cidade para sempre. Durante as ausências de Aninha, o Terreiro de Salvador ficava com Fortunata de Ọ̀ṣọ́ọ̀sì, sua irmã de santo, e Tia Báda. Já aos 61 anos, Aninha passa a residir na Tijuca, não exatamente em um Terreiro, mas na residência onde fazia obrigações, jogos e bori a tantos que a procuravam. É ajudada por Alberto Lobo (1911-1990), que recebe mão de faca em 1931, e mais tarde, em Salvador, os títulos de Òlósányìn e, depois, de Òsì Aṣọbá. Junta-se ao grupo Edgar Brandão de Ṣàngó (1900--1983) e Helena Ferreira de Moura, de Ògún Lánà(n) — Ogum abre os caminhos —, uma de nossas informantes dessa época, da qual Aninha tinha lavado contas em 1930. Nesse período, conhece Agenor Miranda Rocha, que estava no Rio desde 1926.* Ele é iniciado por Abedé em 1931, aos 24 anos, sendo feito para Iyewa, que deu o nome de Iyetọlá — Iyewa tem dignidade, autoridade —, tendo Alberto colhido as folhas para sua obrigação e sendo Dila sua mãe criadeira.

No Rio, Aninha encontra suas filhas de santo, Filhinha Preta e sua irmã, Agripina de Souza, que estava na cidade com o marido, Amaro Soares, e o filho carnal, Fernando. Segundo alguns, Agripina veio com Aninha nessa viagem, e foram todos morar na mesma residência. A denominação de Filhinha Preta de Oxum objetivava diferenciá-la de

---

* Curiosamente, Agenor nunca foi citado nas correspondências mantidas entre Aninha e Agripina, quando ela retornou em definitivo para Salvador, em 1935. Ver Luis Nicolau Parés, p. 265, segundo pesquisa de João Batista dos Santos.

uma outra que também atuou na época com a mesma denominação, Filhinha de Omulu, a qual era branca e filha de santo de Procópio de Ògúnjà.

Aninha tornou-se uma pessoa experiente em comandar dois Terreiros, em duas regiões como Rio e Salvador, mantendo-se atenta ao que se passava no Rio. É dela o telegrama a seguir, informando a Agripina, que morava, na época, no número 23-A da rua Felipe Camarão, no Maracanã, que "Ajàgúnàn tomou cabra ahi". Pela data, 12 de outubro de 1935, é provável ser a festa do Pilão de Oxaguiã.*

E será João Cavalcante, proprietário de um extenso terreno que tomava toda a parte de cima da atual rua Cecília, em Coelho da Rocha, quem irá desmembrar uma parte desse terreno localizado no número 29 da rua Florisbela, dando-o como presente para Tia Filhinha Preta, conforme desejo de Maria *Ogala*, antes de falecer. A partir de 1946, será a sede definitiva do Axé um antigo arrozal, que ficará esquecido por muitos anos, pois João Cavalcante faleceria em 1937, após se casar pela segunda vez com Maria Ponciana. Curiosamente, muitos fatos ligados à história dos Candomblés acontecem de forma inesperada e com encaminhamentos estranhos.

Aninha torna-se membro de irmandades católicas. Fará novas obrigações, chegando a realizar um grande trabalho de segurança para o presidente Getúlio Vargas, o que originará, mais tarde, o Decreto-Lei nº 1.202, de 8 de abril de 1939, concedendo liberdade de culto às religiões. O fato está relacionado com uma ocorrência, na época, em que a polícia de Salvador havia proibido o uso de atabaques para uma festividade Candomblé:

> [...] Dito isso, o Sr. Jorge procurou tomar providências. Ele era Ogã do terreiro Opó Afonjá e sabia que a ialorixá Aninha, do mesmo terreiro, tinha influência com Getúlio Vargas, presidente da República, em razão de ser seu filho de santo o Sr. Oswaldo Aranha, chefe da Casa

---

* As festas de Oxalá se iniciam após a última quinta-feira do mês de setembro e nos três domingos seguintes, sendo o último dedicado a Oxaguiã.

> Civil, [...] viajou para o Rio de Janeiro à procura da ialorixá Aninha em sua residência. Lá chegando contou-lhe as ocorrências. A mesma Iá telefonou para o Sr. Oswaldo Aranha [...] o que marcou uma audiência com Getúlio. Dessa audiência resultou o Decreto Presidencial nº 1.202, amparando as religiões e seitas, liberando os terreiros, que voltaram ao uso dos atabaques. (Luiz Sérgio Barbosa, 1981.)*

Em 1932, Aninha muda-se para a rua Barão de Mesquita, 494, e depois para a rua Araújo Lima, 76, também no bairro da Tijuca. Em 1933, acompanhada por Agripina, Filhinha e Pedro, realiza o axexê de Cipriano Abedé, juntamente com Benzinho de Ògúnjà. Faz as obrigações em alguns filhos do falecido Cipriano, entre eles Paulina de Òṣun, sua esposa, e Dila de Obaluaiê, então com 25 anos. Agenor, filho de santo de Abedé, vai tirar a mão no Gantois.

Em 1935, Aninha encontra-se na rua Alegre, em uma casa com três quartos, ao lado de Agripina e seu filho Fernando e Helena de Ogum. Aos 66 anos, deve voltar a Salvador, apesar do aviso contrário de Ṣàngó, que a aconselha a não ir. Aninha tem ciência de que não mais retornará para o Rio. Após realizar uma grande obrigação, reúne os filhos e amigos e determina Agripina como iyalorixá e confere somente a Paulina a responsabilidade pelo jogo de búzios. Deixa o Òṣàgiyán de Maria Ogala, que havia falecido em 1931, e que estava sob a responsabilidade de Filhinha Preta de Oxum, como herança para a força do Axé, além de alguns pertences seus. Esse fato revela a ideia de que o Axé da Casa seja de Òṣàgiyán e o patrono Ṣàngó.

Aninha tinha uma personalidade bastante forte, com regras de comportamento a serem seguidas, rezas e ritos, códigos no vestir e agir dentro do ritual, o que fará de seu Terreiro uma casa com personalidade própria. Embora distante, não deixará de fornecer orientações por carta e recados constantes àqueles que aqui ficaram com a incumbência de dar seguimento a seu ideal religioso. Em uma série de correspondências, são

---

* Encontro de *Nações de Candomblé*, CEAO, Salvador, 1981, p. 70.

citados os nomes de Davina de Omulu, Joana da Cruz, Alberto, Paulina e tantos outros. Curiosamente, Agenor, que se dizia muito amigo de Aninha, não é lembrado em nenhuma das correspondências.

> Fez o que mandei fazer para Davina? Você deu a conta de Xangô a ella? O Arlindo se V. quer fazer alguma coisa por elle, melhorar a situação veja um pouco do sabão para tudo e dê a elle para tomar 3 banhos, em dias diferentes [...] de cada semana. Em tempo: lua nova, quarto crescente e lua cheia [...] Para usar estes ichés é preciso estar com o corpo muito limpo, previna a elle. (Trecho de carta a Agripina, 26 de julho de 1935.)

O ano de 1936 encontra Aninha já integrada ao Candomblé de Salvador, na etapa final de sua existência. Embora distante, mantém contato por meio de correspondências, orientando Agripina, e demonstrando desejo de retornar em definitivo para o Rio de Janeiro. É feita a ata inaugural da Sociedade Cruz Santa do *Àṣẹ Òpó Àfọ̀njá*, tendo como presidente de honra o Babalawô Martiniano do Bonfim, uma pessoa muito bem informada nas tradições e que falava fluentemente o idioma yorubá. Ele irá sugerir a criação do Conselho dos 12 *Ọbàs* de *Ṣàngó*, que teriam a qualificação de Ministros, sendo seis do lado direito e seis do lado esquerdo, podendo os do lado direito votar. Seria dado um nome extraído de títulos e honrarias nos diversos reinos da sociedade yorubá para pessoas escolhidas com a função de cuidar do destino civil da Sociedade, assim definidos:

ỌBÀS DA DIREITA	ỌBÀS DA ESQUERDA
Abíọ́dún	*Ònànṣọ́kùn*
Ààrẹ	*Árẹsà*
Àrólú	*Ẹlẹ́ẹ̀rìn*
Tẹ̀là	*Oníkọ̀yí*
Ọ̀dọ̀fin	*Olùgbọn*
Kakanfò	*Ṣọ̀run* (Ver Anotações, item 31.)

180 | JOSÉ BENISTE

Posteriormente, na gestão de Mãe Senhora, haverá a instituição dos *Ọtún* e dos *Òsì*, os sucessores diretos dos Ọbàs da direita e da esquerda, para cada titular, perfazendo um total de 36 personalidades ou Ministros de *Şàngó*.

No atual barracão, que substituiu o antigo com cobertura de palha, são realizadas várias iniciações, entre elas a de Cantulina Garcia Pacheco, conhecida como Cantu de *Aira Tọ́lá* — Aira está junto da honra e dignidade —, neta carnal de *Ọbà Sànyà*, a qual recebeu o cargo de *Ìyá Ẹgbẹ́*, a mãe da sociedade, sendo, por isso, assim considerada mesmo antes de sua iniciação. Ela se tornará sucessora de Filhinha de Oxum no cargo de *Ìyá Kékeré* e depois sucederá Agripina, no Rio.

É nessa fase que Aninha abre o precedente de fazer iniciação masculina sem ser para o cargo de ogã. Nesse barco, é iniciado José de *Ògún*, e mais tarde, em 1937, faz-se a iniciação de Vidal, sobrinho de Senhora, que era de *Şàngó* na nação jeje, mas fez *Òşàgiyán Iwintadé* — Oxaguiã tem a realeza — em uma grande obrigação que o tornaria um poderoso olhador daquela época, servindo até de depoente para os estudos de Roger Bastide (1898-1974) sobre a arte divinatória.* Aninha tinha boa situação financeira, pois, em sua vivência em Salvador, possuía uma loja de artigos africanos autênticos muito bem aceitos por todas as comunidades. Mudou muitas concepções no Candomblé e mantinha contato com pessoas da sociedade, sabendo conviver tanto com intelectuais como com os mais humildes. Estabeleceu regras de comportamento, maneiras de vestir, criou cânticos e rezas, formas de ferramentas com grande qualidade, desenvolvendo uma personalidade própria para seu grupo.** Além disso, criou o hábito da participação, o que não era comum entre outras iyalorixá, em prol da integração a uma sociedade mestiça em formação. Participou e abriu as portas de seu Terreiro ao 2º Congresso Afro-Brasileiro de 1937, que contou com a

---

* Publicado inicialmente na *Revista do Museu Paulista*, 1953, v. VII, transcrito em *Oloorişa*, 1981.
** O estilo de conduta do Terreiro está muito bem detalhado em *Meu tempo é agora*, de Maria Estella de Azevedo.

organização de Edison Carneiro (1912-1972). O trabalho que apresentou foi sobre os comestíveis africanos.* Era acessível ao questionamento, à curiosidade científica ou jornalística de quem a procurava. Não se negava a informar e discutir. Como dizia, ensinava, mas vigiava.

Aninha também instituiu o ritual das Águas de Oxalá, na forma de dezesseis ou dezessete dias, levando o hábito da procissão das Águas, feita na Igreja do Bonfim, para o Terreiro, dentro de uma forma mais ampla, a partir do momento em que a Igreja proibiu a realização em suas escadarias.**

A criação de mitos a partir de materiais lendários africanos e brasileiros, que Hélio Vianna define como mitoplastia, constituiu uma forma de reafirmar os valores religiosos e integrá-los a uma nova consciência mítica. Aninha cria cantigas e saudações, introduz as iniciações masculinas de todas as formas, uma tendência lógica e natural para a continuidade e o crescimento do Terreiro. Com isso, delineava a riqueza de sua herança.

Embora com raízes da nação grunci, sabia reconhecer valores:

> Minha seita é nagô puro. Tenho ressuscitado grande parte da tradição africana que mesmo o Engenho Velho tinha esquecido. (Donald Pierson, 1971, p. 319.)

Em 1937, tira o seu último barco de *Ìyàwó*, cujo orukó não pode assistir, e no ano seguinte ocorre seu falecimento. Ela já sabia que seu tempo estava terminando; por isso, preparou até a roupa que usaria, da Irmandade de Nossa Senhora do Rosário e de São Benedito.*** Ficou dito e ela assim revelou em vida, que foi em razão de uma desobediência feita a *Şàngó*. Veja detalhes sobre o assunto em Anotações, item 12, no final desta parte.

---

* *O negro no Brasil*, Civilização Brasileira, 1940, p. 357.
** Ver, deste autor, *As Águas de Oxalá*, livro histórico sobre o assunto, e que apresenta descrição do ritual da época.
*** Aninha era priora da Igreja do Rosário dos Quinze Mistérios dos Homens Pretos.

182 | JOSÉ BENISTE

Essa desobediência fez com que se reafirmasse o hábito de todos os seus seguidores consultarem Ṣàngó em tudo o que era realizado no Terreiro, por mais simples que fosse. Deve ser citado o exemplo ocorrido com este autor, no Axé do Rio de Janeiro, em 1978:

> Eu vinha observando que a Casa ficava entregue a duas senhoras idosas e sozinhas, mãe Cantu e Helena, impossibilitadas de uma comunicação urgente. Prontifiquei-me a adquirir uma linha telefônica e instalar na comunidade como medida preventiva. A iyalorixá pediu tempo a fim de consultar Xangô, tendo este recusado, em princípio. Após algum tempo, Oxalá se apresentou num jogo e aceitou o oferecimento, o que foi prontamente providenciado por mim.

Em 3 de janeiro de 1938, às 15 horas, ocorre o falecimento de Aninha, aos 69 anos. Ela teve o corpo conduzido por uma multidão, que parou a cidade de Salvador.

No ano seguinte, o jogo de sucessão foi feito por Martiniano do Bonfim, sendo preterida a mãe-pequena,* Ondina Valéria Pimentel, que, por esse motivo, se afastou da casa, vindo a abrir Terreiro no Rio, no bairro do Éden, em São João de Meriti. São fatos que ocorrem com frequência na sucessão de uma figura marcante e de grande influência, estabelecendo um período de tensões criadas pelas disputas, mais ou menos ostensivas. A escolhida foi Tia Báda, de Òlúfọ́ndèyí,** nascida Maria da Purificação Lopes. Era filha de africanos e pessoa de confiança de Aninha, que a chamava de mãe. Sabia como resolver questões que se apresentavam em outras casas, agindo como conselheira. Ficou pouco tempo à frente, pois já estava com idade avançada e doente, mas não impediu que tirasse um barco de Ìyàwó, em 1939, falecendo em 1941.

---

* Não há a obrigatoriedade de a mãe-pequena, necessariamente, ter o direito de suceder a titular.

** Báda é uma corruptela de Badarawo, aquela que sustenta o segredo. Era de Òṣàgiyán, embora a palavra Òlúfọ́n indique o contrário.

HISTÓRIA DOS CANDOMBLÉS DO RIO DE JANEIRO | 183

Maria Bibiana do Espírito Santo (1900-1967), mais conhecida como Mãe Senhora de Ọṣun Múìwà* — Oxum mantém a honra e a dignidade —, iniciada com pouco menos de 8 anos, e que já se encontrava ao lado de Tia Báda, assumiu o Terreiro definitivamente aos 42 anos. Filha de Felix do Espírito Santo e Claudiana do Espírito Santo, sendo esta filha de Marcelina Ọba Tọ́sí. Senhora foi uma importante informante na reconstrução da história do Candomblé para o estudo de Verger. Com uma gestão muito progressiva, construiu um novo barracão e reformou outras dependências.

Como tudo se modifica com a substituição de uma iyalorixá, foram instituídos para cada um dos Ọbàs, recentemente criados, dois sucessores diretos de cada titular, intitulados ọtún e òsì, perfazendo um total de 36. Essa inovação originou comentários restritivos da parte de antigos Ọbàs, que achavam que Ọbà não tem Otum nem Osi. O fato, entretanto, não abalou a instituição do novo modelo a ser seguido. A escolha era feita pela iyalorixá que o revela a Xangô, ou os Ọbàs podiam sugerir, apresentando seus amigos. Era a mãe de mestre Didi, seu filho único, iniciado no culto de Egúngún, e com o cargo de Aṣọbá dado por Aninha. Senhora faleceu aos 67 anos de idade, e suas obrigações foram conduzidas por Menininha do Gantois.

Ondina Valéria Pimentel (1918-1975), mais conhecida como Mãezinha, era de Oxalá, Iwin Tọ̀nà — Oxalá conserva ou cuida dos caminhos —, e filha de José Theodoro Pimentel, 1º Bálẹ̀ Ṣàngó, um rico plantador de fumo em Itaparica. Foi iniciada em 1921, na ilha de Itaparica, em um barco que tinha Filhinha Preta de Ọṣun, Senhora de Ṣàngó, Júlia de Yemanjá e Vivi de Obaluaiê. Retornaria do Rio, onde residia, em 1968, substituindo Senhora, com o jogo feito por Nezinho da Muritiba.**

Ondina recebeu seu nome em razão de ter nascido em alto-mar, em um barco que fazia a travessia de Itaparica para Salvador. Em sua estadia no Rio, organiza o próprio Candomblé, inicialmente, em Cavalcanti,

---

* Outra versão Múyíwá — aquela que foi trazida de volta.
** Indevidamente, esse jogo é creditado a Agenor Miranda.

Realengo, e, por fim, à rua Letícia, no bairro do Éden, na Baixada Fluminense, em 5 de janeiro de 1969. Bondosa e solidária, além de fazer diversas iniciações, ajudava no *Àṣẹ Òpó Àfọ̀njá* do Rio, tendo sido a *Iyá Ẹ̀fọn* de alguns ìyàwós.

> Eu me lembro muito bem de minha Tia, mãe Ondina, ela tinha cultura, pois seu pai fez questão de lhe dar instrução, e tinha Diploma de Pianista, mas largou tudo por causa de Xangô e Oxalá. (Miguel Nunes de Sá de Xangô, 2014.)

Ao assumir o Axé, ficou na obrigação de fazer viagens constantes entre Rio e Salvador, o que veio a debilitá-la, perdendo, por consequência, a saúde e falecendo em 1974. Deixou vários filhos de santo no Rio, ficando a sucessão do seu Terreiro com sua sobrinha, Célia de Oxum, e, atualmente, com Célia Pimentel.

Pelo seu falecimento, foi substituída em 19 de março de 1976, por meio do jogo feito por Agenor Miranda, sendo escolhida Maria Stella de Azevedo Santos (1925-2018), *Ọdẹ Kayọ̀dé* — o caçador chegou trazendo alegria —, nascida em 1925, enfermeira graduada em 1945 e aposentada pela Secretaria da Saúde do Estado da Bahia (Sesab).

> Ao ser escolhida para Iyalorixá, passado o primeiro impacto, fui ver a responsabilidade que se abatia sobre meus ombros, pois, mulher ainda jovem, gostava de viver minha vida com simplicidade. Passei a enxergar as coisas com mais naturalidade. Restava, a mim, seguir em frente, aceitando as pessoas como são, mas agindo com dignidade e justiça. Encontrei apoio e adversidade, o que é natural. (Stella de Oxóssi, 1993.)

Foi iniciada por Senhora aos 12 anos, recebendo mais tarde o posto de *Kọ́làbà* no quarto de *Ṣàngó*. Vem fazendo uma gestão atualizada com os novos tempos, administrando uma área de 39 mil m^2, prosperando, atualizando conceitos e criando um memorial que conta a história do Candomblé por meio de peças artesanais e ampla documentação.

Em 1971, cria uma creche-escola e uma biblioteca de referência para os estudiosos, promovendo debates e seminários.

Em 1983, assina um documento juntamente com Menininha, Olga de Alákétu, Nicinha do Bogum, reafirmando que o Candomblé é uma religião independente do catolicismo e rompendo de vez com o conceito de sincretismo que durante séculos identificou os orixás com os santos católicos. Em 3 de maio de 2005, recebeu da Universidade Federal da Bahia (UFBA) o título de *Doutor Honoris Causa*, e, em 2013, aos 88 anos, foi eleita imortal da Academia de Letras da Bahia, ocupando a cadeira 33, cujo patrono é o poeta Castro Alves.

> Para Mãe Stella de Oxóssi, nem de longe seus 90 anos lhe causam acomodação; [...] autora de oito livros, idealizadora de vários projetos socioculturais como o "Ânimoteca", uma biblioteca instalada em um ônibus, levando cultura à periferia de Salvador. Inaugurou recentemente uma creche no Terreiro com um amplo espaço para que as crianças possam "brincar como antigamente". E, mais, vai lançar em 2016 um aplicativo sobre a cultura afro-brasileira. (Paulo de Oxalá, jornal *Extra*, 2015.)

FASE INDEPENDENTE DO RIO DE JANEIRO

Com a ida de Aninha para Salvador, e, posteriormente, sua morte, muitos se afastam de Agripina, que se vê sozinha para cuidar de tudo. Paulina, a escolhida para fazer o jogo, afasta-se do grupo por não ter sido escolhida para a direção do Terreiro. Toma a iniciativa de dirigir a casa de santo de Abedé até falecer, em 1950. Agripina mantém seu costume, vendendo doces de tabuleiro, fazendo ponto por muitos anos na praça Saens Peña, na Tijuca, exatamente em frente ao antigo cinema América. Devido a dificuldades naturais, muda-se para o número 22 da rua Senador Alencar, em São Cristóvão, e depois para o número 381. É seu último endereço, antes de fixar-se, definitivamente, em Coelho da Rocha.

> [...] quando cheguei ao Rio de Janeiro, Tia Agripina e Tia Filhinha moravam naqueles casarões que tinha em São Cristóvão, junto com Fernando de Oxalá; [...] então todas as primeiras quartas-feiras do mês, elas faziam o amalá, e aquelas baianas antigas iam para lá. Eu mesma quando cheguei também ia. (Marinha de Nanã, em setembro de 2002.)

Em 1941, ao assumir o Candomblé em Salvador, Senhora manda um baú para o Rio de Janeiro, pedindo a Agripina que colocasse nele todos os pertences de Aninha. Consultando *Ṣàngó*, Agripina nega-se a mandar qualquer coisa, iniciando assim uma independência definitiva do Rio de Janeiro em relação ao Candomblé de Salvador. Foi uma decisão forte, pois o tempo de iniciação determina regras rígidas de autoridade e respeito. Senhora, feita em 1907, era mais velha que Agripina, feita em 1910. Evidencia-se que não há distinção de casa matriz, pois ambas foram fundadas e organizadas por uma só pessoa, Aninha.

As andanças do Axé, em busca de um ambiente definitivo, continuaram a ocorrer, porque o local não podia ser exatamente o de um Terreiro, pois não havia um espaço necessário para certas práticas. Foram oito moradias diferentes, entre os bairros de São Cristóvão e Tijuca. Havia um esforço de ambientação superado apenas no momento em que se instalou em Coelho da Rocha. E isso aconteceu quando o tempo chegou até 1945.

Agripina estava fazendo obrigações das Águas de Oxalá no Pavilhão Ọbà, um barraco feito de sapê localizado na rua Cecília, em Coelho da Rocha. Ao final, algumas peças dos assentamentos, como sempre, eram levadas de volta para sua residência, com todos os santos guardados juntos pela carência de espaços. É nesse momento que Ṣàngó se apresenta em um jogo feito, e diz que não quer mais voltar para a cidade, pois já tinha sua Roça. *Omulu*, então, virando em Conceição, toma uma estaca e sai à rua com todos atrás, até parar em frente a um terreno próximo, na atual rua Florisbela, 1029, e finca a estaca no chão, indicando, assim, que era ali que ele queria ficar. Ao verificarem, descobriram que aquele era o terreno esquecido pertencente a Tia Filhinha de Ọ̀sun, desde 1930, aproximadamente, e onde havia muita água e tabatinga.

Em 1947, o Axé já está na nova Casa. A partir daí, vai sendo construído o que é o atual barracão, com um custo total de $137.500,00, pagos aos poucos e com dificuldade, complementado, mais tarde, por Cantulina. No início, tudo é feito debaixo de lonas esticadas, porém, em 1950, o prédio fica pronto. A tradição dos antigos Candomblés era não usar laje na cobertura. Em vez disso, usavam pindoba ou telhas de barro. Agora, com o espaço maior, são construídos os quartos de santo separados, plantações especializadas e dependências de moradia para todos.

188 | JOSÉ BENISTE

A conquista de espaços maiores torna-se de vital importância para todos os Candomblés que se instalaram na Baixada Fluminense, obrigados a sair do Centro do Rio. Os ritos passaram a ser mais vivenciados, como o *Olúbáję*, o *Ìpèțè*, as Águas de Oxalá, as diferentes etapas da iniciação, diferentemente de antes, quando tudo era feito em quartos e salas de ambientes mínimos. O crescimento dos espaços nos Candomblés animou a vinda de novos baianos, que passaram a tomar o *Àșę* como referência, sendo visita obrigatória, também, junto a outras Casas tradicionais, como o Axé de Vicente *Bánkọlé*. Essa foi uma fase em que a irmandade era consagrada com ajudas mútuas.

> Eu era muito criança quando vinha para cá com o povo de Mesquita, de onde sou filha. Tia Pequena, Tia Bibiana e outras. Minha irmã de Iansã. Quando tinha festa aqui, vinha de roupa de santo. As filhas de santo de Mesquita traziam roupa para fazer a roda, porque, naquela época, Tia Agripina ainda não tinha filha de santo. [...] Quando tinha festa em Mesquita, Tia Agripina ia com o povo, com o ogã Pedro, aqui da casa, ele inclusive tomou o nome do meu santo quando eu fiz o Orixá. Minha avó (Davina) tinha quarto aqui. (Meninazinha de Oxum, 2011.)

> Damiana vivia muito no Axé Opó Afonjá, Xangozinho, Regina, Amanda, no tempo de Agripina e Filhinha. Uma vez vieram me chamar às pressas, eu que não tinha nem obrigação de sete anos. Filhinha estava deitada como morta. Ela tinha pegado uma banana dos pés de Șàngó e comido. Peguei uma outra banana, passei pelo corpo dela, descasquei e joguei a casca para um lado. De repente, ela deu um salto e voltou à vida. (Aderman, em março de 2003.)

O grupo se fortalece, com Cantu de Șàngó Aira, Cantulina Garcia Pacheco (1900-2004), nascida em Salvador, filha de Maria do Ó de Òșàgiyán, iniciada no Engenho Velho, e José Pacheco, major da Força Policial que a criou, falecido em 1921. Cantulina frequentava o Centro Espírita Luz e Caridade, revelando que sua iniciação no Candomblé foi pedida pelo avô, Joaquim Vieira, o Ọbà Sànyà, por meio de uma mensagem espiritual, sob a alegação de que ele havia morrido antes de cumprir o que precisava ser feito para poder descansar em paz.

Em 1927, faz uma pequena obrigação, recebendo o título de *iyá ẹgbẹ́*, mesmo antes de ser iniciada em 1936. Viria a ocupar, mais tarde, no Rio, a partir de 1958, o lugar que pertencia a Filhinha de *Ọ̀sun*, por determinação de *Ṣàngó*, visto que ela já estava com idade muito avançada.

> Cantú veio para o Rio em 1938 a pedido de Aninha e foi direto a Botafogo para atender Noemia de Iansã, feita por Aninha, em razão de uma intervenção cirúrgica que ela faria, além de complementar algumas obrigações. Cantú ficou com Noemia até 1943. Quando foi visitar Mãe Agripina, D. Noemia comprou um lote ao lado do Axé em Coelho da Rocha, onde seria construída a casa de Iansã, que nunca saiu da promessa. Depois Cantú comprou o lote onde morou até sua volta para Salvador em 1986. (Ogã João Tobíọba.)

Outras pessoas passaram a tomar parte da nova fase do Axé. Alberto Lobo, conhecido como *Zinsi*, ficou como mão de faca e colhedor de ervas, Gervásio da Silva, como *Sọbalójú* e ferramenteiro, Edgar Brandão, ogã de *Ṣàngó*, que veio com Aninha para o Rio de Janeiro, Equedi Lia, sua filha, e demais familiares, o ogã Bila como *Alágbè* e, mais tarde, com o ogã João *Tobíọba*.* O grupo contou com a importante ajuda do ogã Pedro da casa de Dona Amorzinha. Como Agripina não jogava e Paulina de *Ọ̀sun*, a quem Aninha dera a responsabilidade do jogo, havia falecido em 1950, a responsabilidade do jogo ficou a cargo de várias pessoas convidadas para ajudar nas obrigações, como Tia Davina de *Omulu*, Amanda de Jàgún, Regina Bángbóṣé. Mãezinha de Oxalá, antes de abrir Casa no bairro do Éden, ajudou nas iniciações que eram realizadas.

A partir de 1962, o Axé passa a contar com a ajuda de Agenor Miranda, que ficou com essa responsabilidade até 1973, quando se afastou por

---

* Em 1984, este autor passou a integrar o quadro de ogãs dessa casa.

190 | JOSÉ BENISTE

desentendimento com um filho do Terreiro, Joaquim de *Omulu*, que, em certa festa, se negou a tomar-lhe a bênção em represália pelos comentários que Agenor fazia sobre ele. Apesar disso, atendia as pessoas que lhe eram encaminhadas.*

> Agripina era aquela senhora desse tamaninho, assim, calada. Conduziu a casa com mão de ferro. Ali o Candomblé começava às 2 horas da tarde. A casa ficava supercheia, e aqueles homens da estiva toda tomavam conta do portão, eram homens de cabelos grisalhos. Eles selecionavam aqueles que entravam, "o senhor é da casa de Ciríaco, então entra, era da casa de Lesengue, de Fomutin, e iam entrando". Eram os ogãs que tomavam conta de tudo. Quando dava 5 ou 7 horas, tudo já estava terminado. Já tinham feito o que tinham de fazer. (Zezinho da Boa Viagem.)

Em 1951, é feito o primeiro barco de quatro pessoas, entre elas Helena de *Ògún Lánà(n)* — Ogum abre os caminhos. Até 1965, foram tirados mais sete barcos, e, dentre eles, os que abriram suas casas foram Reinaldo de Şàngó Aira, Nilson de *Òsányìn Déyí*, Railda de *Òşun Ladé*, Juraci de *Òşun*, Joaquim de *Omolu Iji Ijimi* e filho de santo deste, Sergio de *Ògún Jobí*. Em 1966, Agripina viaja para Brasília, deixando tudo entregue a Cantú para a realização das festas anuais, pois não pretendia voltar tão cedo.

> Minha mãe me telefonou dizendo que queria ir para Brasília. Fui falar com Pai Agenor, que fez um jogo. Nós fomos juntas, ela ficou em minha casa e dizia que não queria voltar mais, para o Rio só voltaria morta. Ela não estava bem, teve várias crises. (Railda, 2001.)

---

* Agenor de Iyewa não foi iniciado por Aninha, e seu nome não consta na relação de iniciados no livro de mestre Didi sobre o *Àşę Òpó Àfònjá*. Os nomes das pessoas constantes em seu livro, citadas como sucessoras de Terreiros por meio de seu jogo, devem ser revistos. (Ver, mais adiante, "O Culto Africano de Cipriano Abedé".)

As razões dessa decisão nunca foram bem explicadas, vindo Agripina a falecer em 23 de dezembro de 1966. Seu corpo foi transladado de Brasília para o Rio, sendo o enterro realizado sob chuva torrencial. Cantú de *Aira* assumiu interinamente, e, a partir do jogo de sucessão feito por Mãe Menininha do Gantois, é confirmada para ser a Iyalorixá, conforme trecho da carta enviada de Salvador:

> Xangô se apresentou e disse que ele continua sendo o dono da roça e está de pé acompanhando Oxalá. Que Cantulina ficará sendo a zeladora, porque, se ela se afastar, ele não ficará satisfeito. Então todos se preparem para uma guerra contra ele. (Menininha do Gantois, em 10 de março de 1967.)

Como em toda transmissão de poder, há agrados e desagrados, o que não se justificava, pois Cantú era a neta carnal de *Ọbà Sànyà*, um dos auxiliares diretos de Aninha na fundação do Axé. Embora com temperamento diferente do da antecessora, mantém-se firme na decisão de *Şàngó*. Em 1969, tira o primeiro barco no Axé, de duas ìyàwó, entre elas Regina Lucia Fortes dos Santos de Yemanjá *Ìyá Omitójídé** — Yemanjá engrandece a realeza —, que viria a sucedê-la. Até 1982, foram mais sete barcos e confirmações de um ogã, este autor e o *Ojú Ọbà* José Lopes. Completou as obrigações de Bira de Xangô, com Terreiro em Caxias.

Toda a sua atividade voltou-se à manutenção de tradições e à seriedade religiosa, com simplicidade e muita dedicação, a ponto de comprar uma casa ao lado do Terreiro, para sua moradia e, assim, dar atenção mais direta ao Terreiro. Em 1986 realiza sua obrigação de 50 anos, tendo seus assentamentos trazidos de Salvador para o Rio pelas mãos de Alberto Lobo. O sabão da costa e a farinha de akasá que fabricava no próprio Terreiro eram considerados os melhores de todo o Brasil, sendo usados em centenas de iniciações do Rio, da Bahia e de São Paulo. Foi agraciada pela Assembleia Legislativa do Estado do Rio de Janeiro com o título de Cidadã Honorária. Esse

---

* Com outra acentuação — *Omitòjídè* —, Yemanjá coloca as coisas em ordem.

192 | JOSÉ BENISTE

fato se tornaria comum entre os dignitários da religião e pertencentes a diversas casas, como homenagens, comendas e reverências que pretendem dar o devido destaque e reconhecimento a essas personalidades.

Sobre a busca de assentamentos da Bahia, deve-se ressaltar que os pertences das pessoas oriundas dos Candomblés do Engenho Velho, do Gantois e do *Òpó Àfònjá*, e com casas abertas em outras localidades, não são levantados, ou seja, não são retirados do Candomblé de origem, embora haja algumas exceções, lá permanecendo de forma definitiva. Isso significa que algumas das iyalorixás com casas abertas no Rio, e oriundas desses Candomblés, costumam fazer suas obrigações em torno do *ojúbọ* da Casa ou de novos assentamentos realizados.

Em 1989, aos 89 anos, Cantú retorna a Salvador por determinação de seu orixá. Houve um período confuso em que opiniões divergiam. O Axé, então, fica entregue interinamente a Regina de Yemanjá, ocorrendo novas dissidências, até que é feito um jogo em Salvador, revelando que *Şàngó* dizia que a Casa deveria ser entregue a uma filha de Yemanjá de Mãe Cantú. O portador dessa notícia, e fiel cumpridor das determinações, é Joaquim de *Omulu*, até certo tempo, quando as relações se tornaram difíceis, talvez por desejar interferir livremente no posto adquirido por Regina, o que costuma acontecer em fatos dessa natureza. Regina, professora formada, assume efetivamente o Axé em 1989, como sempre, contrariando duvidosos interesses e ideias, o que passou a ser visto como forma de desafio a tão alto cargo conquistado.

> E, olhe, eu não ia fazer o santo aqui. Quando Mãe Agripina morreu, a Mãe Cantú assumiu. E eu queria fazer o santo com Mãe Agripina. Aí o que fiz fui procurar seu Nino de Ogun para fazer um jogo e ele me disse: "Olha, Xangô está dizendo aqui que não tire a filha dele, volte e entregue-a a Mãe Cantulina, que ela é filha de Xangô." Assim, minha mãe carnal fez e disse a Mãe Cantú: "Está aqui, a filha é sua, é Xangô quem está dando." Veja bem o que ele estava reservando para mim. (Regina de Yemanjá.)

O assunto sobre a prática do jogo de búzios foi outra forma de impedir sua total autonomia no comando da casa pelos irmãos mais antigos de Regina, pois, na época, todos julgavam que o responsável pelo jogo do Axé era Agenor Miranda. A história do Candomblé tem demonstrado que essa questão do jogo de búzios realizado por pessoas de fora da casa nem sempre teve um aspecto positivo. Era uma dependência que limitava a autoridade do titular do Candomblé e, em outros casos, deixava o cliente nas mãos do olhador, que poderia conduzi-lo para outro Terreiro. Diante disso, este autor tomou a iniciativa de procurá-lo a fim de que "liberasse" a prática do jogo em favor de Regina, o que ele aceitou com relutância. Porém, não deixou de tecer críticas à atuação de Regina, talvez por não ter sido ele o olhador que a escolheu.

Com tudo encaminhado, o primeiro barco de Regina foi organizado em 1992, não sem antes atribuir cargos aos demais irmãos e contar com alguns familiares, fortalecendo, assim, sua posição na condução do Axé. Ogã Jorge, seu esposo, as filhas Carolina e Beatriz, e sua irmã Rose Mary de Oxóssi, que havia sido suspensa como equedi por Clarice de Oxóssi, em 1959, aos 17 anos, recebendo o cargo de Ìyá Tebexe. É formada em medicina e extremamente competente no conhecimento de cantigas de todos os rituais.

As divergências surgidas pela escolha de sucessores em Terreiros têm sido constantes, o que motiva os descontentes a abandonar a Casa com seus santos e até a própria religião. Desejar ver no sucessor ou sucessora o mesmo rosto, gestos, formas de agir da pessoa falecida é algo impossível de entender, mas acontece com frequência, repercutindo em um desequilíbrio tanto emocional quanto ritualístico.

> Essas decisões no grupo são sempre acompanhadas de grandes tensões, intrigas, atritos, sem esquecer os recursos das práticas religiosas, dos ebós e dos "partidos" que os próprios orixás tomam a favor ou contra os candidatos à sucessão. (Vivaldo Costa Lima, 1977, p. 129.)

As emoções e os sentimentos superam o poder de mando, contrariando as determinações dos orixás que são, na realidade, os proprietários do Axé. Um novo comando é sempre aceito com cautela até que se entendam bem seus propósitos e sua maneira de liderar. Um dos fatores é o da senioridade. No Engenho Velho, por exemplo, a iyalorixá Altamira, ao assumir, era mais nova na iniciação de santo do que muitas irmãs, como é o caso de Regina. Por ter se iniciado em 1969, ela é mais nova do que os filhos de Agripina, o que por si só criou obstáculos na aceitação.

> Uns foram embora e quem tinha que ficar ficou. Aí que foi a barra, eu tive que aprender a conciliar minha vida espiritual com a pessoal, foi duro, foi difícil, a barreira foi grande, muito alta, enfrentei muitas provas, a ponto de chegar na frente de Xangô e perguntar: "Não chega?" [...] tive que aprender a conviver com as pessoas apesar de ser professora formada, ter universidade, foi difícil ainda mais que eu já seria a filha da segunda mãe de santo e os filhos da primeira. Fui muito rejeitada, só que eu aprendi a não chorar. Eu era chorona, qualquer coisa que me faziam, eu chorava, mas aprendi a não chorar. Eu me sentei na cadeira no dia 25 de maio de 1989, numa quinta-feira, festa de Oxóssi. (Regina de Yemanjá.)

É na gestão de Regina Lúcia que o Àṣẹ Òpó Àfọ̀njá se torna o primeiro Candomblé tombado no Rio de Janeiro, em 1º de junho de 2016. O de Salvador havia sido tombado em 20 de julho de 2000.

Ao nos determos nesses relatos, pretendemos mostrar que na história dos Candomblés há sempre contrariedades, tensões, conflitos de interesse e busca pelo poder. É um conjunto de situações que motivam pessoas a se retirarem e abrirem suas casas independentes. Basta estudar a biografia de alguns dirigentes para comprovar. São exemplos de comportamento que devem ser analisados e possíveis de acontecer em qualquer outra comunidade.

HISTÓRIA DOS CANDOMBLÉS DO RIO DE JANEIRO | 195

É bom lembrarmos que a história se repete. Um dia a nossa sacerdotisa maior, Sinhá Aninha, na sua volta para Salvador (1936), entregou tão sabiamente o Axé nas mãos de Tia Agripina que, por sua vez, entregou a Cantú e esta a Mãe Regina. Temos consciência que Xangô esteja sempre por trás. Como disse, a história se repete. Até agora este Axé foi entregue às suas sucessoras pelas próprias mãos das suas antecessoras. (Bira de Ṣàngó, 1993.)

Entre os filhos deste Àṣẹ, destacamos a casa de Reinaldo de Carvalho, de Ṣàngó Aira Déwé — Ṣàngó chegou e conquistou —, iniciado em 1957 e falecido em 2001. Com Terreiro em Itaúna, Niterói, atualmente, sem sucessor e em fase de extinção. Uma de suas filhas mais diletas, Palmira Ferreira Navarro, conhecida como Palmira de Iansã, Ọya Ìjikuta, inicialmente feita por Nilson Hora Caribé, Ọdẹ Tayò* — o caçador traz alegria, felicidades —, em 1966, desligou-se em 1970, indo, mais tarde, para a casa de Reinaldo completar suas obrigações.

Eu não fui para o Candomblé. O Candomblé é que chegou a mim após um mal-estar e amnésia que durou um mês. Tive uma instrução católica e casei-me aos 17 anos. (Palmira de Iansã.)

Buscando respostas a tudo a que assistia, tornou-se uma estudiosa do Candomblé. Mineira de Juiz de Fora, nascida em 1944, veio para o Rio aos 13 anos. Fundou, em 1975, o Terreiro Ilé Ọmọ Ọya Léji — a casa dos filhos de Iansã e Omulu, sendo esse último o seu segundo santo. Sua participação constante em reuniões para discussões de temas religiosos e movimentos sociais promoveu-lhe grande conceito pela forma segura de suas orientações. Com familiares em cargos específicos na condução de sua casa, serviu de base para um importante e inédito estudo de como as escolas se relacionam com crianças que praticam o Candomblé, com o livro *Educação nos Terreiros*, de Stela Guedes Caputo. (Ver o capítulo "As Famílias Biológicas no Candomblé".)

---

* Outra tradução possível: O caçador tudo supera.

> Temos um Deus único, *Olórun*, e os Orixás, que são energias do vento, do ar, dos rios, das matas, das águas do mar e que são devidamente reverenciados pelo poder de vida que oferecem a este planeta. *Olórun* quer dizer o senhor do infinito, *Olódùmarè*, o senhor dos destinos, *Aláyè*, o senhor da vida. Todas essas expressões são referências a um único Deus, designadas de acordo com seus atributos. (Palmira de Iansã, 2007.)

Nilson da Silva Feitosa (1941-1989), de *Òsányìn Déyí* — Osayin lhe criou —, professor de história e iniciado em 1959, foi integrante do balé folclórico de Mercedes Batista e chegou a representar seu orixá em desfiles carnavalescos quando o Candomblé foi ali homenageado. Da mesma forma como Clarice, sua mãe, que no início da vida religiosa manifestava com o Caboclo Pena Verde, Nilson incorporava o Caboclo Pena Rosa. Muito educado e prestativo, fundou o próprio terreiro em Vista Alegre, Alcântara, o *Àsę Sàngó Déyí,* em homenagem a sua iniciadora, Agripina, que, por ocasião de seu falecimento, ficou aos cuidados de Agenor Miranda. Foi sucedido por Gustavo Coutinho do Nascimento, de *Omolu Ijitojinná* — Omulu é suficiente para curar —, formado em Belas-Artes e iniciado em 1973 no primeiro barco do Axé. (Ver o capítulo "A Herança dos Terreiros".)

Joaquim Mota, de *Omolu Iji Ijimi* — Omulu me segue de perto, é a minha sombra —, iniciado em 1962, ex-umbandista, incorporava o Caboclo Pena Vermelha. Atuou como dublador de TV fazendo a voz do personagem Kojak, e, em 1965, abriu o próprio Terreiro, o *Ilé Fi Orò Sakapata** — a casa que faz o ritual de Sapata —, em uma enorme área no bairro Juscelino, em Mesquita. Graças à sua forma versátil e culta de conduzir sua casa, conferiu uma dimensão maior ao Candomblé.

---

* Segundo Bira, quando de sua viagem à África, seria um título antigo que define aquele que constrói e arquiteta.

HISTÓRIA DOS CANDOMBLÉS DO RIO DE JANEIRO | 197

[...] recebemos uma herança dos nossos ancestrais que escondiam a religião dos seus Orixás através do culto a santos da Igreja católica. Não conseguimos nos libertar disso. Alguns Terreiros estão desvinculando a missa do iaô ou a missa do Axexê, quando na realidade o Axexê é a nossa missa. Na hora em que assumirmos inteiramente a religião, nós estaremos preparados para uma série de coisas. (Joaquim, fevereiro de 1993.)

Pelas mãos de Joaquim, foi iniciado *Qbaládé* — o rei possuidor da coroa, — e, a seguir, Sergio Barbosa Costa (1954-2010), de *Ògún Jọ́bí* — Ogum nos deu nascimento —, iniciado em 1966, aos 12 anos, feito no segundo barco da Casa, com a participação de Cantú de Aira. Recebeu o título de Balogún, tornando-se uma pessoa extremamente importante na ajuda da condução dos rituais. Em 1977, abriu o próprio Terreiro, em Coelho da Rocha, o *Àṣẹ Ogbójú Firè Ìmọ̀ Ògún Qya*, literalmente os filhos valorosos que convivem com a sabedoria de *Ògún* e *Qya*. Pela qualidade de trabalho de seus integrantes, viria a tornar-se uma das grandes casas do Rio.

Minha mãe de santo morreu com 104 anos! Passou a vida dela inteira vestida de baiana servindo a Xangô. Morreu virgem, não tinha homem, não tinha mulher, não tinha nada. O negócio dela era servir ao Orixá. Ela dizia que era casada com Xangô. Então isso para mim é um presente [...] Ela me raspou junto com o meu pai de santo — Joaquim de Omulu. (Gún Jobí, *Terreiros de Candomblé*, 2007, p. 93.)

Gún Jobí, como gostava de ser chamado, adotou o sistema de horário matinal para suas festas como o de participante de movimentos que visavam a restaurar o nome da religião. Talento nato em artes plásticas e de fácil comunicação, chegou a ter programas de televisão para divulgar as tradições do Candomblé. A partir de 2009, preocupado com a própria saúde, decidiu encerrar as atividades no local, entregando os santos a todos os seus filhos, e transferindo-se para o bairro de Santa Teresa. Faleceu no ano seguinte.

198 | JOSÉ BENISTE

A sucessão de Jóbí é entregue a Marcelo Fritz, *Iwin Lábí Omi — Òṣàgiyán* deu a honra e o nascimento das águas. Iniciado em 1990, em um barco de nove integrantes, completou suas obrigações no próprio Axé e, em 2012, tomou posse na função de babalorixá, com a presença dos mais importantes integrantes do Candomblé do Rio de Janeiro. Em outras atividades, lidera movimentos em defesa das religiões afro, além da edição de um jornal informativo das atividades dos núcleos de Umbanda e Candomblé.

Joaquim completou as obrigações de Yara Más do Nascimento de *Òṣun Ìyá Tokemi* (1933-2010), que dirigia a Casa em Belford Roxo, uma herança familiar de seus pais, juntamente com o esposo Ailton Benedicto de Andrade (1931-2019), conhecido como Ailton de Oxóssi — *Ahun Sewa*, abajigam renomado e com amplo conhecimento da arte dos cânticos e da organização de ritos de axexê, o que iria torná-lo um dos nomes mais conceituados de sua época. Pertencia à casa de João Carlos de Omulu, do primeiro barco do Axé de Jorge de Yemanjá. O Axé *Ìyá Tokemi* vem sendo dirigido atualmente por Sergio Antonio Cardoso Lopes, mais conhecido como Sergio de *ÒgúnDahunsi*.

Joaquim faleceu em 1998 com o axexê feito por Paulo da Pavuna. Após sua morte, ocorre um litígio na continuação da casa entre os herdeiros naturais, motivando um processo entre os membros remanescentes, sob a alegação de que o imóvel foi construído mediante arrecadação entre todos os filhos, o que daria nova interpretação sobre a sucessão no comando das Casas de Candomblé. Houve tentativas na escolha do dirigente, até que foi definida a sucessão com Ana Maria Santana Matos, mais conhecida como Ana de *Òṣun Omi Ṣolá* — as águas trazem o respeito e a prosperidade —, assumindo, em 24 de março de 2015, a direção do *Ilé Fi Orò Sakapata*.

Ubirajara Gomes da Silva, mais conhecido como Bira de Ṣàngó Ògòdò Ọbà Olóṣémi — o rei e senhor do meu oxê* —, é natural de Pernambuco, com familiares ligados ao Terreiro de Pai Adão. Aos 18 anos, veio para o Rio, e aos 21 tornou-se o primeiro iniciado, dentro do Axé, por Balbino Daniel de Paula, o Ọbarayín. Em razão de constantes viagens como fuzi-

---

* Segundo Bira, quando de sua viagem à África, seria um título antigo que define aquele que constrói e arquiteta.

leiro naval, e já radicado no Rio, completou as obrigações com Ìyá Cantú, abrindo o próprio terreiro em Caxias, o Ilé Àṣẹ Ojú Ọbà Ògòdò — a Casa dos Olhos de Xangô —, em 1978. Entre seus filhos de santo, estava Regina de Òṣóọ̀sì (1955-2017), vinda da casa de Francisco de Yemanjá, depois do falecimento dele, e com casa aberta, Ilé Àṣẹ Igbá Ọdẹ, desde 1989, acumulando funções no rádio, projetos culturais e inúmeras atividades sociais. Em razão de seu falecimento em 2017, assumiu Gustavo de Òṣàgiyán.

> O Candomblé ainda sofre muito preconceito. Se você vai em busca de uma livraria para adquirir um livro sobre religião, você não encontra no local destinado às coisas da religião, os livros estão na parte esotérica. Se querem fazer uma apresentação sobre folclore, aí eles convidam as pessoas de candomblé. (Bira de Xangô.)

Em Brasília, Railda Rocha Pita, de Òṣun Ládé — Oxum possui a coroa iniciada em 1959, e Juraci de Oxum, iniciada em 1965, abrem um Terreiro conjuntamente, o qual, mais tarde, em virtude do falecimento de Juraci, seria assumido por Railda.

Um importante personagem pertencente ao Axé é Balbino Daniel de Paula, de Ṣàngó Aganjú, e mais conhecido como Ọbaràyí*— o rei resgatou esta pessoa. Descendente de uma família tradicional, os Daniel de Paula, ligada ao Candomblé de Egún, Balbino, por esse motivo, também é iniciado nesse culto. Nascido em 1940, em Ponta de Areia, foi iniciado por Mãe Senhora aos 16 anos, abrindo, em 1972, o próprio Terreiro, em Santo Amaro de Ipitanga, o Àṣẹ Òpó Aganjú, na cidade de Salvador. Sua irmã Rosa, iniciada anteriormente por Senhora, é sua atual mãe-pequena. Participou de um documentário sobre sua visita à Nigéria com o tema sobre uma Casa de Ṣàngó e a volta de um baiano às origens.

Na oportunidade, recebeu o nome de Gbọbagùnlẹ — o rei desceu sobre a terra. (Ver o capítulo "O Candomblé de Egúngún".) Organizou o grupo dos Mógbà para o culto a Ṣàngó, do qual Verger fazia parte. Tem

---

* Ọbarayín, o rei de todos vocês, era uma antiga denominação.

alguns filhos com casas abertas no Rio, entre eles *Omidarewà*, em Santa Cruz da Serra, Diana de Iansã, com casa em Itaipu, cujo pai-pequeno é Antonio Carlos, Suzana de Iansã, em Alcântara, e Rosemary Alves de Iansã, em Itaipu.

O Axé Opó Afonjá foi o primeiro Candomblé tombado no Rio de Janeiro, em 1º de junho de 2016, tendo o de Salvador sido tombado em 20 de julho de 2000.

UNIDADES DESCENDENTES

Vivi de *Ṣàngó*, feita por Mãe Senhora, com Terreiro em Jardim Primavera, que, com o falecimento dela, está entregue a uma filha de Oxum; Ilka de *Igbalẹ̀*, Jésus de *Iansã*, Geraldo de *Yemọja*, Aurenice de *Ọya*, Evanilton de *Òṣàlá*, Vera de *Omulu*, Luis de *Òṣàgiyán*, Neide de *Òṣàlá*, Leila de Lógun *Ẹ̀dẹ*, Caribé de *Ọ̀ṣọ́ọ̀sì*, falecido em 2004, e Paiva de *Obaluaiê* (1934-2008).

O CANDOMBLÉ DE JOÃO ALÁGBÀ

Na antiga rua da Imperatriz, aberta em 1809, e atual rua Barão de São Félix, 76, localizava-se o Candomblé de João Alágbà de Omulu, próximo à casa de Dom Ọbà II*. Era um dos mais importantes pontos de convergência dos baianos e dos afro-cariocas, provavelmente a partir de 1890. Foi fundado com a ajuda de Rodolfo Martins de Andrade, Bamboxê Obitikô, em 1886, quando aqui esteve com Joaquim e Aninha, sendo, posteriormente, entregue a Alágbà. Como era uma grande casa, ele morava na parte da frente, havendo duas áreas e um salão onde realizava o Candomblé. Era visitado por Aninha, Davina e o pessoal de Vicente Bánkọlé, que veio para o Rio trabalhar na estiva do cais do porto, local próximo ao Terreiro. Mais tarde, abriria um Candomblé, em Mesquita, com a mulher, Pequena de Òṣàgiyán.

Pessoas da Bahia vinham para a casa de Alágbà, trazendo produtos para serem comercializados, como barricas de dendê, sabão da costa, búzios, obì e orógbó. As tias baianas que desejavam dar de comer a seus orixás faziam tudo nesse Terreiro. Era também conhecido como Alufá, por saber e praticar a magia do culto malê. Com isso, fazia concorrência a outro grande nome da época, Cipriano Abedé. Alágbà era um negro de estatura baixa, um pouco menor do que Abedé.

---

* Ver Anotações, item 8.

Meu nome é Antonio da Costa Jumbeba. Nasci em 1915, na rua João Caetano, 179. Eu era garoto e vendia doces que minha mãe fazia. Diziam que Alágbà veio da África, passou pela Bahia e depois veio para o Rio. O pessoal da Bahia vinha para o Candomblé de Alágbà um mês antes para dar tempo de chegar, porque eles vinham de navio. Minha mãe me levava para ver o Candomblé e os terreiros daquele tempo, que eram de Umbanda. O terreiro de Alágbà não tinha nome, era conhecido como a Casa de João Alágbà. A polícia não invadia porque eles tinham que ir antes à Polícia Central para dar a licença para tocar. O horário era de 15 horas até antes das 22 horas por causa dos vizinhos. Tinha delegado de polícia que era cliente dele. As pessoas que iam eram brancas e negras, ficava tudo cheio. Alágbà deve ter morrido em 1926 mais ou menos, ele morreu antes de Abedé. Quando morreu, a casa acabou. Depois, virou carvoaria e, depois, foi demolida a casa para construírem a atual rodoviária. (Tio "Santana" Jumbeba, 2003.)*

Outra referência é a de João Paulo Alberto Coelho Barreto, o João do Rio (1881-1921), no livro *As religiões no Rio*, publicado pela primeira vez em 1904, no qual, com estilo crítico, faz referência a Alágbà, entre outros feiticeiros da época:

> [...] cabrito preto em ervas matam a gente e que esta descoberta é do celebrado João Alágbà, negro rico e sabichão da rua Barão de São Félix, 76; [...] conseguirá matar a cidade com um porco, um carneiro, um bode, um galo preto, um jaboti e a roupa das criaturas, auxiliado apenas por dois negros nus, com o tessubá, rosário, na mão, à hora da meia-noite.

Com relação à grafia do nome, há duas hipóteses: a palavra Alágbà refere--se a uma denominação ligada à circunstância do parto de uma criança.**

---

* Era irmão de Tia Santa. Faleceu em agosto de 2003, três meses depois de nos dar esta entrevista.

** As crianças recebem diferentes apelidos, Abíso, de acordo com as circunstâncias do nascimento. Ver relação em *Jogo de búzios*, Bertrand Brasil, 1999, p. 76, 77.

É dada ao quarto gêmeo feminino. A forma Alágbà é a denominação de um título ligado ao culto de Egúngún, o que corrobora com as informações que temos que o ligam ao culto de Egúngún e ao ritual de Cabula, que seriam também praticados por ele. Daí a razão de optarmos por essa grafia entre as duas formas. (Ver no capítulo "O Candomblé de Egúngún" um relato de como o culto era feito no Rio Antigo.)

As festas que realizava promoviam o encontro dos baianos radicados no Rio, em razão de a Abolição ter incentivado a vinda de baianos para essa cidade, que era a capital do país. Trariam o aprendizado de ofícios urbanos, Irmandades e Grupos Festeiros, sendo que muitos tinham experiência nos ritos do Candomblé. Na casa de João Alágbà estavam Tia Bibiana e suas irmãs de santo Mônica, Carmen do Ximbuca, Ciata, Perciliana, Amélia e outras, formando um núcleo organizado e influente. Ganhavam respeito por suas participações nos principais rituais da casa. Hilário Jovino Ferreira (1850-1933), o compositor e violonista Lalau de Ouro, era ogã da casa de Alágbà, fundador de diversos blocos e ranchos, e muito ligado a Tia Ciata.

Com a morte de Bibiana, Ciata de Oxum assumiu o cargo de mãe-pequena. Mais conhecida como Tia Ciata, Hilária Batista de Almeida (1854-1924)* tinha grande liderança entre as comunidades negras. (Ver o capítulo "Tia Ciata e as Doceiras de Rua".)

> Candomblé mesmo era o da rua Barão de São Félix, de João Alágbà, ele era africano, o Candomblé de Abedé, na João Caetano, e o da falecida Rozena. (Iyalorixá Dila de Obaluaiê, 1977.)

Os assentamentos de Alágbà seriam herdados por Pequena de Oxalá, esposa de Vicente Bánkọlé, e levados para o Terreiro dela, que seria aberto inicialmente no bairro de Bento Ribeiro e, depois, em Mesquita, constituindo-se na primeira casa de Candomblé da Baixada Fluminense. (Ver o capítulo "Vicente Bánkọlé — O Axé de Mesquita".)

---

* Segundo alguns, foi iniciada no Engenho Velho, por *Bángbóṣé*, em Salvador. Sua irmã carnal, Carmen de Oxum, faleceu em 1988, mas não era iniciada.

O CULTO AFRICANO DE CIPRIANO ABEDÉ

O Rio tornou-se o destino de muitos baianos, pois acreditavam que as oportunidades na cidade seriam maiores. De fato, em 1908, os primeiros sinais de estabilidade econômica graças à expansão das plantações de café já começam a aparecer. Entre 1900 e 1910, destaca-se o período áureo da exploração brasileira do látex. Os que se dirigiam ao Rio eram aconselhados a procurar aqueles que já estavam na cidade, como Alágbà, Bánkọlé, Agripina e Cipriano Manuel Abedé, como era assim conhecido, utilizando-se o termo *Abedé* para denominar a qualidade do orixá que possuía, Ògún Alágbèdẹ. Baiano, nascido em 1832, foi para a África aos 9 anos, retornando em 1877, aos 45. Seu pai era de Oduduá e a mãe de Ògún Jọbí.

Com o cargo que possuía no Agbo de Oxóssi no Engenho Velho, vem para o Rio e organiza o próprio Terreiro, inicialmente, na rua do Propósito, no bairro da Saúde, depois, em 1913, no número 182 da rua Senador Pompeu, onde em 5 de julho é fundado o Culto Africano com registro em cartório, um fato incomum para a época:

> Os estatutos da referida associação foram publicados por extracto no Diário Official numero cento e quarenta e dous de vinte e um de Junho de mil e novecentos e treze, ficando archivados neste cartorio um exemplar do mesmo Diario e outro dos alludidos estatutos. (Registro de Títulos e Documentos, livro 1, p. 538, 23 de abril de 1913.)

Mais tarde, em 1920, o Terreiro é transferido em definitivo para uma casa de sua propriedade, à rua João Caetano, 69. Acumulava ainda a função de grão-mestre maçom, frequentava a Irmandade Nossa Senhora do Rosário, São Jorge e era ministro da Igreja de Santo Elesbão e Santa Efigênia, na rua da Alfândega, 219.

Os espaços da moradia para o exercício das atividades religiosas eram ambientados de acordo com a imaginação de cada um. As casas populares dividiam-se em quartos alugados; um só quarto constituía a moradia e o recinto religioso era posicionado em um dos cantos. Quando a casa era usada em sua totalidade, como a de Abedé, Alágbà e Aninha, via de regra, era no quintal e em um dos quartos onde ficavam os assentamentos. Depois de encostar os móveis em um canto, as festas ocorriam no espaço da sala de refeições. Eram tipos de casas clássicas da época, estreitas e compridas.

Uma reportagem publicada no jornal *8 Horas*, de 11 de janeiro de 1932, fornece uma exata visão da personalidade de Cipriano:

> No mundo mysterioso da mandinga e do feitiço. O que nos disse Sua Magestade Abedé, sobre a macumba, o Candomblé. [...] Fomos ouví-
> -lo em sua residência, na rua João Caetano 69. [...] é a sede do Culto Africano. [...] Abedé traja calça de casemira preta, listada, camisolão branco, até o joelho, bonet de casemira escura e borzeguins com cano cinzento. [...] Desejamos ouví-lo sobre o progresso de sua religião [...] "Progresso? Ella não tem progredido. Os exploradores é que a têm mystificado fazendo uma embrulhada de macumba com espiritismo. [...] São poucos os que podem se dizer Pae de Santo. [...] Tivemos Tio Bambochê que morava na África. Aqui ele tinha cerca de 200 filhas de santo, na Bahia tinha 800. [...] Depois tivemos Odunlami, Tio Faboun que era considerado o rei. Em 1886, Tio Oçun substituiu Faboun. Foi quando eu cheguei ao Rio. Nasci na Bahia e por ocasião da guerra do Paraguay, com cinco annos de idade, fui para a Costa d'Africa, donde voltei com 45 annos. Lá estudei a fundo a religião [...] no segredo de Oloçanin [...] logo depois de mim chegou João Alágbà

[...] éramos rivais e amigos [...] João Alágbà, como pae de santo, era mais competente? [...] Mais competente do que eu não podia ser. Na África foram meus mestres: meu Avô Papa Alágbà: Chango Dein que foi o maior dos 'Paes de Santo', Ode Ide Adialá [...] tenho o segredo de Oloçanin, somente eu, sou o único Babalaô no Rio de Janeiro que conhece a sciencia de Ifá. O Candomblé é a verdadeira religião que o africano cultiva e é confundida com qualquer macumba. Vá por estes subúrbios e até Mesquita encontrará macumba fingindo de Candomblé. Há aqueles que são bons, mas são poucos [...] Benzinho, Sanin, Assumano e outros [...]." (Cipriano Abedé, 1932.)

A antiguidade de alguns personagens ligados às casas esporádicas foi muito comum, dificultando a forma de investigação, devido à perda da memória coletiva. Conta-se que ao tempo de Rozena existia um Candomblé na praça Onze, de Tia Sanán, que era de Agangatolu ou Gagatolu, entre 1880 e 1890.* Outras foram Tia Bernardina da rua Senador Euzébio, Maria Candelária que tinha Candomblé no morro da Cachoeirinha no Lins de Vasconcelos, cuja casa era guardada por duas cobras.** Deve ser entendido que os grupos que se reuniam não tinham nível de instituição comparável ao que conhecemos nos dias atuais. Em todos os casos, não constatamos notícias antes de 1874. Iremos nos valer de alguns depoimentos.

Cipriano Abedé fazia o ato no dia 1º de cada ano. De manhã, após fazer a limpeza geral, coloca o Alaka ou Pano da Costa. Vinham as Apetebi, filhas de Oxum, trazendo o Opó Ifá, com o pó — fubá de milho — joga o Opelé em cima de uma esteira. Todos em silêncio, a luz não bate em cima do jogo. Abedé tira o gorro, [...] quem fala primeiro é Oxalá, é ele que governa o mundo e determina quem vai tomar conta [...], depois tira o Ebó. Às 16 horas, recolhe tudo. Abedé era de Oduwa, mas fez Ògún. (Dila de Obaluaiê, entrevista gravada, dezembro de 1984.)

---

* Ver depoimento de Glorinha *Tokweno* do Axé do *Podabá*.
** Ver relato sobre o Axé de Antonio *Oxumaré*.

HISTÓRIA DOS CANDOMBLÉS DO RIO DE JANEIRO | 207

A mãe-pequena do Terreiro de Abedé era Qya Bùnmi — Iansã me presenteou —, primeira filha de santo, e que, por coincidência, teve o relato de sua iniciação retratado no livro de reportagens de João do Rio, quando percorreu os Terreiros da época, orientado por um ajudante:

> Só então notei que tinha na cabeça uma esquisita espécie de cone. — "É o ado-chu, que faz vir o santo", explica Antonio. "É feito com sangue e ervas. Se o ado-chu cai, santo não vem." [...] No meio do pandemônio, vejo surgir o babaloxá com um desses vasos furados em que se assam castanhas, cheio de brasas. "Que vai ele fazer? [...] Cala, cala... é o pai, é o grande pai." [...] O babaloxá coloca o cangirão ardente na cabeça da yauo, que não cessa de dançar, [...] entorna nas brasas fumegantes um alguidar cheio de azeite de dendê. Ouve-se o chiar do azeite nas chamas [...] e pela sua cara suada, e que não lhe queima a pele, escorrem fios amarelos de azeite. [...] "Não queimou, não queimou, ele é grande." [...] Eu abrira os olhos para ver, para sentir bem o mistério. [...] De repente, porém, ela estacou, caiu de joelhos, deu um grande grito "Emim oiá bonmim!", "É o nome dela, o santo disse pela sua boca o nome que vai ter." [...] (*As religiões no Rio*, 1904, p. 31 a 33.)

Esse exemplo reflete o pensamento de uma época em que se exigia prova da autenticidade das manifestações. Qya Bùnmi viria a suceder Abedé, após sua morte em 1933.

Entre os que foram iniciados por Abedé, podemos destacar Maroca de Obaluaiê, nascida Maria da Conceição Campos de Oliveira (1876-1979), nascida em 1º de julho de 1885. Ela já havia sido iniciada por um casal de africanos e completou certas obrigações com Abedé. Era de Qmqlu Ariolu.[*] Abriu o próprio Terreiro em Duque de Caxias, embora com um problema físico, pois havia perdido uma de suas pernas, mas soube se conduzir com muita competência, falecendo com quase 100 anos de idade. Orlando Ricardo dos Santos (1935-2010), de Oxalá — Bàbá Fabiomi, iniciado em 1962

---

[*] Uma qualidade de Omulu, vista como o lado avesso de *Ôgún Wari*.

208 | JOSÉ BENISTE

por Marocas, e filho carnal de Rita da Silva Santos de Ògún Togúnwa, que, segundo seu depoimento, tornou-se o guardião do seu Axé, com a guarda dos assentamentos de Cipriano Abedé.* Fundou o Ilé Àṣẹ Àlàfinfun — Casa do Pano Branco —, sendo também mesário da igreja da qual Abedé era ministro. Alzira Teixeira da Costa, Motiléwá de Oxum — Omi Bomi, sobrinha de Beata de Yemanjá —, assumiria até um determinado período. Outra filha de Maroca, Durvalina Lima de Almeida, de Yánsàn Ìyá Tọpẹ, manteve seu Terreiro no bairro de Irajá.

Paulina Maria Bastos de Ọ̀ṣun Iyepọ̀ndá, mulher e Apẹ̀tẹ̀bí de Abedé, falecida em 10 de dezembro de 1950, morava em Vicente de Carvalho. Tinha uma mão de jogo muito conceituada, o que lhe permitiu fazer parte do grupo de Aninha, após a morte de Abedé, que, quando retornou a Salvador, deixou com ela a responsabilidade do jogo ao lado de Agripina. Paulina não exerceria essa tarefa, talvez por não ter sido a escolhida para o cargo em lugar de Agripina. Outras pessoas da casa de Abedé foram: Dió de Ògúm, Cândida de Ògúm, Maria do Carmo de Oxum, Tudinha de Oxalá, Tia Rosa de Exu Bíyí, o primeiro feito no Rio, Dila de Obaluaiê, Agenor Miranda de Iyewa, Durvalina de Iansã e Leleta de Oxaguiã.

Agenor Miranda Rocha (1907-2004) era professor do Colégio Pedro II.** Natural de Luanda, chega a Salvador com a família com menos de 4 anos. Em 1926, vem para o Rio de Janeiro, estabelecendo-se na Zona Sul, e, mais tarde, fixando residência na Tijuca, próximo ao Engenho Novo, onde se dedicaria exclusivamente à prática do jogo de búzios. Por esse fato, passou a ser requisitado para jogos de muita importância, não constando ter aberto casa para iniciação de alguém. Costumava encaminhar pessoas para Nilson de Ọ̀sányìn, um filho iniciado por Agripina do Ọ̀pó Àfọ̀njá, e de quem cuidou, após a morte dela. Tinha alguns conceitos pessoais,

---

* Ver "Depoimentos complementares", itens 13 e 14.
** Helio Vianna levanta algumas questões sobre antigos olhadores, entre eles, Agenor: "Professor ou catedrático do Pedro II? De português ou matemática? Por que seu nome não consta na folha de pagamento dos aposentados? Qual o período em que trabalhou? Se nasceu em Luanda, por que seria registrado brasileiro um filho de portugueses?" *Somos uma montanha*, UFRJ, v. II, p. 342, e concluindo "Ao seguidor não interessa o que é ou não a verdade", p. 389.

entre eles sobre o sacrifício de animais nos Candomblés, que deveriam ser substituídos por flores oferecidas aos orixás.

> Não sou admirador de matança, eu sou das folhas. Eu tiro as folhas, mas não mato as árvores, e, quando se mata uma animal, tira-se uma vida. Se tudo evolui, por que não evoluímos também? (Agenor Miranda, 2001.)

> Mas neste século XXI o que mais existe é churrascaria! Mata-se boi, a galinha e o carneiro para comermos. Só porque usamos animais em nossos rituais, ficam falando que deve acabar. O animal mais bem aproveitado é aquele que é morto nos rituais de Candomblé, porque se aproveita tudo: a carne que alimenta muita gente, o couro. (Stella de Oxóssi, 2006.)

Agenor tornou-se um nome muito bem conceituado e altamente respeitado por sua competência e erudição. Cantor lírico, pianista e professor de português e matemática, realizava a prática do jogo sem nada cobrar, solicitando-se sua palavra final confirmando rituais ou sucessões, sempre sem fazer qualquer tipo de cobrança.

Nos últimos anos de sua vida, foi cercado por autores interessados em registrar fatos de acordo com concepções pessoais, resultando em livros sem a veracidade dos fatos nos capítulos referentes ao Candomblé, dando-lhe crédito a jogos de sucessão dos quais não participou, funções que não lhe couberam e autoria indevida de textos sobre o jogo de búzios — Caminhos de Odu — cuja redação tinha outra autoria. A informação de que foi Abedé quem lhe deu o conhecimento do jogo de búzios, das folhas e de outros rituais, em tão curto espaço de tempo de conhecimento entre ambos, com menos de dois anos de iniciado, foi algo impossível de acontecer, conforme relatos de participantes do Candomblé de Abedé, em virtude da própria característica de retenção dos segredos por parte de Abedé.

> Abedé assentou Eua, o 2º orixá do professor. Ensinou-lhe segredos de Ifá e conferiu-lhe o cargo de babalossãe. [...] Quando meu pai morreu deixou para mim seus assentamentos de Ogum e Ossãe. O de Ogum chegou às minhas mãos, mas o de Ossãe [...] foi retido por Felisberto Bamboxê, que disse que não seria possível entregá-lo a mim. (Muniz Sodré, 1996, p. 54, 55.)

Segundo Dila, Abedé não deixava ninguém ver determinados rituais, e, em outros casos, cobria as pessoas com um pano branco. Era uma forma de preservação do poder adotada pelos zeladores de santo. Como nada era corrigido, tudo ficou, como de hábito, na memória crítica coletiva. (Sobre a herança do assentamento de Ogum de Abedé, ver "Depoimentos Complementares", item 13, no final desta parte.) Sua carreira religiosa foi assim descrita por ele, em longa entrevista a este autor, realizada em 28 de abril de 1987:

> Em 1928 eu fui levado à casa de Abedé por uma amiga. Ele fez o jogo e constatou que eu deveria fazer uma série de obrigações. Pela confiança que ele me inspirou eu não tive dúvidas, [...] eu fui por curiosidade porque não tinha feito jogo em lugar nenhum e ele era uma das figuras de maior expressão e querido por todos. Eu era formado, tinha meu diploma, estava lecionando e fui obrigado a pedir licença, pois entrei em setembro. Por vocação eu fui professor e por devoção e respeito à seita do Candomblé. [...] Conheci Aninha quando ela veio fazer a obrigação de Paulina, aqui no Rio, na casa de Abedé, e tivemos uma boa apresentação, como se já nos conhecêssemos há muitos anos atrás [...] quando da morte de Abedé, ela fez umas obrigações para mim e começou então um aprendizado, [...] o que eu sei de jogo aprendi com ela.

HISTÓRIA DOS CANDOMBLÉS DO RIO DE JANEIRO | 211

Como uma das integrantes do quadro de iniciadas na Casa de Abedé, Dila sempre foi informante do que acontecia no século passado, por ser participante dos Candomblés da época.

> Fiz o santo em 1922, com 14 anos de idade, na rua João Caetano, 69, levada pelos meus pais, que eram de jeje, da casa de Rozena. Eu vivia doente com muita bronquite. Era de Oxum, mas fiz Obaluaiê, [...] eu recolhi sozinha. Minha mãe-pequena foi a Maria Jose de Ọbà, do Gantois e filha de Pulqueria, do mesmo barco de Hilda. Quem assistiu minha obrigação foi Alberto Lobo, João Cavalcante, marido de Maria Ogala, Filhinha Preta, Maria Jose de Ọbà, filha de Pulqueria, Agripina, [...] quando Abedé morreu, tirei a mão com Aninha e depois que ela morreu tirei a mão com Mejitó, que veio abrir a minha casa. Eu estava com 21 anos de feita em 1943, com 35 anos de idade, [...] depois de mim entrou um barco de cinco e depois entrou Santinho, Agenor, em 1931, [...], fez Iyewa, o nome que deu foi Iyetóla, eu criei ele na camarinha, [...] Alberto Lobo foi quem colheu folhas para ele, [...] quando Abedé morreu, ele tinha menos de dois anos de feito, e foi tirar a mão no Gantois. (Dila de Obaluaiê, novembro de 1977.)

Os relatos aqui mostrados têm a finalidade de exemplificar que as coisas do Candomblé não eram repassadas com muita facilidade, além de ficarem perdidas na memória coletiva. Agenor Miranda faleceu devido ao agravamento de uma infecção, em 16 de julho de 2004 na Casa de Saúde, em Niterói. Por determinação de Stella de Oxóssi, as obrigações religiosas foram feitas por Waldomiro Baiano, tendo, a seu pedido, o corpo cremado no Cemitério do Caju, no Rio de Janeiro. Deixou a marca respeitosa de um dos maiores nomes do Candomblé daqui.

Dila, nascida Secundina Lopes da Enunciação (1908-1990), de Ọmọlu Àfòmọ, Ìjigbẹ́gbẹ́ — Omulu está próximo, sem ser visto —, pertencia à classe de iyalorixá que aliava sua função religiosa com a venda de produtos de tabuleiro, fazendo ponto na rua da Conceição, no Centro. Abriu o próprio terreiro pelas mãos de Mejitó Adelaide dos Santos, inicialmente, na antiga Estrada de Minas, atual Av. Getúlio de Moura, sendo transferido depois para Parque Santana, em São João de Meriti. Com seu falecimento, seria dirigido pela Ìyá Kekere, nascida Damiana Antonia da Silva (1925-2011), mais conhecida como Miana de Oxum Ìyáboto, Omi Ọ̀ṣun — as águas de Oxum —, iniciada em 1944, aos 20 anos. Atualmente, em meio a alguns desacordos, a casa passou a ser mantida por Rosangela de Ṣàngó Aganjú, mais conhecida como Mocinha, Equedi de Oxum de Miana, pertencente ao quadro da Polícia Militar, e que comprou o terreno onde está erguido o Terreiro.

Abedé faleceu em 1933, aos 101 anos de idade. As obrigações foram realizadas por Aninha e por Benzinho de Ogum. Marocas herdou o Ogum de Abedé, e, quando esta faleceu, Agenor foi buscá-lo na Casa de Orlando de Oxalá. O Terreiro acabou depois da morte dele. Ọya Bùnmi continuou a reunir as pessoas que faziam parte da casa, nas missas na Igreja de Santo Elesbão e Santa Efigênia, no Centro. Essa tradição de reunir pessoas do Candomblé nas missas de mês ficou com Alberto Lobo do Òpó Àfọ̀njá, pois frequentava a igreja desde a década de 1930. Ele era responsável pela devoção a Nossa Senhora das Candeias, falecendo em 1990.

Como já visto, há certa razão histórica para a veneração dos santos. Ambos eram africanos, sendo Elesbão imperador da Abissínia e Efigênia uma princesa Núbia. Foram os escravos os introdutores de seu culto no Brasil a partir de 1740, com a construção da igreja no local atual, finalizada em 1754, por iniciativa de uma irmandade de pretos, uns forros e outros cativos, que nela realizavam, na época da escravidão, as pomposas festas da coroação do imperador, da imperatriz e dos príncipes, com autorização da Mitra, por ser esse o melhor meio que havia para atenuar o trabalho escravo e lembrar as "cortes africanas". De três em três anos, coroavam os soberanos que percorriam as ruas com a sua "corte" angariando donativos. Após a sanção da Lei Áurea, os ex-escravos se dispersaram pelo Brasil, ficando a igreja quase abandonada. Em 1913, foi fechada para obras e, no ano seguinte, reaberta.

O CLÃ DOS BÁNGBÓ̩É̩

A memória coletiva revela que Ìyá Nàsó,* depois de liderar a organização dos primeiros momentos de um modelo religioso que seria conhecido como o Candomblé do Engenho Velho, em Salvador, resolveu ir para a África juntamente com Q̩bà Tó̩sí, nascida Marcelina da Silva, em 1837. Após sete anos de permanência, retorna trazendo alguns africanos, entre eles, Bángbó̩é̩ de S̩àngó Ògòdò, que aqui no Brasil adotou o nome civil de Rodolpho Martins de Andrade. Usar o nome de seus antigos senhores era costume dos escravos quando libertos.

> Com efeito, naquela época existia um fazendeiro português chamado Manoel Martins de Andrade, morador na freguesia do Pilar e dono de vários escravos, entre eles, não um, mas dois africanos chamados Rodolfo. [...] A nossa hipótese é que Rodolfo, alforriado em 1857, seria o candidato mais provável para ser Bamboxê Obitiko. [...] Seja como for, comprando uma casa na estrada Pau Miúdo para sua filha, a menor Júlia (que viria ser conhecida como Vovó Júlia de Aganjú Q̩bà Dára). (L. N. Parés, p. 129.)

---

* Sobre *Ìyá Nàsò* e seu nome civil, ver a seção *Ìyá Nàsó* e Marcelina *Q̩ba Tó̩sí*.

214 | JOSÉ BENISTE

Esse fato não coincide, ou talvez até tenha alguma relação com a memória preservada pela tradição oral do Candomblé. Em uma época escravocrata, Marcelina o tinha como escravo e, uma vez em Salvador, teve de alforriá-lo, como forma de lhe dar condições de trabalho na organização do Candomblé, conforme o desejo de todos. Essa teria sido a forma de permitir a entrada de Bángbóṣé no Brasil, pois havia uma lei desde 1831 que proibia a entrada de escravos libertos por conta das habituais revoltas. Para entrar no país, era necessário ser escravo de alguém.

Devemos considerar que, quando da vinda dos africanos para o Brasil, ninguém trouxe nada escrito sobre suas tradições e nem mantinham aqui alguma literatura para registro de suas novas ideias. Símbolos, cânticos e rezas eram o registro para o encaminhamento dos rituais. A memória coletiva precisava ser revista para uma possível organização e adaptação religiosa que o grupo pretendia realizar. Certamente, a vinda de Bángbóṣé, trazido por Marcelina, juntamente com outros personagens, teria esse objetivo.

Há uma versão de que Bángbóṣé exercia função no tráfico, pois muitos negros tinham escravos ao seu lado. É necessário considerar que Marcelina, cuja vida foi abastada, era proprietária de dezoito escravos, entre homens e mulheres, de sua mesma nação africana, o que lhe facilitava uma boa forma de relacionamento e comunicação com todos.

A presença de Bángbóṣé tornou-se bastante necessária junto ao grupo de africanos e afro-brasileiros aqui instalados. Extremamente respeitado, participava de iniciações em várias regiões do Brasil, além de Salvador e Recife.

Bángbóṣé deve ter vivido do início ao final do século XIX, considerando a viagem que Ìyá Nàsó fez à África, em 1837, retornando sete anos após, trazendo Bángbóṣé. Em 1886, esteve no Rio de Janeiro, para onde ia constantemente, no bairro da Saúde, na companhia de Joaquim Vieira, de quem foi grande amigo, e Aninha de Ṣàngó Àfọnjá. Ali deixaram alguns símbolos e pedras ligados a Ṣàngó, que, por sinal, era o orixá dos três e faria parte da história do futuro Àṣẹ Òpó Àfọnjá, do Rio. Organizou um Terreiro, no número 76 da rua Barão de São Felix, o qual seria dirigido por João Alágbà.

Sua vinda foi de fundamental importância para o grupo que era formado, organizando um modelo de ritual dentro de um padrão de possível aceitação na nova terra, pois Bángbóṣé sabia que o ritual não poderia ser exatamente igual ao da África. Era um grupo ligado ao culto de Ṣàngó, como Ìyá Nàsó, o próprio Rodolpho Bángbóṣé, Joaquim Ọbà Sànyà, Marcelina Ọbà Tọ́sí, Maria Julia de Bàyáni Àjàká, Aninha Ọbà Bíyí. Isso fez com que a participação desse orixá nos ritos religiosos se tornasse relevante, com a inclusão de elementos do seu culto, como o oṣù, o símbolo da iniciação, o uso do kèlè e do cágado, a obrigatória comida do amalá semanal e a sequência de cânticos da roda de Ṣàngó, ponto de partida para a manifestação dos demais orixás em um ritual de festa.

> Foi o primeiro a trazer o oxú, fundamento colocado no orí — a cabeça — para conferir à religião um padrão de organização, poder e respeito entre os negros. Bángbóṣé foi responsável pela constituição de um Axé designado pela dinastia de Ṣàngó. Antes da chegada deste fundamento, o que havia em Salvador era a prática de preceitos religiosos, entre os participantes de diferentes povos provindos da África, sem uma organização, um templo, um terreiro, um Axé institucionalizado. (Roberto Gaudenzi, Onísin Ọdẹ, do Terreiro Pilão de Prata, 2008.)

Bángbóṣé (Bamgboxê) significa: Bá mi gbé oṣé — ajude-me a carregar o oṣé. Esse oṣé é o símbolo do orixá Ṣàngó, e a qualidade, Ògòdò. O nome é muito comum no povo yorubá, entre aqueles identificados com esse orixá, sendo que, aqui no Brasil, se tornou propriedade única de seus descendentes e aceito por todos em respeito ao que representou. Viria a ser reverenciado como Òbítíkò, na relação dos 7 Ésà, nomes importantes da ancestralidade afro-brasileira, citados durante o ritual de Ìpàdé, na seguinte ordem, talvez, pela importância:*

---

* *Àṣíká* é outra grafia possível do nome.

Àṣíká	— o andarilho, caminhante
Òbítíkò	— a família se reuniu, encontrou-se
Ódúró	— ele permanece de pé, firme
Adíró	— aquele que traz as informações
Akẹ́san	— aquele que grita por desforra, vingança
Ájàdì	— aquele que luta para unir
Akayòdé	— aquele que traz alegria

> Bamboxê era iniciado no culto de Ogodô, um dos orixás guerreiros da casa real de Oyó. Ogodô está assentado na coroa de Xangô que se encontra no atual barracão da Casa Branca. [...] Já seu assentamento pessoal foi dividido entre seus familiares, uma parte encontrando-se no museu montado pelo Candomblé Pilão de Prata, fundado por Dona Caetana Sowzer, sua bisneta. (Renato Silveira, p. 403.)*

Em uma viagem de volta de Recife, passou mal no navio, e, chegando a Salvador, faleceu.** Seu corpo encontra-se enterrado na Igreja de Nossa Senhora do Rosário dos Pretos, situada no Pelourinho, para onde seria trasladado, mais tarde, o corpo de seu neto, Benzinho. Ver, no encarte, foto da lápide com a inscrição e a data de 1926, que não está ligada ao falecimento de ambos. Esse ano refere-se à data do traslado do corpo de Bángbóṣé, que havia sido enterrado no Mosteiro de São Bento, próximo à Barroquinha.

Conta-se que tinha os cabelos ligeiramente avermelhados; daí sua denominação. A atual coroa de Ṣàngó, posicionada no centro do Barracão do Engenho Velho, é substituição da antiga que havia sido confeccionada pelo próprio Bángbóṣé e onde estavam os assentamentos de Ògòdò. Posteriormente, seus elementos ficaram em mãos de seus familiares.

Algumas histórias sobre a personalidade e o poder de Bángbóṣé são retratadas em conversas nos núcleos internos das casas:

---

* A falecida iyalorixá Amanda de Jàgún o mencionava como Araobitiko, da mesma forma que Regina. Outra tradução do nome seria "a família que amadureceu".

** Comentou-se que foi um de seus escravos ou auxiliares que lhe envenenou a comida em razão de um aborrecimento entre ambos.

Mandava pilar um galo, colocava no chão a massa obtida e a cobria com um cesto emborcado em pano vermelho. Dançava em cima, agitando o xére. Quando erguia o cesto, o galo saía debaixo, vivo e cantando cocoricó. Certo dia, em sua casa nada havia além de um obì e um orogbo. Ele os cortou em pedacinhos e, em seguida, distribuiu-os entre os que se encontravam presentes. Colocou um pedaço de cada um deles em um recipiente que dependurou na parede, cobrindo-os com um pano vermelho. Cantou, agitou o xére e, quando pegou o recipiente, este estava repleto de obì, orogbo e folhas verdes de cajazeira. (Verger, 1957, p. 315.)

Aqui teve vários filhos, Júlia, Lucrecia e Theóphilo, sendo Júlia quem viria a dar sentido ao clã. Maria Júlia Martins de Andrade, falecida em 1925 e conhecida como Vovó Júlia Bángbóṣé, de Ṣàngó Aganjú, cujo nome dado foi Ọbà Dára — o bom rei —, foi iniciada por um africano, Francisco de Báyàní. Quando Marcelina do Engenho Velho faleceu, houve a intenção de que ela a sucedesse, mas isso não aconteceu. Casou-se com Eduardo Américo de Souza, um africano natural de Abẹ́òkúta. Tiveram dois filhos, Julião e Felisberto, ambos nascidos em Lagos. Júlia voltou a Salvador com Felisberto, já com 9 anos, que se tornaria um personagem fundamental na linhagem religiosa.

Felisberto Américo de Souza (1880-1943), de Ògúnjà, cujo nome dado foi Ògúntọ́sí — Ogum é digno, poderoso —, ficou conhecido por Benzinho, talvez, para abrandar seu temperamento forte, embora não gostasse desse apelido. Seu sobrenome, Souza, era às vezes grafado como Sowzer, uma forma adaptada do inglês. Seus descendentes, então, passaram a alternar entre um e outro.

Benzinho nasceu em Lagos, na Nigéria, vindo criança para o Brasil. Tornou a voltar para a África, retornando, mais tarde, como Babalawô Ifáṣèsì — Ifá dá a resposta. Talvez tenha sido nesse trânsito que seu Souza tenha, por questões pessoais, virado Sowzer. Foi iniciado por um tio, Ewé Túndé — o poder das folhas chegou. Era inteligente e instruído, pois sabia falar inglês e nagô. Passou a viver com uma senhora chamada

218 | JOSÉ BENISTE

Damásia, uma africana que veio ao Brasil já iniciada e com quem teve duas filhas, Tertuliana Sowzer de Jesús, iniciada para Ibúalámọ Ọdẹ Tìbúṣe — o caçador tem a marca dos costumes —, e Caetana Américo de Souza (1910-1993), que fez Ọ̀ṣun Iyepọ̀ndá, cujo nome dado foi Ọ̀ṣun bún mi — Oxum me presenteou, me deu a oportunidade. Em 1941, fundou em Salvador o Ilé Àṣẹ Lájúomin — o axé que possui a riqueza das águas —, atualmente sob a direção de Haidée dos Santos, prima de Air.

Air José de Souza de Ọ̀ṣàgiyán Iwin Ṣọlá — Oxaguiam gerou honra e prosperidade —, filho carnal de Tertuliana, criado e iniciado por Caetana, sua tia, viria a fundar, em Salvador, o Ilé Odó Òjé — Terreiro Pilão de Prata —, em 1960. Na frente desse Terreiro, Caetana tem o próprio rosto esculpido em bronze com o título de Mãe Preta.

> Embora toda a minha família fosse do santo, quem cuidou de mim quando criança foi minha mãe Caetana. Eu tinha 8 anos de idade, quando comecei a passar mal, e ela estava sempre me amparando. Assentei o meu santo com ela, no Engenho Velho. Era um doce de pessoa, ensinava tudo. Era rígida e séria como todos do Candomblé, naquela época. A gente não fazia muitas perguntas, tudo ficava a cargo dos antigos. (Detinha de Xangô.)

Quando terminou o relacionamento com Damásia, ele se casou com outra senhora, também chamada Damásia,* que era de Yánsàn Ìgbàlẹ̀, Òyemọ́(n) — a brilhante inteligência — e filha de santo da mãe dele, Vovó Júlia. Ficou conhecida como Mãe Dada, era filha de portugueses, e teve quatro filhos: Taurino Eduardo Topázio de Souza, de Oxaguiã, Crispim Topázio de Souza, de Ọ̀sọ̀ọ̀sì, Regina Topázio de Souza, de Yemanjá Ògúntẹ́ (1914-2009), cujo nome iniciático foi Omi Lọ́là — as águas da fortuna, da riqueza —, e Irene Topázio Souza dos Santos (1919-

---

* Damásia Topázio Sowzer era chamada de Mãe Dada. Filha de portugueses, quando se casou com Benzinho, foi deserdada pela família.

2014), de Ṣàngó Ọbà Dípò — o rei ocupa o seu lugar —, que teve como mãe-pequena Aninha Ọbà Bìyí. Irene foi iniciada na mesma data do falecimento de Vovó Júlia, tendo sido usadas as mesmas pedras dela em sua feitura, justificando o nome do seu orixá, característica marcante desse extraordinário clã.

Vindo para o Rio, no início do século passado, Benzinho passou a exercer suas atividades na rua Marquês de Sapucaí, no Centro, e, depois, na rua Navarro, no Catumbi. Aqui viveu na mesma época de Abedé, Alágbà, Pequena de Oxalá e Aninha, que estava na cidade, tendo ambos feito o axexê de Abedé em 1933.*

> A primeira filha feita por Benzinho no Rio foi em 1902, fez a iniciação de Regina de Olókun, Ìyá Omi Togúnwa. Depois fez Tio Gbọnbọya da Abolição, o primeiro homem raspado, Virgílio de Iansã, um branco que morava no morro do São Carlos. Depois, vai para Salvador e retorna fazendo outro barco, Heitor de Ògúnjà Tọna(n), Dina de Yemọja Ìyá Tẹomi e Angelina de Yánsàn Ọya Fúnmi ou Ọya Fúndé, e outras. (Depoimento de Ajàlèyí, 2003.)

Foi o autor dos textos da Fecundação dos Odù, um sistema de Jogo de Búzios mais prático do que o intrincado sistema de Ifá. Todos os Caminhos para a prática do jogo foram escritos por ele e legados a seus filhos. Por diversas circunstâncias, passou a cair em várias mãos, tendo o professor Agenor Miranda, ao escrever um livro sobre o assunto, em 1998, equivocadamente se intitulado como autor do trabalho de Felisberto, o que foi contestado por este autor que intitulou essa modalidade de jogo como Sistema Bángbóṣé, restaurando a verdadeira origem.**

---

* Segundo Dila de Obaluaiê, a participação de Benzinho ocorreu pelo fato de que, nessas obrigações, alguns ritos só poderiam ser feitos por homens.
** Ver *Jogo de búzios*, Bertrand, 1999, p. 275 a 283.

Benzinho morreu no Rio, talvez em 1942, em um local atrás do Hospital da Gamboa, e foi enterrado no Cemitério dos Ingleses no mesmo bairro, tendo seu ritual final sido realizado em Salvador. Mais tarde, o corpo foi exumado e transferido para Salvador, sendo enterrado no mesmo cemitério onde seu avô, conforme depoimentos, também fora.

Regina foi iniciada em 1920, aos 6 anos, utilizando as mesmas pedras de assentamento de um ancestral de sua linhagem familiar, como forma de perpetuar tradições e manter sempre vivas as lembranças familiares. Juntamente, foi feita a iniciação de Caetana, que estava com 13 anos, pelas mãos de Judith de Ọya, uma africana de quem Benzinho cuidava. Regina era alfabetizadora e, como se tornou viúva jovem, veio trabalhar no Rio. Morou no bairro de Cavalcanti, onde fazia jogo, e tirou o primeiro barco com Zezé de Iansã, Raul de Ogodo e Nadir de Nànà, e, mais tarde, outros como Edir de Aganju e Tião de Irajá. Em 1957, o Ilé Àṣẹ Ìyá Omi é transferido para o bairro de Santa Cruz da Serra, no subúrbio de Duque de Caxias.

Regina seguia seus princípios, resguardando as tradições recebidas e mantendo culto com a linhagem de Caboclo Ubiratã. Em 2009, com o falecimento dela, a sucessão ficou entregue ao bisneto, George Rômulo, de Ṣàngó Baru, de 12 anos, em jogo feito por Ayr do Pilão de Prata, e devidamente empossado um ano mais tarde por Air e Irene. Até que alcance a maioridade, quem fica à frente é sua mãe carnal, Regina Damásia Pereira Maia, mais conhecida como Mãe Lina de Oxumaré, Dan Ojú Ominílé — os olhos da cobra das águas na casa. Esta, por sua vez, é filha de Maria Helena Souza Pereira, de Nànà (1937-2005), Nànbùnmí — Nànà me presenteou —, que foi casada com Amauri de Oxalá, iniciado no Àṣẹ Ọpọ́ Àfọnjá.

Outros descendentes — Maria Helena de Oxum, Nadir de Yemanjá, Tião de Omulu, Junior de Omulu, Cleonice de Xangô, Odilon de Aira, Didi de Omulu, Anderson de Baru.

Os Bángbóṣé têm grande expressão em razão de seus descendentes, ainda vivos, atuarem no meio religioso, com a particularidade de serem iniciados e realizarem suas obrigações com os próprios parentes. Os filhos de Regina, Helena de Nàná e Valdir de Omulu, foram feitos por Irene, e Teté de Ogum, por Damásia. (Ver a constituição familiar deste clã, no capítulo "As Famílias Biológicas no Candomblé".)

Os nomes dos homens aqui relacionados possuem muita importância, pela função que exerciam como antigos babalaôs. Eram considerados irmãos das mães de santo e, assim, vistos como Tios merecedores do maior respeito e reverência. Eram sempre consultados e tinham entrada franca em todas as comunidades. Todas as antigas ialorixás, embora conhecedoras da arte do jogo, sempre tinham uma dessas pessoas ao lado para troca de experiências e orientações. Não eram numerosas como nos dias atuais. O Balẹ José Teodoro Pimentel, pai carnal de Mãezinha do Òpó Àfònjá, veio a substituir Bángbóṣé Òbítíkò quando ele morreu. Da mesma forma, quando Joaquim Vieira, Ọbà Sànyà, morreu, foi Martiniano do Bonfim que ficou ao lado de Aninha.

MARTINIANO DO BONFIM

Martiniano Eliseu do Bonfim (1859-1943), nascido na Bahia, foi um dos nomes mais notáveis na história do Candomblé do Brasil. Era conhecido como professor e bastante respeitado por seu conhecimento da língua inglesa e dos costumes e das tradições africanas. Filho de Elyzeu do Bonfim, Oyatògún, natural de Ègbá, tinha o cargo de Araòjè e era primo de Felipe Néri, também conhecido como Felipe Mulexê. Chegou ao Brasil aproximadamente em 1820 e foi liberto em 1842. Trouxe com ele o Égún Ìlari, e deu prosseguimento ao culto no Brasil tomando parte em muitos Terreiros em Salvador. Sua mãe, Felicidade Silva Paranhos, era da cidade de Ijexá, sendo chamada de Majębasan — não me deixe sozinha —, um nome abìkú, por ter nascido depois de a mãe perder os dois primeiros filhos. Tinha uma cicatriz no rosto para mostrar que era yorubá. Foi alforriada em 1855 e faleceu em 1918, aos 111 anos de idade; seu marido falecera em 1887, na Bahia.*

Em 1875, Martiniano foi para Lagos, na Nigéria, por ter se envolvido em briga com um rapaz de família branca muito importante. Voltou após quase 12 anos como babalawô. Extremamente vaidoso e consciente de seus conhecimentos, trouxe novos ritos, dando orientações e lembrando a todos muitos fatos esquecidos, acumulando também as funções de pin-

---

* Segundo as práticas poligâmicas africanas, o avô de Martiniano era um guerreiro na África e teve quarenta mulheres, o pai teve cinco, sendo Felicidade sua esposa principal.

tor e pedreiro. É nessa fase da vida que recolhe informações sobre os 12 responsáveis pelo culto a Ṣàngó, o qual viria a implantar no Candomblé de Aninha, como os 12 Ọbàs de Xangô. Essa foi uma das razões das viagens realizadas à África por diversos africanos e afro-brasileiros. Muitos questionavam o porquê do retorno a uma terra que os submeteu à servidão. Além da família aqui construída e de um ambiente com maiores possibilidades, havia a oportunidade de reciclar o saber da tradição religiosa aprendida com os antigos Terreiros, dando continuidade ao que aqui se iniciou.

Retornou à África e lá estudou em uma escola presbiteriana, tendo como professores africanos identificados com essas religiões, com o mérito de permanecer convicto da própria religião. Aos 30 anos, colaborou com Nina Rodrigues nas pesquisas sobre o Candomblé do Gantois sem nunca ser citado pelo autor. Vinha ao Rio visitar João Alágbà e outros conterrâneos. Após a morte de Joaquim Vieira, manteve-se ao lado de Aninha, onde tinha o cargo de Àjímúda — aquele que pega a espada —, legando à casa a tradição dos Ministros de Ṣàngó, em 1935, com as histórias de seus Ọbà. Com ela, trocava ideias e criava cânticos e rezas em yorubá.

Mo júbà pébẹ	Eu respeito e peço às mãos
Mo júbà pébẹ ẹsẹ	Eu respeito e peço aos pés
Mo júbà àtẹ́lẹ́sẹ	Eu respeito e peço à sola dos pés
tí kò àrùn	que não adoeçam*

Era de Inlẹ, cujo nome foi Ọdẹ Wálé — o caçador veio para casa —, e tinha o título de Òjèládé — aquele que possui a realeza —, e para alguns seria seu nome próprio yorubá; era bastante radical em relação ao Candomblé. É importante analisar suas declarações por revelarem uma fase de transformações. Elas foram registradas por Ruth Landes, em 1938:

---

* Reza de encantamento denominada de *ọ fọ*. Sobre a questão de fazer cantigas e rezas, ver "Depoimentos Complementares", item 4, e Anotações, item 29, no final desta parte.

224 | JOSÉ BENISTE

Sobre Aninha:
Considero-a a última das grandes mães. Ela realmente procurava estudar a nossa antiga religião e restabelecê-la na sua pureza africana. Ensinei-lhe muita coisa e ela chegou até a visitar a Nigéria. Nenhum deles faz as coisas corretamente como ela fazia. Não acredito que saibam como falar com os deuses e trazê-los para dançar, [...] acho que muitos deles estão fingindo. [...] Houve apenas uma mulher que sabia fazer as coisas e esta já morreu. (p. 34.)

Mulheres lidando com Almas:
Não posso aguentar isso. Veja Tia Massi... ela tenta baixar almas dos mortos no seu templo. [...] Só os homens devem encarar os mortos. Mas, no Engenho Velho, as mulheres encaram os mortos e fazem-lhes perguntas! Por isso me afastei. [...] (p. 37.)

Troca de Terreiros:
Ninguém confia no sujeito que vive de cá para lá. Pensam logo que a gente está bisbilhotando os segredos e fugindo à responsabilidade por um templo. Todo mundo espera que a gente pertença a um templo só. (p. 38)

Os Caboclos e homens dançando:
E os novos templos de nação de caboclo. [...] Meu Deus, estão acabando com tudo, estão jogando fora as nossas tradições! E permitem que homens dancem para os deuses!* (p. 38.)

Sobre a idade das Mães de Santo:
A maioria é muito moça para se dedicar aos deuses. Afinal de contas, Menininha tem só 42 ou 43 anos e o sangue ainda lhe corre quente nas veias! Mas a experiência dela é das melhores, porque foi treinada pela tia, Dona Pulqueria, que tornou famoso o templo do Gantois. (p. 38.)

---

* Ver o capítulo "A Participação Masculina e Homossexual".

A presença de gente da qualidade de Martiniano incomodava e fazia sombra às mães de santo. Por isso, após a morte de Aninha, evitou se ligar a outro Terreiro. Sua rigidez na preservação de tradições o impedia de aceitar mudanças sem qualquer critério. Além disso, havia tão poucos homens experientes, na época, que as dirigentes de Candomblé tiveram de aprender a fazer as coisas pessoalmente. Foi a partir desse estado de coisas que se tornou necessário o acúmulo de funções. Ao mesmo tempo que jogavam, faziam os rituais específicos. Não precisavam mais dos babalawô, que eram também os grandes conselheiros.

VICENTE BÁNKOLÉ —
O AXÉ DE MESQUITA

Para a época em que foi organizado, constituiu um dos raros Axés que não ocupou o Centro do Rio. Vicente Bánkolé* era africano e companheiro de Isaura Alzira Santana, conhecida como Pequena de Òṣàlufón Òṣàfàlàkẹ — o Alá do orixá beneficia a todos. Veio para o Brasil criança, primeiro para Salvador e depois para o Rio de Janeiro, ocupando-se da venda de produtos africanos. Era iniciado para Ṣàngó, mas não exercia, ficando tudo por conta da mulher feita na nação de Èfòn, iniciando a casa à rua Marina, no bairro de Bento Ribeiro, provavelmente no ano de 1932, indo depois para Mesquita, à rua Henrique Luzak, 638. O Terreiro tomou o nome de Sociedade Cruz Santa São Jerônimo e Senhor do Bonfim. Vicente faleceu em 1948.

Ao seu lado estava Davina Maria Pereira (1880-1964), conhecida como Mãe Dadá de Ọmọlu Àfòmọ(n), Ìji Múìwà — Omulu mantém a honra e a dignidade. Foi iniciada por Procópio Xavier de Souza do Ilé Ògúnjà, em Salvador, no Matatu Grande, em 24 de julho de 1910, no primeiro ou segundo barco da Casa. Com o tempo de atividade de Davina, percebeu-se sua qualidade como pessoa e cogitou-se uma possível indicação para ser a futura sucessora do Axé, o que resultou num ambiente difícil de

---

* *Bá mi kọ́ ilé* — ajude-me a construir a casa.

convivência com algumas pessoas. Em razão disso, quando seu marido, Theophilo Pereira, ogã de Procópio, veio para o Rio trabalhar na estiva do Cais do Porto, ela o acompanhou.

Morou no Centro do Rio, no bairro da Gamboa, onde costumava abrigar seus conterrâneos que aqui chegavam, ficando o local conhecido como Consulado Baiano.

> Davina ajudou muita gente na organização de suas casas de santo, o que revela bem os vínculos criados entre os migrantes baianos e a gente carioca. Isto motivou a criação e também a manutenção de velhas e novas tradições culturais, entre elas o samba. (Meninazinha, 2004.)

Posteriormente, mudou-se para o bairro de Ramos, onde fez amizade com Vicente e Pequena, mantendo todos um bom relacionamento com um dos mais expressivos babalorixás da época, João Alágbà. Depois da morte deste, em 1924, herdaram seus assentamentos, levando-os para Bento Ribeiro, e, a partir de 1932, para Mesquita, fundando a Sociedade Beneficente da Santa Cruz e Nossa Senhora do Bonfim. O fato motivou a ida dos membros do Candomblé, formando um grupo forte e solidário. Era costume dos mais velhos participar da abertura das casas dos mais novos, em uma forma de referendo ou endosso aos que estavam começando.

Ao abrir a Casa, Procópio plantou o Axé, e Pequena confirmou Davina como mãe-pequena, sendo o primeiro barco tirado em 1937, com Menininha de Òógúm, Jojo de Iansã, Esmeralda de Oxum, Regina de Xangô e Selma de Oxóssi, essa última com 6 anos de idade. Era uma época em que as pessoas se definiam desde criança. O segundo barco foi em 1940 e o terceiro, em 1942. O Terreiro era o mais frequentado na época, constituindo ponto de encontro obrigatório entre os baianos que vinham ao Rio, entre eles Menininha do Gantois. Os baianos aqui radicados e os recém-chegados foram fundamentais para a expansão do Candomblé no Rio. Essa era a particularidade importante e que motivava a união dos grupos, justificando a existência dessas casas.

> Muita gente pensa que o Candomblé de João da Gomeia foi o primeiro a se estabelecer no Rio de Janeiro, mas isto não é verdade. Antes dele já havia o Candomblé de João Lesengue, de Mesquita, de Bánkọlé, de Seu Abedé e de Seu João da Barca. (Waldomiro de Ṣàngó, 1992.)

Procópio Xavier Souza (1888-1958), mais conhecido como Procópio de Òjúnjà, cujo nome iniciático era Ògún Jóbí — Ogum nos deu nascimento, foi iniciado por Marcolina de Oxum, da Cidade de Palha, Bahia. Por diversas vezes, foi preso por enfrentar a polícia, como forma de protesto diante das perseguições religiosas, as quais eram comuns em Salvador, desde meados do século passado. Por ser grande conhecedor do uso de ervas, mantinha uma loja de venda dos produtos.

De certa forma, instituiu, em Salvador, o oferecimento de feijoada para Ogum. Conta-se que um filho seu estava passando por dificuldades e foi procurá-lo. Procópio o recebeu mal, negando-lhe ajuda e até lhe recusando um prato de comida. Logo em seguida, Ogum se manifestou em Procópio e ordenou-lhe que fizesse um repasto para todos, com uma grande feijoada, convidando, em especial, o filho que pedia auxílio. Colocava uma esteira no chão onde todos deveriam comer juntos. Ao tocarem a comida, viravam com seus orixás. O fato passou a ser celebrado todos os anos dentro do calendário religioso da casa durante o mês de agosto. Isso foi imitado por outros Terreiros, tornando-se comum o oferecimento de feijoada nas festas de Ogum. No Rio, consta que Procópio organizou um Terreiro à rua Nabuco de Freitas, no bairro do Santo Cristo. Faleceu em 1958, com pouco mais de 70 anos.

Quando Pequena faleceu, em 13 de dezembro de 1956, a sucessão ficou com Davina, embora sua sobrinha, Florzinha, fosse destinada para a função. Como o Terreiro não era muito grande e possuía espaços reduzidos, os assentamentos de todos os orixás eram colocados juntos. Do lado de fora, Èxù, Ogum e Oxóssi, do lado de dentro, Oxalá e todos os demais, incluindo Omulu. Depois da morte de Pequena, houve a tentativa de que tudo fosse separado. Ao ser consultado, Ṣàngó determinou que tudo deveria permanecer como estava, o que aconteceu até o final

do Terreiro. Conforme vimos, os espaços adquiridos pelos Terreiros no futuro viriam justificar modificações na estrutura espacial dos Candomblés, com a criação de quartos específicos para determinadas funções e guarda de peças para cada orixá. Antes, com os espaços reduzidos, eram todos juntos ou próximos, e, conforme contam, ninguém brigava.

Davina botou três barcos em sua gestão, e, entre eles, em 10 de julho de 1960, foi feita a iniciação de Maria do Nascimento, com 23 anos, mais conhecida como Meninazinha de Òṣun Tadé — Oxum tem a realeza —, e Maria de Lourdes de Oya Déyì — Iansã criou esta pessoa. Meninazinha era sua neta carnal, e daria continuidade ao Axé, pois Davina já dissera, com Meninazinha ainda no ventre materno, que, quando nascesse, seria sua herdeira. Quando o Àṣẹ Òpó Àfònjá foi para Coelho da Rocha, contou com toda a gente de Davina, que ajudou nos momentos iniciais da casa, da mesma forma como fez com João Lesengue, do Bate-Folha, e Senhorazinha. Por esse motivo, as cartas que Aninha enviava a Agripina sempre tinham palavras de carinho para Davina. Essa ajuda que havia em épocas passadas motivava uma troca de experiências.

> Minha avó se dava muito bem com Tia Agripina, Filhinha. Ela ia para Coelho da Rocha como também elas iam para Mesquita. Minha avó tinha um quarto. Ela ia de véspera e ficava nas festas de Oxalá, na sexta-feira, e ficava até domingo. (Meninazinha, 2009.)

O relacionamento de Davina com suas funções era completo a ponto de, antes de recolher-se, sentar-se mastigando obì e conversar com Omulu, seu orixá, o que fazia supor a presença de alguém no quarto dela. Davina faleceu aos 84 anos. Por ocasião do axexê de um ano, feito por Álvaro Pé Grande, a cumeeira da casa caiu antes do arremate final do ritual, e, com isso, encerrou o ciclo do Axé em Mesquita.

Um dos filhos da casa, Roque Cupertino de Lima, mais conhecido como Doum de Xangô e Ogã de Omulu, passou a acolher alguns remanescentes do Terreiro de Davina à Av. Niceia, em Edson Passos, e organizou o Centro de São Jerônimo e São Lázaro em 10 de abril de 1966, para dar continuidade à história desse Axé. Muitas pessoas antigas se dirigiram para esse local, como Francisca da Conceição Rodrigues, conhecida como Tia Chica de Oxalá (1909-2000), e Djanira Jumbeba, conhecida como Tia Santa de Oxalá, ambas feitas por João Alágbà, Fidelina e Deolinda da Conceição, conhecida como Menininha de Ògún Déyì — Ogum a criou —, do Axé de Mesquita, um grupo de mulheres extraordinárias e de extrema competência que trouxe muita qualidade ao grupo organizado por Doum. Este adotou uma prática rígida para o horário dos toques festivos: todos os domingos das 17 às 21 horas.

> Ele era rígido nos horários. Começava e terminava na hora certa. Para isso, ele botou um relógio dentro do Terreiro para avisar a todos da hora. Ele recolhia os santos e ninguém reclamava. (Ogã Bila do Òpó Àfònjá.)

Em 11 de maio de 1982, a casa foi entregue a Tia Chica e Benedicto Gomes Soares. Este, funcionário público, nascido em 1936, iniciado na casa para Oxalá, em 1967, assumiu o grupo de forma independente quando Tia Chica faleceu.

Em 1967, a fim de reativar o Axé de Mesquita, Meninazinha, também conhecida como Mãe Naná, vai buscar os assentamentos de Omulu de Davina, em Salvador, embora os Candomblés baianos não costumem levantar os santos para aqueles que vêm para o Rio, tradição que existe até hoje. Em 6 de julho de 1968, é fundado o Ilé Àṣẹ Ọmọlu e Òṣun, à rua Pelotas, na Marambaia, Tinguá, Nova Iguaçu. Quem planta o Axé da casa é Nino de Ogum.

> No tempo dos zeladores da minha avó, sabe como eles faziam? Eles chamavam de cera, mas era bosta de boi; [...] nós, crianças, saíamos pegando bosta de boi, e usávamos uma bacia grande onde era despejado tudo ali dentro e colocávamos água, e as crianças ficavam pisando [...] e jogavam no chão do barracão — que era de chão batido — pra

festa que seria mais tarde. Ficava tudo verdinho, aí vinha um adulto com umas vassouras de folha e passava assim por cima pra tirar o excesso, e você deitava naquele chão de roupa branca e não se sujava. (Meninazinha de Oxum, em Márcia Ferreira Neto, Iphan, p. 143.)

A partir de 1973, instala-se definitivamente em São Mateus. Com determinação, constrói o próprio Terreiro em sucessivas ampliações, tendo como companhia sua irmã Djanira do Nascimento (1922-1988), de Yánsàn Qya Tawédé — Iansã persiste e conquista a coroa —, iniciada por Pequena de Oxalá, Lúcia de Omulu, filhos e demais parentes, o que veio a justificar esse como um dos grandes Terreiros do Rio com raízes familiares. (Ver "As Famílias Biológicas do Candomblé".) Persistente em suas determinações, Meninazinha soube enfrentar as perseguições de praticantes evangélicos que não a queriam no local. Vem adotando uma postura de resistência a essas práticas por meio de participações em diversos movimentos de resgate da cultura, o que faz crescer seu prestígio e o número de participantes em seu Terreiro.

Na nossa casa mantemos uma obra social com consultório médico, psicológico, temos advogado para atender a comunidade carente. [...] Não é preciso ter muito dinheiro, basta vontade. Eles tiram um dia na semana para atender à comunidade. É importante a casa de Candomblé ser implantada em comunidades carentes em razão de as pessoas precisarem dessas coisas. (Meninazinha, em fevereiro de 1993.)

Esse movimento para utilização inteligente dos espaços físicos de uma Casa de Candomblé, com a realização de cursos, manifestações artísticas, palestras que instruem questões para a preservação da vida saudável e igualdade de direitos, vem dando excelentes resultados. A tarefa de um zelador ou zeladora também tem esse objetivo, como fazem em Salvador Stella de Oxóssi e, no Rio, Meninazinha de Oxum. São conscientes das possibilidades ilimitadas de seu território de trabalho.

UNIDADES DESCENDENTES

Ilé Oxóssi Omulu e Oxum, de Carlos Henrique Gomes Satiro, Ọdẹ Tojì — o caçador próximo a Omulu —, militar condecorado por comportamento exemplar, com casa aberta no bairro de Cabuçu, em Nova Iguaçu, desde 1980, Celso de Oxóssi, Marcelo de Oxóssi, César de Oxóssi, Sergio de Xangô.

OS PRIMÓRDIOS DO JEJE EM CACHOEIRA, NA BAHIA

Na Bahia, existem, entre outros, dois importantes núcleos de origem do culto jeje: em Salvador, o Zogodô Bogum Malê Hundó, e, em Cachoeira, o Seja Hunde. Cachoeira localiza-se a 109 km de Salvador, quando foram estabelecidos, na época do colonialismo, os engenhos de açúcar às margens do rio Paraguaçu, vindo a cidade a participar, muito mais tarde, do movimento pela Independência do Brasil. O Candomblé Jeje, por ser bastante complexo e extremamente fechado, não atingiu a notoriedade dos Candomblés Ketu.

Os diferentes métodos de práticas que foram denominados modubi, savalu, mahi, dahomé e outros costumam motivar discordâncias entre seus seguidores, que sempre julgam o próprio grupo o mais acertado para a prática. Na questão das origens, verificamos que, em alguns casos, há desacordos e até incoerências entre seus historiadores, o que acreditamos ocorrer em razão da dificuldade de reter na memória coletiva todos os episódios de um longo período de uma religião que existe há mais de dois séculos.

Após fundar o Candomblé do Bogum, em Salvador, como veremos mais adiante, Gayaku Ludovina Pessoa dirigiu-se para a cidade de Cachoeira, organizando, em 1811, o Kwe Seja Hunde, o qual alguns conhecem como Roça do Ventura, por ser o terreno pertencente a Manoel

234 | JOSÉ BENISTE

Ventura Esteves de Besén, conhecido indevidamente como *Pozehen*,* uma Roça localizada em Salvador. Seria dirigida por sua filha carnal, Maria Ogorense de Besẹn, o que sugere que a participação de Ludovina Pessoa se restringiu apenas à organização do Terreiro.

> O que parece certo é que Ludovina, deslocando-se com regularidade entre Salvador e Cachoeira, devia ser uma liberta com alguns recursos econômicos, talvez uma mulher "do partido alto" como se dizia na época. Quanto ao santo ou vodun de Ludovina Pessoa, a tradição oral é unânime ao afirmar que era Ogum, mas uns falam de Ogum Rainha, outros de Ogum Tolo e ainda outros de Ogum Aires. (L. N. Parés, 2007, p. 189.)

Havia outra roça organizada, mais acima,** por um ex-escravo, Kixarene ou Xarene de Ajunsun Dada Zodji, em terras de José de Belchior, Dada Hunyọ (1837-1902), mais conhecido como Zé do Brechó. Alguns integrantes dessa roça, quando extinta, viriam a fazer parte da Roça do Ventura, o Seja Hunde.

> A minha versão é a que Quixarene ou Tixarene é um personagem inexistente. [...] sendo um nome desconhecido do povo de santo cachoeirano, inclusive Gayaku Luiza. (Luiz Cláudio Nascimento, 2010, p. 140.)

> Os dois terreiros, Roça de Cima e Roça de Baixo, vizinhos, chegaram a funcionar paralelamente [...] Com o tempo, a Roça de Cima começou a decair, devido ao falecimento de seus filhos; [...] foi Gaiaku Maria Ogorensi quem falou que Besén era um só e não havia necessidade da existência de duas roças. Então os dois Candomblés foram unidos, em torno de 1900. A Roça de Cima é fechada e seus membros descem para o Seja Hunde, onde vão se juntar a Maria Ogorensi. (Marcos Carvalho, 2006, p. 36.)

---

* A consoante *h* tem o som aproximado de rr; leia-se *Pozerren*.
** Indevidamente, essa roça foi descrita como a de baixo em outra obra nossa, *As Águas de Oxalá*, Bertrand, Rio de Janeiro, 2002, p. 296.

O Seja Hunde passou a ser conhecido como a Roça de Baixo, e, após a tirada do primeiro barco em 1813, segundo Jorge de Yemanjá, ficou fechado durante anos. Antes de seu falecimento, Maria Ogorensi já havia escolhido sua sucessora, Dionísia da Conceição de Besén, conhecida como Maria Abáli, que fazia parte do jeje modubi, da Roça de Cima de Zé do Brechó.

Assumiu muito mais tarde, recolhendo três barcos, sendo que em um deles estava Adalgiza Combo Pereira, conhecida como Sinhá Pararasi, uma qualidade de Azansun, e que viria a sucedê-la.

> Maria Abale, que fazia parte do Jeje Modubi na roça de Zé do Brechó, quando assumiu o Seja Hunde plantou a casa de Kututó (Egun), introduzindo assim na Casa Mahi fundamentos de outra ramificação jeje. Como no Jeje Mahi não é permitido casa de Kututó, a roça começou a decair. (Constância de Avimaje, 1996.)

Em sua gestão, Pararasi recolheu vários barcos, todavia a roça continuou em um semiabandono. Foi quando o Vodun Besén determinou que Luiza Gonzaga, a Gayaku Aguési, assumisse a casa para fazer todas as obrigações necessárias. Para isso, contou com a ajuda de Augusta Gamo Lokosi e da própria Pararasi. Ainda assim, a roça não conseguiu se manter, continuando em uma situação de decadência, principalmente pelo fato de não ter seguido as tradições do jeje, que não permite recolher barco com número par de iniciados. Aguési, desprezando esse fundamento, recolheu um barco de dois — Oxum e Azansun —, o que fez a casa cair mais ainda.

Gamo Lokosi, iniciada no Bogum, assume a casa, em razão de Aguési não ter mais condições físicas, falecendo em 1998. A situação inconstante dessa casa de jeje ocorre por sua rigidez na manutenção dos costumes religiosos. Embora com raras modificações, como na questão de tempo de reclusão, Zezinho da Boa Viagem revela o que costumava ouvir nos comentários da roça:

Sinhá Angorense fazia um ano dentro e um ano fora. As ìyàwó ficavam no grá até certa época. Depois Besén abençoava. O mato se abria e aquela cobra dessa grossura passava por cima delas com o grá virado. Depois virava o vodun. [...] era a época do nome, três meses depois. O santo dava o nome e depois ele mesmo cantava quatro cantigas para ele mesmo. Aí os ogãs que estavam espalhados pelo barracão vinham correndo para tocar. Ogã kutó é o que canta. (Zezinho da Boa Viagem, 2003.)

A GESTÃO DO SEJA HUNDE PODE SER ASSIM DEFINIDA ATÉ OS DIAS ATUAIS:

Gayaku Maria Ogorensi, Maria Luiza Gonzaga de Souza (1820-1923), gestão 1820-1923.

Gayaku Sinhá Abáli, Maria Epifania Donísia do Sacramento, ou da Conceição, (1860-1950), gestão 1930/1934-1950.*

Sinhá Pararasi, Adalgisa Combo Pereira (1890-1969), gestão 1962-1969.

Gayaku Aguési, Luiza Elisa Gonzaga de Souza (1903-1998), gestão 1970-1990.

Gamo Lokosi, Augusta Maria da Conceição Marques (1918-2007), gestão 1985-2007.**

Alaíde Augusta da Conceição de Iansã, gestão a partir de dezembro de 2008.

---

* Os nomes dos antigos praticantes em português são controvertidos e geram interpretações diversas.
** No livro *As Águas de Oxalá*, deste autor, há um capítulo sobre os Candomblés Jejes, no qual são registrados diversos depoimentos de remanescentes do jeje, p. 291 a 310. Ver, também, Marcos Carvalho e Luis Nicolau Parés.

Remanescente dessa geração, Alda dos Santos Menezes da Silva, conhecida como Alda de Iansã, natural de Salvador, onde nasceu em 1943, foi iniciada por Sinhá Pararasi, em 1964, e veio para o Rio de Janeiro em 1970, onde abriu a própria casa, em Belford Roxo, o Kwe Tokuno, mantendo-se rígida em seus princípios.

> Em nossa casa quem decide a sucessão são os voduns, é assim que tem de ser. Para mim a coisa mais importante é a tradição. Não permito que nada seja mudado. Se não seguirem as normas da casa, as pessoas não ficam. (Alda de Iansã, em depoimento a este autor, 1998.)

Nos dias atuais, há dificuldades para manter as tradições da casa. Localizadas fora da região urbana de Cachoeira, a cerca de 3 km, as poucas construções do Seja Hunde apresentam problemas como rachaduras nas paredes e buracos no telhado.

> A ideia é a de não mexer em algumas partes da estrutura, como o piso de barro batido. Falta luz, o acesso é difícil, pois é de barro e a gente já está nessa idade. [...] A chegada, em dias de chuva, fica difícil para os mais velhos por conta da lama. Se fosse fazer a vontade deles, era na roça o tempo todo. Tem vezes em que os ritos são feitos com a luz de candeeiro. Tenho medo de partir. Ali não pode virar pasto nunca. A gente prometeu aos que já foram. (Ogãs Bobosa, Bernardino, Edivaldo e Marcus, 2009.)

A atual situação do Seja Hunde pode ser assim definida: um ano após o falecimento de Gamo Lokosi, ficou decidido que Alaíde de Iansã, a vodunsi mais velha viva, ficaria à frente da Casa até que outra pessoa pertencente ao vodun Besén, Azansun ou da família de Sogbo pudesse assumir oficialmente, por ser essa a tradição da Casa.

> Alaíde assumiu por um certo tempo, até que foi retirada para assumir Alda de Qya, era mais nova do que ela. Chegou a iniciar um barco na

roça, para logo depois da saída ser impedida de continuar à frente, passando a assumir o Ogã Buda, filho carnal do Ogã Bobosa. Atualmente é o Ogã Buda que tudo determina, sendo que Alda e Alaíde não mais comparecem ao Seja Hunde por estarem brigadas com ele. São poucas as pessoas vivas que, em vez de se unirem, brigam entre si. (Marcos Carvalho, 2013.)

Mais tarde, foi fundado o Àṣẹ Poeji ou Kpọeji, que ficou conhecido como Cacunda de Iaiá, hoje com as atividades encerradas.

O terreiro conhecido como Cacunda de Iaiá, jeje-savalu, era localizado na redondeza do antigo Beiru, atual Tancredo Neves. O fundador foi um descendente de africano chamado Sinfrônio de Azansú, que faleceu em torno de 1944. Após sua morte, Gaiaku Satu e Ogorensì Jerônima, esta Deré (mãe-pequena) da casa, entronizaram Mãe Tansa de Nàná como a nova dirigente. Era Gaiaku Satu quem dava comida à cabeça de Sinfrônio de Azansú. Gaiaku Satu (Maria Saturnina da Conceição) de Azansú foi minha mãe de santo, e seu terreiro jeje ficava localizado no Alto do Cabrito, próximo ao antigo terreiro de Gaiaku Luiza. As duas eram muito amigas. O terreiro chamava-se Hùnkpámè Bebe Kakuá e foi fundado, provavelmente, em 1932. Ela governou o terreiro até o ano de 1956, quando faleceu com 117 anos. Após o reinado de minha Gaiaku Satu, o Candomblé ficou sob o comando do Pejigan Pereira. Este governou de 1956 até 1967, e, com sua morte, o terreiro foi extinto. (Hungbono Jaiminho de Lisa, em entrevista a Marcos de Carvalho.)

Essa ligação de Salvador com Cachoeira tem relação com a abertura dos portos e com o comércio de escravos com o antigo Daomé. O Recôncavo Baiano passou por um progresso intenso, principalmente Cachoeira, que, com o porto e o polo agroindustrial açucareiro, começou a interessar ao capital estrangeiro pela mão de obra livre ou escrava do africano. Em 1817, a implantação da navegação a vapor pelo rio Paraguaçu facilitou

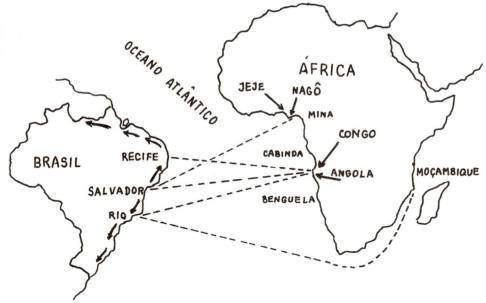

O tráfico e o movimento africano interno.

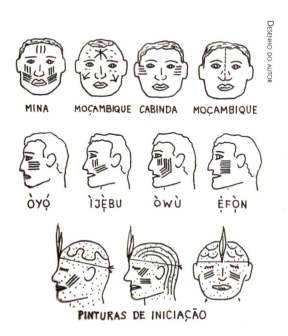

Marcas étnicas dos bantus e nagôs em comparação com os desenhos faciais de iniciação no Candomblé.

Valongo ou mercado de escravos no Rio.

Cena de jantar de uma família abastada no Rio de 1830. Observe a postura das serviçais.

Anúncio de venda e compra de escravos no século XIX.

Gayaku Luiza de Iansã.

Reprodução da Lei Áurea, de 1888.

Embarque de ex-escravos de volta à África após a libertação.

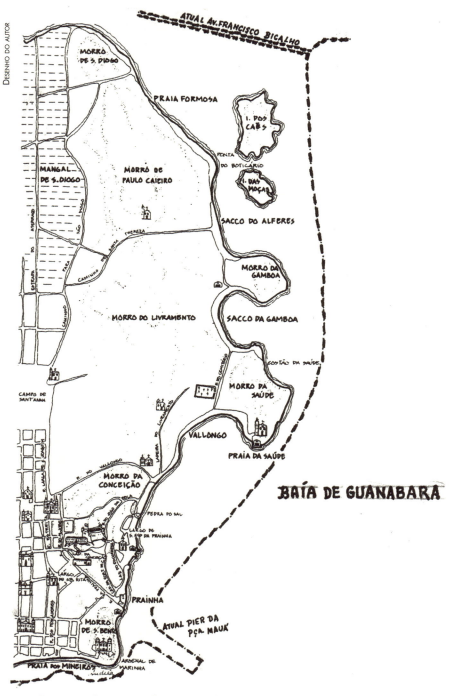

Ocupação da área que formaria os futuros bairros da Saúde, da Gamboa e do Santo Cristo. Em destaque, o Morro da Conceição e o acesso à Pedra do Sal. A linha pontilhada revela a área atual, após os aterros.

Ladeira da Pedra do Sal, 1835.

Recibo da viagem Salvador-Rio da Iyalorixá Cantu de Aira Tọ́lá, em 20 de maio de 1938.

Um ritual de Omoloko na década de 1970, com Gerson de Xangô (1913-1977), no bairro de Madureira.

Adelaide dos Santos, Mejitó.

Da esquerda para a direita, Maria Adamastor, Joana da Cruz, Mejitó, Mariquinha de Lisa e Natalina.

Iyalorixá Glória da Oxum, herdeira do Axé de Mejitó.

Helena de Besén do Kwe Sinfá.

Mãe Aninha, fundadora do Axé Opó Afonjá.

Aninha, provavelmente aos 27 anos, ao lado de familiares.

Barracão original do Axé Opó Afonjá, em Salvador, 1937.

Reinaldo de Ṣàngó Aira, Joaquim Mota de Omulu e Nilson de Ọ̀sányìn do Axé Opó Afonjá.

Procissão das Águas de Oxalá.

Telegrama de Aninha para Agripina, 1935.

Ondina Valéria Pimentel,
Mãe Ondina ou Mãezinha.

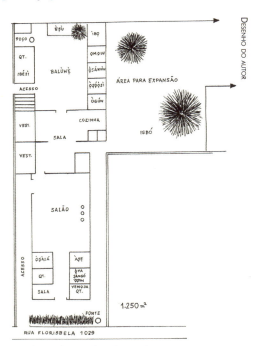

Planta-baixa das dependências originais
do Axé do Rio, no final dos anos 1960.

O Axé no Rio, com o Barracão principal e, ao lado, a residência da dirigente na época, 1970.

Agripina de Souza, Oba Déyí.

Cantu de Ṣángo Aira.

Regina Lúcia de Yemanjá, atual dirigente do Axé.

Marcelo Fritz de Oxaguiã.

Ògún Jọbi.

Iyalorixá Palmira Navarro de Iansã.

Bira de Xangô.

ESTATUTOS
DO
Culto Africano

Fundada em 25 de Abril de 1915

SÉDE SOCIAL :
RUA JOÃO CAETANO N. 69

TYP. BOHEMIA
168 — Rua Senador Pompeu — 168
RIO DE JANEIRO
1920

Estatutos do Candomblé de Cipriano Abedé.

Trecho da rua João Caetano, já não mais existente.

Reportagem do *Jornal 8 Horas* sobre Abedé, em 1932.
Ele faleceria no ano seguinte.

Paulina de Ọṣun, esposa de Abedé.

Professor Agenor Miranda e José Beniste, nos anos 1970.

Iyalorixá Dila de Omulu, Equedi Jilu do Engenho Velho e Edelzuita do Gantois.

Rodolpho Martins de Andrade, Bángbóṣe Òbítíkò, 1897.

Jazigo de Bángbóṣé e Benzinho, na Igreja de Nossa Senhora do Rosário dos Pretos, no Pelourinho, em Salvador.

Felisberto Américo Souza, o Benzinho.

Damásia de Iansã.

Caetana Américo Souza.

Regina de Yemanjá Ogunte.

Iyalorixá Lina de Oxumaré.

George de Şàngó Baru.

Martiniano do Bonfim e Ruth Landes, 1938.

Davina de Omulu, Djanira de Iansã, Florzinha de Oxum e Lourdes de Iansã.

Meninazinha de Oxum.

Roque Cupertino de Lima, o Doum de Xangô.

Benedito de Oxalá do Axé de Doum.

Natalina de Oxum do Kwe Sinfá.

Seja Hunde, Roça do Ventura, em Cachoeira-BA.

Antonio Pinto de Oliveira, o Tata Fomutin.

Tata Fomutin manifestado com Oxum.

Djalma de Lalú e Olegário Ode Wale.

Stella de Oxóssi, Bida de Yemanjá e Zezinho da Boa Viagem.

O Candomblé Zoogodo Bogum Male Hundo, 1974.

Doné Nicinha do Bogum.

José Domingos de Santana, o Zé do Vapor.

Iyalorixá Piticá, por ocasião da Festa do Bonfim.

Iyalorixá Elzira de Oxalá.

Manuel Bernardino da Paixão.

João Lesengue, fundador do Bate-Folha do Rio, na época de suas obrigações em Salvador.

Mametu Mabeji.

Cristóvão Lopes dos Anjos, da Nação de Efon.

Maria Bernarda da Paixão, a Maria Violão.

Cristóvão em seu Terreiro, em Duque de Caxias.

 Maria de Xangô, Iyalorixá do Candomblé Efon.

 Alvinho de Omulu.

 Waldomiro Baiano em seu Candomblé.

Elias de Iansã. Manuel Ciríaco de Jesus, o Tata Lundiamungongo. Maria Nenén de Nkosi Mura.

Tata Angorense do Tumba Junsara.

Luis Carlos Amate, o Tata Sajemi.

Otávio da Ilha Amarela na obrigação de Hélio Tozan.

Babalorixá Nino de Ogum.

Equedi Celia de Oxum, Encarnação, Nino e Nair de Yemanjá.

Maria Julia de Oxaguiã

Pulqueria de Oxóssi.

Margarida de Oxum.

Edelzuita de Oxaguiã.

Lindinha de Oxum do Gantois.

O Candomblé do Engenho Velho, 2003.

A Igreja da Barroquinha, no centro de Salvador. Próximo a ela, reunia-se o grupo de Ìyá Nàsó.

Poste central do barracão do Candomblé do Engenho Velho, com a coroa de Xangô.

Tia Massi de Oxaguiã do Engenho Velho.

Manoel Cerqueira Amorim, o Nezinho da Muritiba.

Zezé de Iansã.

Nitinha de Oxum.

Amanda de Omulu Jàgún.

Babalorixá Wanderley Do Carmo.

Babalorixá Àjàlèyí de Ògún.

José Flávio Pessoa de Barros, o Bàbá Ajítọlá.

Álvaro Antonio da Silva, o Álvaro Pé Grande, com Maria José de Omulu, filha de Regina da Encarnação.

Luis Bangbala.

Modelo de um antigo convite.

Detinha de Xangô.

Candomblé da Gomeia, em Duque de Caxias, 1970.

Joãozinho da Gomeia manifestado com Iansã.

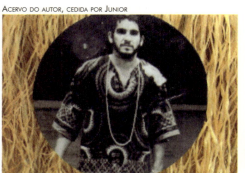
Sebastião Francisco dos Santos, o Tião de Irajá.

Miguel Deoandá.

Gisele Cossard Binom, Omidárewà.

José Beniste e Babalorixá Torode de Òg̣ún.

Iyalorixá Olga de Alákétu.

Sinavuru da Gomeia e Delinha de Òg̣ún do Alákétu.

Iyalorixá Beata de Yemanjá.

Simplícia de Ogum.

Cotinha de Iyewa.

Theodora de Yemanjá.

Mestre Didi e José Beniste.

Paulo da Pavuna deỌya Ìgbàlẹ̀.

Oye Braga no Culto Egúngún, em Duque de Caxias.

Caboclo Venta de Axé.

Rafael Boca Torta (com o agogô) e seu irmão, Antonio Borges, em Salvador.

Rafael dando forma a um de seus quadros.

Zezito de Oxum, da Nação Ijesa.

Rufino do Beiru.

José Beniste e Miguel Falefá no bairro da Formiga, em Salvador, 1974.

Aurelino Gervásio da Encarnação,
o Tata Kambuí.

Ogã Aurelino da Encarnação.

Mestre Didi e Juana Elbein dos Santos (antropóloga).

Professor Fernandes Portugal.

Bajigan Ailton de Oxóssi e José Beniste.

Egúngún – Arte de Ronaldo Rego.

Candomblé de Doum de Xangô.

Interior do Candomblé de Flavio de Oxaguiã, em Cachoeiras de Macacu.

YLE OBÁ NILÁ

COMEMORAÇÕES DE 1983

02/07/83 — Odum da casa com missa em ação de graças, para nosso senhor do Bonfim.
09/07/83 — Ogun, Oxosse, Osanhi e Iabas
16/07/83 — Olubajé
17/07/83 — Nanã
20/07/83 Xango
Com Inicio as 22 horas

Rua Namur, 56 Vila Valqueire RJ.

Convite de festa de Candomblé antecedida por missa católica.

Gustavo de Omulu do Axé Şàngó Déyí.

Mametu Madozan e Waler Nkosi do Inzo Ia Nzambi Ngana Kingongo

a comunicação entre Salvador e Cachoeira, dando possibilidades aos contatos entre africanos escravos e os não escravos.

É nessa região que está instalada a Irmandade da Nossa Senhora da Boa Morte, composta por africanas alforriadas da nação Ketu, entre elas Ọmọniké, do Engenho Velho, da qual era priora. Foi criada ainda nas senzalas procurando agrupar-se em barracão e mocambo, segundo a ideia de se defenderem e sobreviverem independentes de um senhor. Daí é que surgiriam os primeiros Candomblés na região, com as africanas exercendo a função sacerdotal. Teria surgido por volta de 1820, nas proximidades da Barroquinha, em Salvador, de onde mais tarde teria migrado para Cachoeira.

As exigências para a aceitação na Irmandade eram: ser do sexo feminino, ter idade avançada, ser devota de Nossa Senhora e ter participação em práticas religiosas africanas. O primeiro local onde o grupo se reuniu foi denominado de Casa Estrela, tendo como símbolo uma estrela incrustada na calçada em frente ao prédio na rua da Matriz, 41, que existe até hoje, embora pertença a particulares.

O JEJE DE CACHOEIRA NO RIO —
TATA FOMUTIN

No Candomblé do Bogum e Seja Hunde, o matriarcado é total. A iniciação de homem só é feita para a função de ogã. Antonio Pinto de Oliveira era baiano e, por esse motivo, foi o primeiro homem iniciado no Kwe Seja Hunde, em 25 de dezembro de 1912. Foi visitar a roça e bolou, tendo ficado nesse estado durante cinco dias, o que o fez ser iniciado para Oxum por Maria Ogorensi. Saiu em um barco em que se encontrava a futura Gayaku Aguési, ocupando a quarta posição, o que lhe rendeu o título de Fomutin,* ficando recolhido por mais de um ano.

> O Kwe Seja Hunde veio a realizar feitura de Iaô somente em 25 de dezembro de 1912, barco tirado por Gaiaku Angorense de Obaluaiê e composto por oito Vodunsis e dois Ogãs, do qual fazia parte Antonio Pinto de Oliveira, Fomutinho de Oxum Dei. (Jorge de Yemanjá, julho de 1995.)

> Quando ele recolheu para fazer o santo na Roça do Ventura, eu estava com 8 anos (1914), e lembro que ele era ainda rapaz alegre e

---

* O grupo de iniciados apresentado publicamente, um atrás do outro, no dia de dar o nome de sua divindade é denominado de "barco", sendo que cada um adota uma denominação para indicar sua posição de 1 a 10, segundo o ritual jeje: *dofono, dofonotin, fomo, fomutin, gamo, gamotin, vimo, vimotin, domo, domotin.* (Ver "Depoimentos Complementares", item 17.)

brincalhão. Depois foi para o Rio de Janeiro e, quando voltou, depois de anos, estava bem doente. (Ogã Geninho em entrevista a Marcos Carvalho, p. 47.)

Esse precedente da feitura de Fomutin criou alguns problemas, pois ele morava em Salvador, distante de Cachoeira, o que o impedia de adquirir conhecimentos suficientes. Por outro lado, uma estrutura toda identificada com as mulheres o afastou, indo, então, buscar conhecimentos no Candomblé Ketu, com Tia Massi, criando, assim, uma fusão de ritos e crenças que passou a ser denominada de nagô-vodun. Foi uma forma de manter o ritual jeje no Rio devido às diferenças regionais, e não poderia ser de outra forma porque foi aquilo que lhe foi transmitido. Seu orukó, ou seja, seu nome iniciático, era Ọ̀ṣun Déyí — Oxum criou esta pessoa —, uma expressão autenticamente yorubá. Sua história talvez explique a razão de seus iniciados terem, em princípio, orixás e orukós yorubás. Após a morte dele, alguns viriam substituir os nomes yorubás pelos nomes dos voduns, como forma de aproximação com o ritual que praticavam.

> Essa coisa de todos os filhos de Fomutin dizerem que são de jeje, eu não aceito. Eu, quando cheguei lá, não encontrei o jeje. Como é que eles, que vieram depois de mim, dizem que são de jeje? É tudo nagô--vodun. (Depoimento de Djalma Lalú, 12 de agosto de 1978.)

Essa fusão de costumes já havia sido estabelecida na própria África, em razão da vizinhança territorial entre os jejes e nagôs, que permitiu um sincretismo cultural-religioso entre os dois por meio dos seguintes processos:

a) Proximidade territorial já definida.
b) Convivência devido às guerras e capturas de escravos.
c) Casamento e convivência com as mulheres prisioneiras.

242 | JOSÉ BENISTE

Esse processo aculturativo se acentuou, passando a ser conhecido pela expressão nagô-vodun. No Brasil, definiu uma forma de Candomblé com tradições combinadas desses dois grupos, pela dificuldade da prática do culto jeje, em toda sua essência, por determinados dirigentes.

> Mas o processo aculturativo entre nagôs e jejes deve ter se acentuado na Bahia, pelo começo do século XIX, com a participação de líderes religiosos das duas culturas em movimentos de resistência antiescravista. Os Candomblés eram, no começo do século passado, centros de reunião dos nagôs mais ou menos islamizados, que aqui viviam como jejes, hauçás, grunces, tapas e os descendentes dos congos e angolas. [...] (Vivaldo Costa Lima, 1984.)

Assim, as religiões tradicionais dos yorubás e dos jejes passaram a ter traços comuns, o que se explica pelo fato de eles formarem, no período colonial, uma única região sociocultural, cujo núcleo religioso e ideológico mais antigo era a cidade yorubá de Ifẹ̀. É interessante ressaltar que a convivência entre os dois povos obrigou a aceitação do idioma yorubá, porém, segundo algumas regras: a vogal inicial das palavras yorubá é omitida; a letra R é substituída pela letra L; o Ṣ com som de X é substituído pela letra S. Dessa forma:

Odù = Dù — o signo de Ifá	*Òrìsà* = Lisa — o signo de Ifá
Ìrókò = Loko — divindade jeje	*Ifá* = Fá — divindade jeje
Òpẹ̀lẹ̀. = Pelẹ. — rosário de Ifá	*Ògún* = Gun — rosário de Ifá

Tata Fomutin mantém um bom relacionamento com Manuel Bernardino da Paixão, do Candomblé do Bate-Folha, e Manoel Ciríaco de Jesus, do Tumba Junsara, vindo a participar como pai-pequeno na feitura de um barco de ìyàwó na casa de Manoelzinho de Oxóssi — Manasandayó — filho de Maria Neném. Como era uma casa de Angola, passou a ser chamado de Tata pelos ìyàwó, ficando dessa forma conhecido para sempre. Em 1930, vem ao Rio em companhia dos amigos João Lesengue e Antonio José da Silva, Bandanguame.* Com essa amizade, trocam conhecimentos sobre os respectivos cultos, Angola e Jeje-Mahi. Fixa residência em uma casa na rua Navarro, no bairro do Catumbi, onde residia anteriormente Benzinho de Ogum. Faz grande amizade com o sambista Paulo da Portela, que muito o ajudou contra a repressão policial da época.

A partir de então, Fomutin realizará uma série de iniciações, fortalecendo o próprio grupo, não distinguindo apenas as mulheres nas iniciações. Essa será a característica principal dos baianos no Rio, que abandonarão a prática matriarcal em virtude de um desenvolvimento mais amplo às suas pretensões; entre elas, em grande parte, pela situação financeira. Isso será realizado pelos descendentes do Engenho Velho,** do Gantois, do Alákétu e dos diferentes ramos do Candomblé Jeje. Aninha do Òpó Àfónjá mudou essa tradição ainda em Salvador, na fase final de sua vida. Os de Angola não se apoiavam nessa ideia matriarcal, ou seja, iniciação somente para as mulheres.

Fomutin faz a iniciação de seu primeiro ìyàwó, Sebastião Prata, Ajale Ofan Dejá, conhecido por Babá Beija-Flor, na rua do Bispo, residência de Marcilio de Sàngó e Josefa. A partir daí, organiza o próprio terreiro, o Kwe Seja Nàsó,*** na Estrada do Portela, 606, em Oswaldo Cruz, em 16 de janeiro de 1936, que viria a se transferir para outras localidades até se instalar definitivamente em São João de Meriti. Já no seu Terreiro, do primeiro barco fizeram parte Marcionílio de Iansã e de Oxóssi, Odé Walé — o caçador veio para casa —, e, confirmando o Ogã Runjębe, Agostinho. Quem tomou o nome de Olegário foi a Iyalorixá Dila de Obaluaiê, que também viria a fazer seu ritual de axexê.

---

* Esta data contrariaria aquela informada da vinda de Lesengue para o Rio, em 1938.

** Até os dias atuais, mantém-se na prática da iniciação de ìyàwó apenas mulheres, e somente dentro do reduto do Engenho Velho. Algumas iyalorixás faziam a iniciação masculina em outros locais. Ver iniciação de Otavio da Ilha Amarela por Tia Massi.

*** A palavra *Nàsó* revela o respeito que teve pela ancestralidade Ketu, na construção de sua vida religiosa. *Ìyá Nàsó* foi a primeira Iyalorixá do Candomblé do Engenho Velho, Bahia, na época dirigido por Tia Massi, que muito o ajudou.

244 | JOSÉ BENISTE

Em seguida, (1937) faz a iniciação de Almerinda de Oxóssi, (1940) de Djalma de Lalú, (1944) de Zezinho da Boa Viagem, (1949) de Antonio de Oxum, o Antonio Cabeludo, (1950) de Jorge de Oxóssi, Esmeralda de Sogbo, cujo nome era Hunyọ Tọ́nàdé — o caminho da realeza —, e Leandro de Ògúm. Houve outros, como Jorge de Yemanjá Ogunté, Jorge Pereira da Silva, nascido no Rio, cujo nome dado foi Iyapetesi, e que veio a fundar o Kwe Seja Tesi em 16 de janeiro de 1968, Jacy Royozan, com seu Terreiro no Engenho de Dentro, que organizaria o primeiro programa de rádio de Candomblé, "A Hora do Candomblé", em 1968, e Jamil Rachid de Omulu, radicado em São Paulo, como presidente de uma conceituada Federação. Todos eles farão o grupo crescer com outras iniciações, construindo netos e bisnetos, e conferindo grandes dimensões ao desdobramento do Axé no Rio.

Em 1961, Fomutin é vítima de um desastre muito sério, sofrendo traumatismo craniano, o que faz sua saúde nunca mais ser a mesma. É amparado no final de sua vida por Djalma de Lalú e Jorge de Yemanjá. Antes, ele esteve no Seja Hunde:

> Quem chegou com ele foi Ogã Caboclo (Caboclo Acaça) e a roça estava em festa, sob o comando de Dofona Pararasi. Se não me engano era 1964 ou 1965, por aí. No Ventura fizeram uns trabalhos. [...] Ele não melhorou e Ogã Caboclo resolveu interná-lo em Salvador. Depois veio Djalma de Lalú levá-lo para o Rio. Mais tarde soubemos que ele havia morrido. (Marcos Carvalho, p. 47.)

Em 26 de junho de 1966, morre na casa de Djalma de Lalú, onde era cuidado. O Zerin, ritual fúnebre, ocorre na casa de Djalma e é oficiado por Dila de Obaluaiê, com quem, mais tarde, Djalma de Lalú iria tirar a mão.

Djalma de Souza Santos (1920-1992), mais conhecido como Djalma de Lalú, cujo nome iniciático dado foi Igbara Seji Lònà(n), serviu na Marinha, foi cozinheiro da Polícia Militar e praticava o culto Omoloko, modalidade afro-brasileira que os baianos aqui encontraram nas décadas de 1920 a 1950. Foi iniciado por Maria Augusta, no ritual de Omoloko, pertencendo o Èxú Lalú a essa fase da sua vida. Na realidade, ele era de Oxóssi e Iansã. Voltou-se para o Candomblé pelas mãos de Fomutin. Ia ser feito para Oxosi, porém, quando estava próximo das obrigações finais, quem apareceu foi Èxù Lalú. Fomutin foi obrigado a concordar, mas disse que, quando fizesse a obrigação de sete anos, Lalú se afastaria e Oxóssi tomaria a frente. Quando chegou a época, Èxù disse: "Se ele pôde ficar comigo até os sete anos, então ele vai continuar." E assim ficou, abalando a amizade de pai e filho de santo, que só foi corrigida no final da vida de Fomutin, quando Djalma não mediu esforços para ampará-lo. Aliás, essa era uma de suas grandes características.

> Eu sempre fui de Omoloko. Então Èxù disse que eu fizesse o santo com Maria Ponciano do lado de Candomblé. Era para fazer Oxóssi; [...] eu mesmo fiz a roupa toda [...]. Quando eu acordei estava na casa de Fomutinho, e eu não queria nada com ele. Aí fiz o santo. Quando foi no dia do nome, quem veio foi Exú. Eu era soldado da polícia, não tinha nada, [...] vivia com uma mulher, Alzira, [...] e foi daí que minha vida foi acertando, não enganando ninguém. (Djalma de Lalú, 25 de julho de 1978.)

No bairro de Olinda, Djalma organiza a própria casa, o Kwe Seji Lóṇà, credenciada como uma das grandes casas do Rio de Janeiro, tendo como mãe-pequena Joana da Cruz, da casa de Mejitó. Como Djalma era de Exu, foi motivo de muitas histórias contadas entre a gente do Candomblé. Em uma de suas festas, Exu urinou no chão fazendo a figura de vários números, e depois disse que todos jogassem no bicho. Ninguém acreditou; entretanto, Djalma fez o que foi mandado, juntou as economias e apostou em todas as bancas da região. Deu o bicho na cabeça, tanto que os banqueiros se reuniram para pagar Djalma, que aumentou sua roça e mandou construir uma vila de casas para o povo do santo, dando-lhe o nome de Vila Lalú. Em outros casos, era o erê de Djalma que dava os números da sorte no jogo do bicho. (Ver Anotações, item 20.)

246 | JOSÉ BENISTE

Seu Terreiro localizava-se próximo de outro comandado por Jorge Buda, nascido Jorge Teixeira da Silva, que havia feito obrigação com Nézinho da Muritiba, e de quem era rival. Djalma sempre foi extremamente solidário com as demais Casas de Candomblé, além de manter senhoras com idade avançada morando nas casas que possuía nos fundos de seu Terreiro, auxiliando-as e não deixando os conhecimentos delas se perderem.

> O Candomblé antigamente era uma comunidade onde as pessoas moravam e comiam juntas. Eram pequenos quilombos que acolhiam as pessoas, umas de idade avançada que traziam suas esperanças. Não estudavam, não tinham oportunidades. Hoje, cada um vive por si porque a vida mudou, tudo está mais caro e não há segurança. (Palmira de Iansã.)

Em razão de registrar um garoto de uma conhecida como seu filho, e com o falecimento de Djalma em 13 de março de 1992, o filho apresentou-se como herdeiro, vindo a acabar com o Terreiro e dispensando todos da casa. Uma remanescente da casa de Djalma, Amirfleia Gonzaga, conhecida como Mirteia de Ogum, feita em 1959, preservou o Axé e abriu a própria casa em Olinda.

A ausência de Fomutin promove a ideia de restauração do culto que procura se identificar com o que é praticado na cidade de Cachoeira. Com essa ideia, Zezinho da Boa Viagem, a partir de 1976, realiza diversas visitas à cidade tentando restabelecer os valores esquecidos. Para isso, leva recursos financeiros ao Seja Hunde, mantendo amizade com todos, entre eles o ogã kutó, Bobosa, nascido Ambrósio Bispo da Conceição (1916-2013). Zezinho adquiriu novos conhecimentos, o que o tornaria um grande conhecedor do culto e fonte constante de consultas. Revê a natureza de seus orixás Ọ̀ṣun e Ṣàngó, que passam a ser conhecidos como Aziri Tobosi e Badẹ, e o orukó para Naite Naitobosi, que seriam os equivalentes jeje.

HISTÓRIA DOS CANDOMBLÉS DO RIO DE JANEIRO | 247

Lá, conheci D. Luiza, Gayaku Aguési, que vendia na porta da Rodoviária. Foi aí que conheci o pessoal do Ventura. Aguési me dizia que,
no tempo que ela fez o santo, as senhoras da casa, ninguém vestia
nada da cintura para cima. Nos dias de festa pintavam o corpo. Depois passaram a usar crioula, o camisú. Mas continuou com o hábito
de não botar nada por baixo. Os sacrifícios são feitos no domingo de
manhã, o Candomblé é à tarde. Quando os voduns vêm, eles cantam
o Candomblé todinho, se não tiver quem cante. Eles só vão embora
na quinta-feira de tarde. (Zezinho da Boa Viagem, setembro de 2003.)

Essa rigidez de princípios nem sempre pôde ser seguida. Com o passar
do tempo, alterações e adaptações tiveram de ser feitas. Romilda da
Silva Machado, equedi de Loko na Roça do Ventura em 1975, revela os
costumes da casa:

Antigamente as vodunsi levavam um ano recolhidas, mas agora o
tempo diminuiu para seis meses, sendo três dentro e três fora. Quando
voltam para casa, já vão sem kelê. [...] No Ventura ficam sete dias sem
fazer nada, esperando o Sarapokan, [...] depois é que começam as
obrigações. Tem a primeira saída, a segunda e o Gra, que demora três
dias, até o dia do nome. (Marcos Carvalho, em Gayaku Luiza, p. 55.)

Antes do Santo, vem o Gra. O Gra como se fosse a parte selvagem.
Eles iam com Mejitó e se embrenhavam no mato para buscar folhas
e seus bichos. Tinham alguns que voltavam até com cobra. Não
falavam, comunicavam-se por sons. O Gra é antes de fazer o santo
[...] é chamado após um determinado tempo, mandado embora para
que a pessoa possa receber o seu vodun. Uma vez que foi, não volta
nunca mais.

José Gomes de Lima Filho (1930-2011) ficou mais conhecido como
Zezinho da Boa Viagem, uma região do Recife, onde nasceu em 12 de
novembro de 1930. Enfrentou uma infância difícil, com a família pas-

sando por dificuldades. Como tinha a saúde debilitada, foi levado com menos de 10 anos para a casa de Fortunata, a Baiana do Pina.

> A minha primeira zeladora foi Ìyá Fortunata, Baiana do Pina, filha de Oxum e Oya. Eu comecei minha vida no santo muito novo. Não tive tempo de enfrentar cadeiras de escola, fazer doutorado. O meu princípio foi dentro do Axé, onde estou até hoje e vou terminar dentro dele. (Zezinho da Boa Viagem, 1994.)

Mais tarde, Zezinho vem para o Rio de Janeiro, em 1943, com a família, passando a morar no bairro de Irajá. Conhece Tata Fomutin, com quem faz um jogo, retornando para confirmar e fazendo sua iniciação em 1944, sendo o dofono em um barco de quatro pessoas, embora em outro depoimento cite o ano de 1943.

> Uma pessoa me convidou para fazer um jogo em São João de Meriti, na casa de Fomutin. Eu fui, mas não gostei do jogo. Voltei reclamando, mas à noite eu tive um sonho de uma mocinha pedindo para abrir os olhos e voltar para lá. Acordei de manhã e fui para a casa de Fomutin, e lá fiquei um mês desacordado, e quando acordei já estava tudo feito. (Zezinho da Boa Viagem, 2009.)

> Meu pai de santo foi muito bom comigo, ele foi meu camarada, eu não tinha condições, fiz santo de esmola, meu pai me abraçou conforme eu era, morava em casa alugada, lavava roupa para fora, criava dois porcos para viver, calçava tamancos, só andava de bonde ou a pé. Tinha um cliente que tinha barraca de peixe na praça XV e ele me dava uma carona. Eu fazia baldeação para chegar até lá, encontrava no bonde seu Ciríaco, o seu João Lesengue, o Deus de Anchieta, Agripina, Mejitó, Ebomy Senhorazinha e Davina, a mãe de santo de Meninazinha de Oxum, a mulher que tomou orukó de minha mãe Oxum, que era de uma casa de 200 anos, a maravilhosa mãe Dada. (Zezinho da Boa Viagem, em *Gemas do Candomblé*.)

HISTÓRIA DOS CANDOMBLÉS DO RIO DE JANEIRO | 249

De Irajá vai para Vaz Lobo e, em seguida, para São João de Meriti, onde organiza, em 1957, a Associação Religiosa da Boa Viagem.* De um início difícil, como costuma sempre dizer, alcança excelente conceito aliado a uma ótima prosperidade financeira, reestruturando o conceito do rito jeje no Rio de Janeiro. Curiosamente, um de seus filhos de santo tomou a dijina de Kamusengue, do ritual congo-angola.

Seu bom nome e o acerto de suas realizações fazem com que seja requisitado em outros estados e países, viajando constantemente para atendimentos. Vem a falecer em 21 de março de 2011, vítima de parada cardíaca, passando a assumir o Terreiro da Boa Viagem Maria Estela Moreira dos Santos de Araujo, mais conhecida como Doné Ana de Besen Dan Talábòji — Besen apoia e protege. Era cuidada como sua filha de criação, sendo iniciada em 1968, aos 8 anos, vindo a tomar posse em 21 de abril de 2012.

> Zezinho da Boa Viagem foi o nome que me deu sorte. Eu sou essa pessoa feliz, e a gente se sente bem com as coisas que faz, com gente em volta e com o que tem na vida. (Zezinho da Boa Viagem, 2009.)

Zezinho da Boa Viagem deixou uma grande família de pessoas iniciadas, destacando um de seus filhos de santo, Luis Álvaro Soares de Souza, conhecido como Luis de Jàgún (1947-1997). Até 1970, manteve o terreiro, o Ilé de São Bento, dentro do ritual de Umbanda no bairro da Penha. Em 1975, foi iniciado por Zezinho, e, mais tarde, transferiu o terreiro para Santíssimo.

> Eu morava na Penha e trabalhava em um terreiro de Umbanda. Fiz a minha iniciação no Candomblé com pai Zezinho da Boa Viagem. Quando eu fiz minha obrigação de um ano, meu pai me autorizou a recolher o meu primeiro barco. (Luis de Jàgún.)

---

* Ver depoimento no capítulo sobre o Axé de João da Gomeia.

Esse foi um caso típico daquele que opta primeiro por abrir o próprio terreiro para depois sair em busca de conhecimentos. Zezinho da Boa Viagem destacou-se pela divulgação do ritual jeje em suas atividades radiofônicas com o programa "O Despertar do Candomblé", e pela organização de movimentos e festividades de extrema qualidade e grandiosidade. Esse procedimento também se estendeu para a literatura jornalística, que em muito vem colaborando para um conhecimento mais amplo sobre a religiosidade. Paulo Guerreiro de Oxalá Dọlá — Oxalá o torna digno e honrado —, filho de Tereza de Oxalá da casa de Zezinho, segue este princípio:

> Com o mundo integrado através da globalização, abri fronteiras em diversas mídias, tornando-me high-tech com o objetivo principal de motivar a fé em cada um, abordando assuntos que sugiram de reflexões. (Paulo de Oxalá, 2011.)

OUTRAS UNIDADES DESCENDENTES

Mirteia de Ogum, Orlando Januzzi de Omulu, Baby de Yemanjá, Ilber de Azoani, Odilon de Qdẹ Tayọ̀, Leandro de Ògún, Aidée de Pọsun, Ìyátẹ̀mí Jurema, ambas falecidas em 2003, Jilsan de Omulu, Ilo de Oxóssi, Sergio de Iyewa, Tereza Fomo de Oxalá, Áurea de Qya, Mario de Besén, Heraldo de Xangô, Fátima de Oxaguiã, Gina de Iansã, Zane de Xangô, Sueni de Lissá, Luiz de Iansã, Paulo de Ogum, Neide de Azansun, Amaro de Xangô, entre tantos outros.

O CANDOMBLÉ JEJE DE GAYAKU LUIZA

Personagem importante do culto jeje foi Maria Romana Moreira (1841-1956), conhecida como Gayaku Romaninha Pǫsunsi, do vodun Pǫ. Foi iniciada provavelmente em 1875, na Roça de Cima por Tio Xarene. Embora sem terreiro fixo, tinha acesso a todos os de Cachoeira e os de Salvador, chegando até a ser deré do Candomblé de Angola do Bate-Folha, mãe-pequena no Candomblé Oxumaré e Cacunda de Iaiá, deixando nessas casas sua forte influência. Essa talvez seja uma das fortes razões da influência de ritos jeje nessa modalidade de Candomblé.* Era a segunda pessoa do Bogum na época de Emiliana de Agué, casa onde foi iniciada. Em 1936, completou a iniciação de Vicente Paulo dos Santos (1923-2001), conhecido como Vicente do Matatu, já em seu próprio terreiro.

Outra iniciada por ela que viria criar raízes no Rio foi Luiza Franquelina da Rocha, mais conhecida como Gayaku Luiza (1909-2005), que era filha carnal do pejigan do Seja Hunde. Foi feita inicialmente no Ketu para Iansã por Manoel Cerqueira de Amorim, mais conhecido como Nezinho da Muritiba, do Ilê Axé Ogum Mejeje, de onde se afastou dois anos depois por motivos particulares. Sinhá Abáli viu que Luiza deveria ser feita no jeje, encarregando, em 1944, sua irmã de santo, Romaninha, a refazer suas obrigações, no Bogum, aos 35 anos, sendo a terceira a compor um

---

* Sobre o assunto, ver depoimento no capítulo sobre "Angolas e Congos no Rio e na Bahia".

barco com Roxinha de Oxum e Maria de Azansun. Na época, o Bogum estava sob o comando de Emiliana de Agué. Em 1952, funda o Hunkpame Ayóno Huntóloji, de culto jeje-mahi, que viria a ser transferido para Cachoeira, no Alto da Levada.

> Ela vivia o santo, e contava coisas de 1927 que a gente nem sonhava existir [...] Chamavam Gayaku Luiza, quando mais nova, de Dofona Paraguaçu. Era uma mulher muito elegante, andava de chapéu, perdeu o marido e foi vender acarajé. E Oya (santo dela) começou a fazer cobranças e ela passou a se dedicar mais ao santo. (Deusimar de Oxalá, em Márcia Ferreira Neto, Iphan, p. 167.)

Falante e com muita simplicidade, tornou-se uma pessoa muito querida e respeitada pelos conhecimentos adquiridos e pela inteligência de saber usá-los. Costumava dar a dimensão exata do culto que professava por meio dos esclarecimentos que fazia, com naturalidade, como forma de aprendizado para os mais novos. Tinha prazer de ensinar o que sabia:

> O jeje não está se cultuando mais porque elas seguraram tudo. Tudo era escondido, se mostrava uma folha, botava debaixo da saia para ninguém ver. O jeje demora de recolher ìyàwó porque não recolhe par. É a situação financeira, trabalho e coisas particulares. O *Seja Hunde* está parado completamente. Se a Aguessi botou dois, deu no que deu. Só pode recolher ímpar. Naquela época as senhoras não viviam do jogo de búzios. Sinhá Abále, Angorense, todas tinham suas quitandas, laranja, bananas [...] ali, na portinha sentadas. O jogo era feito para os atos de dentro da casa. O jeje não tinha casa de santo como no ketu. Não tem casa de egum-kututo, tem peji, com o chão batido. A pessoa só faz o santo se cair no atisá, ao pé da árvore sagrada, e ficar virada. Se cair em outro lugar, não recolhe. Pela manhã canta:

HISTÓRIA DOS CANDOMBLÉS DO RIO DE JANEIRO | 253

"Ojú mọmọ(n) kilo fẹ odo	O dia já vem
Àjà òrìṣà	e a Estrela d'alva
Ojú mọmọ(n) béré kété	já se foi
Ojú mọmọn ago ala	(àgùàlà)

No jeje o orukó é hunyi. Quando o vodunsi termina de dar o seu nome é ele que canta, ele dá o seu ilá, com exceção de Nana e Sogbo. Cada um vai cantando suas cantigas, é modubi, o bravum. É como esse negócio do hunjébe na boca. Só tinha no jeje [...] é a joia do rei. Na hora do cântico dessa joia, jogava o runjébe debaixo dos atabaques. Não tinha cântico, era um toque, hundonfé. O vodun procura, coça a cabeça, quando ele encontra, pega e canta:

"Hunjẹbe, hunjẹbe, hunjẹbe
Atin anado, atin anado"

Era aquela alegria. Só se coloca na obrigação de sete anos. As contas são contadas, tem dia e hora para enfiar, é só a mãe de santo que enfia as contas. (Gayaku Luiza, 29 de outubro de 1993.)

Seu Axé se instalou no Rio a partir de 1974 com várias viagens e com uma série de obrigações feitas. Na cidade, já se encontravam o pejigan João José e Jacira Santos Viana de Azansun*, que a acolhiam por ocasião de suas viagens. Outro filho, Amauri Bulhões de Qdẹ, iniciado por Kamusengue, após o falecimento dele, transferiu-se para a casa de Jorge de Yemanjá, onde fez a obrigação de sete anos, abrindo a própria casa em Jacarepaguá. Posteriormente, completou suas obrigações de 14 e 21 anos com Gayaku Luiza, e inaugura sua nova casa em Caxias, com os detalhes exigidos pela nação jeje. Em um amplo espaço, com muito verde, são encontradas as árvores necessárias para os assentamentos correspondentes aos voduns,

---

* *Azansun* equivale a Obaluaiê. Azan = esteira, asun = homem.

o que o motiva a um crescimento constante em conceito pela qualidade de seu trabalho.

Marcos Carvalho, de Besén, formado em Psicologia, alia sua participação religiosa a um estudo intenso sobre o ritual jeje-mahi, recriando sua história quase perdida, resultando em uma obra inédita e de grande valor literário. (Ver Bibliografia.)

> Não foi fácil obter informações com os antigos jeje-mahi. Eles relutavam em dar entrevistas, e, quando aceitavam, procuravam falar o mínimo possível [...] me forneceram informações, mas me proibiram de mencionar seus nomes. Porque os antigos do jeje preferiam morrer com o saber em vez de transmiti-lo aos mais novos. (Marcos Carvalho, 2006.)

Iniciado em 1988 para o vodun Besen na casa de Jorge de Yemanjá (1932-1991), onde permaneceu até o falecimento dele, dando, em seguida, obrigação de 3, 7 e 14 anos, com Gayaku Luiza, em Cachoeira. Em 2011, inaugurou a própria casa, Humpame Hudangbenan, em Duque de Caxias, com a presença de Regina de Avimaje, seguindo todos os princípios do Axé Huntoloji.

Gaiaku Luiza faleceu aos 96 anos, ficando a filha carnal Regina Maria da Rocha de Avimaje como sua sucessora. Outros integrantes são Dofona Devaimar de Olisa, Nelson de Azansun, Celi de Oxum, Leandro de Ògún, Jorge de Lisa e Doté João de Oya, com casa aberta em Guaratiba.

O CANDOMBLÉ JEJE DO BOGUM

O Candomblé do Bogum, Zoogodo Bogun Male Hundo, tem o nome civil de Sociedade Fiéis de São Bartolomeu, foi fundado por Gayaku Ludovina Pessoa, instalado no atual terreno da Ladeira Manoel do Bonfim, 35, e vem dando sentido às práticas do ritual jeje-mahi; entre eles o culto a Azanado, a árvore sagrada. Na época, seu terreno ocupava os sítios compreendidos entre a encosta do Engenho Velho da Federação e a Estrada Velha do Rio Vermelho, local de uma grande senzala, atual Av. Vasco da Gama. Até 1977, todo dia 6 de janeiro, havia o ritual de oferecimento de frutas diante da árvore sagrada. Era uma árvore especial cheia de caroços pontiagudos localizada em um terreno a 50 metros do barracão e do lado direito de quem desce da Ladeira. Foi trazida da África e plantada por um africano chamado Salakó, avô carnal de Menininha do Gantois. Posteriormente, foi replantada pela Doné Nicinha na frente do barracão de Candomblé.

Historicamente, o local serviu para reunião dos heróis do movimento malê de janeiro de 1835, quando Joaquim Jeje deixou um baú, denominado Bogum, onde guardava os donativos destinados ao financiamento de uma malograda insurreição que seria realizada. O fato, talvez, venha a explicar a razão das palavras Bogum e Malê na enunciação do Terreiro. Revela, aí, uma verdadeira proeza a de aceitar

256 | JOSÉ BENISTE

o islamismo dos malês sem renunciar à linha religiosa dos voduns. (Jehova de Carvalho, Ogã do Bogum, 1984.)

Após fundar o Candomblé do Bogum, em Salvador, como visto no capítulo sobre os Candomblés jeje, Gayaku Ludovina Pessoa foi mais tarde para a cidade de Cachoeira, organizando o Kwe Seja Hunde, em 1811. Havia um bom relacionamento entre o pessoal do Bogum com o pessoal do Seja Hunde, e Ludovina organizava cerimônias em diversos Terreiros de Salvador.

Na linha de sucessão do Terreiro, o cargo ficou com Maria Emiliana da Piedade dos Reis, de Agué (1858-1950), uma negra alta e com temperamento forte, falecida aos 92 anos de idade. A seguir, o Terreiro passou para as mãos de Valentina Maria dos Anjos (1877-1975),* Hunyó de Sogbo, a partir de 1960, a qual era chamada de Meredoji. Por sua importância, mereceu um busto em sua homenagem no centro da praça do Engenho Velho da Federação, a qual leva o nome dela. A seguir, cântico entoado por Hunyọ em depoimento a este autor em 26 de setembro de 1975:

> "Ẹ de lọ́ya nae
> E de junsọ
> Zoogodo Bogum
> Danaye Besen
> O de lọ́ya nae"

A sucessão foi entregue a sua filha, Evangelista dos Anjos Costa (1911/1912--1994), mais conhecida como Doné Nicinha, Gamo Lokosi, iniciada por Emiliana no primeiro barco, em 28 de julho de 1940.

> Contam que minha mãe foi cumprir uma obrigação junto ao tronco da árvore de Loko, ela sentiu as dores do parto, vindo a ocorrer o meu nascimento. Quando nova, eu resistia, por vezes, ao cumprimento dos

---

* Outra informação define as datas de 1854-1946 e 1841-1950.

meus deveres no Terreiro. Nas vezes em que eu ia me divertir e dançar, o santo me tomava ali mesmo, e eu era levada para o Terreiro de volta. (Nicinha Gamo Lokosi, 1974.)

Calendários de festividades do Bogum são diferentes do jeje de Cachoeira, seguindo um modelo similar ao dos Candomblés ketu, com obrigações para cada divindade e muitos cânticos em nagô. Isso talvez ocorreu pelo maior contato do Bogum com os terreiros ketu de Salvador.

> Aqui há uma tradição de lavar o Axé no mesmo período das Águas de Oxalá. Foi criado por tradição, em agradecimento por uma graça alcançada. Foi passando e ficou o hábito por tradição. (Nicinha Gamo Lokosi, a este autor, 1974.)

Atualmente o Bogum está com a direção de Índia de Omulu, nascida Iracema de Mello, que exercia a profissão de enfermeira, e foi iniciada, aos 14 anos, por Nicinha, sua tia, tendo Vicente de Ogum, do Matatu, como pai--pequeno. Assumiu em agosto de 2003, aos 37 anos, pelo jogo de Agenor, pois Vicente já havia falecido.

> A casa ficou fechada sete anos. O "seu" Agenor esteve aqui e fez o jogo. Outras pessoas estavam aqui como o Pese, Julio Braga [...] quando ele falou que a liderança da casa seria de uma pessoa que tinha muita ligação com Oxalá e Oxum e que ele estava presente aqui na casa [...] As pernas tremeram e eu não vi mais nada. Aí aconteceu [...] (Índia de Omulu, 2009.)

No segundo barco tirado por Emiliana, foi feita a iniciação de Maria Eleutéria Gonçalves,* mais conhecida como Roxinha, que viria se radicar no Rio em 1961. Roxinha era a mãe de Iraci de Iansã, nascida Iraci Pinto

---

* Nessa época, estava no Bogun Gayaku Luiza de Iansã, que havia sido feita por Nezinho da Muritiba, mas que ali complementou suas obrigações.

de Albergaria (1938-2012), que, por sua vez, era a esposa do primeiro ogã de Loko de Nicinha, Aderbal Soares de Albergaria, falecido em 2006, no Rio.

> Eu ia para o Seja Hunde, porém, Sinhá Abáli achou melhor que a minha obrigação deveria ser no Bogum e pediu a Romaninha que se encarregasse disso. Cheguei ao Bogum, em 1944. Quem estava à frente era Emiliana. O barco foi de três, Dofona Roxinha de Oxum, mãe de Iraci, Maria de Azansun e eu. (Gayaku Luiza.)

O Bogum somente viria a ser representado no Rio, com casa aberta, a partir de 1992, por Gayaku Margarida Mendes de Almeida de Yemanjá Ògúntẹ́. Iniciada no ritual ketu por Antonia do Curuzu, em 1968, aos 26 anos, em 1974, abriu o próprio Terreiro em São Mateus. Em 1992, pelas mãos de Doné Nicinha, complementou suas obrigações, ampliando o Terreiro, Vodun Kwe Seja Beji, transferindo-o para Itacuruçá, na região Oeste do Rio, em área ampla a fim de seguir, com extrema competência, todos os trâmites da nação jeje. Há outra unidade Ìyá Tèmí Socorro de Yemanjá, em Niterói.

O CANDOMBLÉ DE ZÉ DO VAPOR

O Ẹgbẹ́ Ẹran Ọpẹ Olúwa, também denominado de Axé Viva Deus, foi fundado em Cachoeira, Bahia, em 1910, por José Domingos de Santana (1870-1938), mais conhecido como Zé do Vapor, natural de Santo Amaro da Purificação. Foi iniciado para Ògún Wari e Yemanjá por uma africana, Tia Mariana de Oxum, natural de Òṣogbo. Recebeu esse apelido em razão de ter sido empregado de uma companhia marítima, como cozinheiro de bordo, em um vapor no rio Paraguaçu que liga Cachoeira e São Félix.

O Paraguaçu, o maior rio da Bahia, teve muita importância no desenvolvimento econômico da cidade, em virtude das constantes viagens que faziam as embarcações do porto de Salvador em direção ao porto de Cachoeira.

As terras do Axé Viva Deus lhe foram doadas pelo dono da Fazenda Viva Deus, importante homem da região, que também era o Comandante-Imediato do navio em que Zé do Vapor trabalhava. Ficou agradecido por ele realizar a cura de uma doença grave.

> Eu era vizinha de um pai de santo chamado Zé do Vapor. O terreiro dele era nagô, e chamava Terreiro Viva Deus, e ficava na Terra Vermelha, em Cachoeira. Era um senhor baixinho bem escuro. O Ògún dele usava saiote e gostava muito de dançar. Era muito amigo de vovó Aguida e, quando vinha gente da África para a casa dele, ele levava os

260 | JOSÉ BENISTE

africanos para conhecê-la. Criança, lembro dele carregando balaios enormes de frutas para vender no vapor. Ele tinha muitas filhas de santo e, quando morreu, quem assumiu a casa foi Teófila de Oxum, que tinha Candomblé em Salvador. Quando ela morreu, a casa ficou fechada. Depois, seu filho (de Teófila), chamado Luis Sergio, de Oxalá, assumiu. Era uma roça toda plana, muito bonita e cheia de coqueiros. (Gayaku Luiza.)

Originalmente, os rituais realizados apresentavam características relacionadas ao culto Nagô-vodun, encontrando-se ainda hoje na roça os Atinsá, locais de culto remanescentes de um tempo em que havia uma inter-relação entre os diversos saberes religiosos. Atualmente, o culto tem características Ketu. Zé do Vapor foi contemporâneo de várias figuras célebres do candomblé de Cachoeira, como Ventura, Olegário, Purunga, Tio Salakó, Faustino Catuaba, Domingos do "Fato" e Justino.

Zé do Vapor faleceu em 1938, e a cerimônia de axexê foi feita por Luis Bangbala, tendo assumido a roça Teófila de Oxum e, posteriormente, Misael dos Santos de Oya. Em 1980, Luiz Sérgio Barbosa, de Oxalá (1919-2012), iniciado em 1936, aos 17 anos, pelo próprio Zé do Vapor, assume a direção do Axé. Manteve-se em atividade, chegando a presidir a Federação Baiana do Culto Afro-Brasileiro, e participante de estudos da língua yorubá com Láṣebíkan, no CEAO. Quando ia ao Rio, era recebido pela Iyalorixá Elzira de Oxalá, e, devidamente instalado, era merecedor de todas as honrarias, participando dos rituais da casa.

Maria do Patrocínio de Jesús, mais conhecida como Piticá de Ògún, filha de santo de Arthur Oxum — Tutu Amaralina, do Axé de Zé do Vapor, tinha casa aberta em Amaralina. Piticá traria esse Axé para o Rio ao lado de seu filho carnal Everaldo J. Almeida (1954-2013), que se tornaria babalorixá radicado em Amaralina, Salvador. Foi o Ògún de Piticá que apontou Célia de Oxum como equedi, na casa de Procópio de Ògúnjà, e que viria a ser radicada na casa de Nino de Ògún, no Rio de Janeiro.

Piticá deixou Elzira da Silva Fernandes dos Santos, Kajaide de Oxalá, do Ilé Aṣe Qmọ Èlèdùmàrè, como remanescente de seu Axé, instalado em Vila Valqueire, em 1964, com um grupo perfeitamente identificado com os princípios estabelecidos pela sua dirigente, que costuma realizar viagens e pesquisas sobre as origens desse Axé. Isto vinha sendo realizado por meio de um bom relacionamento com o Babalaxé Luiz Sérgio Barbosa (1919-2012), que, a partir da década de 1980, havia assumido a direção do Terreiro "Viva Deus" de Zé do Vapor.

> Eu era Filha de Maria, até que o Caboclo me tomou em casa. Meus familiares ficaram surpresos [...] Muito tempo depois, recebi um convite e fui visitar um Candomblé, meio contrariada. Era casa de Rui de Oxalá, filho de Natalina de Oxum. Aí bolei, quando acordei, estava deitada em uma esteira. Disseram que o orixá estava pedindo feitura. Vim a ser iniciada por ele, em 1971. Depois, ele foi embora para Brasília. Mais tarde, conheci Egbomi Piticá, uma pessoa maravilhosa e com quem fiquei e completei minhas obrigações. (Elzira de Oxalá.)

Descendente do Axé, foi Manuel Natividade Rodrigues Soares Filho (1906-1989), advogado, mais conhecido pelo nome de Neive Branco, denominação do Caboclo que Manuel incorporava desde criança. Foi iniciado para Ogum, em 1913, por Mametu Efigênia, no ritual de Angola, e, mais tarde, fazendo novas obrigações com Zé do Vapor, em Cachoeira, onde lhe foi assentado Oxum. Veio para o Rio em meado de 1980 organizando um Terreiro na Estrada do Barro Vermelho em Rocha Miranda, o qual, após a morte de Neive Branco, não teve continuidade.

CANDOMBLÉ ANGOLA DO BATE-FOLHA

Tem origem na Bahia, com Manuel Bernardino da Paixão (1881-1946), nascido em Salvador, e iniciando-se para Lembá na nação congo pelo muxicongo Nkosi, recebendo a dijina de Ampumandezu. Com a morte de Nkosi, Bernardino foi para o terreiro de angola de Maria Genoveva do Bonfim (1845-1945), de Nkise Kavungo, cuja dijina era Mametu Tuhenda Nzambi, mais conhecida como Maria Nenén.

> Maria Nenén veio do Pau d'Angola, ela e a finada Senhorinha da Fazenda Grande do Retiro. Abriu o Candomblé no Beiru, quando ela morreu, Rufino comprou a roça. (Benta de Ogum, 1979.)

Era filha de santo de Roberto Barros Reis, um escravo, talvez, de Luanda e de propriedade da família Barros Reis, que lhe emprestou o nome pelo qual ficou conhecido. A cerimônia de tirar a mão de vumbi, em 1910, coincidiu com a iniciação de Manuel Ciríaco de Jesus, Táta Lundiamungongo, que mais tarde dirigiria o Candomblé Tumba Junsara, analisado mais adiante. O fato ocasionou um bom relacionamento entre Bernardino e Ciríaco.

HISTÓRIA DOS CANDOMBLÉS DO RIO DE JANEIRO | 263

> Pai Bernardino, que tem um templo de Angola, é respeitado até por Menininha, que o chama de "irmão", quando ele a visita. Você precisava vê-lo dançar. Rivaliza com as mulheres que dançam melhor, embora seja grandalhão [...] é tão competente no seu trabalho que as mães quase se esquecem do sexo dele. (Edison Carneiro, *A Cidade*, 1938, p. 227.)

Anos mais tarde, Bernardino funda o Candomblé Mansu Bandukenké, que ficou conhecido como Bate-Folha, em um local em que antes existia um candomblé jeje. Situado na Mata Escura, na atual travessa São Jorge, 65, com o culto congo-angola e considerado o maior terreiro da Bahia, que, na época, foi um presente à Bamburucemavula, seu segundo santo. Atualmente dirigido por uma junta, da qual fazia parte Eduardo de Souza, Tatá Mulundurê, e, posteriormente, por Cicero Rodrigues de Lima, Tatá Munguaxi e Olga Conceição Cruz, a Nengua Olga Ganguasesi. Esse Terreiro foi tombado pelo Patrimônio Histórico em abril de 2003.

> Em sua gestão fez, apenas, cinco barcos e neles fez duas iniciações de homens. O primeiro a ser iniciado, em 04.12.29, foi João Correia de Mello de Lembá e Ògún, cuja dijina dada foi Lesengue, e o outro, em 1930, foi Bandanguame, Antonio Jose da Silva, do segundo barco. Lesengue tinha o mesmo santo que Bernardino, e foi ele o escolhido para assumir a Roça quando Bernardino morreu, mas não pôde aceitar a responsabilidade. Quem assumiu foi Bandanguame de Kavundo. (Ogã Milagres, do Bate-Folha do Rio.)

Em 1938, aconselhado por amigos, João Lesengue (1902-1970) vem para o Rio, acompanhado por vários irmãos de santo, entre eles Mãe Ngukui, ou Neokui, que seria sua Hangoro-Matono, equivalente a Ìyá Èfón do ketu, do terceiro barco de Bernardino e que veio depois, em 1950. Foi morar na rua Navarro, no Catumbi, onde exercia a função de alfaiate, a mesma rua onde Benzinho Bángbósé tinha sua casa. Em sucessivas mudanças, mudou-se para o largo de São Francisco da Prainha, nº 15, na Praça Mauá, depois para o nº 5 da mesma rua. Mais tarde, compra

264 | JOSÉ BENISTE

um apartamento à rua do Resende, 21/408, onde morava e atendia os clientes até falecer, em 29 de setembro de 1970.

Por volta de 1941, Lesengue compra um terreno com aproximadamente 5.000m², na rua Edgard Barbosa, antiga rua Flavio, 26, no bairro de Anchieta, onde já existia a atual estação de trem. Era um terreno de uma antiga fazenda que estava sendo loteada, onde já havia uma casa desde 1913, a qual passou a ser a sede do Bate-Folha do Rio de Janeiro, existindo até hoje ao lado do novo barracão inaugurado em 1947. O nome Bate-Folha foi dado em razão de o Terreiro em Salvador ter algumas árvores na entrada que, quando ventava, batiam umas nas outras. Assim, tornou-se um hábito dizer "vamos na casa que bate as folhas". Segundo outra variante, o nome de Bate-Folha dado às duas Roças é associado a duas folhas, a da felicidade, de Salvador, e a da fortuna, do Rio. O bater das folhas, Kupapa nsaba, gerou o nome. Segundo Mabeji, era o nome da fazenda que Bernardino comprou para fazer a Roça.

A opção da aquisição do terreno, em detrimento de outro que seria adquirido, foi uma determinação de Lembá, pois ele estava propenso a adquirir em outra localidade:

> É o tal negócio. Ele só fazia o que o santo queria. Ele tinha esta obediência porque ele achava que só dava certo aquilo que o santo falava. (Mabeji.)

A participação da divindade patrono nos destinos do terreiro, com sua concordância nas decisões a serem tomadas, tem sido um gesto clássico e obrigatório nas casas de Candomblé.

Antes de inaugurar sua casa, Lesengue foi tomar a bênção aos mais velhos aqui instalados, em uma reverência respeitosa e comum entre os antigos dirigentes. Em 1944, tira o primeiro barco de oito pessoas, fazendo também a iniciação de sua primeira filha de santo, Alice Menezes Batista, Oya Nayú, mãe carnal de Ògún Masà, esposa de Aurelino Gervásio da Encarnação, que costumava frequentar os Candomblés da época, sendo muito bem-aceito pelo conhecimento que possuía dos toques e cânticos. Muito mais tarde, essa aproximação iria torná-lo ogã da casa com a dijina de Táta Kambuí.*

No segundo barco, em 1947, fazia parte uma menina de apenas 10 anos, recém-chegada da Bahia, trazida por Lesengue, cuja dijina era Mabeji, que viria a sucedê-lo.

As festas aí realizadas estabeleceram um novo padrão, até então inexistente no Rio de Janeiro, e eram frequentadas pelas próprias pessoas do Candomblé e alguns convidados. A comida era a própria comida do santo, de tradições africanas, a qual, de acordo com o preceito tradicional, devia ser distribuída e compartilhada com todos. Assim, além das comidas de santo, Lesengue introduziu, como se diz no Candomblé, a comida de branco colocada em vinte a trinta mesas, onde as pessoas se revezavam durante toda a noite. Havia uma convivência íntima do estrogonofe e da salada de maionese, ao lado do àkàsà, do àbàrà e do àmàlà.

O luxo e o requinte das roupas foi outra inovação. Como exemplo, Lesengue se apresentava de terno branco e gravata, ladeado por seus ogãs, com os atabaques dobrando, indo sentar-se no fundo do Terreiro, de frente para a porta, de onde observava as pessoas chegando. Lesengue era extremamente pontual. Quando marcava o Candomblé para às 16 horas, tinha de começar na hora certa. Na época passada, esse era o horário em que os Candomblés iniciavam suas festas.

> Muita gente vinha aqui, das que eu me lembre, Damiana de Xangô, Joana Ọbàsí, Joana da Cruz, Dila de Omulu, Senhorazinha, Djalma, Fomutin, Olegário, Adalgisa do Gantois, América de Omulu, Marina de Osanyin, Obaladê do Oxumaré, desculpe se eu esqueci de alguém, Cotinha, Inês de Oxumaré, Equedi Deja, Guiomar de Ogum, Nair de Oxalá, Bangbala [...] Os ogãs de Ogum eram de summer jacket. Todos eles. Calça azul com uma fita do lado. Já os de Oxalá usavam dinner jacket. Tudo de veludo. E não eram dois ou três ogãs não [...]

---

* Sobre a família Encarnação, ver o capítulo "As Famílias Biológicas no Candomblé".

> Eu cansei de ver santos de gente famosa chegar aqui assim [...] a Oxum do Nino, Yemanjá de Bida. Ele jogava uma flor, quando eles iam pegar na mão o santo chegava. (Mabeji.)

Sucessora na direção do Bate-Folha, Floripes Correia da Silva Gomes, Mabeji de Omulu, sobrinha carnal de Lesengue, chegou ao Rio, em 1946 e foi iniciada em 20 de abril do ano seguinte.

> Eu morava em Salvador e meus familiares eram todos do santo. Meu tio era ogã do Calabetão e minha tia era filha de João da Gomeia. Eu ia com eles nos Candomblés da Gomeia, do seu Mundinho da Formiga, de D. Idalice de Xangô, mãe de ebomi Riso, de Manuel Falefá, de Chica do Bom Joá. Eu ia para ver, e quando chegava em casa ficava imitando os orixás. Quando eu fiz meu santo aqui no Rio, a gente tinha que tomar a bênção quando se iniciava. Minha bênção foi com tia Agripina, foi com Mejitó, Davina [...] Eram as pessoas mais conhecidas naquela época. Tinha também o Xangozinho, o seu Álvaro Pé Grande. Ele era muito elegante, vinha sempre aqui, com terno de linho S-120. (Mabeji.)

Em 1972, é investida no cargo de Mametu ria Nkise,* passando a conduzir a casa com a tradição Congo, ao lado do marido, José Milagres de Oliveira Gomes (1931-1999), que veio de Macapá, aos 3 anos, casando--se com Mabeji em 1956, e confirmado como Tata Ngunzu Nzambi, em 1971, com o cargo de Pokó. Sempre se portou como uma pessoa esforçada por manter a tradição da casa dentro de padrões estabelecidos pelo seu fundador, seguido com a mesma tarefa pelo Muxiki Fernando Zuma Muiji, também rigoroso em suas convicções. Outras casas com raízes no Bate-Folha são as de Letícia Iyamazi, Paulo Kitula, Elba Ndanxi de Luango e Ndenge Mukumbi.

---

* *Mama* — mãe, *etu* — nossa, *ria* — de, *nkise* — divindade.

É possível observar que há uma tendência dos Candomblés jeje e angola de denominar suas divindades e ritos nos equivalentes nagôs por ser uma linguagem mais compreensível pelo cotidiano. Verger ainda considera que o ritual de origem bantu era, inicialmente, diferente das cerimônias nagôs e jejes. Misturaram-se, depois, tornando-se bastante próprios. A originalidade destes cultos bantus é difícil de definir. Não se sabe se os ritos jeje e nagô foram ou não influenciados por escravos do Congo e Angola, já presentes no Brasil em grande quantidade, no final do século 17. Se isso ocorreu, talvez explique a razão de os jejes e nagôs daqui se diferenciarem dos da África.*

> Nós não somos Angola, somos Congo. Eu creio que é somente nas denominações e seus fundamentos que as divindades sejam diferentes, porém, eu acho que a essência é a mesma. Por exemplo: Omulu é Kavungo para nós. Desde que eu conheço candomblé, sempre vestiu aze de palha da costa. Uma característica pessoal da divindade, seja Angola, Ketu e Jeje. (Mabeji.)

---

* Ver, deste autor, "Os Candomblés Angola e Congo e suas Transformações", em *Águas de Oxalá*, p. 311 a 316, Bertrand Brasil, 2001.

O CANDOMBLÉ DA NAÇÃO DE Ẹ̀FỌ̀N

Os negros vindos para o Brasil da região atualmente conhecida como Nigéria eram provenientes de diversos reinos conforme visto na primeira parte desta obra. Suas tradições culturais e suas divindades se fundiram na modalidade religiosa que aqui se denominou de Nação Ketu. Houve tentativas desses reinos, por meio dos próprios descendentes, de terem seus cultos independentes ou, pelo menos, de perpetuarem a denominação de seus cultos com o nome dos reinos de origem. Assim o fizeram os negros ìjẹ̀sà, popo, ọ̀yọ́, éjìgbò e ẹ̀fọ̀n, entre outros. Este último conseguiu se manter com a denominação de sua região, graças à persistência de um de seus descendentes que aqui chegou como escravo.

> Quando chegaram ao Brasil, sentiram os africanos em geral — e os iorubanos em particular — o impacto de novas formas religiosas. Uma de suas reações foi altamente positiva: juntaram-se e tornaram menos secreta a sua religião. Os orixás se reuniram em terras da América, fugindo ao exclusivismo que haviam mantido em chão africano. (Antonio Olinto, 1964, p. 157.)

O Candomblé da Nação de Ẹ̀fọ̀n, como ficou conhecido, segue uma ritualística similar à dos Candomblés ketu, na qual os òrìsà funfun, as divindades brancas, têm proeminência, sendo Oxum a rainha dessa nação, sempre reverenciada com todo o rigor conforme revela este cântico tradicional:

"Yeye yeye'ye o	"Mãe Oxum
Àrè 'mi	Somos os filhos das águas
Lámì wàà șe	Temos sua marca e por isso existimos
Torò Ẹ̀ fọ̀n"	E fazemos o ritual de Ẹ̀fọ̀n"

Em linhas gerais, o processo de iniciação segue a forma tradicional ketu, com a variante de que ogã e equedi seguem o tipo de iniciação similar ao de ìyàwó, sendo raspados, em alguns casos dependendo do posto que irão ocupar. Olókè, divindade com assento similar ao de Șàngó, não aceita cágado e carneiro, apenas cabrito. Veste-se de branco e em suas festas é acompanhado por Ìrókò, outra divindade bastante reverenciada. Como nos ritos jejes, não há o costume do ritual de Ìpàdé, do modo como é feito nas casas de ketu, embora Exú seja devidamente reverenciado.

A cidade de Ẹ̀fọ̀n localiza-se em terras yorubá, entre as cidades de Adó-Èkìtì e Ilẹ̀șà. Seu soberano é denominado Aláàyè.* A história da implantação do Candomblé Ẹ̀fọ̀n, em solo brasileiro, pode ser datada a partir da vinda de escravos yorubás dessa região, em meados do século 19, entre eles Bàbá Irufá, acompanhado de sua filha Àsika** e sua companheira Ìyá Adébòlú — a realeza cobre a terra. Aqui adotou o nome de Maria Bernarda da Paixão (1842-1936), também conhecida como Maria Violão, de Olókè, divindade das montanhas, e aqui identificada com Ìrókò.

Foram desembarcados em Salvador para trabalhar em uma fazenda do Engenho Velho de Brotas. Logo após a libertação dos escravos em 1888, os lotes da fazenda em que trabalhavam foram divididos em outros tantos lotes e entregues aos ex-escravos para que cuidassem da terra.

---

* Não deve ser confundido com o reino de *Ifọ́n*, localizado próximo ao rio Ọ̀șun.

** Curiosamente, o nome *Àsika* também é a denominação do *babalawô* que auxiliou *Ìyá Nàsó*, nos primeiros momentos do Engenho Velho e, por isso, reverenciado como *Ésà*, no ritual de *Ìpàdé*.

270 | JOSÉ BENISTE

Tio Firmo ficou com o lote nº 12, que, mais tarde, faria parte da travessa Oloke, atual rua Antonio Costa, 12. Em 1901, inicia discretamente alguns ritos de Candomblé na modalidade Ẹ̀fọ̀n, nomeando o grupo organizado de Ilé Àṣẹ Olórokè. É plantado, então, um pé de Ìrókò, que se tornaria a divindade patrono da nação.

Na direção do Terreiro ficaram ele e a filha Àsika, enfrentando ambos os problemas naturais de todo início de atividades. Em 1905, Asika morre e Maria Violão assume, inicialmente ao lado de Tio Firmo, continuando sozinha depois do falecimento deste em 1913 ou 1929. Faz diversas iniciações, entre elas a de Malú de Yemanjá, que seria a mãe-pequena, e seu filho, Paulo de Xangô, nascido Cristóvão Lopes dos Anjos, de Ògúnjà (1902-1985), e sua esposa, Celina de Yemanjá Ògúnté Omi Tókí — as águas saúdam a todos — e Matilde Muniz Nascimento de Jàgún.

Quando Maria Violão faleceu, Matilde de Jàgún (1903-1970), também conhecida como Baba Olùwa, ficou à frente do Terreiro pelos 34 anos seguintes. Com o falecimento de Baba Olùwa, o Axé é assumido por Cristóvão de Ògúnjà, que fora confirmado aṣògún aos 10 anos por Maria Violão. Mais tarde, ele viria a se desentender com a mãe, abrindo a própria casa na Obarana, em Salvador, onde fez muitas iniciações, em virtude do conhecimento que sua esposa, Celina, detinha. Depois de fazer o axexê de Matilde, Cristóvão passou a dirigir definitivamente o Axé. Em sua gestão, em Salvador, faz a iniciação de 25 pessoas, mantendo bom relacionamento com o Candomblé jeje do Bogum, por meio de uma de suas filhas carnais, Arlinda Lopes dos Santos, mais conhecida como Lindinha de Iansã, iniciada por Hunyó do Bogum, e de Dinorah, iniciada no jeje-mahi de Cachoeira.

Em 1940, aos 37 anos, Cristóvão vem para o Rio de Janeiro, instalando--se, inicialmente, na Vila São Luis, em Duque de Caxias, e, depois, no bairro do Pantanal, inaugurando, em 1º de janeiro de 1950, o Ilé Anaweji Igbẹlè ni Oman.* Com um grande conceito adquirido, atende tanto no Rio como em Salvador, até que, em 1970, em razão da morte de Matilde,

---

* Traduzido pelos componentes da Casa como "Orixá da guerra que vale por dois e o primeiro da cidade de Oman".

HISTÓRIA DOS CANDOMBLÉS DO RIO DE JANEIRO | 271

assume, também, o Terreiro de Salvador. Em 6 de janeiro de 1955, faz a iniciação de Maria José Lopes dos Anjos, de Xangô, Qbasi Osikan, aos 7 anos. Aos 14, ela recebe o cargo de herdeira do Axé, sendo, hoje, sua atual e digna dirigente, após o falecimento de Cristóvão em 1985. O terreiro de Salvador ficou nas mãos de Cristiana de Ogum até seu falecimento, em 1993. Encontra-se fechado atualmente.

> Eu vim com meu avô, Cristóvão dos Anjos, com oito meses, aqui ele veio e fundou este Terreiro. Primeiro ele morou no Gramacho, ele veio de Salvador, na época em que vieram quase todos os pais de santos antigos pra cá, o finado Joãozinho da Gomeia, finado Bobó, finado Seu Álvaro Pé Grande, finada Senhorazinha. Meu avô veio nessa leva com eles todos para cá. Cada um se localizou num lugar e meu avô pegou e comprou isso aqui, esse imóvel aqui na rua Eça de Queiroz, 17, Pantanal, quadra 69, e aqui ele fundou o Axé, mas ele continuava dando assistência na casa da Bahia. (Maria de Xangô.)

Maria José de Ṣàngó, como é mais conhecida, nasceu em 26 de fevereiro de 1948 em Salvador, Bahia, sendo a mais velha de oito irmãos. Trazida para o Rio aos oito meses, ajudaria a criar os irmãos, casando-se aos 17 anos. Mantém uma rotina de viagens a São Paulo, onde organiza diversas Casas de Candomblé, sendo muito bem admirada e respeitada por todos. Essa tem sido uma das razões da expansão do Candomblé para diferentes regiões. Mães ou pais de santo vão aos locais para fazer iniciações, e ali deixam núcleos formados. Em outros casos, a pessoa vem ao Rio para obrigações e, ao retornar, abandona a Umbanda pelo Candomblé. A tarefa de preservar costumes e tradições ampliou seu campo de trabalho para ações sociais de grande expressão na região, adquirindo um sólido conceito por meio de tarefas humanitárias. O Candomblé Èfòn viria a ter dezenas de ramificações, com maior número no Estado de São Paulo, graças aos filhos e netos de Cristóvão.

Álvaro Pinto de Almeida Sobrinho (1934-2008), mais conhecido como Alvinho de Omulu, era natural do Rio e foi iniciado em 1954, no segundo barco do Pantanal. Inaugurou a própria casa em 1972, o Ilé Àṣẹ Mojẹ Jibanawe, em Engenheiro Pedreira, na Baixada Fluminense, tendo aberto mais de 50 casas dessa nação na cidade de São Paulo. Após seu falecimento, o pai-pequeno da casa, Rosivaldo de Oxumaré, assumiu o comando do Axé.

> Cheguei ao Candomblé de Cristóvão quando meu carro enguiçou próximo ao Terreiro dele por falta de água. Fui pedir auxílio e lá fiquei até hoje. (Alvinho de Omulu.)

Waldomiro Costa Pinto (1928-2007), mais conhecido como Baiano, nasceu em Salvador. Aos 10 anos, foi convidado a visitar o Candomblé de Cristóvão, em Salvador, onde ficou inicialmente vendendo produtos afro. Retirou-se depois de quatro anos e foi jogar com Rufino do Beiru, e Álvaro, ambos confirmando a necessidade de feitura. Voltou à casa de Cristóvão aos 16 anos, e lá fez Ṣàngó Ògòdò — Ọbà Lókitiyasí —, conforme seu relato:

> Na minha feitura tinha muita gente e também no "nome do Santo". Muita gente já morreu, mas ainda tem muitos vivos. Que eu me lembre, estavam lá: Maçú d'Oxum, Gaiaku Nicinha do Bogum, Mariinha de Nanã e muitos outros. Fiquei lá um ano inteirinho, quando desci da roça já tinha feito a obrigação de um ano.

Seu relacionamento com Cristóvão sempre provocou desentendimentos, o que não impediu que ambos viessem ao Rio de Janeiro. Baiano estava com aproximadamente 20 anos, mas não permaneceu com Cristóvão. Passou a vender comidas em barracas e a ajudar nas obrigações no Candomblé de Joãozinho da Gomeia.

> Nesta época, eu era Pai Pequeno de muitos filhos de santo de Seu João. Na verdade, o primeiro Lógun Ẹdẹ tirado na Gomeia foi feito por mim. O rapaz chama-se Vivaldo e está vivinho, até hoje [...] Apesar

HISTÓRIA DOS CANDOMBLÉS DO RIO DE JANEIRO | 273

de tudo, eu não queria assumir responsabilidade de Pai de Santo. Eu morava na rua Farnezi e um conterrâneo cismou que eu tinha que fazer o seu Santo [...] O menino insistia, Vivaldo forçava. Olufandeí da casa de Bánkọlé dizia "Faça! Faça! Faça!" e aí botei yaô, junto com seu Bobó, finada Santa, dona Teodora de Yemanjá, Chagui da casa de Ciríaco. (Waldomiro de Xangô, Iluaiê, 1991.)

Da rua Farnezi, 70, no Morro do Pinto, onde fez seu primeiro ìyàwó, mudou-se para Duque de Caxias, e lá tirou seu segundo barco, em 1953, sendo um dos iniciados Francisco de Yemanjá, que viria a abrir a própria casa em 1963. (Ver, a seguir, depoimento de Ícaro de Oxóssi.) A partir de então, foi para o Parque Fluminense onde ficou até sua morte, em 21 de fevereiro de 2007. Abriu inúmeras casas no Rio e outras mais em São Paulo. Em 1962, faz a iniciação de Geraldo Correia Filho, Gamo de Ọ̀ṣun Bomidẹ́wa — Oxum cultua as águas dando-lhe beleza —, que abriu casa em Jardim Leal, Duque de Caxias. Faleceu em 1992.

Waldomiro completou suas obrigações com Menininha do Gantois, fazendo Ṣàngó Baru Lépe, e dando um novo nome, criando, assim, uma fusão de conhecimentos e práticas entre o Ketu e o Èfọ̀n, o que motivou a seguinte explicação:

Sim, eu fiz Ogodo com Cristóvão, que no Èfọ̀n não tem Baru e este é um dos motivos por que não fiquei na casa. Eu nasci para Baru e ele não fez Baru pra não dar carneiro por causa da filha dele que era minha mãe-pequena (Lindinha). Eu sou feito de dois Xangôs. Fiz Ogodo com Cristóvão e Baru com minha Mãe Menininha. Tenho dois orukós com muita honra [...] Cristóvão pertenceu à casa no tempo de Siá Maria da Paixão, brigou com a Mãe de Santo e abriu sua própria casa. Eles eram inimigos e havia muita rivalidade entre eles. Cristóvão foi ogã de lá e não podia ser Pai de Santo e esta é uma das razões que me fizeram procurar o Gantois para acertar "minhas coisas". (Waldomiro, Revista *Iluaiê*, nº 3, abril de 1991.)

274 | JOSÉ BENISTE

Em junho, tem a fogueira de Airá, que não é o mesmo Xangô. Xangô é Xangô, Airá é Airá. Tem a fogueira, e no outro dia é Xangô e no domingo é Olorokê, que é o nome da nação em que eu fiz o santo. (Waldomiro, 2006.)

Em 2004, e atendendo a pedido de Estela de Oxóssi, faz o axexê de Agenor Miranda. Com o falecimento de Waldomiro, o Ilé Àṣẹ Baru Lépe fica entregue a Sandro de Oliveira Pinto, de Oxaguiã.

Francisco Sales dos Santos, de Yemanjá Ìyá Mafaun, foi iniciado por Waldomiro, em 1953, abrindo casa em Niterói em 1963 e, depois, em Campo Grande, atualmente dirigida por Nara Cristina de Oxum.

Francisco foi feito no segundo barco de Baiano, na rua Julio do Carmo, no centro do Rio, em novembro de 1953, com Lourdes de Ogum Ainde, Ilza Borges de Oxalá, Diniz de Oxum Bomi Nji. (Ícaro de Oxóssi, 2013.)

Existem no Rio várias casas de Ẹ̀fọ̀n. Eu sou de Ẹ̀fọ̀n e conheço o culto do princípio ao fim. Agora não vou dizer que toco o Ẹ̀fọ̀n, pois ao abrir o xirê eu toco 22 cantigas de Ẹ̀fọ̀n e o resto toco no ketu. Assim, para você dizer que é de uma nação, você tem de cantá-la do princípio ao fim. (Francisco de Yemanjá.)

Sebastião Ícaro Soares, mais conhecido como Ícaro de Oxóssi Ìsun Léwé — Oxóssi é a fonte das folhas —, um ex-seminarista católico de 1964 a 1966, faz sua obrigação na nação Ẹ̀fọ̀n, em 1968, com Gamo de Oxum e sob a orientação de Waldomiro, seu avô de santo, naquela época. Abriu o próprio Terreiro, Àṣẹ Nílá Qdẹ, em 1975, estando atualmente no bairro Colubandê, em São Gonçalo. Manteve relação fraternal com Waldomiro, que muito o orientou, o convencendo a transferir-se ao Axé do Gantois.

Elias Rufino Sobrinho, conhecido como Elias de Iansã Qya Níta Méjè — Iansã dos sete espaços livres —, foi iniciado em 1966, integrante de um barco de três iywos, com obrigações feitas por Francisco de Yemanjá, na casa do Babalorixá Torodê, no bairro do Méier. Atuante em movimentos, abriu a própria casa no bairro Rosa dos Ventos, em Nova Iguaçu, em 1975, no mesmo período em que acumulou a função de radialista, apresentando um programa sobre a cultura afro. Tornou-se participante das mais tradicionais casas de Candomblé do Rio.

OUTRAS UNIDADES DESCENDENTES DA NAÇÃO ẸFỌN

Kita de Ọya, iniciada na nação de Angola, viria fazer a obrigação de 7 e 14 anos, no Ẹ̀fọn, com Gamo de Oxum, Rosangela de Iyewa, Marusco de Oxaguiã, Lina de Oxum, César de Ògún, Andaluza de Oxum, Eulina de Iansã, Pedro Paulo de Oxum, Nelma de Oxum, Jocimar de Omulu, Danaluza de Oxum, Rosevaldo Ọya e Diego de Oxum, entre outros em diversos estados.

O CANDOMBLÉ DE TUMBA JUNSARA

Fundado em 1919, em Acupe, Santo Amaro da Purificação, Bahia, por Manuel Ciríaco de Jesus (1892-1965), que exercia a função de taifeiro de navio. Tendo problemas de santo, passou pela casa de Abáda de Sogbo do jeje, que se tornaria a mãe-pequena de sua iniciação, vindo a se radicar na casa de Maria Nenén, nascida Maria Genoveva do Bonfim (1845/1865--1945), que, segundo alguns, era gaúcha e um dos maiores nomes do Candomblé de Angola. Ela era de Ògun Nkosi Mura e Nkise Kavungo e com enredo com Katende. Feita por Roberto Barros Reis, Táta Kimbanda Kinunga, um africano, talvez de Luanda. Seu terreiro, Inzo Intombesi,* era o mais conceituado da nação daquela época. E foi onde Ciríaco se iniciou, em 13 de junho de 1910, coincidindo com o ritual de tirar a mão de vumbi de Bernardino, conforme relato anterior do Candomblé do Bate-Folha, o que os tornou bons amigos.

> Dos terreiros bantus daqui da Bahia, o de Maria Nenen, do Beirú, faz relevo sobre todos os outros existentes [...] Sua fama de "mãe de santo" vem de muitos anos e já passou até ao nosso folclore que lhe consagrou algumas quadras lembrando certa perseguição policial:

---

* Variantes: Tumba-Nsi ou Ntoma-Nsi.

HISTÓRIA DOS CANDOMBLÉS DO RIO DE JANEIRO | 277

"Maria Nenen
Pedrito* vem ahi
Ele vem cantando
Caô cabieci."

(Congresso de 1937, em *O negro no Brasil*, p. 131.)

Sobre Roberto Barros Reis, cabe destacar um estudo de pesquisa que vem sendo desenvolvido por um dos ogãs do Candomblé de Tumba Junsara, na tentativa de restaurar os valores esquecidos dessa nação:

> No início do século XIX, mais precisamente em 1821, um senhor de nome Nuno Marques Pereira relata algumas práticas observadas em uma de suas fazendas no Rio Grande do Sul. Eram reuniões promovidas por um grupo de escravos de origem bantu, liderados por um negro conhecido por Afonso Angola, que cantavam e dançavam ao som de atabaques, louvando seus ancestrais divinizados. Essa tradição, oriunda da região de Cabinda na África, se mantém viva em vários Candomblés dessa origem espalhados por todo o Brasil. Roberto Barros Reis, provido das mesmas tradições, migra do Sul para a cidade de Salvador e funda uma casa de culto conhecida por Tumba-Nsi, que define na região de Cabinda o sacerdote dos Nkisi. Dá início a várias práticas religiosas, iniciando alguns adeptos no culto, vindo a falecer no início do século XX. (Walter de Nkosi, 2003.)

Ciríaco era de Cavungo e Nzaze, assimilado ao Xangô do ketu, e tinha o título de Lundiamungongo (Nlundia Mungongo) — o guardião do mundo — com o cargo de Táta Kimbanda.** Embora Bernardino fosse mais novo

---

* Pedro de Azevedo Gordilho (1885-1955), policial que perseguia os terreiros da época, em Salvador.
** Uma expressão que indica conhecimento na arte das práticas mágico-religiosas. O Kimbanda pratica a umbanda, ou seja, o sacerdote que realiza artes mágico-religiosas.

que Ciríaco, ele abriu Candomblé em Salvador primeiro, porque Ciríaco encontrava-se no Rio.

Com a morte de um irmão de esteira, Manoel Rodrigues do Nascimento, o Kambambe de Oxóssi, voltou à Bahia para as obrigações, vindo, depois, a comprar o terreno e abrir o próprio Candomblé em 1919. Começou em Santo Amaro, foi para o Beiru e, no final da década de 1930, para o atual endereço, na ladeira da Vila América. Em razão de o local ter muita junsa, o mesmo que danda da costa, o Candomblé passou a se chamar Tumba Junsara. Ali praticou o ritual muxicongo, onde manifestava o Caboclo Águe do Benubenu. O primeiro filho feito foi Ricardino, mais conhecido como Táta Angorense. Ciríaco viria a fazer, também, o primeiro Exu em Sofia Njira Mavambo.

No segundo barco, foi feita Joana Tulemburá de Ògún, que abriria terreiro no Rio, no bairro dos Trezentos, hoje tendo à frente Regina Mona Kutala.

Marina de Hongolo, Sese Anvula, abriu terreiro em Nova Iguaçu e seria a esposa do Ogã Luis Bangbala. Ao falecer, sua filha Ivonete, iniciada por Joana Tulemburá, assumiu e, em seguida, Dagmar de Ogum, com casa em Vista Alegre, Niterói. Losika de Cavungo abriu terreiro em Nova Iguaçu, hoje dirigido por Mona Inde de Dandalunda. Outros: Sahunde de Cavungo na Cidade das Meninas, Odília Mulonderi em Duque de Caxias e Iné de Angoro em Vila Kennedy.

Emília dos Santos Moreira (1937-2007), mais conhecida como Egbomi Caçula, Matutu Mavulu — nuvens de chuva —, foi iniciada para Angoro, em 1945, em um barco de dez pessoas, todas com mais de 30 anos, com exceção de Caçula, que tinha apenas 8, advindo daí o apelido. Em 1963, veio para o Rio, e, em 1968, abriu terreiro em Niterói e, depois, em Pilares, no Rio.

Quando Ciríaco veio para o Rio, com alguns filhos de santo, abriu uma filial do Terreiro com mesmo nome, talvez em 1948, em Vilar dos Teles, fazendo seu primeiro barco em 1952. A casa foi alugada para uma posterior compra por parte de Ciríaco, o que não aconteceu em razão de Dioclécio ter tomado à frente e realizado a compra. Alegou que Ciríaco continuaria na casa, optando por pagar as prestações, em forma de aluguel, e, no caso de morte, ele, Dioclécio, assumiria. Em razão disso, mais tarde, Ciríaco retornou para Salvador, onde faleceu em 1965. Assumiu Maria José de Jesús, Deré Ludibi de Lembá Furama, que faleceu em 1989, aos 100 anos. Posteriormente, Iraildes Maria da Cunha, Mesuanji, de Tempo Imuraxó, nascida em 26 de junho de 1953, assumiu, permanecendo no cargo até hoje.

No Rio, Dioclécio Pereira, Táta Luemi de Cavungo, iniciado em 1963, assumiu o Tumba Junsara, posteriormente mudando a denominação para Terreiro Afro-Brasileiro Luemi. Com o falecimento de Táta em 1987, assumiu Álvaro de Cavungo Kajangue, e, não havendo concordância pela manutenção da casa, os familiares tomaram a dianteira e venderam a propriedade.

Ricardino Querino Gomes, Táta Angorense (1916-1988), era de Santo Amaro da Purificação, na Bahia. Foi o primeiro filho de Ciríaco e iniciado em 1933. Depois de iniciar uma muzenza de Zumba, equivalente a Nanan, vem para o Rio em 6 de setembro de 1957, onde funda o Angoro Atume Anvule, no bairro Venda Velha em São João de Meriti, o qual funcionou até sua morte. Talvez a influência do jeje no Tumba Junsara tenha ocorrido por causa dele.

> Antigamente, quando se recolhia um barco, vinham muitos amigos de outras nações diferentes, todos participavam [...] Quando Seu Ciríaco recolheu Ricardino de Angoro, todo o povo do Bogum foi pra lá! (Waldomiro de Xangô, 2003.)

> Foi justamente por causa de meu pai Ricardino. Na ocasião houve algumas situações com Angoro, e Ciríaco foi buscar no Bogum algumas explicações, com Emiliana Aguési e Runyó, que estiveram presentes na iniciação de meu pai. E por isso foram colocados alguns preceitos como o Rumbe, o Credeza e, assim, Táta ficou extremamente ligado ao jeje pelo santo de meu pai ter pedido isto. Em outros casos, para homenagear algum santo de ketu ou jeje, nós cantamos cantigas dessas nações. (Sajemi.)

280 | JOSÉ BENISTE

Sajemi é a dijina de Luis Carlos Amate, exercendo a chefia de enfermagem em dois hospitais, Iaserj e no setor de obstetrícia do Hospital Pedro Ernesto, conciliando suas atividades profissionais com as de zelador de santo. Nascido em 1950 e iniciado em 1963, na casa de Kinisabe junto com Táta Angorense, fundou o próprio terreiro, o Inzo Afro-Brasileiro Lembá Bojinan, em 9 de maio de 1970, inicialmente em Brás de Pina e, depois, em Campo Grande. Sua competência o fez ser estimado, por ser inteligente e consciente da necessidade de continuidade dos Terreiros.

> Este Terreiro pertence a Lembá e a todos os que me ajudaram e estão comigo desde o início. Aqui, foi feito assim, uso e frutos, porque o inkise não morre, a casa deve ser particular, deve permanecer. Lembá já escolheu as pessoas possíveis de ocupar o cargo, na minha ausência. Se todas as casas fossem assim, não haveria o problema do pai de santo morrer, e a família de sangue vir tomar tudo. (Sajemi, 2002.)

Suely Maria Baldomero da Silva, mais conhecida como Jidei de Kingongo, iniciada em 1963 por Tatá Angorense, fundou o Inzo Ia Nzambi Ngana Kingongo, em 1974, no bairro de Cachambi. Em 1984, Tatá Angorense decide fechar o próprio Terreiro e se instala na casa de Jideí, onde permaneceu até sua morte, em 1988. Quando ocorre o falecimento de Mameto Jideí, em 2000, assume o Axé sua mãe-pequena Mameto Madozan, nascida Rosemary Alves Queiroz, e esposa do primeiro ogã de Táta Angorense, Walter José Teixeira da Silva, conhecido como Walter de Nkosi, estudioso do idioma e tradições desta nação, que revela:

> Muxicongo é a denominação de quem nasce no Congo. Há inclusive uma cantiga que exalta a união das diversas nações bantu, como congo, angola e lunda. Quando cantam, todos se levantam para dançar.

"Lunda muxicongo
E dibandolula
Angolense e
Lunda muxicongo
Kigua nkise e"

Uma outra cantiga deixada por Maria Nenén é cantada para exaltar a raiz do Tumba Junsara. Todos se levantam e se cumprimentam, da mesma forma como fazem quando cantam o Arakétu'wúre, nos Candomblés de ketu:

"Nludiamungongo	"O Guardião do Mundo
Angole	de Angola
Nludiamungongo	Senhor dono da Terra
Angola"	de Angola"

A cultura bantu deixou importantes formas culturais que não foram observadas pelos antigos estudiosos, que centralizaram os estudos na cultura yorubá. Esse fato já foi percebido pelos atuais remanescentes que vêm dedicando seus estudos para resgate dessas tradições esquecidas.

UNIDADES DESCENDENTES

Jitoran, Kaxaman de Dandalunda, Mametu Londera de Insumbo, Mametu Sauinde de Cavungo, Ogã Kaaxini, morto em 22 de novembro de 2003. Miguel de Exu — José Miguel Gonçalves, filho carnal de João Gambá, remanescente do ritual de Omoloko. Tomou obrigação com Dioclécio, e, posteriormente, com Waldomiro Baiano, sendo ex-policial e atual advogado, com casa em São Gonçalo fundada em 1938.

O AXÉ DE OTÁVIO DA ILHA AMARELA

Otávio Ferreira de Souza (1906-1984) nasceu na localidade denominada Ilha Amarela, uma região alagada da Ribeira, a qual mais tarde foi aterrada, transformando-se em um bairro de Salvador. Ficou conhecido como Otávio da Ilha Amarela, pois adotar um nome adicional que identificasse o seu local de origem, entre outras formas, era uma característica comum da gente do Candomblé.

> Otávio da Ilha Amarela, em 1915, com 3 anos de idade, foi levado pela sua mãe, Sinhá Honória, para rezar o umbigo em Cachoeira, na casa de tia Jejé, que era mãe de santo de jeje. Quem recebeu a criança foi Tia Maria dos Santos, de Obaluaiê, a mãe-pequena, que logo o enrolou num laguidibá, um tipo de colar, e marcou um dia para apanhar a criança. Ao retornar, já o encontrou todo pintado e devidamente feito. (Nino de Ogum, 2002.)

> O africano costumava enfeitar o corpo das crianças colocando no pescoço e na cintura colares e contas de tamanhos diversos, notadamente o laguidibá, espécie de contas pretas trabalhadas em chifre de boi. (Manoel Querino, *Costumes Africanos no Brasil*, 1938, p. 97.)

Quando Otávio completou 14 anos, foi a Cachoeira procurar sua mãe de santo, mas ela já havia morrido. A única remanescente do grupo era Tia Maria dos Santos de Obaluaiê, e ele combinou com ela de voltar para apanhar seus pertences. Porém, quando voltou, esta também havia morrido. Voltou, então, para Salvador, à casa de Sinfrônio Eloi Pires, de Azansun, do Àṣẹ Poeji da Cacunda de Iaiá,* que era jeje savalu, falecido em 1938 ou 1944. Lá encontrou Tia Massi, do Engenho Velho, Tia Luzia e Tia Sofia de Ògún Aenda. Tia Massi gostou muito dele, e, como estava para recolher um barco com Cristina e Otacílio de Obaluaiê, combinou com Otávio que o recolheria na casa dele porque no Engenho Velho não se fazia a iniciação de homens. O ano era 1936. Tia Massi deu o borí, preparou-o e assentou seu santo no ritual ketu, tendo Luzia de Oxum como mãe-pequena e Sofia de Ogum como mãe criadeira.

> Otávio era neto de africanos do povo de Savalu, onde se cultuava Nàná, sendo que seus descendentes eram do culto de Ajunsu do Poeji de Cachoeira, e por isso costumava dizer que seu candomblé era Nago-Vodun. (Ogã Wilson, do Ile Nidê.)

Otávio da Ilha Amarela era de Nàná(n), porém, como esse orixá não costuma virar na cabeça de homem, foi iniciado para Oxóssi, Ọdẹ Tayọ̀si — o caçador tem mais alegria, felicidade. Recolheu vários barcos em Salvador, entre eles o de Nino de Oxum, em 1941. A partir de 1943, não faz mais iniciações em Salvador, e vem para o Rio, onde abre a própria casa em Agostinho Porto, na Baixada Fluminense, iniciando várias pessoas, entre elas Hélio de Obaluaiê, Índio de Oxóssi, Vitorino de Oxalufã, Maria Antonia de Ògún.

> Meu pai tinha o hábito de usar uma toalha no pescoço, e manter um horário rígido para as festas de Candomblé. Começava às três da tarde,

---

* Talvez uma forma modificada da expressão *Corcunda de Iaiá*.

quando dava nove da noite, ele apagava as luzes e encerrava o Candomblé. Eu também sigo esse horário, só que não apago as luzes. Ele dizia que a pessoa que mais entendia do Axé da Ilha Amarela era o meu irmão Ninô. (Hélio Tozam de Obaluaiê.)

Um dos filhos de Otávio foi Camilo José Machado de Oxóssi, da Vila América, Salvador, onde Luis Alves de Assis (1920-2002), mais conhecido como Luis da Muriçoca, antigo motorneiro de bonde, costumava tocar. Era filho de Virgílio de Ogum, que tinha casa aberta, onde seria iniciado para Ògún Tòlù, por Emídio Bispo Alves de Omulu, Jifunkẹ — Omulu dá favorecimento, benefícios —, mais conhecido como Pequeno do Pano-da-Costa ou Pequeno da Muriçoca, tendo Luis Bangbala tocado para sua feitura. Abriu o próprio Terreiro, o Ilê Axé Iba Ogum, na Av. Vasco da Gama, no Vale da Muriçoca. Curiosamente, Jilú, Equedi Bejó do Engenho Velho, acumularia a função de mãe-pequena em sua casa. Sua forma de saudação ao fazer as cantigas nos Terreiros tinha um estilo todo pessoal:

> *"Líl'órukọ́ rẹ̀ bàbá,*
> *àti ẹmu àti èmi mún*
> *Ògún àwa méje kan bí ọrun*
> *Ọ̀sọ̀ọ̀sì a lúdúndún ọdẹ gulóní,*
> *Ó kuiyu o tí sálẹ̀*
> *Ọbalúwàiyé àsẹ gbẹlẹ́bẹ́,*
> *Azawani kẹrẹ jẹbẹ*
> *Ṣàngó mo konà kí sẹ̀rẹ̀ sẹ̀sẹ̀rẹ̀*
> *Ọmọ Ọlọ́sànyìn gbẹ́nu díya, asa kẹ́rẹ́ kẹ́rẹ́"*

Antenor Pereira Palma, mais conhecido como Nino de Ogum (1923-2011), virá abrir um dos Candomblés mais concorridos do Rio de Janeiro. Nasceu em Salvador em 6 de abril de 1923, iniciando-se pelas mãos de Otávio, em 1941, aos 18 anos, sendo feito para Oxum e criado por Ogum, recebendo o nome de Tominidé — as águas possuem a coroa, a realeza.

HISTÓRIA DOS CANDOMBLÉS DO RIO DE JANEIRO | 285

Saiu em um barco de três, Oxalá, Oxum e Iansã. Era de Ogum, porém, na hora Oxum se apresentou. Viveu uma juventude rebelde e bem agitada. Tinha cinco irmãos e aprendeu a ler e a escrever por meio da Bíblia pela influência de uma irmã evangélica. Desde criança sabia como se manter, demonstrando iniciativas próprias de sobrevivência. Em 1949, vem para o Rio em busca de trabalho.

> Comecei a trabalhar com 10 anos de idade e ganhava 10 contos de réis por mês fabricando cintos, ganhava gorjetas, com o lucro eu comprava fumo para fabricar charuto e assim ir vivendo. Eu andava a pé para não gastar dinheiro de bonde. Meus primeiros contatos com o Candomblé foram através de uma grande amiga de mamãe, dona Senhora, que me levava para assistir Candomblé de seu Manoelzinho Manasandaió, do lado de Ciríaco, que era neto de Maria Nenen. Após frequentar, comecei a sentir tonteiras dos orixás. Eu frequentava a igreja Batista, aí me levaram para tia Clara que cuidou de mim e me entregou para seu Otávio da Ilha Amarela, onde me iniciei no dia 20 de novembro de 1941. (Nino de Ogum, 2001.)

Casado com Vivi de Iansã em 1948, vem para o Rio em 1949, e, por circunstâncias diversas, não mantém bom relacionamento com Otávio, que aqui estava. É acolhido na Casa de Djalma de Lalú, que faz a iniciação de Vivi. Abre a própria Casa em 1956, o Ilé Nídé — casa que possui a coroa, a realeza —, no bairro de Moquetá, em Nova Iguaçu, mudando-se depois para Carmari, onde está até hoje.

A instalação de uma casa de Candomblé possui todo um ritual de consagração ao chão como se fosse a feitura de uma iniciação. No espaço onde será erguido o barracão, é feito um buraco, onde se coloca um conjunto de elementos que farão parte da magia e segurança da casa. Depois tudo é lacrado e não mais aberto, embora tenha quem o faça. Na parte de cima da construção terá a cumeeira por dentro. Nas laterais, a segurança é realizada com árvores diversas, como o dendezeiro, o peregum, o akoko e o algodoeiro.

286 | JOSÉ BENISTE

O primeiro gesto das pessoas que se propunham a abrir um Terreiro era o de pedir licença aos mais antigos aqui instalados. Assim, Nino foi tomar a bênção a Ciríaco, Agripina, sendo Davina de Omulu quem veio lavar e dar comida ao seu santo, a fim de ter permissão de abrir a própria casa, em virtude de Otávio se encontrar na Bahia:

> [...] eu fui por causa dos meus mais velhos tomar a bênção. E dizer para eles que recebi esta ordem. Eles me abençoaram e disseram: aquilo que você aprendeu, procure instruir os outros. Não se negue em fazer o bem. Então, neste bem eu vivo, neste bem viverei e neste bem morrerei. (Nino, 7 de fevereiro de 1993.)

Sua primeira filha foi Célia de Oxum (1927-2008), nascida Célia Florêncio Ferreira, iniciada em 1957, vindo a se tornar uma das maiores expressões do Rio de Janeiro, não apenas por sua maneira de ser, mas também por sua dedicação religiosa. Calma, educada, solidária, tinha sua cadeira destacada nas cerimônias do Terreiro ao lado de Nino. Ela havia sido apontada equedi pelo Ogum de Piticá do Axé de Zé do Vapor, na casa de Procópio de Ògúnjà. O tempo passou, e Piticá veio encontrá-la na casa de Xangozinho, no Rio.

> Meu pai era ogã do Axé Oxumaré, ogã do santo de Cotinha de Iyewa. Foi lá que eu comecei acompanhando meu pai. Fui suspensa pelo Ogum de Ebami Piticá, confirmada por Nino mais tarde, em 16 de junho de 1957. Vim para o Rio em busca de trabalho como costureira. Logo quando eu cheguei, fui espiar o Candomblé de pai Nino, e quando cheguei pai Ogum me chamou sem eu nunca ter visto seu Nino, e ele me disse que eu tinha um compromisso na Bahia, mas ele queria a mim para servir a ele. Fiquei espantada, pois ninguém sabia, então decidi me confirmar aqui mesmo no Rio. (Equedi Célia, 1989.)

A partir daí, Nino a confirmou, vindo a ser definida como a "Equedi de todos os Candomblés", no dizer de Gún Jobí, pela forma como se dedicou a todas as comunidades do Rio. Logo depois, foi Vovó de Nàná(n), os Ogã Zinho, Guerra e Jesús. Estava sendo organizado um Axé que marcaria história no Rio de Janeiro, com integrantes de qualidade muito bem distribuídos em suas várias funções, o que sempre daria certo em todas as comunidades.

> Aqui era um salão, só tinha quatro quartos, e eu fui aumentando pra cá e pra lá, e a casa foi crescendo com quartos para os ogãs e para as equedis. Era preciso dar conforto a quem vinha aqui trabalhar e até para ficar. Essa casa é de todos e vai ser sempre assim. (Nino, 1997.)

Adotando uma postura simples, amigo de todos, tornou-se querido, por sempre distinguir quem o ajudou. Esta é uma das realidades que identifica o início de uma casa de Candomblé: a união do grupo em torno de um ideal comum. Em um dos muitos casos que merece análise na história dos Candomblés, conta-se que, na sua obrigação de 50 anos, foi Ògún quem "mandou" a prefeitura asfaltar a rua para a festa, a qual, por muitos anos, era toda de barro, o que prejudicava o acesso ao Terreiro, que, posteriormente, veio a ser tombado.

O sincretismo de Ogum com Santo Antonio determinava a realização das festas do orixá nesse período. Nino seguiu a tradição de também realizar a Trezena de Santo Antonio, com cânticos e rezas entoados pela Equedi Célia, acompanhada por todos os integrantes da comunidade.

Outro fato é o respeito à hierarquia, questão fundamental que dá sustentação a todo dirigente. Para exemplificar, foi Nino quem plantou o Axé* da Casa de Meninazinha de Oxum, quando ela se dispôs a abrir o próprio Terreiro. Na sua obrigação de sete anos, procurou, novamente, Nino, que lhe orientou a chamar o povo de Edson Passos para as obrigações a fim de ser fiel aos descendentes diretos de Davina. Nino também viria a revelar seu perfil de zelador consciente com as tradições, ao ser procurado por Regina Lucia de Yemanjá para ser iniciada. E, por ques-

---

* O ato de consagrar o espaço onde será instalado o Candomblé.

tões de raízes e determinações, orientou-a a se iniciar em uma casa de Ṣàngó, o Àṣẹ Òpó Àfọ̀njá. Nino estava tão certo que ela veio a se tornar a iyalorixá dessa casa.

Nino faleceu em 4 de maio de 2011, em decorrência de complicações pós-cirúrgicas. Sua sucessora, escolhida por ele mesmo, foi sua neta Vitoria de Yansan, iniciada por Vanda da Encarnação, em 2014, aos 12 anos. A responsabilidade pela casa ficou entregue a Vivi, esposa de Nino, e seu filho carnal e ogã Ademir, mantendo todos devidamente integrados na condução do Axé.

Edmundo Lopes de Oliveira, conhecido como Mundinho da Formiga, por sua casa de santo ser desse local, em Salvador, foi outro importante personagem desse Axé. Atuava como cozinheiro e tinha boxes de alimentação no antigo Mercado Modelo de Salvador. Foi iniciado para Lógun Ẹ̀dẹ por Otávio e saiu no terceiro barco da Ilha Amarela. Veio para o Rio nos anos 1950 e abriu a própria casa em 1963, no Parque Fluminense, em Duque de Caxias.

Possuía um dom especial de jogo, trazido de berço, e era um dos mais eminentes olhadores da época em que viveu. Seu jogo era dos mais seguros, e, por esse motivo, foi indicado para confirmação por outros olhadores, fato comum entre os dirigentes responsáveis. Apesar de problemas pessoais, eles não influíam no conceito de seu jogo. (Ver adiante depoimento de Mafalda de Iansã, do Axé de Álvaro-Pé-Grande.) Mundinho viria a falecer dois anos após Otávio.

Mundinho teve inúmeros filhos de santo feitos, entre eles o primeiro Èxù do Axé, Gersonita, que, por sua vez, fez a iniciação, na década de 1960, de Sebastião Guilhermino de Ogum (1938-2009), radicado no bairro de Jacarepaguá. Pertencia ao núcleo de zeladores que utilizava programas de rádio como meio de divulgação pessoal. Da mesma raiz, havia Paulo César da Silva, conhecido como Paulo de Oxum, com casa na praça Seca, em Jacarepaguá. Gersonita encerrou as atividades e tomou caminho desconhecido.

OUTRAS UNIDADES DESCENDENTES

Hélio da Silva Alexandre, mais conhecido como Hélio Tozam de Oba-luaiê, com casa aberta em Guadalupe, Gamo de Lógun Èdę, Balbina de Iyewa, Rosinha de Oxóssi e Índio de Oxóssi, este já falecido.

O CANDOMBLÉ DO GANTOIS

Está situado no mesmo local desde sua fundação, no largo da Pulcheria, no Alto do Gantois, o que é um fato raro na historiografia dessas comunidades. Foi apenas a partir de 1870 que se mudou para sua atual localização, na fazenda Gantois. Anteriormente, estava instalado nas imediações do Dique do Tororó, no atual Garcia. A chegada do progresso tende a afastá-los para outras regiões, devido à valorização dos terrenos e à necessidade de a comunidade se manter onde o silêncio seja necessário. De origem yorubá, da etnia Ègbá, surgiu pelas mãos de Maria Julia da Conceição Nazareth (1840-1910), ao ser preterida por Maria Julia Figueiredo, Qmọníkẹ, na condução do Engenho Velho, em 1885, por ocasião do falecimento de Marcelina. O Gantois alega que sua Casa foi fundada em 1849, o que faz supor que a saída de Maria Júlia já estava programada.

O local, na época, era ermo e de difícil acesso, longe da zona urbana. Gantois era o nome de um francês a quem pertenciam as terras. Na versão de Mãe Menininha, o Gantois possui uma história que não combina com a do Engenho Velho, como será visto mais adiante. Maria Julia da Conceição Nazareth seria filha de Àkàlà de Nàná e Okarinde de Ṣàngó Aganjú, ambos nascidos em Ake, local onde se situava o palácio real, na cidade de Abẹ̀òkúta, na Nigéria. Ele ocupava um cargo equivalente ao de assessor do rei. Maria Julia teria vindo para o Brasil aos 6 anos de idade. Seus senhores tiveram pena de ela ser vendida como escrava, e a trouxeram com eles, batizando-a. Cresceu e, já moça, casou-se na Igreja da Conceição da Praia. Seu marido, Aholo Manuel, do vodun Azanodo, era iniciado na nação jeje, e, sendo um dos fundadores do Bogum, negociava artigos africanos.

Outra informação é que seu marido seria Francisco Nazareth, que adquiriu ou alugou os terrenos, onde hoje está instalado o Gantois, e pertencia a uma família de traficantes de escravos, antiga dona do local. Ela adoeceu, foi ao médico, mas nada acusava alguma doença. Levaram-na a um grupo que havia se instalado na Barroquinha, na época, já em outro local, no bairro do Calabar, na Baixa de São Lázaro. Segundo Menininha, esse grupo era dirigido pela primeira mãe de santo, Ìyá Àkàlà, que depois viria a morrer na África. A partir daí, surge Ìyá Nàsó. Maria Julia passou a fazer parte do grupo, juntamente com a filha Pulcheria.

O Candomblé do Gantois tem a denominação de Sociedade Beneficente São Jorge do Gantois, Ilé Ìyá Omi Àṣẹ Yamase. O santo católico São Jorge, na Bahia, é sincretizado com Oxóssi e, no Rio, com Ogum. No Gantois, as festas terminam sempre com uma missa celebrada na Igreja do Senhor do Bonfim, na última sexta-feira, com um almoço final no domingo seguinte. Há também uma sucessão diferenciada por meio de uma linhagem familiar descendente da matriarca Maria Júlia, e confirmada pelo jogo. Começou a funcionar, efetivamente, em 1890, sendo sua primeira dirigente Maria Julia, que era de Òṣàgiyán Dàda Bàyání Àjàká, auxiliada por Bàbá Adeta Qkànlédé — o bom sentimento chegou à casa —, que era de Oxóssi.

É dessa fase que Nina Rodrigues realiza suas pesquisas sobre as religiões afro, nas quais o candomblé do Gantois serve de modelo para observações. De uma feita realizou com Fausta, uma filha de santo do Gantois, manifestada com seu orixá, uma sessão de hipnotismo em seu consultório, espetando-lhe alfinetes sem que ela nada sentisse. Tentava comprovar que tudo não passava de histeria ou sugestão pós-hipnótica, sem qualquer comprovação. No entanto, apesar de muito insistir, não conseguiu fazê-la dançar.

> Quis, porém, obrigá-la a dansar ao que ella se oppos, ora allegando que não estava com as vestimentas proprias, ora que a musica de Oubatalá já havia cessado, ora finalmente que estávamos em tempo de quaresma [...] Insisti, procurando suggerir-lhe que se achava com as vestes de Oubatalá, tentei provocar-lhe de novo a alucinação da musica desse santo, mas ela que até então se tinha mostrado passivamente obediente às minhas sugestões, recusou-se a aceitá-las [...] Por fim perguntei-lhe o que era preciso fazer para que elle se pudesse ir embora, respondeu-me que dar um pouco d'agua ao seu cavallo. Desde que bebeu um copo com agua, Fausta despertou [...]. (Nina Rodrigues, em texto de época, 1935, p. 121.)*

As festas tinham sequência no decorrer da semana, cada dia consagrado a um orixá. O horário de meio-dia às 17 horas define a modalidade de culto da época, com o início dos rituais, o Ìpàdé, às 14 horas, seguido imediatamente pela gira festiva, com tudo terminando, no mais tardar, às 19 horas. A nota publicada a seguir de uma das últimas festas no Gantois, certamente, diz respeito às Águas de Oxalá:

> Communicam-nos que há seis dias está funccionando, no lugar denominado Gantois, um grande Candomblé. Os bonds da linha Circular e Transportes passavam, depois do meio-dia até às cinco horas da tarde, cheios de povo que para ali tem affluido. (Diário de Notícias, 5 de outubro de 1896.)

Com o falecimento de Maria Julia, em 1910, assume sua filha carnal, Pulcheria Maria da Conceição Nazareth (xxxx-1918), que era de Oxóssi, Qfà rere — a flecha certeira. Tendo falecido em 1918, não deixou filhos. O cargo ficaria para Escolástica Maria da Conceição Nazareth (1894-1986), nascida no dia de Santa Escolástica e conhecida como Menininha, sobrinha-neta de Maria Julia, por ela iniciada aos 8 meses de idade.

---

* Publicado inicialmente em 1896, na *Revista Brasileira*, em partes diferentes.

> Não sei quem pôs o nome de Menininha. Sei que, desde que me entendo, minha avó, minha tia, minha mãe todos me chamavam de Menininha, desde criança, eu brincava como toda criança, agora dançava candomblé como todos, desde os seis anos. (Memorial do Gantois.)

De imediato, porém, não aceitou a responsabilidade, embora cumprisse as obrigações rituais e fosse a preferida de Pulcheria. Exercia a função de costureira em um atelier, e casou-se aos 29 anos. O cargo ficou entregue à sua sobrinha Maria da Gloria Nazareth (1879-1922), que era de Oxóssi e mãe carnal de Menininha, e já vinha auxiliando Pulcheria. Ficou pouco tempo, dois anos apenas, até que faleceu. Com sua morte, tudo mudou. Menininha, embora relutante, teve de assumir em 18 de fevereiro de 1922.

> Quando minha mãe morreu, eu deixei de vir ao Gantois. Era mocinha, vivia com ela e, ela morrendo, afastei-me. Mas, em fevereiro de 1922, numa missa para Pulqueria, que era minha madrinha e Tia, os orixás quiseram logo escolher quem ficaria tomando conta da casa. E eles mesmos me deram posse, Xangô e Oxóssi, não foram pessoas, não. (Menininha, 1984.)

Prestes a completar 30 anos, mudou-se para o Gantois, adotando uma nova forma de diálogo, um pouco mais aberto, diferentemente das características reservadas da Casa:

> Um dia, há muito tempo, me casei e tive duas filhas. Meu marido quando me conheceu sabia que eu era de Candomblé. Portanto, se me queria tinha que se conformar com minha seita, querer meu santo. A não querer meu santo, não me queria. A gente viveu em paz porque ele passou a gostar de Candomblé. Mas, quando fui feita ialorixá, passamos a morar separados. No meu terreiro, eu e minha filha. Marido não. Elas nasceram aqui mesmo, no Axé, graças a deus [...] Vou lhe dizer com franqueza, eu não sei lhe dizer como foi que me fizeram santo em mim porque eu era muito criança [...] Quando

294 | JOSÉ BENISTE

os meus me botaram no santo eu tinha 8 meses, não tinha irmã de sangue, nunca tive. (Menininha, 1984.)

Era de Ọṣun Mẹ́rin, tendo enredo com Iyewa. Essa expressão seria extraída de *mérindílógún*, que significa dezesseis, em uma alusão a todas as Oxuns. Sobre esse termo, veja a citação feita por Verger, além de relacionar os nomes das dezesseis Oxum:

Ọṣum Apara é saudada pelo Yeye merin, que é uma abreviatura de Yeye(m)erin, mu(ẹ)ni (Mãe que pega o elefante e pega as pessoas). (*Notas sobre o culto aos orixás e voduns*, p. 398.)*

A história do Candomblé sempre contou com as lideranças de época, como Aninha do Òpó Àfònja, Tia Massi do Engenho Velho e Menininha, que veio se manter em um reinado, levando, por sua bondade e ótimo relacionamento com todos, o Candomblé a tomar novas dimensões.

Hoje a grande figura do Candomblé é Maria Escolástica da Conceição Nazareth, Mãe Menininha é a grande representante da estirpe de mães de santo que criou as primeiras casas estáveis de Candomblé no Brasil. Ela é depositária mais fiel, inteligente, que sabe o que está fazendo e de uma honradez comprovada, também. (Edison Carneiro, escritor, em gravação a este autor, 6 de outubro de 1971.)

Menininha era filha única, nascida em Salvador e casada com o advogado Álvaro MacDowell de Oliveira, com quem teve duas filhas, Cleuza e Carmen. Neta de escravos, com linhagem na região de Abeokuta, na Nigéria, soube conviver de perto com o período mais repressor para o Candomblé, quando a polícia chegava a invadir os Terreiros. (Ver Anotações, item 18.)

---

* No idioma yorubá, muitas palavras escritas da mesma forma possuem significados diferentes, em razão de contrações e acentuações que determinam tons diferentes.

Pacientemente, ela apelava para os policiais e tentava explicar que ali se realizava uma tradição ancestral. Havia uma restrição que determinava determinados horários para os rituais serem celebrados. A partir das 22 horas, era comum policiais aparecerem para finalizar o culto. Com delicadeza, ela os convidava para ver o que estava acontecendo. Foi assim que ela evitou que o Terreiro fosse fechado, mas a lei só foi extinta na década de 1970. (Márcia Ferreira Luz.)

Faleceu em 13 de agosto de 1986, aos 102 anos. Sua filha Cleuza Millet (1931-1998), de Nàná Ibayin, assumiu em 1989. Casada com um militar e formada em medicina, veio a residir no Rio. Após seu falecimento, aos 67 anos, o cargo foi entregue a sua irmã carnal, Carmen de Òṣàgiyán, nascida em 1930, conhecida como Nenén, a qual deu continuidade segura ao Axé, que seria tombado pelo IPHAN em 2002.

O AXÉ DO GANTOIS NO RIO

Lucilia Pereira de Brito (1914-2002), mais conhecida como Bida de Yemanjá, Ìyá Omi Tókí — as águas saúdam a todos —, veio da Muritiba* da casa de Manoel Cerqueira Amorim, mais conhecido como Nezinho da Muritiba, Ògún Tòbẹ — Ogum tem o poder da faca. Era conhecido também como Bom no Pó, pela experiência no preparo de raízes, folhas etc. para diversos fins. Em 1929, Bida se transfere para o Gantois, chegando ao Rio na década de 1940, durante a Segunda Guerra Mundial, onde começa a vender comidas de tabuleiro. Abriu o Àṣẹ ti Yemọja Ilé Maroketu, casa em Cascadura, bairro da Zona Norte, tornando-se extremamente atuante em todos os movimentos afro-brasileiros no Rio, e pessoa importante na realização de ritos de iniciação e axexê, por ter fundamento religioso muito antigo.

> As pessoas que vêm na época de agora estão esquecendo que têm de ter obediência e respeito à hierarquia. Sem elas não tem nada. O encanto nasceu disso aí. (Bida de Yemanjá, 1902.)

> Era extremamente inteligente, se alguém estivesse cantando uma cantiga, com a pronúncia errada, ela se levantaria e iria lá para corrigir,

---

* O Terreiro é de *Ògún Méjèjé*, atualmente dirigido por Cachú de *Omulu*.

fazendo a tradução e explicando tudo claramente. Ela era incrível. (Àjàlèyí, 2007.)

Hilda França (1909-1978), de Oxum Ọpara e Ọ̀sánnyìn, cujo orukó foi Ọ̀ṣun Gere — Oxum acalma, suaviza —, tinha o cargo de Ìyá Dagan e era irmã de santo de Menininha, sendo iniciada por Pulcheria. Veio para o Rio em 1960. Foi, talvez, a primeira pessoa a gravar um LP com o título de *Candomblé* em 1965, que vendeu 6 mil exemplares. Toda a família se identificava com o Candomblé, como a irmã América de Omulu, que foi a mãe-pequena de sua Casa. Fez a iniciação de Téo de Oxum, nascido Otelo Carnevalle Filho, com casa aberta em Petrópolis e falecido em 2003.

> No Rio, morou primeiro em Jardim América, depois Vila da Penha, onde fazia as obrigações num pequeno quarto. Até que abriu o seu Terreiro em Japeri, o Ile Axé Osanyin Rei das Ervas, já com 60 anos de idade. Ela veio a falecer de câncer com 69 anos de idade. (Regina Célia da França Borges, nora, novembro de 2004.)

Maria José, mais conhecida como Zezé de Iansã (1907-1975), foi iniciada por Menininha, mas se indispôs na casa e partiu para o Engenho Velho, depois de botar Candomblé de Caboclo no bairro da Federação, vindo, a seguir, para o Rio. Tia Massi completou as obrigações dela. As reclamações de Zezé estão bem documentadas em Ruth Landes, p. 245, embora mantivesse bom relacionamento com todos. Em 1974, este autor esteve no Gantois por ocasião das Águas de Oxalá, e lá estava Zezé, extremamente simpática com todos. (Ver "O Candomblé do Engenho Velho".)

> Zezé foi a Salvador, foi ao Gantois, ao Engenho Velho, fez tudo o que tinha vontade de fazer, visitou as igrejas e trouxe tudo o que tinha lá, ela fretou um caminhão de mudança. Quando chegou, ficou doente, pois ela já era doente. Ela teve axexê até 21 anos. Ela era extraordinária. (Mariinha de Nàná, 2003.)

Em 1970, abre casa no Rio outra filha do Gantois, Margarida de Oxum. Inicialmente, aqui no Rio, atendeu a um pedido de Lourdes de Obaluaiê, filha de santo de Zezé, e foi ajudá-la na casa dela. Depois foi para o próprio terreiro, no largo da Fontinha, em Bento Ribeiro, contando com a ajuda de Elza de Yemanjá. Seu marido, ogã Amor (1936-1980), era ferramenteiro. Foi iniciada aos 8 anos:

> Naquele tempo não tinha nada disso, não tinha deká, a gente recebia nossa obrigação dentro do quarto de santo, na hora em que o santo comia. O que era de bandeja, era de bandeja; o que era de cuia, era de cuia [...] no Gantois, não levanta santo, todos ficam lá. Eu mesma tive que fazer minhas coisas aqui no Rio, pedras, ferramentas. Na casa de santo da gente, nós éramos ìyàwó, pois não temos idade. Não era costume a gente dizer a idade de feitura. (Margarida de Oxum.)

Esse critério estabeleceu a prerrogativa de Menininha sempre ser citada como mãe, e nunca como avó, por parte dos filhos das iyalorixás que viriam abrir suas casas no Rio. Em outras palavras, era costume dizer que o Gantois não dava filhos, as casas abertas seriam representações da matriz. A expressão *minha mãe Menininha* tornou-se comum a todos.

De Salvador vieram outras mulheres iniciadas no Gantois, as quais organizariam importantes casas, como Florípedes de Oxóssi, que abriria casa em Piabetá, atualmente dirigida pela sua filha carnal, Vildésia Teresa de Òṣun, Marina Valnei Mercedes Santana de Ọ̀sányín, que viria a falecer em Salvador e cujo Candomblé é atualmente dirigido por Walmir de Oxose, Mariinha de Nàná, iniciada no mesmo barco de Marina, em 1939, e falecida em 2016.

Edelzuita de Lourdes Santos de Oliveira, de Oxaguiã, iniciada em 1944, chegou ao Rio em 1968 fundando o Ilé Ọbà Nílá, no bairro do Valqueire. Integrante de movimentos sobre a cultura afro-brasileira, viria a formar-se em direito pela Universidade Gama Filho.

Miguel Francisco dos Santos (1927-2005), de Yánsàn Ọya Délé — Iansã chegou ou coroou a casa —, mais conhecido como Miguel Tangerina, vem para o Rio em 1940. Nascido em Itabaiana, Sergipe, é iniciado em Salvador aos 12 anos com Nezinho da Muritiba, nascido Manoel Cerqueira Amorim.

No Rio, funda o Ilé Obiketu Ìyá Mẹ́sán Ọrun, atualmente conduzido por André de Ògún, seu filho de santo.

> Eu não tirei a mão de santo, pois, quando eu fui feito, a minha Mãe Menininha fez um preparo lá que nós não sabemos o que é, pois ela não dava essa ousadia pra gente, só sei que foi feito [...] portanto, eu sou neto de Menininha do Gantois, pois o único filho homem que ela raspou foi meu pai [...] por descendência, eu deveria ser neto dela, mas, no Gantois, não dá neto, lá todos são filhos. Hoje quem cuida de mim é mãe Bida de Yemanjá. (Miguel Tangerina, 16 de agosto de 1992.)

Eulampia Siqueira Castro (1935-2005), mais conhecida como Lindinha de Oxum, abriu o próprio terreiro, o Ilê Nossa Senhora das Graças, Àṣẹ Lára Omi, em Vilar dos Teles, em 1961. Feita por Menininha, em 1949, em um barco de seis, veio para o Rio e aqui criou uma família em que todos têm suas funções definidas no Candomblé:

> Com 9 anos eu caía e ficava o dia inteiro desmemoriada. Eu me lembro que estava sentada na porta catando feijão do acarajé, catando os olhinhos, quando eu comecei a cair [...] foi um vento que passou. Nessa época o médico da Bahia era minha mãe Menininha. Eu morava ali na Treze de Maio [...] como ninguém dava jeito, foram falar com ela. Era difícil, mas conseguiram. Aí ela passou a mão no jogo, e disse que aquilo não é nada. Era uma brincadeira que Obaluaiê fez com ela. Aí mandou pegar umas coisas e passar em cima de mim quando desse 6 horas e depois devolver tudo para ela [...] Quando deu 6 horas e 10 eu me lembro quando vim em mim, estava na hora da Ave-Maria. Aí ficou nisso. Depois eu melhorei [...] Minha mãe carnal fez o santo, ela saiu no barco de Delza [...] depois da obrigação de ano dela, eu fui recolhida [...] Aqui no Rio, fiquei muito tempo trabalhando. Tive 7 filhos. Com 19 anos de feita, meus filhos começaram a ter visões. Eu fui procurar a falecida Zezé. Não pensei ter casa [...] foi quando o seu Boiadeiro me pegou e ele foi organizando tudo. Quem me ajudou muito foi Margarida. (Lindinha de Oxum, novembro de 2002.)

O curioso é ver como, a partir de pequenos acontecimentos aqui registrados, observados de perto por meio de conversas e depoimentos, tem-se a oportunidade de rever o retrato de uma época. As lembranças são revividas, gerando, em muitos casos, emoções que levam às lágrimas. Sucedeu Lindinha a mãe-pequena Arrubenildes, mais conhecida como Nildinha de Ògún. (Ver o capítulo "As Famílias Biológicas do Candomblé".)

OUTRAS UNIDADES DESCENDENTES

Isaura de Xangô, Hilda de Ogum, Simone de Oxóssi, Letícia de Omulu, Márcia de Oxum, Paulo de Ogum, Marcos de Oxumaré, Luiz de Aira, Gisele de Oxum, Jacidalva Ọbàsí — iniciada em 1948 —, e João Paulo de Oxalufon, tendo os dois últimos casa aberta em Seropédica, Zona Oeste do Rio.

O CANDOMBLÉ DO ENGENHO VELHO — ORIGENS E SINCRETISMO ENTRE AS DIVERSAS ETNIAS NEGRAS

Na Bahia, as confrarias católicas costumavam separar as etnias africanas em suas instituições, o que permitia aos escravos, libertos ou não, manterem-se unidos, terem lembranças das tradições de praticar o próprio culto. Isso era feito em outros locais com constantes mudanças.

Negros angolas — Venerável Ordem Terceira do Rosário de Nossa Senhora das Portas do Carmo, fundada na Igreja de Nossa Senhora do Rosário do Pelourinho.

Negros jejes — Nosso Senhor Bom Jesus das Necessidades e Redenção dos Homens Pretos, na Capela do Corpo Santo.

Negros nagôs — Nosso Senhor dos Martírios (para os homens); Nossa Senhora da Boa Morte da Igreja da Barroquinha (para as mulheres).

Foi desse último grupo de escravas libertas, originárias da cidade de Ketu, que se iniciou um movimento para criar uma atividade religiosa que veio a se chamar Ilé Ìyá Omi Àṣẹ Aira Ìntilẹ̀, segundo Verger. O local foi uma casa de moradia urbana, na atual rua Visconde de Itaparica, no centro

302 | JOSÉ BENISTE

de Salvador, localizada atrás da igreja da qual faziam parte os personagens que serão citados mais adiante. O título dado pelo grupo teria sido alterado por Bángbóṣé, por ocasião da morte de sua titular, para Ilé Àṣẹ Ìyá Nàsó Ọká.

> Eram grupos de origem nagô e jeje, que apareciam aos olhos dos escravagistas como pertencentes a um grupo seleto, conhecedor do ferro e das artes com metais, integrados a uma cultura refinada no cultivo da música, da dança e dos adornos corporais. (Helio Vianna, 1999.)

É necessário esclarecer que toda pesquisa que depende da memória pessoal ou mesmo coletiva esbarra em relatos diferentes, todavia, com um fio condutor aproximado. Assim, cabe ao pesquisador usar o raciocínio para encaixar as informações que, no nosso caso, têm como parâmetro as datas das ocorrências quando são sugeridas. Nomes e épocas se confundem conforme vimos no relato anterior, em que as declarações da iyalorixá Menininha são diferentes das da gente do Engenho Velho. Para isso, devemos nos valer das informações inseridas na exposição de motivos do Projeto Mamnba* para o tombamento do Candomblé do Engenho Velho. O primeiro a discutir o assunto dizia:

> A data de fundação remonta, mais ou menos, a 1830, de acordo com cálculos feitos por mim. Fundaram o atual Engenho Velho três negras da Costa de quem se conhece apenas o nome africano, Ìyá Deta, Ìyá Kala e Ìyá Naso. Há quem diga que a primeira destas foi quem lhe plantou o Axé, mas esta precedência não parece provável, pois ainda hoje o Engenho Velho se chama Ile Ìyá Naso. (Edison Carneiro, 1948.)**

---

* *Projeto de Mapeamento de Sítios e Monumentos Religiosos Negros da Bahia* — Prefeitura Municipal de Salvador, 1981.

** Edison Carneiro (1912-1972), escritor, era de Xangô. "Eu era, então, disputado como ogã pelo Engenho Velho e pelos Candomblés de Aninha e de Procópio. Mas não me confirmei em nenhum." (Ruth Landes, p. 162.)

Verger realiza, como sempre, um valioso apanhado de versões correntes e de testemunhos, os mais significativos sobre as origens:

> Os nomes dessas mulheres são eles mesmos controversos. Duas delas, chamadas Iyalussô Danadana e Ìyá Àkàlà, segundo uns, e Ìyá Nasso Oká, segundo outros, auxiliadas por um certo Baba Assiká [...] Iyalusso Danadana, segundo consta, regressou à África e lá morreu. Ìyá Nasso teria, pelo seu lado, viajado a Ketu, acompanhada por Marcelina da Silva [...] trouxeram de Ketu um africano chamado Bangboxe [...] O Terreiro situado por trás da Igreja da Barroquinha mudou-se por diversas vezes e, após haver passado pelo Calabar, na Baixa de São Lázaro, instalou-se sob o nome de Ile Ìyá Nasso na Av. Vasco da Gama, onde ainda se encontra.* (Pierre Verger, 1981.)

> Ìyá Nasso não é um nome próprio yorubá, antes um título altamente honorífico privativo da corte do Alafin de Oió [...] quem se encarrega do culto a Xangô. Na Bahia do século XIX povoados dos yorubás de várias origens [...] ninguém usaria o título de Ìyá Nasso se não tivesse autorização para fazê-lo [...] devo mencionar que Adeta é um nome yorubá; não seria, assim, uma forma abreviada de Ìyá Adeta sugerida por Carneiro (Edison), Ìyá Kala, este seria apenas um outro nome, ou uma série de nomes honoríficos de Ìyá Nasso, segundo a mãe de santo, Senhora do Opó Afonjá: "Ìyá Nasso Oió Acala Magbo Olodumare". (Vivaldo Costa Lima, 1977, p. 24/25.)

---

* Ver depoimento de Manoel Falefá, em Anotações, item 3, no final desta parte.

OS PRIMEIROS MOMENTOS DO CANDOMBLÉ NO BRASIL

Por ser visto como o mais antigo do Brasil nos ritos ketu, pela forma como foi organizado, é o que reúne o maior quadro sucessório entre as mais diferentes formas de Candomblé do Brasil. Designado como Sociedade Beneficente e Recreativa São Jorge do Engenho Velho, é dessa forma que foi registrado em cartório, no dia 2 de maio de 1945.

O nome do santo católico São Jorge, assimilado a Oxóssi no sincretismo afro-baiano, atenuou possíveis formas de opressão, fato comum na época. Mais tarde, a denominação ganharia um complemento: Ilé Àṣẹ Ìyá Nàsó Ọká. Oxóssi teria sido o primeiro orixá assentado em terras baianas, por ser a divindade da família real Arò, uma das nove dinastias de Ketu, com muitos de seus integrantes vindos para a Bahia escravizados. A saudação Òkè Arò seria uma reverência aos descendentes nos futuros ritos religiosos.* (Ver "O Candomblé do Alákétu".)

É mais conhecido como Casa Branca ou Candomblé do Engenho Velho, denominação do bairro onde se localiza por ser uma sociedade incomum, com episódios considerados didáticos, e que viriam a influenciar todas as formas de Candomblés no Brasil. Assim, vamos nos deter um pouco mais em sua história, abrindo parênteses para algumas análises

---

* Ver em Anotações, item 11, outra explicação para a expressão *Òkè Arò*.

dos momentos bastante significativos. De sua raiz religiosa surgiriam, no Rio, importantes casas seguidoras de suas tradições.

A data consagrada de seu início é, aproximadamente, 1835, que coincide com o momento da chegada sucessiva de contingentes escravos nagôs, conforme já vinha ocorrendo a partir de 1780. (Ver "Os Yorubás e Jejes"). Na leva de escravos chegados vinham sacerdotes e princesas, pessoas influentes dos reinos jeje e yorubá aprisionadas pelos daomeanos, trazendo suas divindades, suas crenças e costumes, juntamente com integrantes da família real Arò. Ao desembarcarem, seriam reconhecidos por aqueles que aqui já se encontravam, vindo a reconstituir, mais tarde, suas tradições esquecidas.

> O testamento de Marcelina foi aberto em 1895, o que faz supor a criação do Engenho Velho em 1835, 15 anos depois da Casa das Minas em S. Luis do Maranhão. (Verger em *Os Libertos*, p. 93.)

Nessa fase, o grupo yorubá, sob a liderança de Ìyá Nàsó e Bàbá Àsika ou Àşika — o andarilho, caminhante —, um conhecedor da arte de Ifá e do uso de ervas, organizou os primeiros momentos do culto próximo à Igreja da Barroquinha, no centro de Salvador. Não era o que hoje conhecemos por Candomblé, pois usavam o local para festejar os orixás e mantinham os assentamentos em suas próprias moradias. Souberam conservar as tradições religiosas africanas, debaixo de uma aparência católica, pela identificação santo-orixá, uma forma inteligente, confundida com a aceitação dos valores da Igreja. Para Verger, Àsika teria sido o fundador do terreiro. A filiação divina de Ìyá Nàsó é considerada para Òşun, sendo talvez esse o motivo de a linguagem popular do Candomblé dizer que foi esse orixá quem criou o Candomblé no Brasil. (Sobre Ìyá Nàsó e os títulos reais femininos responsáveis pelo culto a Şàngó, na cidade de Òyó, ver Anotações, item 9, no final desta parte.)

A difícil tarefa seria a de formar um panteão, agrupando o culto de todas as divindades em um só lugar, ao contrário do modelo africano, cujas práticas eram feitas separadamente em seus reinos de origem, lembrando, ainda, que essas divindades eram profundamente dependentes da história de cada cidade em que atuavam como protetoras. Ainda na Barroquinha foi criado um xirê, permitindo que todas fossem reunidas em um só panteão.

Não se sabe ao certo o responsável direto pela criação da modalidade de culto seguida até hoje, pois cada povo aqui chegado trazia na lembrança as próprias lideranças e tradições. É provável que houvesse uma participação conjunta com os personagens da época, os quais, mais tarde, viriam a se organizar em comunidades independentes, diferenciadas de acordo com suas origens étnicas. Nos atuais cultos à ancestralidade, alguns nomes podem ser relacionados e lembrados como Ésà; outros, porém, foram esquecidos:

Bàbá Àsika de Ọ̀ṣọ́ọ̀sì	Marcelina *Ọbà Tọ́sí*	*Bángbóṣé Òbìtìko*
Ìyá Nàsó Ọká	Ésà *Akẹ́san*	Joaquim *Ọbá Sànyà*
Júlia de Ọbà Dára	Ìyá *Adeta*	*Kayọde de Ọ̀ṣọ́ọ̀sì*
Ésà Àjàdì	Ésà *Adíró*	*Ọkarínde de Ṣàngó*
Ìyá Akalá	M Júlia de *Òṣàgiyán*	*Bàb Adeta Ọkanlédé*
Aholo de Azanodo	Otampe Ojarò	Gayaku Ludovina
Ọdẹ̀Àkọ́bí	Maria do Rosário *Òṣùmàrè*	*Bàbá Irufa de Ọ̀sun*

Grande parte do grupo era ligada ao culto de Ṣàngó, o que sugere que a participação desse orixá nos ritos religiosos era relevante, possivelmente pela inclusão do Òṣù e do Kele, como símbolos da iniciação, pelo obrigatório amalá semanal e pela sequência de cânticos denominada de Roda, ponto de partida para a manifestação dos demais orixás. Não foi uma tarefa fácil, prevalecendo o poder de mando. Com isso, rituais, cânticos e rezas foram criados e outros adaptados da cultura africana.

Na prática do culto, aplicaram-se os costumes e hábitos de época, sendo entendidos como tradições a serem seguidas e impedidas de sofrer alteração, sob pena de perda de Axé. O modelo adotado seria copiado por remanescentes africanos de origens diversas que aqui já estavam, criando, de certa forma, uma maneira única de culto, diferenciada pelo idioma e pelas tradições étnicas, e seria denominada de afro-brasileiro.*

A questão das datas é fundamental não apenas para o entendimento de épocas, mas também pela elaboração de rituais devidamente adaptados ao novo ambiente. Tentamos neste trabalho investigar a questão, mas encontramos incoerências nos relatos, e, por esse motivo, algumas datas não são precisas. Por haver raras anotações escritas, as informações ou pistas surgem pela tradição oral, o que possibilita equívocos naturais, pois a memória coletiva não guardou certos acontecimentos, principalmente naqueles com mais de 80 ou 100 anos. No dizer de alguns, as tradições orais não conhecem datas com precisão.

Com a evolução nas pesquisas, instrumentos mais aptos de busca e novos autores, foi possível reavaliar as tradições orais. A citação de diferentes nomes de pessoas em épocas diversas sugere que a criação do Candomblé da Barroquinha ocorreu em vários períodos, de acordo com a chegada de novas levas de escravos de origem yorubá. A Barroquinha era o local de encontro e reuniões.

Como a citação de nomes ocorre em espaços de tempo diferentes, é possível supor que o que se tornaria o Candomblé da Barroquinha tenha sido organizado por uma sucessão de pessoas a partir de 1798, com a leva de escravos yorubás que chegam a Salvador. Ìyá Adeta e familiares da linhagem real Arò, com o culto ao orixá Ọ̀ṣọ́ọ̀sì, inicialmente se reúnem em local próximo à Ladeira Berquó. No início do século seguinte, a Barroquinha e a Irmandade do Senhor dos Martírios tornam-se referência para a participação de novos grupos escravos, agora com Otampe Ojarò, que havia retornado da África, e que, talvez por diferenças, tenha se retirado para o atual Alákétu. Assume Ìyá Àkàlà, nomeando o grupo de Ilé Ìyá Omi Àṣẹ Aira Ìntilẹ̀, entre 1807 e 1812.

---

* Oxóssi viria a ser o dono da terra e cognominado de rei da nação Ketu e Xangô, o dono da cumeeira. A expressão de reverência real *Kábíyèsí* foi acrescida da palavra *ilé*, casa. Daí a denominação de *Kábíyèsílé* — o rei de nossa casa. Ver, deste autor, o que foi criado, estabelecido e adaptado, nos rituais de Candomblés, em *Ọ̀rún Àiyé — O Encontro de Dois Mundos*, Bertrand Brasil, p. 324/330.

308 | JOSÉ BENISTE

A partir de 1822, novos yorubás chegam à Bahia, surgindo nessa leva Àsika, agora ao lado de Ìyá Nàsó, já consagrada como a iyalorixá da Barroquinha. Nessa fase, ocorrerá a definição sobre a organização do culto a ser praticado, como resultado de tudo aquilo que foi discutido em décadas. Em 1837, Ìyá Nàsó viaja para a África com Marcelina, que, ao retornar, se tornará sua sucessora. A participação de Bángbóṣé seria mais tarde, após 1850.

ÌYÁ NÀSÓ E MARCELINA ỌBÀ TỌSÍ

É curioso notar que muitos negros, africanos e brasileiros, foram à África, mas retornaram para o Brasil, terra que os fez escravos, o que leva a crer que havia um projeto de vida a ser realizado. É o caso de Martiniano do Bonfim, Bángbóṣé, Otampe Ojarò, Theodoro Pimentel, Ludovina Pessoa, Cipriano Abedé, Benzinho e muitos outros. Enquanto a elite branca mandava os filhos para estudar em Paris, a elite de ex-escravos e libertos tomava o caminho da África. Certamente, havia a necessidade de recuperar tradições esquecidas e buscar conhecimentos atualizados, além de legitimar sua autoridade religiosa. Vinham desafricanizados, vestidos à moda ocidental e cientes de suas novas condições de vida. E foi dessa mesma forma que outros retornaram para a África e lá permaneceram, formando uma sociedade fechada, sem se misturar facilmente com os antigos compatriotas.

Após algum tempo na rotina de trabalhos, Ìyá Nàsó partiu para a cidade de Kétu ou Oyó, na África, em 1837, levando Marcelina da Silva e a filha desta, Maria Magdalena, com o desejo de rever seus conhecimentos religiosos e a possibilidade de trazer pessoas para ajudá-la na organização religiosa.

> Sem destacar esta possibilidade, não podemos deixar de levar em conta a conjuntura política da Bahia, naquele tempo. Dois anos tinham se passado desde a revolta dos malês [...] foi uma época de

vulnerabilidade, de perseguição e até de terror para a comunidade africana, sobretudo os nagôs. A polícia invadia seus domicílios subitamente e os prendia de forma arbitrária. Neste período, milhares de africanos libertos deixaram a Bahia para retornar ao continente mãe, alguns deportados, outros fugindo. (Luis Nicolau Parés/Lisa Castillo, p. 119.)

O grupo ficou entregue à Maria Julia Figueiredo de Oxum, chamada de Ìyálóde Erelú, da Sociedade Secreta Ògbóni. Retornam sete anos depois, tendo Magdalena permanecido na África, de onde só voltaria, já adulta, com mais duas crianças e grávida de uma terceira, Claudiana da Silva, filha de Magdalena e que se tornaria a mãe de Senhora do Òpó Àfọnjá. Além das crianças e netas, trouxe Bángbóṣé, um africano que seria fundamental na organização do culto no Brasil.

A versão mais provável é que Ìyá Nàsó fora à África com Marcelina e não retornara, pois havia morrido lá. Marcelina teria voltado a Salvador, alforriada, com a herança de bens e cargos, assumindo a liderança do grupo formado na Barroquinha. Passou a ter um alto poder aquisitivo que lhe permitiu adquirir várias propriedades e vários escravos, em uma época escravocrata, tendo sempre a preferência de serem de sua mesma nação nagô, o que facilitava a comunicação. Além disso, é provável que as mulheres fossem suas filhas de santo, da mesma forma como ela o foi de sua antiga senhora, Francisca da Silva.

Este é o relato tradicional que o tempo manteve a fim de que pudéssemos saber como o Candomblé se desenvolveu no Brasil. Distinguiam-se os personagens por meio da oralidade dos terreiros, mas, na maioria das vezes, não era possível identificá-los. Todos possuíam os nomes originais africanos ou títulos adquiridos. Aqui chegados, ganhavam nomes de "branco", porém, entre eles, usavam os nomes de origem. Nos casos de perda da relação do nome africano com o nome de branco, ficou difícil identificar certos personagens dessa rica história. Daí serem apenas lembrados pelos nomes de origem.

É o caso de Ìyá Násò, sempre reverenciada sem que houvesse maiores informações. A partir de Verger e, mais recentemente, de Luis Parés e Castillo, muitas situações obscuras começaram a ser esclarecidas mediante intensa busca. No registro de batismo de Sophia Clementina da Conceição, em 28 de setembro de 1834, consta a informação de que Marcelina era escrava de Francisca da Silva. Mais de cinquenta anos depois, quando Marcelina organizou seu testamento, mandava celebrar várias missas; entre elas, uma pela alma do seu ex-senhor José Pedro Autran e ex-senhora Franscisca da Silva, o que demonstra um vínculo afetivo ou de reconhecimento ao casal. Eram eles "pretos forros" nagôs, e com um bom poder aquisitivo, além de proprietários de escravos, fato comum entre os libertos na Bahia oitocentista. Na estrutura social baiana, fazia parte a instituição da escravidão.

Marcelina foi cativa do casal até 8 de novembro de 1836, quando comprou a própria liberdade, mas manteve-se ao lado de sua ex-senhora. Em fins de 1837, o casal José Pedro e Francisca da Silva viajam para a África, levando Marcelina, Maria Magdalena e outros alforriados, o que sugere ser a mesma viagem feita por Ìyá Násò, tornando-se impossível não a identificar com Francisca da Silva, líder do grupo, da qual Marcelina se lembrará no testamento de forma tão zelosa, além de sua senhora, mas também sua iyalorixá.

Quando, em Salvador, Francisca da Silva realizava encontros na casa da Ladeira da Glória, sugerindo que ali funcionava um Candomblé, com cânticos em nagô e alguns com vestimentas brancas e vermelhas, se dava uma devoção clara ao orixá Ṣàngó, culto em que os filhos de Francisca tinham função definida. Thomé era nagô de Oyó, o que significa que sua mãe também seria de Oyó, sendo Ìyá Nàsó um título ritual usado por uma sacerdotisa do culto a Ṣàngó, reforçando mais ainda a hipótese de Francisca ser a lendária Ìyá Nàsó.

O QUADRO DE SUCESSÃO

Marcelina Ọbà Tọsí* — o rei digno, justo, poderoso — assume o grupo tendo ao seu lado personagens valorosos como Bángbóṣé, Maria Julia Nazareth de Bàyànnì, Maria Julia de Oxum e Ọbà Sànyà. Aninha era ainda uma adolescente. Foram importantes na condução e na evolução do grupo, na elaboração dos ritos, cânticos e práticas coadunantes com a civilização que tomariam parte de modo definitivo. A vinda de Bángbóṣé para uma terra com ideias escravocratas e discriminatórias, onde tudo era baseado em tradições orais sem a palavra escrita somente se justificaria para essa finalidade. Assim, havia a necessidade de uma reavaliação da memória coletiva e dos valores esquecidos, que, de qualquer forma, sofreriam várias adaptações.

Em 1866, Marcelina se casa formalmente com o africano liberto Miguel Vieira. O fato era comum entre os libertos, que buscavam nos parceiros uma identificação étnica que permitisse a continuidade de suas tradições, sem a intervenção da gente branca. Igualmente, viviam sob uma aparência católica, a fim de não serem molestados diante de uma intenção muito discreta de conservarem suas tradições religiosas. A oralidade sempre foi a grande arma dos africanos.

Em 1851, o grupo passa a se reunir em outras localidades de Salvador, porque, presidente da Província da Bahia, Francisco Gonçalves Martins iniciara a urbanização da Barroquinha, removendo o grupo africano para realizar a pavimentação e o traçado de novas ruas. Instala-se em definitivo no local atual, a partir de aproximadamente 1855, em um barracão de sapê, escondido no meio de uma pequena colina, entre folhagens e grandes árvores. Era um local estratégico e bem escondido, como devia ser tudo instituído pelos negros naquela época. Essa mudança para um

---

* Marcelina em alguns relatos é citada com o título de *Ìyá Nàsó*, o que dificulta algumas interpretações. Eram pessoas distintas umas das outras. Outro título de Marcelina: *Òsìpá Ọbà Tọsí*, "o braço de Ṣàngó". Em outro relato, o oriki de Marcelina é *Aṣipa Borogun Ẹlẹ́ṣẹ Kan Gọngo Ọbà Tọsí*.

espaço maior certamente proporcionou condições para a prática de rituais mais bem elaborados, além de substituir o culto individual para um em grupo.

É importante observar que as datas não coincidem, pois alguns relatos informam a cisão de Maria Julia de Figueiredo com Maria Julia de Nazareth, em 1885, por ocasião da sucessão de Marcelina, ocorrida quando o Terreiro ainda se localizava na Barroquinha, na Ladeira Berquó*. E mais, quase simultaneamente, com a fundação do Gantois, o Engenho Velho se mudou para o trecho chamado Joaquim dos Couros, no Caminho do Rio Vermelho, onde se encontra até hoje.

O aspecto do barracão em 1895 pode ser assim descrito, graças à escritura de venda e compra extraída do Arquivo Público do Estado, em 19 de fevereiro de 1895, na gestão do Terreiro por Tia Ursulina, o qual, na realidade, foi uma doação feita pelo comerciante Hermenegildo de Azevedo Monteiro à Sociedade:**

> Casa de taipa, coberta de telhas, sita à Est. Dois de Julho, edificada em terreno arrendado [...] com 150 palmos de frente e com salão, seis quartos, varanda ao lado, cozinha e mais um cômodo que serve de dispensa [...] que vende a Ursulina M. Figueiredo pela quantia de 560 mil réis.

A mudança para espaços maiores permitiu a realização de rituais que não aconteciam antes. Uma pergunta se torna necessária: como seriam as iniciações feitas em quartos com diferentes ritos e saídas? Pelo menos as roupas poderiam ser comuns, pois já faziam parte da vestimenta dos negros, antes e após a libertação. Passou a ser uma marca registrada pelo tempo. Os espaços maiores conquistados criaram novos conceitos de rituais com os mitos mais bem vivenciados.

---

* Nomeada sobre o ouvidor Francisco Antonio Berquó da Silveira, em 1760.
** O atual endereço do Engenho Velho é Av. Vasco da Gama, 463, antiga Estrada Joaquim dos Couros, em uma área de 6.804 m², segundo os registros do Tombamento.

HISTÓRIA DOS CANDOMBLÉS DO RIO DE JANEIRO | 313

O falecimento de Marcelina ocorre em 27 de junho de 1885, sendo sua sucessora e afilhada Maria Julia de Figueiredo de Ọ̀ṣun Ọmọníké* — a filha carinhosa. A escolha não agradou à outra Maria Julia da Conceição Nazareth de Bàyànnì, que se retira para vir fundar o Candomblé do Gantois. Em seu registro, o ano de fundação do Gantois declarado é 1849, o que revela um equívoco de datas. Talvez seja provável que o Gantois já estivesse sendo organizado, e a sucessão representaria um pretexto para a saída da casa. Esse fato, porém, abriria o precedente para que, mais tarde, Aninha também fizesse o mesmo.

A não aceitação da pessoa escolhida após a morte da titular será marcante para a ampliação das casas de Candomblé no Brasil. A história de um grande número de Terreiros tem início após esses acontecimentos.

A pessoa se sente desobrigada de permanecer, não encontrando motivo de respeito a quem quer que seja por não ter mais a sua líder presente. Abre a sua própria casa, fazendo o que deseja por algum tempo e vindo, mais tarde, a manter vínculos com a casa matriz. Esse novo contato e a necessidade de manter todos unidos para fortalecimento da religião superaram conceitos pessoais. Isso ficou marcado com a criação de um cântico, Arákéture, sempre entoado durante as mais diferentes celebrações, conclamando todos à pratica da irmandade:

*"F'ara imọ́ra Olúwo***	"Usamos o corpo para nos saudar
F'ara imọ́ra	e nos aproximar
Arakétu 'wúre	Povo de Kétu, nos abençoemos
F'ara imọ́ra"	e nos abracemos"

---

* Há quem a chame de Ominíkẹ́ — as águas têm carinho.

** Olúwo é um título muito utilizado nos cânticos de Candomblé para reverenciar os antigos líderes dignos do maior respeito pela sabedoria e conhecimento. 2. imọ́ra = imára — Ver em anotações, item 29, esse cântico sob a ótica de Martiniano do Bonfim.

314 | JOSÉ BENISTE

Em outros casos, a dissidente prefere retirar seus assentamentos da casa, quando isso for possível, passando a cuidar deles pessoalmente até que encontre outro grupo para tomar parte. Faz o ritual de tirar a mão da falecida, passando a ser parte integrante do novo grupo, com novas obrigações. Em alguns casos, pode sofrer o processo de raspar a cabeça novamente.

Maria Julia Ọmọníkẹ́ faleceu em 1892. Bángbóṣẹ́ e Ọbà Sànyà queria que Aninha, já com 23 anos, assumisse. Entretanto, como estavam ausentes, em Recife ou no Rio, a sucessão caberia a Antonia, sua substituta legal, ou Luzia, a mãe-pequena. No fim das contas, quem assumiu foi Ursulina Maria de Figueiredo (1852-1925), mais conhecida como Tia Sussu, de Ọ̀ṣun Kare Yèyé Oke e sobrinha da falecida. Aninha se retira com sua gente e vai para o Terreiro de Ọbà Sànyà em local próximo ao Engenho Velho, vindo a fundar a própria casa, mais tarde, em 1910. Ver em Martiniano do Bonfim o pensamento da época sobre a idade favorável a uma sucessão.

"A rí 'dẹ bẹ o	"Nós vimos os metais que brilham
Omi ró wàràwàrà	Como as águas do rio correndo rapidamente
Omi ró	Produzindo sons
A fi' dẹ kọ́ mọ́ lọ́rùn	Nós usamos esses metais brilhantes
Omi ró wàràwàrà	Que produzem sons como as
Omi ró	Águas da Oxum
A fi' dẹ kọ́ mọ́ lọ́rùn	Usamos os metais fazendo sons
Omi ró wàràwàrà	Como as águas dos rios
Omi ro"	Correndo rapidamente"

Sussu faz uma gestão progressiva e com muitos méritos, como a legalização do terreno e outras benfeitorias. Depois de sua morte em 1925, o cargo é entregue a Maximiniana Maria da Conceição (1859-1962), mais conhecida como Tia Massi, de Indako, outra forma de Oxaguiã, entre os povos Tápà, cujo nome dado foi Iwin Fúnkẹ́.*

---

* *Iwin*, espírito, entidade sobrenatural. É um nome que acompanha as pessoas iniciadas para Oxalá. Especificamente, nesses casos, é usada a palavra *Oyin*, talvez por questões de pronúncia similar. *Fúnkẹ́-Oxalá* dá carinho, acalma e cuida.

Em 1956, é construído o barco de Ọṣun, uma construção na parte plana de acesso e por trás do posto de gasolina Príncipe, que existia na frente da avenida. Foi construído em volta de uma cajazeira, tendo passado por reformas até ficar com o aspecto atual. Em 1993, o posto virá a ser demolido para a construção da Praça de Ọṣun, projetada por Oscar Niemeyer, em uma área de 1.200 m² com escultura de Caribé. Tia Massi cercou-se de pessoas importantes que muito a auxiliaram, como Jilu, nascida Januária Maria da Conceição, uma equedi exemplar de Omulu, cujo conhecimento ultrapassava o que sua condição hierárquica permitia. Possuía o título de Equedi Bejó. Algumas filhas iniciadas por Tia Massi virão para o Rio abrir suas casas, como Nitinha Ojú Ọdẹ, Amanda Ìyá Ẹ̀fọ̀n e Zezé de Iansã, já desligada do Gantois, Álvaro de Ọ̀ṣọ́ọ̀sì, feito ogã e mais conhecido como Álvaro Pé Grande, abrindo casa de santo muito conceituada no bairro de Jacarepaguá.

Sobre essa questão de iniciação masculina, o Candomblé do Engenho Velho se mantém firme até os dias atuais com homens iniciados somente na categoria de ogã. E mais, em 1938, Ruth Landes,* em uma visita ao Candomblé, viu reprovação de todos diante da manifestação inesperada de uma divindade em um visitante da casa de Procópio. Uma semana mais tarde, ao voltar ao local, anotou os dizeres de um aviso colocado no salão central: "Por meio deste, pede-se aos cavalheiros o máximo respeito. Os homens são proibidos de dançar entre as mulheres que celebram os ritos deste templo."

> Aquela placa foi colocada para evitar que pessoas viessem para a Casa dos outros dando aqueles santos esquisitos, para poder ver, para poder entrar [...] foi este o motivo. (Jilú, Equedi Bẹjọ, fevereiro de 1978.)

> O Bogum só faz mulher [...] aqui homem só é confirmado [...] o santo dá o nome, ele senta. Não raspa nem nada. (Doné Nicinha, março de 1978.)

---

* *A Cidade das Mulheres*, p. 59/60.

316 | JOSÉ BENISTE

Esse padrão de comportamento nunca foi seguido por aqueles que viriam a abrir Candomblé em outros Estados, por esse núcleo de iniciados portador ser de uma ajuda financeira substancial para a manutenção dos Terreiros instalados. (Ver "A Participação Masculina e Homossexual".)

Como vimos, o Candomblé foi criado para uma iniciação feminina, que motivasse a manifestação de divindades. Essa seria uma das razões de o jogo de búzios ter-se firmado no Brasil, como prática divinatória, em detrimento ao Ifá e Ọ̀pẹ̀lẹ̀I, os jogos para consulta por excelência, na África, e somente por homens. Explica-se: os búzios tanto podem ser utilizados por homens como por mulheres, havendo até a consciência de que foi Ọ̀ṣun quem inventou o jogo de búzios no Candomblé. Conforme visto anteriormente, o fato de Ìyá Nàsó ter sido de Oxum provavelmente explicaria esse pensamento. Outro fato estaria relacionado a uma história de Ifá.

Por outro lado, não se podia entender, em uma época machista e patriarcal, homens com roupas de mulheres, como Iansã, Yemanjá etc., usando saias e adereços, torsos, batas e pano da costa. Às mulheres era permitido o uso de roupas de orixás masculinos, como Xangô e outros. O sistema de acomodação do Candomblé, para se ajeitar a tudo de acordo com interesses diversos, permitiu que as casas que viriam a admitir a iniciação masculina tomassem a iniciativa do costume de usar bombachas, ou seja, orixá feminino em homem, com saiote curto e calçolão. Com o decorrer do tempo, muitas casas aboliram essa ideia e tornaram homens com orixás femininos verdadeiras senhoras paramentadas, com tudo a que tinham direito. Por outro lado, a palavra ìyàwó, esposa no idioma yorubá, permaneceu para definir qualquer um que se iniciasse. (Sobre o assunto de vestimentas, ver o capítulo "A Transformação das Vestimentas de Santo".)

Com o falecimento de Tia Massi, em 1962, aos 103 anos, assumiu Maria Deolinda dos Santos, também chamada de Papai Ọkẹ́, pois era de Ọ̀ṣàlúfọ́n, Iwindẹja, porém teve uma gestão curta, não chegando a tirar nenhuma ìyàwó. O axexê foi presidido por Mãe Senhora e o jogo para a escolha foi feito com a presença de Nézinho da Muritiba.*

---

* Este jogo, também, é indevidamente creditado a Agenor, que se disse "autor de todos os jogos de sucessão", o que não corresponde à realidade do Candomblé e desmerece os demais olhadores.

HISTÓRIA DOS CANDOMBLÉS DO RIO DE JANEIRO | 317

A nossa mãe (Senhora) foi à Casa Branca para o fim do axexê com a sua presença e o seu "saber fazer" [...] Mestre Nezinho, e certos números de pessoas que participaram, comentavam os detalhes finais. [...] durante a sessão de adivinhação feita por Nezinho para designar a nova Mãe e suas ajudantes, sob a presidência de Senhora, Oke foi designada para tomar sequência de Tia Massi. Certos grupos, que teriam preferido ver designada outra mãe, não ficaram contentes. Mas era a vontade de Tia Massi, e eles tiveram que se inclinar. (Verger em carta a Vivaldo Costa e Silva, 8 de agosto de 1962.)

Com a morte de Oké, a direção do Engenho Velho foi entregue a Juliana Baraúna, conhecida como Teté de Iansã, mãe-pequena, que teve uma rápida gestão. Viria, mais tarde, abrir um Candomblé no Rio, na década de 1940, em Guadalupe. No período de 1969 a 1984, assumiu Marieta Vitória Cardoso, de Òsun Niké — Oxum tem o carinho —, que morava no Rio, com Terreiro em Coelho da Rocha, advindo daí alguma dificuldade na condução do Candomblé de Salvador. Desde 1985, o Engenho Velho está entregue a Altamira Cecília dos Santos, filha carnal de Mãe Oké, e iniciada por Massi, e mais conhecida como Tatá de Òsun Tomiwa — Oxum é a dona de nossas águas — escolhida, dessa vez, pelo jogo de Agenor Miranda.

Em 1982, foi tombado como Patrimônio da Cidade de Salvador, e, em 1984, como Patrimônio Histórico do Brasil.

CRONOLOGIA DO ENGENHO VELHO

1780 Chegada do contingente escravo jeje-nago, a partir dessa data.

1835 Início das reuniões na Ladeira Berquó, na Barroquinha, atual Visconde de Itaparica.

1837 Viagem de Ìyá Nàsó, Marcelina, Magdalena para a África.

1844 Retorno apenas de Marcelina que veio acompanhada de Bángbósé. Ìyá Nàsó permanece na África, e Marcelina assume o grupo.

1851 Início da urbanização da Barroquinha, o que motiva o grupo a se afastar em busca de outro local para se reunir.

318 | JOSÉ BENISTE

1855   O grupo se instala definitivamente no Caminho do Rio Vermelho, atual Vasco da Gama.

1855   Falecimento de Marcelina, assume o grupo Maria Julia Ọmọníkẹ́. Maria Julia da Conceição Nazareth se retira para fundar Gantois em 1890.

1866   Iniciação de Aninha Ọbà Bíyí.

1892   Falecimento de Ọmọníkẹ́, assume Ursulina Maria Figueiredo. Aninha se retira do Engenho Velho com Tio Joaquim.

1910   Aninha funda o Àṣẹ Òpó Àfọ̀njá, em São Gonçalo do Retiro.

1925   Falecimento de Ursulina, assume o Axé Tia Massi.

1945   O Engenho Velho é registrado em cartório como Sociedade Beneficente e Recreativa São Jorge do Engenho Velho.

1946   É construída a escada de acesso ao Barracão, em alvenaria.

1956   É construído o Barco de Oxum na parte plana do Axé, vindo a passar por algumas transformações.

1962   Falecimento de Tia Massi, assume Deolinda dos Santos.

1963   Reforma total com a substituição de todas as paredes de taipa por paredes de alvenaria, com a construção da casa dos ogãs, financiada pela prefeitura de Salvador. Por perda de mandato do prefeito, a conclusão ficou entregue aos membros do Candomblé.

1968   Falecimento de Deolinda, assume Marieta de Oxum.

1982   Tombamento como Patrimônio da Cidade de Salvador, e, mais tarde, em 1984, como Patrimônio Histórico do Brasil.

1984   Falecimento de Marieta, assume Tatá de Oxum.

1993   O Posto de Gasolina Príncipe é demolido para a construção da Praça de Oxum, projeto de Niemeyer.

O AXÉ DO ENGENHO VELHO NO RIO

Para o Rio, veio Marota de Ògún, que não abriu casa. Depois veio Senhorazinha, nascida Maria da Trindade, de Ṣàngó Aganjú Ọbalọ́rọ̀ — o rei tem a riqueza —, uma filha de Ursulina. No Rio abriu casa, o Terreiro de São Gerônimo e Santa Bárbara, inicialmente, em Santo Cristo e, depois, no bairro do Pantanal, em Duque de Caxias. Era uma senhora gorda e simpática, que vendia seus quitutes de tabuleiro no largo da Carioca. Em virtude de um problema no pé, perdeu o calcanhar e os dedos de um dos pés, e depois do outro, o que a impediu de andar, mas não de se manifestar com Xangô.

> Ela largava as muletas, ficava de pé e dançava e ninguém entendia como ela conseguia se equilibrar. Todos tentando ampará-la, mas não precisava, ela não caía e nem cambaleava. Ela era incrível. (Ajàlèyí, março de 2003.)

Maria José da Silva, mais conhecida como Zezé de Iansã (1907-1975), do Gantois, juntamente com seu marido que era ogã, foi iniciada em 2 de fevereiro de 1932. Mais tarde, foi para o Engenho Velho, onde Massi cuidou dela e fez sua obrigação de sete anos. Tinha Terreiro em Salvador, mas era de Caboclo. Veio para o Rio a passeio em 10 de novembro 1948 e decidiu ficar. Abriu sua Casa em São Mateus, em 1950, dez anos depois, foi para o

320 | JOSÉ BENISTE

bairro de Tomazinho, também na Baixada Fluminense. Criou um grande conceito pela qualidade de pessoa que era, vindo a falecer em 15 de dezembro de 1975, aos 68 anos. Atualmente, sua filha, Maria da Gloria de Oxóssi, está à frente da Casa.

Areonithes da Conceição Chagas (1929-2008), mais conhecida como Ìyá Nitinha, foi iniciada na gestão de Tia Massi. Com pouco mais de 4 anos, começou a passar mal, e Massi pediu ao babalaô Martiniano do Bonfim que fizesse um jogo, por meio do qual percebeu que não era doença, mas, sim, Oxum. Tia Massi a incluiu em um barco que tinha Teté de Iansã, sendo Amanda de Jàgún sua mãe-criadeira. Fez Ọ̀ṣun Ominibú, com o nome de Ọ̀ṣundé — Oxum chegou ao seu destino. Receberia o título de Ojú Ọdẹ — os olhos do caçador — e, em 1962, recebeu o posto de Òsì kékeré, a terceira mãe-pequena no Engenho Velho. Mais tarde, acumularia as funções de Ọ̀tún kékeré e Ìyá tebeṣe, e teria o título de Ìyágan, no culto de Babaegun das Amoreiras. Possuía um forte enredo com o Inkise Tempo, como punição por ter feito uma violenta crítica na época. É de uma família em que somente sua madrinha era de Candomblé:

> Eu tinha aberto Candomblé em Pitangueira, quando minha mãe morreu, eu tinha 40 anos de iyalorisha. Aí eu disse que não queria saber mais de Candomblé. Tanto que Mira de Oxum, minha primeira filha de santo, tem 40 anos de feita. E, em 1963, vim para o Rio de Janeiro, indo morar em Realengo à rua Santuária ou Cristóvão de Barros. Aí apareceu um filho de Lógun Èdè, eu fiz o santo dele e fiquei por aqui. Fui muito ajudada por Florzinha, atual Ìyá kekere, Iraci, Mariana [...] Eu sou de Oxum e gosto muito de Obaluaiê. Eu tenho 3 Oxuns. (Nitinha da Oxum, maio de 2001.)

Em 1969, foi para o bairro de Miguel Couto, à rua Tamoios, 99, fundando Àṣẹ Ìyá Nàsó Ọka Ilé Ọ̀ṣun e a Sociedade Nossa Senhora das Candeias. Seu primeiro barco nessa casa foi há 35 anos, com uma filha de Aurelino da Encarnação, Vilma de Oxóssi. Extremamente dedicada à sua condição de iyalorixá no Rio de Janeiro, tornou-se muito competente nos atendimentos, o que fez crescer o prestígio de sua casa. Em abril de 2005, foi a escolhida pela Presidência da República para fazer parte do grupo que participaria dos funerais do Papa João Paulo II, no Vaticano, ao lado de outros líderes religiosos, mas não pôde comparecer.

> Em princípio eu não acreditei. Só depois que me ligaram confirmando tudo é que eu comecei a me preparar. Mas, no dia, eu cheguei atrasada no aeroporto. (Nitinha, 2005.)

Como muitas zeladoras que vieram da Bahia, seus assentamentos de santo continuam no Candomblé de origem.

> Em Salvador, onde meu santo está, é na festa de Oxóssi que eu carrego a cabeça do boi. Só eu que carrego. É a primeira casa de candomblé, muito tradicional, o que se faz lá, não se faz exatamente aqui no Rio. (Nitinha, 2002.)

Tinha o cargo de mãe-pequena e, por esse motivo, fazia constantes viagens a Salvador, para cuidar de suas obrigações e orientar nas festividades tradicionais do Engenho Velho. Foi em Salvador que faleceu em 4 de fevereiro de 2008, aos 79 anos, após doze dias internada no Hospital de Brotas. Deixou três filhos carnais, ogã Júlio, iniciado em Miguel Couto, Arielson, mais conhecido como Léo de Oduduá, e Gininho de Oxalufã (1950-2013), todos confirmados no Engenho Velho. Assumiu a casa Débora de Ọṣun Yepọnda, neta de Ìyá Nitinha, filha carnal do ogã Léo.

> Há pessoas que têm medo de botar a mão em minha cabeça, minhas irmãs, isso é muito chato, mas eu mesmo dou o meu bori, Exu come comigo, porque o santo que eu fiz está lá em Salvador, no Engenho Velho, aqui minha mãe-pequena trouxe as duas. Dá uma satisfação ao público e aos meus filhos, não é todo mundo que pode ir a Salvador. Aqui é a casa dos filhos de santo, porque a minha é lá no Engenho Velho. A responsável lá é minha irmã Altamira Cecília, mas ela não faz nada sem a minha presença. A Teté é a Ìyá kekere e eu sou a otun kekere e sou a Ìyá tebexê que tomo conta da sala.

322 | JOSÉ BENISTE

Sou Ojú Odé, que carregou a cabeça do boi, e faço o orô de Corpus Christi. (Nitinha de Oxum, 2006, *"Gemas do Candomblé"*.)

Nitinha foi filha-pequena de Amanda de Jesus Machado (1988-1985), de Ọmọlu Jàgún, Bàbá Dáni* — o guerreiro vencedor —, nascida em Feira de Santana. Foi iniciada por Julia Bángbóṣé, mãe de Benzinho de Ògúnjà, na casa de Aprígio, em Salvador. Ao morrer Vovó Julia, ela foi para o Engenho Velho e lá tirou a mão e recebeu o cargo de Ìyá Èfòn, no período de Tia Massi. Veio para o Rio em 1959 e, como as demais futuras iyalorixás, como Bida, Dila, Regina, passou a manter um tabuleiro de venda de doces de rua. Abriu a própria casa em 1960, no bairro de Coelho da Rocha, a Associação Afro-Brasileira São Francisco Xavier 1º do Engenho Velho, tornando-se muito ativa no relacionamento com outras dirigentes com casas abertas. Foi mãe-pequena de algumas ìyàwó da casa de Agripina, que, por sua vez, foi a madrinha dos atabaques ofertados pelo ogã Gervásio. Ao falecer, o terreiro acabou, vindo o Axé a ser continuado por Wanderley do Carmo Luis Ribeiro, Ifáṣínà(n) — Ifá abre os caminhos —, nascido em 1963, de Ṣàngó Aira Intilè, com seu Terreiro, o Ilé Omi Àṣẹ, ficando, na época, sob os cuidados de Regina Bángbóṣé.

Demais integrantes: Teté de Iansã, Juliana da Silva Baraúna (1916-2006), Ọya Túnkẹ́sí** — Iansã colocou tudo em ordem de novo — bordadeira de profissão, com Terreiro em Ricardo de Albuquerque; quando Marieta de Òṣun faleceu, não houve continuidade da casa; Elza de Yemọjá, falecida em 2005, com Candomblé em Vilar dos Teles, filha de Massi, e irmã de barco de Tatá de Òṣun, tendo completado suas obrigações com Álvaro Pé Grande, no Rio.

Walace Antonio Ferreira Mota, Àjàlèyí de Ògún — este é aquele que luta —, nascido em 1946, iniciado em 1960 e com casa aberta em 1969, onde está até hoje, no bairro de Vilar dos Teles. Detentor de um grande conhecimento sobre as particularidades do Candomblé no Rio, foi iniciado por Guilhermina

---

* A mãe de Martiniano do Bonfim tinha esse mesmo *orukọ́*.
** Outra forma: *Ọya Túnkẹ́sí* — Iansã de novo nos visitou e saudou. Os nomes yorubás são formados por meio de contrações de palavras que poderão ter significados diferentes em razão da diferença de tons e forma de pronúncia.

HISTÓRIA DOS CANDOMBLÉS DO RIO DE JANEIRO | 323

de Òṣàlá Òṣàgindéyí, filha de santo de Vidal e esposa de Sansu, da casa de Deondá. Por questões pessoais, foi encaminhado para Damiana Antonia da Silva, de Ṣàngó Ọbakayọ̀dé e Teté de Iansã:

> O posto de babalorixá foi deixado pelos meus ancestrais há 50 anos. O santo de meu avô, Bernardino de Baru, era baiano da Barroquinha que tinha sido feito com Jibemin de Omulu, e estava em uma casa de uma senhora, tia Dina de Yemanjá, filha de santo de Benzinho e que morava na Piedade. Eu, com seis anos de feito, ela mandou me chamar e disse que tinha de ser meu o Axé. (Ajàlèyí, agosto de 2003.)

José Flávio Pessoa de Barros, Bàbá Ajítọlá — aquele que se ergue por ter dignidade — (1945-2011), iniciado por Nitinha da Oxum para Oxaguiã, abrindo casa em Cachoeira de Macacu, era professor, especialista em antropologia, escritor autor de diversos livros sobre a religiosidade afro, e, além do saber da religião, tinha o saber acadêmico. (Ver "Conclusões — Ampliação do Espaço Físico".)

O candomblé ali era sempre muito lindo, cercado de árvores, era também um polo cultural e de resistência ancestral. Junto com o candomblé, José Flavio divulgava a valorização de outras expressões culturais, como o canto celebrado pelo lindo coral dirigido pela sua esposa e equedi Lucinha. Sua obra engrandeceu o Candomblé e ajudou a construir uma nova via de comunicação. (Babalorixá Márcio de Jàgún, 2011.)

Com o falecimento dele, a sucessão foi entregue a Lucas Minervino de Oxaguiã, Bàbá Tálàgbè — o pai do manto branco lhe dá apoio —, assumindo com a orientação de Anderson de Oxaguiã, em razão de ainda não ter completado suas obrigações.*

> Com o tempo minha relação como filho de santo na casa foi evoluindo humildemente e criando aos poucos um laço familiar e espiritual muito forte, até o momento em que eu não via meu pai de santo como aquele a que se deve abaixar a cabeça quando se passa, entre outras regras

---

* Posteriormente, ele assumiria em definitivo a direção do Terreiro.

que a hierarquia nos submete a cumprir, mas como um Pai de verdade. (Lucas de Oxaguiã, 2013.)

O que deve ser observado com relação às casas de Candomblé que se instalam longe da casa matriz, como no caso de Salvador e Rio, é que raramente o modelo de culto se mantém intocável. E isso serve para todos os Axés que relatamos. A distância e a ausência de um controle rígido, as diversidades cultural e social são fortes fatores que motivaram alterações nos rituais e procedimentos entre os membros da casa. Isso significa que uma casa de Candomblé que venha a ser aberta nunca será exatamente igual à casa matriz de onde o titular teve origem. E assim por diante, na sequência de iniciações com os filhos de santo, netos e demais parentes. As gerações seguintes terão esse mesmo problema, devido à mudança de época e transformações sociais diversas que sempre influenciam o comportamento de uma sociedade.

> No momento não há profundas diferenças nos atuais Candomblés. Mas, provavelmente, essas diferenças irão se acentuar com o correr do tempo porque o que era antigamente reservado e quase secreto está se revelando para o público cada vez maior com essas qualificações de turismo, de imprensa e TV etc. Muito provavelmente essas coisas sigilosas pertencentes a um pequeno grupo terão, assim, uma amplitude maior e isso é prejudicial a essas tradições, que são tradições não escritas e que irão se desgastando ou mesmo se perdendo com as religiões populares. (Edison Carneiro, a este autor, 6 de outubro de 1971.)

OUTRAS UNIDADES DESCENDENTES

Marcelo e Martha de Oxaguiã, esta já falecida em 3 de março de 2006, Lourdes de Iansã (1938-2012), Humberto Gonçalves de Jesus, mais conhecido como Odési de Cabuçu (1957-1995), iniciado em 1975, Gustavo de Ogum, Wilson de Lógun Èdè, Humberto de Ogunja, Elza de Yemanjá. (Ver "Depoimentos Complementares", item 14.)

O AXÉ DE ÁLVARO PÉ GRANDE

Álvaro Antonio da Silva era de Omulu, natural da Bahia e confirmado Ogã de Ọ̀ṣọ́ọ̀sì de Sinhá Eugênia do Axé do Engenho Velho. O fato gerou algumas críticas internas, pois ele havia sido apontado ogã da finada Lucia de Omulu Jibosi.

> Ele foi confirmado por uma graça que deram a ele, Tia Massi e aquelas senhoras antigas, porque houve um temporal que desbarrancou os quartos no Engenho Velho que botou todos os assentamentos abaixo. E ele, como era molecote ali na Av. Vasco da Gama, disse "pode deixar, minha tia, que eu vou arrumar uns colegas e tirar tudo debaixo dos escombros". Então ele, juntamente, com os demais, fez tudo. E por causa disto foi agraciado como ogã de Oxóssi. Parece que, quando foi confirmado, ele tinha 12 anos. Foi ogã da finada Ọdẹsi, mas não se confirmou com ela porque era muito velhinha. (Aderman, março de 2003.)

Aderman supõe que ele foi confirmado aos 12 anos. Muito tempo depois, abriu um Candomblé em Brotas, na rua Maria Peixoto, 18, e tirou sua primeira ìyàwó, Matilde de Santana, conhecida como Filhinha de Oxalá. Veio para o Rio de Janeiro e abriu Terreiro, inicialmente no Campinho e, depois, na Estrada da Covanca, 816, em Jacarepaguá, graças às boas

326 | JOSÉ BENISTE

relações com pessoas ligadas à política. Aqui, dava comida ao Şàngó de Senhorazinha e inaugurou a roça de Elza de Yemanjá, tendo um bom relacionamento com todos de sua raiz.

Seu primeiro barco foi com Bonifácio de Èxù, que abriu terreiro em Salvador. Recebeu seu apelido pelo fato de ter o pé grande, o que obrigava a usar sapato sob medida. Quando calçava as meias, tinha de puxá-las, e assim furava as pontas com os dedos dos pés. Diziam que tinha a sola dos pés tão grossas, que apagava charuto com uma só pisada. Também era conhecido por Álvaro Akasá, por vender esse quitute. Tinha um temperamento reservado e procurava saber quem eram as pessoas que o procuravam. Faleceu em 10 de janeiro de 1968. Segundo Aderman, a data foi 30 de janeiro de 1965.

> Eu ajudava a fazer pano-da-costa na casa de Pequeno do Pano-da-
> -Costa*, Emídio Bispo Alves, de Omulu Jifunké, em Salvador, e onde
> meu pai era axogun. Eu fui confirmado ogã pela Oxum de Lili, Car-
> linda da Silva de Oxum Aláfúnké, que por sua vez era filha de Joana
> de Ògún Tolu, do Axé Língua de Vaca. Eu sou de Xangô e Òsányìn.
> Conheci muito o Bernardino, Procópio, Vidal, Cotinha, Flaviana,
> Aprígio, Ventura. Eu fui ao axexê de Zé do Vapor, quem me levou foi
> Neive Branco. Foi quando o Álvaro Pé Grande me mandou chamar
> para ajudar no barco aqui no Rio que tinha Detinha de Xangô, um
> Èxù, de Bonifácio, Constância que, mais tarde, seria mulher dele,
> era um barco de cinco ou seis. Foi em 1950. Quem foi me buscar foi
> Xangozinho, filho de santo de Álvaro e primo de Luis da Muriçoca,
> e aí viemos eu e mais umas pessoas. Fui eu que cortei e cantei lá no
> terreiro dele, lá em Jacarepaguá. Depois eu voltei para a Bahia e re-
> tornei para o Rio, mais tarde, onde estou até hoje. (Luis Bangbala**.)

---

* Era também desta casa, Luis Alves de Assis (1918-2002), mais conhecido como Luis da Muriçoca, que se destacou pela gravação de dois LPs, com cânticos de Candomblé, em 1968 e 1971.

** Luis Ângelo da Silva. Bangbala = Ajude-me a erguer a honra e a fortuna. Um dos ogãs mais conceituados do Rio de Janeiro.

HISTÓRIA DOS CANDOMBLÉS DO RIO DE JANEIRO | 327

Aderman Francisco da Cruz, Aderman de Yánsàn Ìgbàlẹ̀ (1919-2004), foi iniciado por Álvaro, em 1958, no mesmo local em que viria a abrir o próprio Terreiro, na Pechincha. Primeiro-Sargento da Marinha, correu o mundo em suas viagens, tornando-se uma pessoa culta com o objetivo de ser cantor lírico. Era sempre convidado a se apresentar em suas viagens e na Igreja da Conceição da Praia, em Salvador. Porém, por mais que tentasse, não conseguia atingir seus objetivos líricos. Até que Iansã se manifestou e disse que tudo o que havia aprendido ficaria para o seu saber, mas não faria uso de nada daquilo. A missão seria a de cuidar de sua cabeça e de muitas outras que viriam no caminho. E assim ocorreu o encontro com Álvaro.

> Não quer dizer que eu gostei mais do ketu, calhou que eu caí no lado de ketu. Sempre me dei bem com a gente do Angola. Teve uma pessoa que era da casa de Bernardino do Bate-Folha, que morava aqui perto, era Muxi de Xangô. Ela vinha aqui sempre para dar uma ajudazinha. Bernardino era de Qya Matamba Cacuruca Mavule. Tinha também uma que foi mãe-pequena de Astéria e que era filha de Ciríaco do Tumba Junsara. (Aderman, março de 2003)*.

Por ter um fundamento melindroso de Iansã com uma qualidade de Omulu, Álvaro foi trocar ideia com Massi, recebendo todas as orientações, desde que, depois de iniciado, fosse levado para Salvador, o que ocorreria. Perguntaram-lhe se conhecia alguma pessoa que pudesse ser sua mãe-pequena:

> Há muito tempo, em 1951, estive com Pequeno de Oxum, na rua Marcílio Dias, 32, em Salvador, e tinha uma senhora sentada na sala e muito velhinha. Aí ela perguntou para ele quem eu era. Ele respondeu que eu era um marinheiro que está se preparando para confirmar o santo. Aí ela se prontificou dizendo que, quando chegasse a ocasião,

---

* Aderman viria a falecer alguns meses depois de uma longa entrevista a este autor.

ela seria a mãe-pequena. Era Runhó de Sogbo do Bogum. Mas quando ela chegou eu já estava dez dias recolhido porque a viagem era de navio e assim até que ela chegasse quem me acompanhou foi Senhorazinha de Xangô lá do Pantanal, foi minha Ìyá Èfòn, Elza de Yemanjá veio ajudar, Marica Jenjemin e Nicinha. Amanda tomou o orukó com o Ogã Caboclo Venta de Axé. (Aderman, março de 2003.)

Dois integrantes da família Encarnação seriam iniciados por Aderman, Astéria da Encarnação Marques, de Oxóssi, que teria sua própria casa, e Felipe Santiago da Encarnação, mais conhecido como Carlito:

Ele era bombeiro, depois trocador de bonde na Bahia, e foi suspenso na Casa de Oxumaré, mas a criatura morreu [...] meu pai disse a ele você se prepare que vai ser confirmado na casa de Aderman, pra valer a palavra que foi dada, mas não é para você ser ogã da casa dele. Ele era de Iansã e Ibeji, quem gritou o orukó dele, Ojú Qdę, foi a Regina de Aira do Portão de Ferro. (Aderman, 2003.) (Ver "Depoimentos Complementares", item 8.)

Outras pessoas foram iniciadas por Álvaro. Entre elas, em 1950, Hildete Sacramento Bispo, conhecida como Detinha de Xangô, com casa aberta em Campo Grande, e que viria a ajudar Doun nas obrigações por ocasião da morte de Álvaro:

Eu nasci em 23 de outubro de 1923, toda a minha família era do santo, eu ia vendo todos os meus familiares, mas quem cuidou de mim e assentou meus santos foi minha mãe Caetana, no Engenho Velho. Depois eu me casei e vim para o Rio de Janeiro, acompanhada de meu marido, em busca de melhores condições de vida, e foi quando conheci meu pai Álvaro, aqui no Rio, com quem me iniciei para Xangô, num barco de dez pessoas. Quem tocou na minha obrigação foi o pai Luiz Bangbala. Tive três filhos, todos do candomblé, o mais velho confirmado na casa de Walkíria de Oxum, da Gomeia, o caçula confirmado para Oxóssi de Astéria da Encarnação e minha filha confirmada para o Ogum da finada Regina da Encarnação. (Detinha, 2010.)

Um dos iniciados de Álvaro foi Firmino Pereira Alves (1928-1992), mais conhecido como Xangozinho, com casa no bairro do Estácio, e que se tornaria um dos zelados de santo mais importantes do Rio. Faleceu aos 64 anos, tendo todo o ritual de axexê feito por Àjàlèwí. Seu Axé foi assumido por Rosa dos Santos de Castro de Yemanjá, filha de santo do segundo barco da casa.

Mafalda Fernanda de Iansã, professora, natural da Bahia, fez suas obrigações ainda jovem pelas mãos de Álvaro e Senhorazinha. Em 1956, adquire o terreno que se tornará a sede de seu Axé no Recreio dos Bandeirantes, zona oeste do Rio, fundando A Casa Branca — Ilé Ọdẹ Ọya. Foi o jogo de Mundinho da Formiga que definiu o rumo da vida dela. Falecida em agosto de 2006, sua filha a sucedeu.

> Mundinho era o olhador de ouro. Todo mundo jogava, mas como ele [...] Era alto, de olhos azuis. Foi ele quem me disse ainda garota: "Você está nessa maciota, está estudando, mas você vai ter sua casa de santo." Eu estava no funcionalismo e dava aula no Colégio Honduras. Foi ele quem disse que eu era de Ọya. E assim foi. A primeira foi de Oxóssi, a finada Negrita, depois minha irmã Miúda, o Bráulio, Tuba, Papai e depois fui eu. (Mafalda, março de 2003.)

UNIDADES DESCENDENTES

Iraci Pinto Albergaria de Iansã (1938-2012), filha carnal de Roxinha de Oxum, do Bogum, Madalena de Nàná Ibayin, já falecida, e que tinha casa aberta no Campinho e da Encarnação de Ògún Masà — Ogum pega o escudo, protege — com casa em Kosmos, iniciada por Álvaro e posteriormente por Xangozinho. Com o falecimento de Regina em 2 de julho de 1994, Rita de Oxumaré, iniciada em 1977, resolveu continuar com o Axé, em Kosmos, e Alberto de Iansã, filho de santo de Detinha.

O CANDOMBLÉ DE JOÃOZINHO DA GOMEIA

Um capítulo importante na história dos Candomblés do Rio deve ser dedicado a João Alves Torres Filho (1914-1971), conhecido como Joãozinho da Gomeia. Nascido em Inhambupe, na Bahia, aos 14 anos vai para Salvador cuidar da saúde, sendo entregue por sua madrinha, que era de santo, a Severiano Manoel de Abreu (1886-1937), capitão do exército que incorporava o Caboclo Jubiabá e curou Joãozinho, pois sua doença era espiritual. Fez suas obrigações em 2 de dezembro de 1931, já sendo conhecido como João da Pedra Preta, nome do Caboclo com quem trabalhava dando consultas. Abriu seu primeiro Terreiro no bairro da Liberdade. Fazia um Candomblé misto de Angola com Caboclo. Depois, comprou um terreno no alto da Gomeia e ali plantou seu Axé, ficando conhecido como Joãozinho da Gomeia. Foi nessa época que tirou um barco de dezenove ìyàwó, coincidindo com o dia em que ocorreu a morte de Jubiabá. Embora homossexual, casou-se, em 1945, com Maria Luiza, conhecida como Iza do Candomblé. O matrimônio durou apenas sete dias.

Sua participação no culto do Candomblé foi promovida por um fato que ficou bastante comentado na época. Uma das pessoas iniciadas no primeiro barco do Candomblé do Bate-Folha da Bahia, Samba Diamongo, nascida Edith Apolinária de Santana, falecida em 1979 devido a um desastre, retirou-se da casa e foi para o Terreiro de Joãozinho, tendo-lhe passado os conhecimentos necessários. Assim, nessa nova fase, faz a iniciação de seu primeiro barco de ìyàwó, que teve Bekê e Miguel Deoandá, mais conhecido como Miguel Grosso.

O seu crescimento no conceito de todos da época foi mais produto de sua própria convicção, pois tinha muita personalidade para realizar aquilo que desejava. Uma visão do que era, segundo comentários da época, pode ser aqui registrada:

> Há um simpático e jovem pai Congo, chamado João, que quase nada sabe e que ninguém o leva a sério, nem mesmo suas filhas de santo [...] mas é um excelente dançarino e tem um certo encanto [...] espicha os cabelos compridos [...] como se pode deixar que um ferro quente* toque a cabeça onde habita um santo? Está agora com 24 anos e herdou o cargo há nove ou dez anos. Naturalmente não estava preparado. Tinha apenas uns sete ou oito anos quando apareceu na Bahia [...] órfão, sem lar e foi criado por um sacerdote. Um velho pai o acolheu e se tomou de amizade por ele, deixando-lhe o templo ao morrer. Na verdade é um sujeito inteligente [...] está tentando abrir caminho no mundo. (Edison Carneiro, *A Cidade das Mulheres*, 1938, p. 45/266.)

Em 1942, aos 32 anos, vem ao Rio, onde faz várias visitas a Terreiros, entre eles o de Orlando do Cobra Coral, fato bastante divulgado pela mídia da época:

> Autêntico Babalaô da terra do Senhor do Bonfim em visita à cidade de São Sebastião do Rio de Janeiro. Será recebido dentro do mais rigoroso ritual nagô pelo seu confrade Orlando Pimentel, o grande Embanda João da Gomeia. O terreiro do Cobra Coral se engalana para a grande recepção ao maior dos feiticeiros [...] (Jornal *O Meio Dia*, RJ, 1942.)**

---

* Na época, para quem era iniciado, esticar os cabelos com ferro quente, fazer permanente, usar rouge e batom eram tabus.

** Ver depoimento da visita feito pelo ogã Encarnação, no capítulo sobre "As Famílias Biológicas no Candomblé".

332 | JOSÉ BENISTE

Em uma época de perseguições e invasões nos terreiros movidas pelos poderes político e religioso dominantes, não permanece por muito tempo no Rio. Foi no governo de Getúlio Vargas, sendo o chefe de polícia general Alcides Etchegoyen e o delegado Dulcídio Gonçalves, que João foi preso no bairro do Andaraí e, posteriormente, mandado de volta para a Bahia. Retorna em 1947, no governo de Eurico Dutra, já com um nome bem mais conhecido e fortalecido pelos conhecimentos adquiridos, agora como o Táta Kilondirá, para fazer a obrigação de uma filha sua, Kilombirá. Algumas pessoas do seu Terreiro de Salvador vieram com ele, e outras lá ficaram conduzindo a Casa. João foi de uma época em que o slogan de baiano era um referencial para o conhecimento. A vinda de Joãozinho estava associada a um convite para um trabalho de danças no Cassino da Urca como coreógrafo.

> *"Kilombata kilondirá*
> *Kilombata Mutalambô*
> *Aê, aê, kilombata kilondira"**

Orlando do Caboclo Cobra Coral se faz de apresentador de João, que por sua vez é contratado pelo milionário Joaquim Rolas como coreógrafo para o Cassino da Urca. A partir de 1948, começa a promover toques de Candomblé, na rua Castro Alves e na rua Ceará, em Duque de Caxias. Com o crescimento de seu prestígio e número cada vez maior de público, adquire um terreno na rua General Rondon, 360, no bairro Copacabana, em Caxias, para ali se instalar em definitivo o Axé da Gomeia no Rio.

> A casa dele era local oficial de vacinação. Minha mãe levava meus irmãos mais velhos lá. Nos ônibus que passavam por perto vinha escrito "Via Terreiro de Pai João". Na época, o candomblé era caso de polícia. Foi ele quem começou a mudar toda essa história. (Silvia Mendonça.)

---

* Cântico tradicional na Gomeia. Segundo Walter de Nkosi, tem o seguinte significado: *"sua casa é a sua fortaleza"*.

HISTÓRIA DOS CANDOMBLÉS DO RIO DE JANEIRO | 333

Sua residência era na Av. Paris, 55, em Bonsucesso, e, pelo número de pessoas que o procurava, não deixava de ser um complemento de seu Terreiro. Eram de todos os níveis sociais, turistas como Gisele Cossard, uma francesa que foi por ele iniciada, recebendo o nome de Omidárewà — as águas trazem bondade e bênçãos:

> A casa de Seu João era uma casa de origem Angola, e ele era filho de Jubiabá, ele tocava Angola, mas há um detalhe importante, pois ele tocava pouco Angola, embora os fundamentos eram Angola, as folhas, as feituras e as obrigações de ìyàwó eram em Angola. Acontece que ele tinha uma grande atração pelo Ketu. Era um excelente dançarino, pois usava as variedades da coreografia do povo de Ketu que lhe dava muitas oportunidades [...] ele era de Oxóssi e Iansã, sendo que este último orixá teria sido de herança de sua madrinha. (Gisele Omidérewà.)

Os Candomblés da época eram realizados com certa precaução, resquício do período das perseguições policiais. Joãozinho mudou toda a forma de apresentação das festas públicas de Candomblé. Seu prestígio crescia como coreógrafo, artista e bailarino do Cassino da Urca, participante dos desfiles de escolas de samba Império Serrano e Imperatriz Leopoldinense. Em 1956, foi duramente criticado, em especial pelos umbandistas, por ter comparecido ao baile de travestis do Teatro João Caetano, fantasiado de "Arlete", nome de uma marchinha carnavalesca. Questionado se a fantasia não se chocava com as tradições do Candomblé, costumava dizer que, antes de brincar, pedia licença ao seu guia.

> De nenhuma maneira, porque primeiro antes de brincar eu pedi licença ao meu guia. Segundo porque o fato de eu ter me fantasiado de mulher não implica desrespeito ao meu culto [...] Os Orixás sabem que a gente é feito de carne e osso e toleram, desde que não abusemos do livre-arbítrio. (João da Gomeia, 1967.)

> Joãozinho da Gomeia, antigo babalorixá da Bahia, atualmente no Rio, homem dotado dum grande tino de negócios, transformou-o num modo de consulta por correspondência. Recebe por semana um grande número de cartas, lança cauris para cada correspondente desconhecido e responde num jornal carioca, *Diário Trabalhista*. (Verger/Bastide, *Revista do Museu Paulista*, v. VII, São Paulo, 1953.)

Embora bem recebido em sua fase inicial no Rio, não deixou de estabelecer críticas à forma religiosa que predominava na cidade, revidando com uma crítica violenta à Umbanda:

> Qualquer um vê que Umbanda não tem fundamento. Eles agem com coisas que pertencem à Igreja, com coisas que pertencem ao espiritismo, com coisas que pertencem ao Candomblé e detestam o Candomblé [...] eu já expliquei que eu só conheci essa Umbanda quando eu cheguei ao Rio [...] Cobra Coral é um caboclo e pode ser que ele receba [...]. (Joãozinho na revista *O Pasquim*, nº 56 de 22 de julho de 1970, com o título "Umbanda é Mentira".)

Foi capa de inúmeras revistas, nacionais e internacionais, conferindo-lhes um colorido maior pela riqueza das vestimentas que apresentava. Com todo esse aparato, praticamente criou um Candomblé bastante concorrido para turistas do mundo inteiro assistirem, pois sua fama fazia os agentes encaminharem os visitantes para a Gomeia no distante município de Duque de Caxias.

> Quem, na verdade, puxou a vinda dos baianos e abriu definitivamente o Candomblé no Rio foi o sucesso obtido por João da Gomeia. (Waldomiro Baiano, de Xangô, Iluaiê, 1991.)

Era chamado para apresentar-se a pessoas famosas, entre elas a princesa Elizabeth da Inglaterra, que ficou encantada com as danças, chegando a

HISTÓRIA DOS CANDOMBLÉS DO RIO DE JANEIRO | 335

dizer que se houvesse um rei nesse culto seria Joãozinho da Gomeia. A partir daí, ganhou a alcunha de rei do Candomblé pelo título de capa de um disco que gravou em 1958, o que daria moda à criação de títulos diversos por pessoas de Umbanda e Candomblé. Extremamente educado e cordial, era visto como um homem à frente do seu tempo, como dono de um projeto particular de ascensão social e religiosa. Levou multidões às festas de Oxóssi e Iansã da Gomeia e, indiretamente, com todo esse sucesso, entusiasmou muitos baianos a virem para o Rio.

> A migração de dirigentes baianos já vinha se processando com regularidade, com a vinda de Ciríaco do Tumba Jussara, Bernardino do Bate-Folha, Cristovão do Pantanal, Senhorazinha, Nino de Ogum, Waldomiro Baiano, Álvaro Pé Grande. (A. C. Peralta, 2000.)

> Quem me ajudou muito foi o Joãozinho da Gomeia. Ele era muito educado, meu camarada até debaixo d'água. Tinha bom coração. Eu tinha um terreno onde eu fiz um barraquinho. Ele ia lá passar o sábado e domingo. Lá não tinha luz, só o candeeiro, e nem água. Ele parava o carro na porta e gritava "Boa Viagem", e lá ficava comigo, fazia carne-seca farofa, ele gostava muito de Cinzano. Botava a esteira e ficava deitado com todo aquele poderio que ele tinha. Uma ocasião fiquei sem casa e fui parar na porta dele. Fiquei dois meses e ele nunca fez cara feia. Ele era meu camarada mesmo. Tratava como um filho de santo, ele era muito fácil de se lidar. (Zezinho da Boa Viagem, 2001.)

Foi sempre aparente a convivência pacífica entre a Umbanda e o Candomblé, embora fossem desse grupo os maiores contingentes a alimentar as iniciações do Candomblé. Anteriormente, nas décadas de 1910 a 1940, integrantes dos cultos de Omoloko passaram para o Candomblé seduzidos por opções diferentes. Posteriormente, tornaram-se dependentes dos umbandistas, mas nunca deixavam de criticá-los, pois aqueles que buscavam iniciar-se no Candomblé não aboliam seus costumes umbandistas, chegando mesmo a ter duas modalidades de culto em um só Terreiro. Surge, assim, o termo *Umbandomblé*. Se, na Bahia, não se iniciavam homens, por exemplo, aqui a metodologia se modificou por um instinto de sobrevivência. Todos passaram a ser bem-vindos, quebrando um critério de seleção fundamental para a manutenção de tradições herdadas.*

---

* Em *Mitos Yorubás*, Bertrand Brasil, 2006, p. 287/303, este autor faz uma análise sobre a descaracterização do Candomblé.

A TRANSFORMAÇÃO DAS VESTIMENTAS DE SANTO

Essa questão de alteração no modo de vestir as roupas do Candomblé, tanto no aspecto pessoal, como no uso pelas divindades, merece uma atenção maior. Elas sofreram atualização a partir dos anos 1950, e Joãozinho talvez tenha sido seu maior incentivador. Foi uma mudança brusca a ponto de os mais antigos dizerem que as roupas antigas eram simples, como as de Omulu, feitas de tecido de pano do saco de batatas, morim ou chitão estampado. O traje feminino, uma marca mais destacada do Candomblé e denominado de baiana, definido como vestimenta oficial a partir do século XIX, veio a ser mais bem apresentado com bordados elaborados, paetês e outros tipos de brilho. Para o homem, o gorro, que era uma cobertura usual masculina, foi substituído pelo turbante com tecido demasiadamente exagerado, incentivando uma postura contrária a sua condição masculina. Joãozinho levou o luxo dos palcos para as Casas de Candomblé.

A entrada da linhagem branca mudou vários aspectos no Candomblé porque, embora cultuasse tradições africanas, deixa-se interferir por uma nova cultura. Isso se evidenciou na qualidade das vestes, símbolos, louças de assentamento importadas, convites personalizados e comidas diferenciadas, entre comidas de santo e comidas de branco, como maionese e estrogonofe. As lembranças orais passaram a ser registradas em fotos e filmes.

> Essas variações também podem ser estabelecidas no antes e depois da atuação de João da Gomeia no Rio de Janeiro, que difunde o uso de torsos, panos da costa entre os homens, bem como o hábito de vestir como mulher os orixás femininos, incorporados em homens. Sua atuação como astro do Cassino da Urca virá influenciar por demais as indumentárias do Candomblé. (Helio Vianna, 1999, p. 369.)

A partir de então, o Candomblé passará a ter uma atividade profissional bastante ativa, com a industrialização dos elementos usados por meio de costureiras, bordadeiras, artistas na elaboração dos símbolos e ferramentas com novos formatos estilizados, tudo de certa forma exagerada, mas que irá conferir uma nova visão aos cerimoniais. A liderança nessas atividades ficou, em grande parte, com os homossexuais, que puderam dar vazão a sua criatividade e inegável competência artística. Marginalizados por parte da sociedade, encontraram no Candomblé meios de pôr em prática sua arte e serem, assim, devidamente considerados e reconhecidos.

Muitos não se deixaram influenciar por essa nova maneira de se apresentar, principalmente os dirigidos por gerações surgidas dos anos 1940. O cuidado na preservação da masculinidade pelos homens com orixás femininos foi mantido sob dois argumentos: homem não dançava na roda junto das ìyàwó, apenas nos momentos em que se cantava para o seu orixá, embora a divindade feminina usasse calçolão e saiote curto. Esse padrão de comportamento foi mantido até o momento da sucessão, quando a geração anterior de dirigentes dá lugar a uma geração mais atualizada, que não consegue ou não deseja manter o ritmo anterior.

A partir dessas e de outras mudanças, a prática religiosa passa a ligar a pessoa mais ao Terreiro do que verdadeiramente à religião. A essência religiosa se torna esquecida, ficando tudo em função das regras do Terreiro, constituídas de frequência, de ajuda e obrigações, uma sintonia dirigida apenas ao zelador de santo. Essa prática passou a confundir as pessoas que se julgavam religiosas.

Lembro que no meu tempo os santos eram feitos chitão e morim — e não porque os filhos de santo não pudessem comprar outros tecidos. Mas hoje se veem os orixás cobertos com plumas, paetês, lantejoulas. Um Oxóssi do tempo antigo, por exemplo, se visse um desses Oxóssis modernos, cheios de plumas, era até capaz de atirar, pensando que fosse um pássaro! Qual nada, orixá é simplicidade. (Prof. Agenor Miranda, 1966.)

Em 1966, precisando fazer obrigação para seu orixá, Joãozinho volta à Bahia e se entrega aos cuidados de Mãe Menininha. Segundo comentários da época, foi essa a primeira vez que virou Caboclo no Gantois, com o Caboclo da Pedra Preta na cabeça de Joãozinho. A participação masculina sempre foi muito rigorosa nos Candomblés tradicionais da época. Viajando para São Paulo a fim de fazer uma obrigação em uma filha de santo, passa mal e é internado em um hospital com o diagnóstico de tumor no cérebro, vindo a falecer em 19 de março de 1971.

O corpo é conduzido para o Rio, sendo feitos os ritos de entrega do corpo com a tirada de oṣù por Sebastião Francisco dos Santos, mais conhecido como Tião de Irajá de Omulu Ejigeran — Omulu é o senhor desta casa. O enterro ocorreu sob ameaça de temporal, uma situação repetida no ritual fúnebre de axexê, um ano depois.* E será o mesmo Tião de Irajá quem fará o jogo de sucessão, vindo a causar polêmica pela escolha do nome por aqueles que acompanhavam Joãozinho; entre eles, ogã Valentim de Ṣàngó, Mãe Elesi Dandalunda e Adalice Benta dos Reis, conhecida como Kitala Mungongo, falecida em 2015. Nesse jogo, a sucessão coube a Sandra Reis dos Santos, Sesicaxi de Angoro, aos 9 anos, o que não foi confirmado, gerando discussões pelo poder da Gomeia.

---

* Ver no final desta parte, em Anotações, item 32, a evolução dos acontecimentos referentes à morte de Joãozinho da Gomeia, com as manchetes de todos os jornais do Rio.

340 | JOSÉ BENISTE

Com o falecimento de Tião de Irajá, em 1973, vítima de um desastre de carro em pleno carnaval, com a cerimônia de axexê feita por Regina Bangboxê e Luis Bangbala, a disputa pela sucessão de João da Gomeia entre Miguel Deoandá, Ode Koyasi, Samba Diamongo, entre outros, reacendeu. O segundo jogo foi entregue a uma junta de três olhadores, entre eles Bernardino Beloya e Caribé, tendo sido escolhido Miguel Archanjo Paiva, de Yemanjá, mais conhecido como Deoandá ou Miguel de Tempo.

Sua gestão foi plena de desencontros, pois os mais antigos não o aceitavam pelo fato de Deoandá não ter o costume de se dizer iniciado por Joãozinho, embora tivesse sido feito na Gomeia.[*]

> Eu me ausentei desta casa, porque eu ouvi palavras, que eu não posso repetir, do falecido Kakafuin [...] O pai de santo tinha muito carinho comigo. Então eu disse a ele que ficasse com a casa e eu ia para a minha. Eu me ausentei da casa, porém, não era de mal [...] Não abri luta contra ele para não dar exemplo, sendo o mais velho, tanto que quando chegava o aniversário dele eu passava um telegrama, quando tinha uma festa qualquer, eu botava um donativo no envelope e mandava levar para ele. (Miguel Deoandá, 1977.)

Em 3 de setembro de 1977, houve uma reunião na Gomeia, dirigida por Sebastião Paulo da Silva, advogado, e mais conhecido como Jitadê de Omulu, quando Miguel Deondá renunciou e expôs os problemas que o impediam de se manter à frente da Gomeia:

> [...] Não vejo aqui ninguém mais do que eu raspado e pintado dentro da Gomeia de Salvador [...] Tudo o que faço aqui é com a compreensão de Mãe Leci [...] e também quem muito ajuda é Jimu [...] A maioria dos candomblés que eu tenho feito aqui, eu conto com cinco ou seis filhas do Terreiro, a maioria são filhas de santo minhas, que eu trago [...] e não tem hora certa para começar porque elas ficam

---

[*] Sua feitura contou com a participação de *Samba Diamongo*, quando ela foi para a Gomeia.

HISTÓRIA DOS CANDOMBLÉS DO RIO DE JANEIRO | 341

conversando [...] Eu gostaria que os ogãs da casa ficassem comigo em todos os sentidos e combinassem tudo [...] Faço com dedicação porque gosto do santo, tenho amor ao santo do pai de santo e não estou aqui pela minha vontade, mas sim porque me elegeram, eu ainda fiquei 4 meses para tomar posse [...] eu me aproximei e assumi o cargo, e aqui estou. (Miguel Deoandá, em longo depoimento, 3 de setembro de 1977.)

Após a renúncia, voltou a dirigir o próprio Candomblé, no município de São João de Meriti, à rua Mirza Abraham. Suas festas em louvor ao Nkise Tempo eram bastante significativas. Era uma pessoa extremamente educada, e a expressão *Miguel Grosso* tinha relação, apenas, com seu físico. Em 1980, teve uma morte digna, pois, quando soube que não haveria condições de se recuperar, entregou o santo de todos os filhos feitos, e deixou tudo o que tinha organizado devidamente pago, incluindo todas as despesas do próprio enterro.

A tentativa de recuperação para a Gomeia não teve êxito, e o Terreiro fechou. Os assentamentos de Joãozinho foram levados para Franco da Rocha, em São Paulo, onde tudo é mantido e exposto à visitação, sob a responsabilidade de Jitadê, nascido Sebastião Paulo da Silva de Omulu. A sobrevivência do Axé da Gomeia ficou nas mãos de alguns filhos com casas abertas, estando atualmente com perspectivas de reativar o local em um Memorial por meio de escavações por um grupo de arqueólogos do Museu Nacional — UFRJ, com acompanhamento de Sesi Caxi, filha carnal de Kitala.

As escavações já localizaram a casa do Caboclo Pedra Preta, uma das entidades que Joãozinho da Gomeia incorporava, além de frascos, vidros para acondicionar remédios, contas e fios de contas religiosas, trancinhas de tecido para ornamentação de atabaque, pires e diversos utensílios de culto.

342 | JOSÉ BENISTE

Todo o material ficará sob a guarda do Museu Nacional até o fim da pesquisa em 2019. A pesquisa vem sendo acompanhada por Mãe Seci Caxi, apontada como sucessora de Joãozinho da Gomeia. Ela tem auxiliado na identificação dos materiais obtidos. As escavações para localizar a planta original do terreiro de Joãozinho da Gomeia será (sic) a base da tese de doutorado a ser apresentada dentro de três anos no Museu Nacional. (Rodrigo Pereira, coordenador, 2015.)

Omidárewà, nascida Gisele Cossard (1924-2016), filha de uma família de intelectuais franceses, casou-se em 1946 e acompanhou o marido em missões diplomáticas, o que promoveu seu encontro com as civilizações africanas. Como ele foi designado para atividades no Brasil, ela o acompanhou, interessando-se em visitar as casas de Candomblé do Rio. Foi a Gomeia que a acolheu, pois estava sempre aberta a turistas. Lá, em 1960, foi iniciada, em um barco de oito pessoas, em que também se encontrava Jitade de Omulu.

O que eu estava procurando há tanto tempo encontrei na religião africana. Eu me senti muito à vontade com tudo: a Natureza, os Orixás, a Espiritualidade. Tudo isto me encantou e me fascinou, e eu me senti muito bem. A partir de então, passei a desenvolver uma vida completamente diferente daquela que eu tinha anteriormente: senti-me muito mais forte. Ali eu desenvolvi muito melhor minha personalidade. (Gisele Omidérewà, 2006.)

Em 1963, voltou para a França, retornando definitivamente para o Brasil em 1972. Observadora e estudiosa da religião que abraçou, escreveu uma tese publicada em 1969, La Fille de Saint. Com a morte de Joãozinho, em 1971, tira a sua mão com Balbino Daniel de Paula, o Qbarayin do Àṣẹ Òpó Aganjú, em Salvador. Abre a própria casa em 1973 na Raiz da Serra, em Duque de Caxias, o Ilé Ìyá Atára Màgbá, a casa que zela pela ancestralidade. A partir de então, vinha sendo bastante solicitada para palestras e relatos de suas viagens à África, deixando em livros sua marca

HISTÓRIA DOS CANDOMBLÉS DO RIO DE JANEIRO | 343

religiosa devidamente registrada. Pelo seu falecimento, o Axé ficou sob a direção de Leonardo Ọ̀sàlúfọ́n Ẹ̀fọ̀n Bodé — o Ẹ̀fọ̀n cobre a coroa.

> A história de Cossard Binon explica de certa forma o sincretismo de nossa cultura: "de repente representado não mais por uma divindade e, sim, por um ser humano", como escreveu certa vez Jorge Amado, referindo-se ao conterrâneo de Gisele, Pierre Fatumbi Verger, que recebeu o título de Ojuoba, os olhos de Xangô, dado por Mãe Senhora. Também a mulher do diplomata foi escolhida para exercer um cargo de grande responsabilidade, o de iyalorixá, sendo a primeira mulher estrangeira a assumir esse posto no Brasil. (Michel Dion, 2002.)

Um dos personagens iniciados na Gomeia foi Adelino Jambeiro dos Santos, mais conhecido como Didi Ajàgúnàn, natural da Bahia, e iniciado criança por Zé do Vapor para Iansã, o qual dizia não fazer a iniciação de Oxalá em homossexuais. Depois, foi para a Gomeia, ainda em Salvador, e Joãozinho refez sua obrigação auxiliado por Bequê, fazendo as obrigações para Ajàgúnàn. Vindo para o Rio, adquire vários terrenos em 1970, no bairro Pantanal, em Duque de Caxias, abrindo o Ilê Ajàgúnàn Àṣẹ Ọya Mẹ́sàn. Com seu falecimento em 1975, Bira de Ogum assume até 1998, e, com seu falecimento, é Waldomiro Baiano que realiza o ritual de axexê. A casa voltaria à atividade a partir de 2001, com Reginaldo Pereira de Freitas, de Oxalá, orientado por Waldomiro, e que havia sido iniciado em 1981 por Bira de Ogum.

> Fui para o candomblé porque gostava. Iniciei-me porque quis, não foi por doença, foi por gostar muito do candomblé. (Reginaldo de Oxalá, 2008.)

> Didi veio para o Rio, instalando-se em Vilar dos Teles, até quando fez uma obrigação para um general, ganhando com isto um terreno grande lá no Pantanal, em Caxias, onde Didi construiu o seu terreiro. Ele veio a falecer em 31 de agosto de 1975, vítima de um aneurisma.

344 | JOSÉ BENISTE

Quem ficou no lugar dele foi Bira de Ògún que depois também veio a falecer. Sobre Joãozinho da Gomeia, eu ouvia dizer que ele não era raspado porque era abikú. A mãe dele era de Jurema, e, quando ela fez o santo, ele estava na barriga dela. (Maria da Glória Cantuária Costa de Lógun Èdẹ, filha de santo de Didi Ajàgúnàn.)

Torode de Ògún, nascido José Nilton Viana Reis, foi iniciado na Gomeia, em 1960, aos 18 anos. Ampliando seus estudos, tornou-se um importante artista plástico da arte africana, iniciando-se no culto a Ifá com africanos que vieram ao Brasil, a partir de 1976.

No Brasil, o conhecimento de Ifá foi perdido, e não se sabe se chegou a haver iniciação aqui. Em todos os Candomblés se ouvia falar de Ifá, mas não se tinha conhecimento do que isso significava. Antigamente, nem se falava "Odù", e, sim, "Odun", e se referia a isso como o segundo orixá da pessoa, quando na verdade se refere ao seu destino. Quem dominava mais esta área era a família de Regina de Bángbóṣé. (Torode de Ògún.)

José Roberto Gonçalves (1956-2018), Qya Jìndé — Iansã concedeu a realeza —, iniciado em 1973 por Dito de Iansã, completou as obrigações com Antonio da Amaralina. Dando continuidade a seus objetivos, viria a abrir o próprio Terreiro, o Ilé Àṣẹ Ìyátopẹ, em 1982, em Jacarepaguá, atualmente, sob a direção de Fomo de Ọsálúfón.

Alguns anos depois da minha iniciação, eu andei um pouco perdido, sem saber o que fazer. Voltei para casa, e foi feito um jogo que disse, que era Iansã que estava fazendo isto, e que devia fazer a obrigação de sete anos e queria que eu abrisse a minha casa. Eu estava sem condições, mas um amigo me ajudou, fiz a obrigação de sete anos e ele me ofereceu esta casa onde estou até hoje. (Qya Jìndé, 2009.)

OUTRAS UNIDADES DESCENDENTES DA GOMEIA

Altamira Maria da Conceição (1924-1989), conhecida como Mirinha do Portão, Kitala de Oxóssi (1926-2015), Elesi de Oxum (falecida em 2008), Kilonbira, Ọbaneji, Jilobewi, Jitade, Nangakovi, Cotinha, Ọdẹ Kọyasi, Kisangue, Sinavuru (1937-2008), Arlene de Katende, Dundun Ame, Ielê de Oxum, Ibenajo, Monaluande, Toninho de Obaluaiê e Kanduandemo de Oxóssi.

O CANDOMBLÉ DO ALÁKÉTU — DE SALVADOR PARA O RIO

A origem do Candomblé de Alákétu, segundo a Iyalorixá Olga de Iansã, nascida Olga Francisca Regis (1925-2005), Ọya Fúnmi, reporta-se ao ano de 1636.

> Foi fundada por uma africana de Ketu, no Dahomé, que veio para aqui com 9 anos de idade e recebeu o nome de Maria do Rosário, cujo nome africano era Otanpe Ojaro. Tinha uma irmã gêmea que se chamava Ìyá Gogoriṣa. A roça foi consagrada a Oxóssi e a casa de culto a Oxumaré. Ela era filha de Oxumaré, e foi comprada e alforriada em seguida. Otampe, aos 16 anos voltou à África e com 22 anos se casou com Baba Laji, cujo nome de branco era Porfírio Regis. Voltou à Bahia onde comprou o atual terreno a que deu o nome de Ile Maroya Laji Ojaro (abreviatura de Ojé Aro), nome de uma das cinco famílias reais conhecidas em Ketu e de onde ainda são escolhidos os Alákétu, os reis de Ketu, num sistema rotativo. Ela teve uma filha, Ìyá Akobiọdẹ, e dois filhos homens, Baba Ọlaṣedun e Baba Abọre, que foi o pai de minha tia-avó Ọbà Oyinda, que quer dizer "mulher do rei".* (Olga de Iansã, 1981.)

---

* Depoimento a Vivaldo da Costa Lima (1925-2010), transcrito em *Encontro de Nações de Candomblé*, CEAO, Salvador, 1981, p. 27/28, que por sua vez sugere a fundação da roça

HISTÓRIA DOS CANDOMBLÉS DO RIO DE JANEIRO | 347

A antiguidade de um Terreiro é sempre discutível pela distância do tempo e pelas falhas da memória coletiva que obrigam algumas especulações baseadas em estatísticas; por exemplo, sugerir as atividades de um Candomblé em fins do século XVII. O Alákétu é de linhagem e sucessão familiar. Remonta a cinco gerações, sendo que os claros em suas atividades referem-se à participação de pessoas que não tiveram muita atividade na casa. Otampe Ojaro, que havia voltado da África, teria participado da primeira fase da organização do Candomblé da Barroquinha, ao tempo de Ìyá Adeta, retirando-se para organizar o atual Alákétu. A partir de Maria do Rosário, Francisco Regis teve a seguinte linha de sucessão:

Maria Francisca cujo nome iniciático era Ìyá Àkọ́bí Ọdẹ — mãe do primeiro filho caçador (primogênito).

Ìyá Merenundé, talvez seja Maria Silveira.

Dionísia Francisca Regis que era de Ṣàngó Ọbà Oyinda.

Olga Francisca Regis, de Yánsàn Ọya Fúnmi e Ìrókò — Iansã me traz o vento, as boas-novas.

Jocelina Francisca Barbosa de Nàná.

Dionísia, falecida em 1958, estima-se, aos 70 anos, também conhecida como Anísia, era bem instruída e alfabetizava crianças. Era tia-avó de Olga e fez uma gestão promissora. Olga foi iniciada por ela em 1940, aos 12 anos. Casou-se aos 16 e teve oito filhos.

> Recebi a missão de minha tia-avó Dionísia quando tinha apenas 23 anos. Não assumi logo porque minha tia, apesar de muito velha, ainda

---

em fins do século XVIII e não em 8 de maio de 1936. Entrevista também a este autor, em novembro de 1977.

348 | JOSÉ BENISTE

tinha forças para comandar a casa. Somente três anos antes de falecer é que ela anunciou que os santos estavam exigindo que eu assumisse o Alákétu. (Olga de Iansã.)

Extremamente inteligente e marcada pela atividade religiosa, foi participante de movimentos que objetivavam restaurar os valores religiosos, revelando-se ardente defensora do Candomblé e do seu poder de ajuda às pessoas. Muito ligada às suas origens, viajou para a África em busca das histórias referentes a sua linhagem.* Quando lhe chamavam de mãe de santo, ela rapidamente corrigia: "Não o sou, pois não pari santo algum."

Uma mulher vir para a Roda dançar de calça, na minha casa não vem [...] O tempo de ìyàwó recolhida não sou eu quem diz, é o santo. Eles marcam, e eu digo, o tempo é este [...] É a própria pessoa que sente o que vai ser. A gente apronta tudo e vê a prova. A minha mãe foi nascida e criada numa casa de candomblé, mas nunca foi mãe de santo [...] As festas no meu Terreiro começam em 8 de maio, até agosto, com a última obrigação para Iansã e Iroko. (Olga de Alákétu, 1977.)

Olga recebeu condecorações de diversos governantes brasileiros. Faleceu em 29 de setembro de 2005, sucedendo-a Jocelina, sua filha carnal, confirmada no cargo, ainda em vida, por Olga.

Jocelina Francisca Barbosa é de Nàná e Ṣàngó. Quando ela nasceu foi feito um orô de filho pela falecida Anísia tendo as obrigações sido completadas por tia Maria Joana de Iansã, que foi do mesmo barco de minha mãe Olga, e a finada Bia de Arawe. Ela já tinha o cargo, porém, no Alákétu, não senta na cadeira com a iyalorixá viva. (Beata de Yemanjá.)

---

* Olga incorporava o Caboclo Jundiara, nos segundos domingos de janeiro, no Terreiro de Vila de Abrantes, o qual a salvou de ficar cega quando criança.

"Ọbà gidi máa yọ	"O rei costuma livrar-se dos perigos
Ṣẹ̀rẹ̀ Alàdó	Com o xére, Xangô faz um estrondo
Mọ́ rọ́ bà máa yọ ṣẹ̀ṣẹ̀	Que tudo ilumina, livrando-se dos perigos
Gidi máa yọ e	Certamente ele livra-se dos perigos
Ọmọ rọba bóju lè"	E os filhos o declaram extremamente poderoso"

Axé do Alákétu veio para o Rio de Janeiro, trazido por Edelzuita Pessoa da Silva, mais conhecida como Delinha de Ògún (1931-2016) e feita aos 9 anos como dofonitinha no mesmo barco de Olga.

> Marota de Ògún do Engenho Velho estava jogando com Dionísia, quando Ògún respondeu no jogo. O barco já estava recolhido com 2 Oxóssi e Iansã de Olga. Eles pararam tudo e eu fui incluída. Marota disse que ia dar o bicho da minha obrigação. Eu estava no Candomblé devido a uma doença que eu tinha, e médico nenhum acertava. Foi Procópio que ajudou em nossa obrigação. (Delinha de Ògún, julho de 2002.)

Em 1954, veio para o Rio com a família. Vendia doces em tabuleiro, assim como as antigas doceiras baianas, o que a ajudava no sustento da família:

> Eu não pretendia abrir terreiro. Mas, reza aqui, reza ali, acabei abrindo a minha casa. Eu procurei Olga e ela relutou, mas acabou entregando meu santo, que eu trouxe de Salvador. Abri minha casa em 1969, o Ilé Àṣẹ Ọbà Oyinda, na rua Cecília, em Miguel Couto, e depois eu vim para onde estou até hoje, na rua Julieta, 55. (Delinha de Ògún, 2002.)

A partir de abril de 1985, o Axé do Alákétu teve outra casa aberta pelas mãos de Beatriz Moreira Costa, consagrada como Beata de Yemọja Ògúntẹ́ Ìyá Omi Sàmì — a mãe das águas a batiza —, a qual deixa sua marca. Nascida em 1931 no Engenho Novo, uma localidade entre Cachoeira e Santo Amaro da Purificação, mãe de quatro filhos, é uma

350 | JOSÉ BENISTE

senhora que irradia simpatia, sempre prestativa, atuante e versada nas coisas do Candomblé.

> Minha raiz é toda Tápà, minha avó, Mariazinha de Oxum, faleceu com 135 anos de idade e nunca calçou sapatos. Quem fazia as obrigações dela era a finada Anisia (Dionísia Francisca Regis). Foi onde conheci o Alákétu e a minha mãe Olga. Eu era sobrinha de meu pai Anísio Pereira, que era casado com minha tia Felicíssima, equedi de Omulu da casa de minha avó. Eu vim menina para Salvador para estudar e costurar [...] Fiz o meu santo em 1956, com 25 anos de idade. Vim para o Rio a primeira vez em 1968 e, em 1970, eu vim de vez. Vim a convite do finado Tião de Irajá, falecido em 1974, que era muito amigo de mãe Olga. Fiquei na casa dele no início [...] depois fui para Copacabana. Fui ajudada por Diza de Iansã, minha irmã de santo. Encontrei uma amiga que trabalhava na TV Globo como figurante e daí fui ser costureira. E eu fui levando a vida jogando carta e costurando. (Beata de Yemanjá, abril de 2002.)

> Antes de abrir casa, ajudei a minha irmã Celina de Iansã onde eu tinha o cargo de Ìyálósayìn. Conheci muito bem Dila, Djalma e Regina de Bángbóṣé, que é como minha mãe-pequena, porque ela me ajudou nas obrigações. Antigamente era assim, se tinha casa aberta, a gente convidava [...] cada um vinha chegando à tarde, com sua sacola com roupas, um pedaço de carne e comida para ajudar. Daí participavam das obrigações. Hoje em dia é que tem esta coisa de disputa. Abri o meu terreiro, o Ilé Omi Ojú Aro (Casa das Águas e dos Olhos de Oxóssi), em 20/04/1985, em Miguel Couto, onde estou até hoje. Minha Mãe Olga veio antes. Jogou Orogbo na casa de Oxóssi, gritou e disse que a cumeeira da casa seria de Xangô, mas o chão seria dele. (Beata de Yemanjá, abril de 2002.)

O Terreiro de Beata assumiu as atividades tendo ao lado boa parte de seus familiares: Bàbá Ẹgbẹ́, Adailton de Ògún Òde Iná — o fogo externo —,

que vem desenvolvendo um estudo constante sobre as tradições afro; Ìyá Tebeṣe Ivete, Ìyá kékeré Doía de Ọmọlu Arawe e o Aṣògún Aderbal de Badẹ́.*
Passou a deter a responsabilidade da participação em movimentos nacionais e internacionais pela expressão de sua dirigente, sempre identificada em resguardar as tradições do Candomblé. Seguiu a tradição das Iyalorixás escritoras, com o livro *O Caroço de Dendê*, em 1997, no qual revela muitas narrativas vivenciadas no curso de suas atividades religiosas.

É uma Casa devidamente personalizada com as raízes da casa matriz. Desde a sua postura de sentar-se à frente dos atabaques, como o costume de os toques não serem paralisados por ocasião da chegada de um visitante ilustre, como é feito na maioria das demais casas de Candomblé.** Os visitantes são recebidos, formalmente, por meio do convite pessoal e convidados a sentar-se. Isso evidencia o respeito mantido ao orixá que está acima de qualquer conceito.

> O orixá faz com que o plebeu torne-se um rei. Se pega um mendigo ali na rua, ele chega aqui, ao entrar, vira (incorpora) Xangô, todos nós botamos a cabeça no chão pra Xangô e, naquela hora, não é o mendigo que estava na rua, naquela hora quem está ali é Xangô, o que vale é a sua fé e o coração, e seu pé no chão. (Beata de Yemanjá, 2007.)***

UNIDADES DESCENDENTES DO ALÁKÉTU

Janete de Oxum, localizada na Ilha do Governador, Messias, em São Paulo, Celina de Iansã Qya Dénàn, falecida em 2004, feita inicialmente na Bahia, na casa de Oswaldo de Oxóssi, mais conhecido como Vadeco, ou Vavá Coice de Burro. Depois, ela passou para o Alákétu. Ver "Nomes e Apelidos no Candomblé".

---

* Ver relação dos familiares no capítulo sobre "As Famílias Biológicas no Candomblé".
** "A pessoa não deve esperar ser chamada... entra, salva os atabaques, toma a bênção aos mais velhos e senta." (Ogã Bila do Àṣẹ Òpó Àfọ̀njá, em 1979, a este autor.)
*** Ver "Depoimentos Complementares", item 12.

O AXÉ DA CASA DE OXUMARÉ

Inicialmente, entre os séculos XVIII e XIX, Manoel Joaquim Ricardo (1785-1865), Babá Talabi, realiza o culto a Ajunsun, no Calundu do Obitedó, na cidade de Cachoeira, Bahia. Esse é o marco de fundação da Casa de Oxumaré. Ao falecer, em 1865, assume Antônio Maria Belchior (1839-1904), Salákọ de Ṣàngó, conhecido como Antonio das Cobras, pois era comum haver criação de cobras nos Terreiros dessa modalidade. Em 1904, assume o Axé Antônio Manuel do Bonfim (1879-1926), mais conhecido como Antonio de Abefunkẹ. Devido às constantes persegui-ções, transfere a casa para onde está até hoje, no bairro da Federação, em Salvador, ficando à sua frente por cerca de 22 anos.

> [...] dessa forma o Axé deve ter em torno de 120 a 150 anos. Antes de este terreno pertencer a seu Antonio, ele pertencia a outros tios. Antes tínhamos dois tios que eram gêmeos e que se chamavam Salakó e Sababa, que em vida deixaram o terreiro para que seu Antonio conduzisse. E os orixás dos dois se conservaram e estão no terreiro até hoje. Um é Xangô e o outro é Oluaê. Assim, a casa é dedicada a Oxumaré por causa de seu Antonio e o Axé é de Xangô. (Pece, agosto de 2007, jornal *Icapra*.)

HISTÓRIA DOS CANDOMBLÉS DO RIO DE JANEIRO | 353

Com seu falecimento, o Ilé Àṣẹ Araka* passou a ser dirigido por Cotinha de Iyewa Abiamo, Maria das Mercês dos Santos (1883-1948), iniciada por ele aos 13 anos, e que veio a ser casada com Arsênio, Ogã de Tia Massi. Assumiu Francelina de Ògún, filha de santo de Cotinha, que permaneceu no cargo até 1954, quando abdicou em favor de Simplícia, a fim de que não houvesse problemas de sucessão quando ela mesma morresse. Simplícia Brasiliana da Encarnação (1916-1967) foi iniciada em 1937, para Ògún Dankẹ́sí. Era filha carnal de Maria das Neves da Encarnação, Qya Bíyí — Iansã gerou este nascimento —, que por sua vez era filha de santo do primeiro barco de Cotinha. Simplícia foi casada com Hilário Bispo dos Santos.

A casa ficou sem atividades até 1974, quando assumiu Nilzete Austriquiliano da Encarnação (1937-1990), de Yemanjá Omilolà — as águas têm a riqueza —, sua filha carnal, iniciada para Yemanjá por Nezinho da Muritiba, em 1965. Teve uma gestão promissora na conservação do patrimônio herdado.

> Tocar candomblé não é fazer festa. É louvar a natureza manifestada na forma de orixá, uma forma de agradar a Deus e o mundo que Ele nos deu. (Nilzete, 1990.)

Em 1991, com o falecimento de Nilzete, a direção do Axé ficou com um de seus três filhos carnais, Pece de Oxumaré, Sivanilton Encarnação da Mata, Danjemi — Dan me envolveu —, nascido em 1964 e iniciado com 1 ano e 4 meses em um barco de seis pessoas por Nezinho da Muritiba.

> *"Araka bọ́ lọ́run* "Ele dá suporte ao mundo
> *Ó dá'dé owó* E traz uma coroa com dinheiro
> *Òṣùmàrè o".* É Oxumaré, o arco-íris".

---

* O Candomblé também é citado como *Ilé Òṣùmàrè Araka Àṣẹ Ogodo* e foi tombado como patrimônio material e imaterial do Estado, da mesma forma como foram Bate-Folha, Alákétu, Gantois, Opó Afonjá e Casa Branca, na Bahia.

A casa de Oxumaré foi tombada pelo Iphan em 2014 como Patrimônio Nacional do Brasil.

Theodora de Yemanjá Ògúntẹ́, Ìyá Níkẹ — a mãe carinhosa —, cujo nome real é Maria Leonor dos Santos (1911-1990), foi iniciada por Cotinha, em 1934, em Salvador. Vindo para o Rio, teve participação intensa, ajudando muito na Casa de Dila. Deu início ao Candomblé de Waldomiro de Xangô. Abriu a própria casa, em 1974, em Vilar dos Teles, o Ilé Arudan Jemi, tendo seu primeiro barco quatro ìyàwós. Foi muito importante e querida nos Candomblés do Rio, auxiliando diversos Terreiros em obrigações. Por problemas familiares, sofreu um infarto, falecendo aos 79 anos, colocando um ponto final nas atividades do Terreiro. O santo ficou nas mãos de Paulo da Pavuna, que sempre a amparou, uma característica sua junto às antigas iyalorixás, durante toda a vida religiosa.

> A casa de minha mãe Teodora acabou. Quem fechou foi Yemanjá. Antes de ela morrer, numa madrugada na obrigação de Yemanjá, houve uma discussão no quintal. Yemanjá estava lá e disse: "A casa é de vocês, a rua é minha", mas ninguém entendeu na hora [...] Ela não veio mais. Quando ela foi embora. D. Regina foi fazer o jogo. Yemanjá disse que não ia ficar ali [...] eu fui agraciado e fiquei com todo o santo. Aí a casa acabou, não que a gente quisesse, o orixá é que não quis mais ficar. (Paulo da Pavuna, a este autor, em agosto de 2003.)

Paulo Roberto Silva (1944-2007), o Paulo da Pavuna, de Ọya Ìgbàlẹ̀, iniciou o Candomblé em 1963, Ilé Àṣẹ Ọya Tọ́sí, tendo passado pela Umbanda devido à mediunidade que tinha com o Caboclo Mata Virgem. Fez a obrigação com Theodora em 1969, sendo sempre cercado por personagens importantes da história do Candomblé do Rio, como Dila, Regina e Waldomiro. Tinha cargo na casa de Djalma e Alábàṣẹ Ṣàngó na Casa de Waldomiro, o que caracterizou a bela amizade entre os três, sempre juntos em diferentes momentos das rotinas dos candomblés do Rio.

Eu ia fazer o santo com minha mãe Dila. Quando ela fez o jogo, ela disse que não podia. Antigamente você podia querer fazer o santo com uma pessoa, mas o jogo é que decidia. Então ela viu que o meu caminho era Yemanjá. Teodora era a segunda pessoa da casa de Dila, era pessoa de confiança. Tive que passar por outras casas para confirmar tudo, minha mãe Regina, seu Agenor e minha mãe Caetana [...] antigamente era assim. Eu conquistei muitos amigos. Minha mãe de santo me fazia ir à casa de minha mãe Cantu comprar farinha de acasá, sabão da costa e eu levava orogbo. Quando levava convite na casa de minha mãe América, de mãe Dila, eu ia com um prato de obí. O convite era feito desta forma. (Paulo da Pavuna, 2003.)

Paulo da Pavuna sempre se mostrou prestativo e solidário, por inúmeras vezes fazendo obrigações por espontânea vontade, sem cobranças. Nas festas de Iansã, colocava na entrada um enorme caldeirão onde era frito o acarajé para ser servido a todos. Pelo falecimento de Theodora, tirou a mão com Regina de Bángbóṣé, mantendo dessa forma a casa.

Esta casa pertence a Oxóssi. O rapaz que o atendeu, o Luciano de Castro, é conhecido por Kil, é de Inlẹ́ [...] ele tem o posto de Oṣopi, a pessoa que pode fazer e pode tirar todos os oṣù. O posto foi cedido por Baiano e pelo Gantois. É o meu sucessor. (Paulo da Pavuna.)

Do Axé Oxumaré vieram para o Rio Tomázia Mendes da Conceição de Oxum, nascida em 1905 e iniciada em 1937 por Cotinha, mas que não chegou a abrir casa. Equede Angelina de Oxóssi se confirmou aos 9 anos para o Ogum de Simplícia. Uma das maiores conhecedoras de cânticos de Candomblé, por muitos anos ajudou na casa de Didi Ajàgúnàn, tendo mais tarde tomado posto na casa de Waldomiro Baiano, deixando dois filhos, Marinalva de Iansã e Robson de Oxalá. Benta de Ògún foi iniciada por Simplícia aos 31 anos, tendo Theodora como ajibonan dela. Veio para o Rio em 1948 e abriu Terreiro no bairro de Cabuçu. Faleceu em 2001.

OUTRAS UNIDADES DESCENDENTES

Kaioji de Omulu, Danda de Oxum, Lucia de Oxóssi, Marcos de Oya e Kendala, este falecido em 2008.

O CANDOMBLÉ DE EGÚNGÚN

Égún ou Egúngún* são as formas que definem o culto à ancestralidade yorubá. Os Candomblés de Égún são localizados, em maior número, em Itaparica, uma grande ilha situada na Bahia de Todos os Santos, mais especificamente em Ponta da Areia. O terreiro mais importante é o Ilé Bàbá Agbóulá, localizado na Bela Vista, fundado por Eduardo Daniel de Paula, e sucedido por Antonio Daniel de Paula, Bajóbajó, que faleceu em 1984, aos 108 anos. Assumiu, então, seu neto, o Alágbà Bàbá Màríwo, Domingos dos Santos (1930-2004), Oluide de Iansã e Ògún, e futuro Alápinni. Além de culto aos eguns, Domingos mantinha um Candomblé de orixá ao lado, o qual após ele falecer ficou sob a responsabilidade de seu filho carnal, José Fuiu, enquanto o Candomblé de Égún ficou nas mãos de Balbino Daniel de Paula e Agostinho dos Santos, irmão de Domingos.

Em uma síntese de toda essa história dos Candomblés de Égún, na Bahia, podemos nos reportar ao ano de 1830, com o Terreiro de Mocambo, reduto de escravos e dirigido por Marco Pimentel, conhecido como Marco, o Velho, sendo sucedido por seu filho. Depois de serem alforriados, foram para a África em busca de novos conhecimentos.

---

* *Egúngún*, mascarado, em razão de as vestimentas cobrirem todo o corpo, da cabeça aos pés. Com outra entonação, *Eegun*, significa esqueleto.

358 | JOSÉ BENISTE

Voltando à Bahia, trouxeram o culto a Bàbá Olúkòtún e fundaram o Terreiro Tuntun. Quando Marco morreu, assumiram Marcos Theodoro Pimentel e seus familiares, fundando, mais tarde, o Ilé Olúkòtún. Porém, quando Marcos faleceu, em 1935, o terreiro terminou.

Na sequência, houve o Terreiro da Encarnação, onde foi invocado pela primeira vez o Égún conhecido como Bàbá Agbóulá.* Outros Terreiros existiram, como o do pai de Martiniano do Bonfim, africano de Ketu, Eliseu do Bonfim, o qual funcionou entre 1820 e 1935. Outros Terreiros de Égún existem na Ilha, como também, mais recentemente, em Salvador, em grande parte oriundos dos familiares de Eduardo Daniel de Paula, como o Ilé Qya, fundado por Olegário Daniel de Paula, e o Ilé Òpó Qbaladé, por Eduardo Daniel de Paula.

O Ilé Agbóulá contou com a colaboração inicial de mestre Didi, Deoscóredes Maximiliano dos Santos (1917-2013), filho de Şàngó, e um dos mais ilustres nomes do Candomblé no Brasil, pelo conhecimento e pelas obras sobre a simbologia dos orixás. Filho carnal de mãe Senhora do Àşe Òpó Àfònjá, que por sua vez tinha o cargo de iyá egbé no culto egúngún, Didi foi iniciado aos 8 anos como Kori Kowé Olúkòtún. Em 1934, é confirmado Òjè no Ilé Agbóulá; em 1936, toma os cargos de Aşobá, Bàbálósányìn e Bope Qya, um título grunci, pelas mãos de Aninha Qbà Biyí, fundadora do Àşe Òpó Àfònjá.

Pelos conhecimentos adquiridos em suas viagens, reorganiza o culto Egúngún e lhe é conferido o título máximo de Alápinni. Faz buscas no reino de Ketu, que o identificam como membro da família Aşipa, da nobreza ketu. Autor de vários livros e artista plástico de reconhecimento internacional, foi casado com a escritora e antropóloga Juana Elbein dos Santos, autora do livro *Os Nàgô e a Morte*. Em 1966, viaja à cidade de Ketu, onde conhece o rei local e os descendentes, em quinta geração, de sua família Aşipá, e, em 1980, funda e preside a Sociedade Cultural e

---

* A palavra tem duas versões: *màrìwò* — a folha do dendezeiro desfiada que delineia os espaços sagrados, mantendo energias negativas afastadas; *màríwo* — a voz ou o grito do *egúngún*, segundo Verger, embora seja também chamado de *ségì*. *Alágbà* é o *Òjè* mais velho. "Todo alágbà é um *òjè*, mas nem todo *òjè* é um *alágbà*."

HISTÓRIA DOS CANDOMBLÉS DO RIO DE JANEIRO | 359

Religiosa Ilé Aṣipa, em Salvador. A partir daí, Domingos, em Itaparica, assumiu o posto de Alápinni até seu falecimento.

> Mestre Didi era também o homem que conseguiu verter em esculturas de muita força plástica as características de sua religião e da cultura afro-brasileira. Tornou-se, assim, um dos grandes artistas do país, por sua originalidade em articular questões religiosas. Expôs em Paris, Nova York, sendo suas peças espalhadas por todo o país. (*O Globo*, 7 de outubro de 2013.)

Ọ̀tọ̀ ni egún, ọ̀tọ̀ ni òrìṣà, é uma expressão que significa Égún é diferente de Òrìṣà, que determina bem a diferença entre ambos os ritos.

"Egúngún ni a nṣe	"É Egúngún que nós fazemos
Àwa ò ṣe òóṣà	Não fazemos orixá
Kí aláṣọ funfun	Que o dono das roupas brancas (Oxalá)
Kúrò ni agbo wa"	Afaste-se de nosso círculo"

O CANDOMBLÉ DE EGÚNGÚN NO RIO DE JANEIRO

A mais antiga descrição de um culto a Egúngún no Rio é retratada por João do Rio*, no final do século XIX, em visita feita ao Ile Saim, ou Casa das Almas, nas imediações da antiga praia de Santa Luzia, hoje rua Santa Luzia, no centro da cidade. Respeitamos a grafia da época:

> Junto á porta dos fundos três negros de vara em punho quedavam-se extáticos. Eram os annichans, que faziam a guarda ao saluin ou quarto-dos-espíritos. A porta continuava fechada, mas eu vi surgir de repente um negro vestido de dominó com os pés amarrados de panos. Os três annichans ergueram as varas, o dominó macabro começou

---

* Sobre o livro, ver comentários em Anotações, item 23, no final desta parte.

360 | JOSÉ BENISTE

a bater no chão, os xeguedês sacudiram-se, e outra cantiga estalou medrosa... "Mas quem é este dominó?". "É Baba-Egun. As almas têm vários cargos. O que traz uma gamela chama-se Alá-té-orun, o 2º Opocó-echi, o 3º Eguninhansan, e no meio de sete espíritos aparece o invocado." Entretanto o dominó Baba-Egum batia furiosamente no chão com a sua vara de marmelo, e no alarido aumentado apareceu aos pulos outro dominó, o Alágbà... De dentro saíram mais 3 dominós cheios de figas, espelhinhos com os pés embrulhados nos trapos. (*Religiões no Rio*, 1902, p. 47/50.)

Descontando mais uma vez o estilo crítico do autor, é uma das raras, senão única, descrições de um rito que se assemelha aos atuais cultos de egúngún.

Em 1980, do Ilé Agbóulá, vem ao Rio e funda o Ilé Bàbá Oníla, o Òjè Màríwo Laélsio dos Santos, de Ògún com Òşun e Òtùn Oluide, irmão de Domingos dos Santos e neto de Eduardo Daniel de Paula.

Meu avô chegou em um navio negreiro. Depois de ser libertado, percebeu que a única coisa que sabia fazer era chamar Bàbá. Foi por isso que abriu a casa na Bahia. (Laélsio em depoimento a Stela Guedes Caputo, 2005, p. 157.)

Abre o Terreiro em São João de Meriti, no bairro Jardim Redentor, tendo ao seu lado os Òjè Roberto, Gil e Eduardo dos Santos, seus filhos, e Delsinho, sobrinho da falecida Mãezinha do Òpó Àfònjá. Laélsio viria a falecer em 2012, ficando a cerimônia de encerramento das atividades da Ilé Bàbá Oníla programada para o mês de julho de 2013.

Mais que o culto aos Orixá, o culto aos Égún é mantido pela família. Dificilmente um filho de Ojé não se tornará Ojé, principalmente em terreiros tradicionais. O mesmo caminho poderá ser seguido pelos filhos de integrantes do culto, ainda que sem laços de parentesco. (Stela Guedes Caputo, 2005, p. 155.)

HISTÓRIA DOS CANDOMBLÉS DO RIO DE JANEIRO | 361

Outro ramo do Ilé Agbóulá no Rio é o Ilé Igbo Agan, que tem a direção de Onikoi Tavares Braga, carioca e mais conhecido como Ọmọlọ́dun Braga, de uma família dedicada ao culto de orixá. Seu pai era conhecido como Nozinho de Odé e dirigia o Terreiro Taba de Odé, inicialmente no bairro de Braz de Pina, juntamente com sua mãe, Odé Kemin. Por ter problemas de abìkú, foi iniciado no culto de Egúngún por Domingos, em 1985. Aos 23 anos de idade, abriu a própria casa em 1990, no Município de Caxias, tendo ao seu lado o Ọ̀jẹ̀ Erick, os Amúìṣán Diego e Alex.

O calendário ritualístico: janeiro, reverenciando Bàbá Olúkọ̀tún e Olóríégún, ligados a Oxalá; fevereiro, festa das águas; junho, Ṣàngó Ara Àfọ́njá; agosto, Bàbá Bakabaka de Omulu; setembro, Bàbá Agbóulá.

Ao manifestarem-se, apresentam-se totalmente cobertos com tecidos vistosos, portando símbolos dos orixás a que são ligados e acompanhados por pessoas especializadas denominadas de Ọ̀jẹ̀. Representam a forma materializada dos ancestrais guardiões dos costumes, da disciplina, da ética e das tradições, trazendo orientações devidamente interpretadas por seus sacerdotes.

A iniciação ao culto de egúngún vem promovendo a ampliação das raízes dos terreiros Agbóulá, Tuntun e de Ọya. O Ilé Aṣẹ Bàbá Níléké, em Nova Iguaçu, a partir de 2001, conta com a direção do Ọ̀jẹ̀ Josiel, iniciado por Dionísio Daniel de Paula, em Piratininga com os Ọ̀jẹ̀ Caô, Carlinhos do Querenguê, Ovídio Monteiro Bonfim — Majé Bajọ Agbowlá, do Recreio dos Bandeirantes, Manoelito de Maricá, Joelson dos Santos de Jardim Redentor, Luis Otávio de Areia Branca, Josué do bairro de Cabuçu, Arsênio e Delsinho.

UNIDADES DE OUTRAS ORIGENS

I — CABOCLO VENTA DE AXÉ

Cícero Alves da Rocha (1909-1992) era o nome do Ogã Caboclo ou Huntọ Caboclo de Yemanjá Ògúntẹ. Natural da Bahia, veio para o Rio em 1954 e abriu seu Terreiro em 1965, em Duque de Caxias. Tinha o apelido de Venta de Axé, conforme ele mesmo se dizia.

> Foi Omulu quem colocou o nome. Quando rapaz, estava tocando na casa de Procópio. No momento em que saiu para beber alguma coisa, virou o Omulu da falecida América, irmã de Hilda França. O ogã que estava no momento tocou alguma coisa errada. Omulu botou as mãos para trás e pediu que chamasse aquele moço que tem a venta de Axé. E o nome ficou. (Aderman de Iansã, 2001.)

Quando Caboclo faleceu, aos 83 anos, seu filho carnal Renato Alves da Rocha, de Oxaguiã, na época com 19 anos, já fora determinado como sucessor do Axé. Conforme determinação de seu pai, ficaram ao seu lado Semíramis Alves dos Santos, também sua filha carnal, conhecida como Mimi de Nàná Tọ́mi — Nanã cuida de mim —, que veio para o Rio em 1956, e feita por Egbomi Dila, em 10 de fevereiro de 1957, e sua irmã Almerinda Rocha Brito de Oxum. Ambas cuidam da casa e fazem as devidas obrigações até uma maioridade absoluta de Renato, que já atende para consulta ao jogo de búzios.

> Sobre meu pai, Venta de Axé, ele era muito enérgico e exigente dentro do santo e na sua vida pessoal. Ele era de Yemanjá e fez o santo em Salvador. Ele ajudava muito minha mãe Dila. Todos sabiam que ele era ogã, mas que teve a permissão dos orixás para abrir casa e cuidar das pessoas. (Mimi de Nàná, 2007.)

II — CANDOMBLÉ DE RAFAEL BOCA TORTA

Rafael Borges de Oliveira (1901-1984) era baiano de Santo Amaro da Purificação, na Bahia. A história desse Axé se reporta a uma fazenda produtora de cacau e criadora de suínos, graças a uma população de negros escravizados, provavelmente oriunda do antigo reino do Daomé. A liderança do grupo estava nas mãos de Maria Ludugéria dos Santos, Na(n) Bìyí Igi. Com sua morte, a liderança passou para a filha carnal, Maria Borges de Oliveira, mãe de Rafael.

Após o processo de Abolição da escravatura e o falecimento dos pais, Rafael, ainda menino, foi cuidado por uma família, internado no Colégio Salesiano de Salvador, onde aprendeu o ofício de carpinteiro, tornando-se mestre nele. Foi iniciado aos 17 anos, para Xangô e Yemanjá, por Joviniano dos Santos, mais conhecido como Empata Viagem.

> Joviniano era da nação jeje modubí, tinha um Candomblé na mata do Nordeste da Amaralina. O seu apelido surgiu a partir de um trabalho feito. Uma dama da alta sociedade tinha uma filha que gostou de um marinheiro, que a sequestrou, e a estava levando para Santa Catarina. Procurou Joviniano e perguntou se podia fazer um trabalho para ela voltar. Contou meu pai que ele preparou um ebó com peixe bagre com o nome do marinheiro e da menina. Soltou nas águas e disse que, se

as águas devolvessem o peixe, mesmo morto, a menina não viajaria. Se o peixe sumisse pelas águas afora, ela podia perder as esperanças. Aí, o bagre foi devolvido morto, porque Yemanjá recusa todo peixe morto de suas águas. Aí o navio voltou para o cais de Salvador. Por isso, ficou o nome de Empata Viagem. (Díca, filho de Rafael, março de 2002.)

Rafael abriu o seu Candomblé, em Peri-Peri em 1927, à rua Luzia, 20, depois se mudou para Mataripe. Era exigente no respeito e no comportamento que todos deveriam ter em seu Terreiro. Como também acumulava as funções de policial da Guarda Montada de Salvador, surgiu a oportunidade de entrar na polícia civil do Rio. Chega à cidade em 1950, tornando-se subdelegado de Vilar dos Teles, na Baixada Fluminense. Em 1954, abre o próprio Terreiro em São João de Meriti, o Ilé Àṣẹ Ọbà Ṣàngó Bòmí(n) — o rei me cobre, me protege. Sua versatilidade impressionava. Era um eminente artista plástico, pintor, cujos quadros e toda sua arte foram reverenciados em diversas reportagens na revista *O Cruzeiro*, em 1951 e 1954, com fotos de Verger.

Meu pai foi, também, aprendiz de marinheiro, no tempo da guerra. Ele sofreu um acidente num treinamento com granada, quando os estilhaços se alojaram entre o ouvido e o maxilar, que, por ter sido quebrado e a falta de socorro, ele ficou com a boca torta. (Díca, filho de Rafael, 2003.)

Sofreu um derrame e faleceu em uma noite de Natal. O axexê foi feito por Ogã Caboclo, com a presença de Otávio da Ilha Amarela. Seu herdeiro é Juticael Santos de Oliveira, mais conhecido como Díca de Omulu, caçula de doze irmãos, todos iniciados em um regime familiar, com os mais velhos cuidando dos mais novos.

III — AXÉ DA NAÇÃO IJEXÁ

Pertencente ao mesmo núcleo yorubá, como o Èfòn e ketu, os ritos ìjẹṣà têm como seguidor José Zeferino Aquino, natural de Salvador e mais conhecido como Zezito da Oxum. Nascido em 1933, aos 3 meses de idade e devido a problemas, foi levado para ser rezado por uma mulher nagô que disse aos pais que ele não estava morrendo. Na verdade, era kalundu, coisas de santo. Aos 14 anos, organizou um culto a Caboclo e, aos 17 anos, foi iniciado no Ilé Àṣẹ Kalé Bokún por Severiano Santana Porto de Lógun Èdẹ. Veio para o Rio e aqui ficou na casa de Joana Kilondira, filha de João da Gomeia, que muito o ajudou e, mais tarde, em 1960, abriu terreiro em Caxias, o Ilé Òṣun Omi Ìyá Qbà ti Odo ti Ògún Alẹ. Como tinha devoção por Nossa Senhora do Carmo, construiu uma pequena igreja em homenagem a sua santa de devoção. Tem a característica de não realizar o ritual de axexê quando uma pessoa falece.

> Se o pai de santo morre, quem herda a casa faz um preceito com a própria gente da casa, não tem axexê, é só um descarrego e ritual de lavar a cabeça para tirar a mão. Faz a limpeza da casa que continua aberta, ela não fica fechada. (Zezito da Oxum, 2002.)

UNIDADES DESCENDENTES

Fernandes Portugal, Bàbá Lólà Ṣàngo Tọlá — Xangô tem a honra, riqueza e dignidade —, escritor e sociólogo autor e ministrante de estudos sobre a religiosidade afro-brasileira. Iniciado no culto a Ifá, Ifá Nímọra — Ifá é cuidadoso e sensato. Alcir de Oxalá, com casa em Magé, e Sonia de Xangô.

IV — AXÉ DE RUFINO DO BEIRU

Fundado por Manuel Rufino de Souza de Oxum Ọ̀pàrà 1915-1982 cuja dijina era Omindasamba.* Foi iniciado jovem no Axé de Masanganga, uma Angola Caboclo que tinha a direção de Miguel Archanjo (1860-1941) do Nkise Masanganga Induduxó, assimilado ao Xangô do ketu. Abriu o próprio terreiro, o Ilé Àṣẹ Tomin Bokun, com um ritual angola tapuia ou tapuio, já extinto, substituído, mais tarde, por um misto de angola e ketu e, assim, seguido pelos seus descendentes.

> A Nação de Amburaxó, fundada por Miguel Arcanjo, que também era o pai de santo, se diferia dos demais terreiros por ter uma doutrina mais aberta e fácil de aprender. Se diferenciava das demais, entre outras coisas, porque todos os seus cultos eram realizados do lado de fora, aos pés das árvores sagradas, que até hoje existem no espaço que circunda o atual posto médico e a 11ª delegacia. (Eldon Araújo Laje, conhecido como Jijio, do Terreiro Insumbo Meian Vila São Roque, localizado no largo do Anjo-Mau.)

> Em 1953 foi o Babalorixá Rufino que me convidou para ser Deré de um barco de Ìyàwó, na roça dele, que ficava no Beiru, Salvador [...] Anos depois me convidou novamente [...] Aceitei, e fui com Deré Delza criar a menina de Oxum. A Oxum de Rufino chamava-se Òrómi Kílèjí Orodandua Samba, e tinha esse nome porque, a princípio, a casa era angola e depois passou a ser kétu. (Gayaku Luiza, em Marcos Carvalho, p. 125.)

Rufino instalou-se no antigo bairro do Beiru, ficando assim conhecido como Rufino do Beiru. A palavra Beiru era a denominação de um antigo escravo africano que viveu na região e foi dono das terras que a

---

* Ou *Irudasamba*. Seu orixá *Ọ̀ṣun* também era conhecido como *Omijilanje* ou *Omikilanje*.

nomearam, hoje conhecida como bairro Tancredo Neves. A rua onde se localizava o Terreiro de Rufino possui o nome dele, Manuel Rufino.

> Sua fama era de um homem respeitado pelo seu conhecimento na preparação de pós. Por isso ficou conhecido como Rufino Bom no Pó. (Iva de Oxum.)

O pó a que se refere, também chamado de zorra, é um preparo feito com raízes, folhas e outros ingredientes, conhecido apenas pelos mais velhos que nunca ensinavam a receita. Muitos babalorixás se tornaram famosos por serem Bom no Pó, ou Bom de Pó, como Nézinho da Muritiba — Manoel Cerqueira Amorim.

Rufino veio para o Rio, em 1942, e ficou na casa de um filho de santo seu, Ìyálodi, em Guadalupe, fazendo diversas iniciações. Posteriormente, Oxum determinou que voltasse para a Bahia. Ele passou a ter problemas de visão e diabetes, vindo a perder o dedo do pé direito e o do esquerdo, e, posteriormente, teve a perna direita amputada. Antes de falecer, fez algumas obrigações no Gantois. Era casado com D. Branca, e deixou cinco filhos, sendo que uma das filhas ficou à frente da casa, ao lado do irmão, que possui o mesmo nome do pai, Manuel Rufino.

> Rufino tinha cargo no Candomblé das Amoreiras. Tinha um bom relacionamento no Gantois, onde tomou o nome de Iyamilanje, sendo que seus quatro filhos lá foram iniciados para Iyewa, Xangô, Iansã, e um rapaz Antonio, como Ogã. Um dos cânticos tradicionais:

> *"Ôô*
> *Masanganga de Kariolé*
> *Masanganga de Kariolé*
> *Masangaga de Kariolé*
> *Selesi selesi*
> *Masanganga de Kariolé"*

368 | JOSÉ BENISTE

O Axé de Masanganga é uma Angola muito antiga denominada de Tapuio, que não usava atabaque, tocavam com chifre de boi. (José Augusto de Xangô, 2003.)

De sua linhagem, com alguns já falecidos, encontramos Mirinho de Oxum, Kondemburo de Obaluaiê, Valter de Oxóssi, Jorge Imbiasi, Aristides de Obaluaiê, Lídio de Oxaguiã, Rosalia de Ògún, Taitangue de Ògún, Ilda de Oxum, Vilma de Hangoro e José Augusto de Xangô Elufiran.

V — CANDOMBLÉ DE JOSÉ DE ȮBAKȮSO

José Augusto dos Santos (1920-2006) era natural de Aracaju, onde se iniciou na nação nagô para Ṣàngó Ȯbakòso, nome pelo qual ficaria conhecido para sempre. Exercia a profissão de alfaiate, vindo mais tarde a se especializar em vestimentas e paramentos usados pelos orixás. Posteriormente, seria iniciado na nação ketu para Oxóssi Ọdẹ Bámire — o caçador me ajuda com bondade — pela iyalorixá Bayilọ de Obaluaiê, filha de Mona Dewi, que por sua vez era filha de Zeca do Pará, com terreiro em Cachoeira, Bahia.

Vem para o Rio de Janeiro e, em 1950, funda o Terreiro Afro Axé Ilê Obakòso, à rua Helena, 13, em Jardim Leal, Gramacho. Após muitos anos de atividades, decide encerrar o terreiro no Rio e manter somente o de Aracaju. Morre aos 76 anos. Seu corpo é transladado para Aracaju. Seu neto carnal, Arvanlei de Xangô, assume o terreiro.

UNIDADES DESCENDENTES

Ọdẹ Lési, com casa em Belford Roxo, Jesdilé de Ogum em Duque de Caxias, Ìyá Pọ́nda de Nanã em Santa Cruz da Serra, Ademilson de Oxóssi Gbọ́nre — o caçador sábio e bondoso — com casa no bairro Pantanal.

VI — MANUEL FALEFÁ

Manuel Victorino da Costa (1900-1980), mais conhecido como Manuel Falefá, foi iniciado aos 11 anos e consagrado ao vodun Nanã por sua avó Clarice Constanza Barbosa, na Fazenda Pau Grande. Na juventude, Falefá trabalhou na Marinha, viajando em várias ocasiões para a África, onde aprendeu a falar o yorubá. Em 1968, sendo professor de yorubá, recebeu uma bolsa para viajar à região de Popo, no Togo, e Lagos, na Nigéria. É provável que a partir dessa viagem ele tenha começado a identificar sua casa como mina-popo. (Ver Parés.)

Em Salvador, abriu um Candomblé denominado de Posun Beta, sob a égide de Sogbo Adan. Em 1930, muda o Terreiro para a rua da Formiga, em São Caetano, e depois para o bairro São Marcos, atualmente dirigido por sua neta, Edvaltina Alves. Casou-se duas vezes e teve dezessete filhos, sendo homenageado com nome de rua no bairro de Boa Vista, em Salvador.

Tomamos conhecimento de Manuel Falefá em 1974, por ocasião do axexê feito a Teófila, filha de Zé de Vapor, em Salvador. A partir daí, realizamos diversas entrevistas, todas gravadas na residência dele, todas sobre assuntos diferentes, entre eles um estudo sobre a origem dos Candomblés na Bahia:

> Os primeiros atabaques tocados na terra brasileira foram no Pará, depois foram na terra de Natal e em seguida foram tocados no lugarejo denominado de Preguiça, em Salvador, segundo os meus mais antigos. E naquele mesmo lugar formaram um casarão que era uma espécie de mercado onde depositavam os africanos para serem vendidos. De um lado tinha os toques para agradar os que chegavam [...] depois este mercado foi mudado para uma parte de Itapagipe. Depois, para outro lugar por nome de Cais do Ouro [...] não sei o ano. A casa se tornou um terreiro, a casa religiosa dos africanos. Daí, mais tarde, este terreiro foi despejado para a Barroquinha [...]. (Trecho de um longo depoimento de Manuel Falefá a este autor, em abril de 1974.)

RITUAIS DO NORTE-NORDESTE NO RIO

I — CASA DAS MINAS

A única informação refere-se ao Gomé Zomadonu, descendente da Casa das Minas de São Luís do Maranhão e dirigido por Zuleide Figueira Amorim de Poliboji nos anos 1960. Foi instalado em Jacarepaguá, na Estrada do Rio Grande. Atualmente, encontra-se desativado.

> Depois que Dona Filomena morreu, Zuleide resolveu fundar um terreiro de mina em Jacarepaguá, semelhante à casa das Minas, pretendendo reunir as filhas da Casa que viviam no Rio. Zuleide veio algumas vezes a São Luis e levou mudas do pé de cajá e do pé de ginjá da Casa e fez uma viagem pela África com o marido que trabalha em embarcação [...] Disseram que Zuleide copiou alguns rituais da Casa das Minas e os deturpou e que levou coisas que teria conseguido com o consentimento de Dona Amância [...]. (Casa das Minas.)

Zuleide foi autora de um livro sobre a antiga tradição religiosa marajoara, o qual serviu de tema para o desfile da escola de samba Beija-Flor de Nilópolis, no carnaval carioca de 1998.

A Casa das Minas ou Tambor de Mina são denominações usadas no Maranhão para os cultos de origem africana, principalmente da tradicional Casa de Mãe Andresa Maria (1854-1954). As divindades são conhecidas segundo um conceito de famílias, como Zomadonu, Davice, Savaluro, Dambira, Aladanue e Quevioso. Não há o culto a Exu, pois dizem que foi por causa dele que os africanos foram vendidos como escravos. Os voduns nagôs são mudos para não revelarem, entre os jejes, os segredos dos nagôs. O transe existe, e algumas entidades fumam cachimbo. (Sergio F. Ferreti, 3 de setembro de 1994.)

II — XANGÔ DO NORDESTE

O próprio nome identifica o local de origem dessa forma de culto, também chamada de Xambá, com o toque de atabaque feito com as mãos diretamente no couro. Em Recife, onde existe em maior número, alguns nomes foram célebres na direção de suas casas como Anselmo, Rosendo, Néri, Apolinário, Oscar e o famoso Felipe Sabino da Costa (1877-1936), mais conhecido como Pai Adão, da Seita Africana Obaomin, hoje sob a direção de Maria Bonfim, sua filha carnal. Ele era muito visitado por Bángbóṣé e Martiniano do Bonfim.

No bairro da Posse em Nova Iguaçu está localizado o Terreiro de Milton da Oxum, nascido Milton Anselmo dos Santos, que dirige o Ilé Àṣẹ Olómídé. Natural de Alagoas, chegou ao Rio, aos 21 anos, em 1954, época das grandes migrações nordestinas para o Sudeste, em busca de novas oportunidades. As características gerais se assemelham ao Candomblé. Os toques são feitos com pequenos tambores denominados de adufos, e as cantigas, denominadas de toadas, são tocadas em sequência direta, o que confere um sentido de muita movimentação ao ritual. Na iniciação, segundo revela, raspava-se, mas o ato foi abolido. Ao dar o nome, o Orixá canta sua cantiga e, após um ano de obrigação, pode manifestar-se com dois ou três orixás. Iniciou Leonilda de Xangô com terreiro em Realengo e José Simões, de Ògún Benika (1929-2009), que tinha casa no Pechincha, em Jacarepaguá.

372 | JOSÉ BENISTE

Com relação a esse último, com quem tínhamos um bom relacionamento, estivemos em seu Terreiro, em outubro de 1979, atendendo ao convite para registrarmos o andamento do ritual interno da Festa do Inhame, em reverência a Oxalá. Para uma compreensão do que seja o ritual de Xangô do Nordeste, fazemos aqui um breve relato:

1 — No centro do barracão é colocada uma panela com ervas para o banho e uma vela acesa ao lado. Todos os que chegam, apanham um pouco do banho em uma caçarola para depois trocar por roupa de ração. Todos têm a cabeça coberta.

2 — Cada um dos presentes traz um inhame e um bicho para seu orixá. O inhame do norte é liso e o cará tem fiapos.

3 — Ao passar pela casa de Exú, arrasta o pé no chão para poder entrar.

4 — O jogo é feito com o inhame, nos mesmos moldes do jogo do orógbó. Primeiro encosta as duas pontas do inhame na testa da pessoa. É cortado em cima de uma toalha branca, e o gomo que cair aberto ficará no assentamento. Antes, passará a ponta da língua nos quatro gomos.

5 — A folha da goiabeira é de grande fundamento e, por isso, usada em todas as obrigações. Diversas folhas são colocadas em cima de uma toalha branca. São reverenciadas com o toque da sineta e maceradas. Com todos ajoelhados ao redor, cada um, pela ordem de feitura, molha um pouco os cabelos.

6 — Todos os assentamentos são colocados no chão, quando se realizam alguns cânticos:

"Ara mi kaja dile
Ara mi kaja dile
Òṣàgiyán, Òsàlúfón
Ara mi kaja dile"

7 — Sentado em um banquinho, o primeiro oferecimento é feito para Ògún, e as pessoas desse orixá são chamadas. Depois, para Oxóssi e assim por diante. Não há o uso da clássica quartinha, substituída por pequenas moringas com tampa.

8 — Um jogo geral é feito diante do Axé central no piso do barracão. Ele é aberto e realiza-se o jogo do inhame. Os pedaços abertos são colocados com um pouco de mel. Todos provam um pouco do inhame.

9 — Dois gomos de inhame são colocados em cada canto do barracão. A festividade pública é feita no domingo seguinte.

III — CASA DE NAGÔ

José Gomes da Silva (1902-1985), mais conhecido como Néri de Iansã e Xangô, era natural de Recife. Foi iniciado pela Baiana do Pina, tendo aberto sua casa, a Seita Africana Santa Bárbara, em 1931, no bairro Encruzilhada, em Recife. Demonstrava rigidez na conduta de todos os integrantes, conforme determinações:

Artº 1º — Para ser filho desta seita é preciso estar em pleno gozo social [...] não ter nódoas que desabonem sua conduta [...] ser proposto por um filho da seita [...] o osé da sexta-feira é obrigado para todos os filhos; os que faltarem sem motivo justificado são multados em Rs. 500 réis [...] não poderá compartilhar em outra (seita) quer em obrigações ou diversões [...]. (Íntegra em *Xangôs do Nordeste*, 1937, p. 27/29.)

Em 1938, chega ao Rio e, no ano seguinte, abre a própria casa em São Mateus, local mantido até hoje. Faz diversas iniciações daqueles que teriam as próprias casas, como Talagonã, Wilson de Oxum, Kajuele de Omulu, Bazinha de Oxalá e Oluande de Oxum. No tocante às oferendas, às festas públicas e mesmo às vestimentas, há muitas semelhanças e diferenças entre a Casa de Nagô e a Casa das Minas. Na Casa de Nagô, tanto convivem os orixás como os voduns e caboclos que incorporam em seus vodunsis.

Néri faleceu em 1985, sendo sucedido, inicialmente, por sua filha e, hoje em dia, por outro filho, Edmilson Gomes da Silva.

AS FAMÍLIAS BIOLÓGICAS NO CANDOMBLÉ

Iwọ há nran ọmọ rẹ lọ́wọ́ láti yan ẹsin òrìṣà bí?
Você está ajudando seu filho a se decidir pela religião de orixá?

Conforme verificamos nos relatos das histórias de cada Axé, a maioria deles se apresenta como uma grande família com relações sociais que se desenvolvem pelas formas do parentesco religioso e do biológico ou consanguíneo. O primeiro refere-se às relações existentes entre pessoas que se atribuem com a mesma descendência iniciática e passou a ser definido como pertencentes a uma família de santo.* A expressão está intimamente associada ao conceito de família, sendo assim classificada:

> **mãe ou pai de santo** — titular e líder da comunidade.
> **filho de santo** — todo aquele iniciado na religião.
> **irmão de santo** — todo aquele iniciado por uma mesma pessoa.
> **irmão de axé** — toda pessoa iniciada na mesma casa, porém por mãe de santo diferente dos demais. Isso ocorre diante de algum impedimento do titular do Terreiro, ou se a mãe de santo tiver falecido, e outra pessoa a substituiu.

---

* Ver deste autor: *Ọrun Àiyé*, Bertrand Brasil, 1997, p. 236 e 237.

376 | JOSÉ BENISTE

O Candomblé sempre adotou a opção de compor seus integrantes com a possível participação de parentes, o que veio a instituir a sucessão familiar. Os Daniel de Paula, da linhagem voltada aos Candomblés de Égún, possuem inúmeros familiares seguidores. Os Candomblés do Gantois e o do Alákétu, por exemplo, possuem essas características. Se, por um lado, articula um grupo homogêneo com uma mínima redução de atritos, pode criar dificuldades para aqueles que não são parentes consanguíneos galgarem postos expressivos dentro do grupo. Conforme alguns depoimentos há uma propensão pela preferência familiar.

Nos relatos sobre os Candomblés jejes, pode-se observar que grande parte deles possui graus de parentescos, o que explica o fato de essa modalidade de Candomblé ser muito fechada e de difícil acesso. Caso a pessoa não fosse parente ou indicada por alguém pertencente à comunidade, não era fácil ingressar nessas casas. Os ogãs, em geral, eram maridos, filhos ou netos das vodunsis da casa.

Outro aspecto é o limite para o alcance da mão familiar na iniciação de membros do mesmo sangue. É impedido a uma mãe de santo iniciar os pais, os filhos e o marido. Eles poderão ser iniciados na mesma casa, porém, por uma outra pessoa especialmente convidada. No Candomblé da falecida Lindinha do Gantois, atualmente dirigido por Nildinha de Ogum, todos os seus filhos carnais foram iniciados por Margarida de Oxum, sua irmã de santo. Para uma melhor avaliação, anotamos os nomes dos familiares de Lindinha com os cargos distribuídos entre filhos, sobrinhos e netos:

Ìyá kékere Nildinha	Axogum Elithio	Iyalaxé Rosenildes
Omo Ixan Wilson	Flavio Michel	Ìyá Ẹ́fọ̀n Rosicelma
Alágbè Dorival	*Iyámase* Suely	Ìyá Bomi Alessandra
Ogã Júnior	Equedi Lili	Ìyámórò Rosemary
Equedi Fernanda	Iyatemi Amélia	

A atual iyalorixá do Àṣẹ Ọpó Àfọ̀njá do Rio, Regina Lúcia, era filha de Eunice de Oxalufã e, tão logo assumiu seu posto, motivou os familiares na integração de um novo grupo de trabalho com a confirmação de seu esposo como ogã, da irmã, dos filhos e das sobrinhas:

René de Oxumaré	Elaine de Xangô	Ana Carolina de Ìrókò
Patrícia de Ògún	Equedi Rosemary de Oxóssi	Maria Isabel

No livro *Educação nos Terreiros*, tese de doutorado de Stela Guedes Caputo, a autora se detém na participação de familiares das dirigentes, em especial do Ilé Ọmọ Ọya Léji, da Iyalorixá Palmira de Iansã, que declara ser essa uma forma de a próxima geração continuar no Candomblé. Entre filhos, netos e nora, um deles, Luana de Ọya Ọbatode, em princípio, poderá sucedê-la no comando da casa:

Alabê Marcos	Equedi Flávia	Ogã Ricardo
Ogã Luan	Maria Clara	Luana de Ọya.

> Quando se tem pessoas da família da mãe de santo que são iniciadas, a tendência é que uma dessas pessoas assuma o lugar quando ela morre, mantendo assim a hierarquia [...] Luana está para ser iniciada e há uma grande possibilidade de que seja confirmada no jogo após a minha morte. Paulinha de Xangô seria então sua mãe-pequena. (Depoimento de Palmira em *Educação nos Terreiros*.)

> Minha filha ainda não está preparada, sentia muito medo, mas aos poucos vai perdendo e se habituando. Quando acharmos que ela está preparada, ela começará a aprender as coisas. Não há problemas nessa sucessão, talvez, se Palmira não tivesse uma neta, Paulinha assumisse a casa, mas há o sangue e é o sangue que fala mais alto. (Equedi Flávia, mãe de Luana, em *Educação nos Terreiros*.)

378 | JOSÉ BENISTE

Como sucessora do Axé de Davina de Omulu, Meninazinha de Oxum Tadé, filha carnal de Maria da Luz de Nanã, que teve quinze filhos, todos iniciados, teve em sua irmã Djanira de Iansã a base para formação de um novo grupo familiar, que viria construir uma notável comunidade religiosa entre tios, irmãos, filhos e sobrinhos:

Waldemar de Omulu	Lucia de Omulu	Equedi Zeneide de Nana
Equedi Hilda	Equedi Claudia	Ogã Paulo Roberto
Equedi Solange	Nilce de Iansã	Ana Clara de Nana
Milton de Oxguiyan	Jorge de Iansã	Ogã Sidney de Omulu
Sidney de Omulu	Ogã Oswaldo	Equedi Nair de Oxóssi
Douglas de Qya	Clarice de Xangô	Waldemira de Omulu
Equedi Carla	Ogã Luis Carlos	Carlinhos de Oxóssi
Ogã Waldomiro	Equedi Neide	Ogã Wilton de Oxalá
Nathalia de Omulu		

Beata de Yemoja, ao abrir o Ilé Omi Ojú Aro, criou um núcleo familiar que vem mantendo ótima unidade religiosa, com seus filhos e netos, aliados aos demais integrantes, em uma convivência extremamente positiva:

Adailton de Ogum	Ivete de Xangô	Doía de Omulu
Aderbal de Badé	Olga de Oxalá	Fernando de Ogum
Noan de Oxalá	Laremi de Omulu	Jeonei de Oxóssi
Ricardo de Xangô	Beatriz de Omulu	Xadê de Xangô

A participação familiar pode também ser observada em Terreiros diferentes e bem distribuídos, no Rio e em Salvador. Um exemplo clássico é o do Axé de Bángbóṣé, mostrado anteriormente e que aqui reproduzimos entre os ascendentes e descendentes até a sexta geração. A característica é a de as iniciações serem feitas entre os próprios integrantes do clã:

HISTÓRIA DOS CANDOMBLÉS DO RIO DE JANEIRO | 379

Rodolpho Bamgbose
Caetana de Oxum
Crispin de Oxóssi
Regina de Yemanjá
Josué de Oxalá
Waldir de Omulu
Waldilena de Oxalá
Tetéu de Ogum

Julia Maria de Iansã
Damásia de Iansã
Taurino de Oxalá
Helena de Nàná*
Joselito de Oxóssi
Helena de Oxum
Waldelino de Jàgún
Regina Damásia

Felisberto de Ògúnjà
Tertuliana de Ibualama
Irene de Xangô
Regina de Oxumaré
Air José de Oxaguiã
Walkiria de Iansã
Hamilton de Omulu
George de Igbaru

Outro grupo altamente tradicional é o da família Encarnação, que teve como matriarca Maria das Neves da Encarnação, de Ọya Bíyí. Sua filha era Simplícia Brasiliana da Encarnação, de Ògún Dankẹsí (1905-1967), que foi iyalorixá do Axé Oxumaré, em Salvador. Foi mãe de sete filhos, todos eles iniciados no mesmo Axẹ. Sua filha, Nilzete de Yemanjá (1939-1990), assumiu, mas, atualmente, está entregue a Sivanilton de Oxumaré, seu filho carnal.

Simplícia era irmã de Felipe Santiago da Encarnação, conhecido como Carlito. Era de Iansã e Ibéjì, sendo suspenso ogã por uma senhora na Casa de Oxumaré, na Bahia. Como ela havia falecido, Álvaro Pé Grande sugeriu que ele fizesse a confirmação na Casa de Aderman de Iansã, no Rio, onde Carlito se radicou, mas não para ser ogã da casa de Aderman, conforme declarou Álvaro. Assim, foi confirmado para Oxóssi com o título de Ojú Ọdẹ dado pelo Xangô de Regina de Aira do Portão de Ferro. Seu filho Pedrinho foi confirmado na casa de Mãezinha do Òpó Àfọnjá, no Rio.

Aurelino Gervásio da Encarnação (1915-1980), outro irmão de Simplícia, era de Xangô e Ogã do Oxalá, sendo confirmado no Bate--Folha de João Lesengue com o título de Táta Kambuí.

---

* Esposa de Amauri de Oxalá, do *Àṣẹ Òpó Àfọnjá*, já falecido.

380 | JOSÉ BENISTE

Eu vim para o Rio em 1941, transferido para fundar o Primeiro Regimento de Artilharia Antiaérea. O primeiro Candomblé que eu frequentei no Rio foi o terreiro de Arranca-Toco na Vila Rosali. Me levaram e eu fui. Era todo o sábado. Depois disto apareceu João da Gomeia e eu estava servindo na época. Existia o jornal *O Mundo* e ele foi convidado para ir na casa do Caboclo Cobra-Coral (Orlando Pimentel). Eu fui fardado, mas não consentiram que eu entrasse, pois ali estava almirante, general, gente da alta, da Rádio Nacional. Minha mãe estava lá e eu mandei chamá-la. Então veio o coronel e me perguntou se eu tinha o paisano [...] na época, soldado não podia usar roupa civil. Então ele me deu permissão que eu fosse em casa trocar de roupa e voltasse. Eu morava em Bento Ribeiro [...] Eu cheguei, encontrei Marota, Esmeralda, minha mãe, na hora em que o Cobra-Coral entregou o salão para o João da Gomeia. Não tinham quem tocasse o ketu para eles. Foi nessa hora que eu cheguei e executei. Perguntaram como é que eu tocava com um pauzinho só [...] aí João fez a festa. Depois ele foi deportado para a Bahia em 1942 ou 43. Eu naquele tempo fui a outros Candomblés como o de Agripina aqui na rua Bela e um dia eu fui suspenso ogã na casa de Lesengue pelo Oxalá dele. (Encarnação, em 2 de agosto de 1978.)

Foi casado com Regina de Ò_gún Masà, iniciada por Álvaro Pé Grande em 1958, abrindo o próprio terreiro, Ilé de Ò_gún em Kosmos, em 1975. Depois fez obrigação com Xangozinho, Firmino Pereira Alves (1928-1992). Regina era filha carnal de Oya Naiú, Alice Meneses Batista, do primeiro barco de Lesengue, em 1944.

Antes de namorar Regina, Aurelino vinha aqui tocar Candomblé. Ela já era feita. Ele foi confirmado e depois gostou dela. (Mabeji.)

Os filhos de Aurelino e Regina, como todos os familiares, seguiram a tradição do Candomblé: Maria José de Omulu, Vilma de Oxóssi, iniciada por Nitinha, Vanda de Ò_gún (morta em 2016) feita por Xangozinho,

Vanderlei de Oxumaré, ogã do Xangô de Detinha, Aurelino Meneses da Encarnação, ogã de Xangô confirmado por Xangozinho e, mais recente, Jorge Pitágoras da Encarnação, filho de Vanda, confirmado na casa de Nitinha.

> Encarnação foi o homem que fez o meu candomblé durante 30 anos. Quando ele ficou doente, pediu ao seu filho e a sua esposa Regina de Ogum para não me largarem de maneira nenhuma. Fiquem você e Aurelino com ele. E hoje, como podem ver, eu largo o meu candomblé com ele e vou descansar. Eu me recordo que, ao ser confirmado pelo seu pai de santo, Xangozinho, eu perguntei a ele: "Ele vai ser meu um pouco? Não, ele é seu todo." E ele está aí comigo até hoje. (Nino, 1992.)

Encarnação, como era mais conhecido, vinha de uma família de dez irmãos. Teve uma vida intensa dedicada ao Candomblé, e, por divergências com o Bate-Folha, passou a atuar no Candomblé de Nino de Ògún. Na realidade, ele era um ogã típico de todas as Casas de Candomblé, onde tinha as portas abertas para exercer sua função com a competência habitual, o que lhe creditou tornar-se querido e respeitado por todos.

Em 12 de agosto de 1951, ao lado de companheiros, funda o Afoxé Filhos de Ghandi, que, graças ao prestígio de Encarnação, virá a ser o ponto de encontro e lazer da gente do Candomblé. O afoxé é um cortejo de rua, cujos praticantes possuem preceitos religiosos ligados ao culto dos orixás. Tem como patrono Xangô e como presidente por longos anos o próprio Encarnação, que, depois de falecer, em 12 de novembro de 1980, foi substituído pelo ogã Guerra, a seguir pelo ogan Indio e, depois, pelo ogã Machado.

Da família Encarnação é Astéria da Encarnação Marques, de Oxóssi, iniciada por Aderman de Iansã, a qual abriu o próprio Terreiro, que em 1988, com o falecimento dela, ficaria nas mãos de sua filha carnal, Equedi Carminha de Ṣàngó, advogada e jornalista, feita em 1974 por Xangozinho.

DEPOIMENTOS COMPLEMENTARES

1 — João Alves Torres Filho, vulgo "Joãozinho da Gomeia", que não esconde sua qualidade de explorador da crendice popular e se intitula "rei do Candomblé", foi preso ontem em seu terreiro no Andaraí e será despachado de volta para a Bahia. (*O Globo*, 7 de agosto de 1942.)

2 — Alguns comentários sobre a origem religiosa de João da Gomeia: "Conheci muito Joãozinho da Gomeia. Antes dele tornar-se pai de santo sem obrigação nenhuma". (Olga de Alákétu, *O Pasquim*, 3 de julho de 1972.); "Mas para a seita verdadeira, ele não era nada no Candomblé, porque ele não era feito no santo." (Esmeraldo Santana, *Encontro de Nações do Candomblé*, CEAO, 1984, p. 38.)*

3 — Os primeiros atabaques tocados na terra brasileira foram no Pará, depois foram na terra de Natal e, em seguida, foram tocados no lugarejo denominado de Preguiça, em Salvador, segundo os meus mais antigos. E naquele mesmo lugar formaram um casarão que era uma espécie de mercado onde depositavam os africanos para serem vendidos. "De um lado tinha os toques para agradar os que chegavam [...] depois este mercado foi mudado para uma parte de Itapagipe. Depois, para outro lugar por

---

* Ver, mais adiante, Anotações, item 32.

nome de Cais do Ouro [...] não sei o ano. A casa se tornou um terreiro, a casa religiosa dos africanos. Daí, mais tarde, este terreiro foi despejado para a Barroquinha [...]." (Trecho de um longo depoimento de Manuel Falefá a este autor, em abril de 1974.)

4 — Sobre a questão da criação de cânticos e rezas do Candomblé, há história sobre uma cantiga de Xangô: "Antigamente os negros faziam o santo, mas não podiam ficar recolhidos por serem escravos e ter de trabalhar. Era à noite que eles iam à senzala e ali faziam as obrigações. Dia seguinte botavam um chapéu para esconder tudo e iam trabalhar. Um deles fez Xangô e como era vendedor de camarão foi para a feira trabalhar. Estava vestido com paletó fechado até o pescoço e um chapéu, com um calor infernal. Um africano veio comprar 1 litro de camarão e o vendedor mediu sempre de cabeça baixa. O preço foi pago, mas ele não pegou no dinheiro pedindo que o comprador o colocasse na esteira. O comprador desconfiado, perguntou que orixá ele estava fazendo e ele respondeu apenas hum...hum... Por várias vezes a pergunta foi feita e a resposta era sempre a mesma. Até que o comprador cantou:

"Ọyọ ṣẹrẹ dupẹ alado ro maa yọ
Dindin ṣẹṣẹ
Ẹ kinkin maa yọ e
Ọmọrọba bojule"

O que significava: Eu reconheço o meu rei, em Oyó, aqui e em qualquer lugar. Aí, Xangô pegou o negro, tirou o chapéu e o paletó que estava usando e mostrou o Oxú, o Ẹ̀fọ̀n e os sinais da obrigação. O comprador, se não me engano, era o Otavio Mulexe. (Depoimento de Ajàléyí, em março de 2003.)

Observação do autor: *ver como essa cantiga é cantada no capítulo* Candomblé do Alákétu.

5 — As primeiras casas de Candomblé em São Paulo surgiram por volta dos anos 1950. Com a vinda do falecido babalorixá João da Gomeia para São Paulo e a consequente ida de muitas pessoas para o Rio de Janeiro para fazerem

o santo, começou aqui a instalação de algumas casas de Candomblé. Segundo os levantamentos não oficiais, em 1960, existiam 27 casas em São Paulo e Santos. Relação de alguns dirigentes que se propuseram a fazer o santo de pessoas em São Paulo e, por conseguinte, abriram suas casas: Maria de Xangô, Jitadê, Alvinho de Omulu, Waldomiro de Xangô, Olga de Alákétu. (Ata da Comissão do Candomblé do Estado de São Paulo em 8 de julho de 1983.)

6 — A diferença entre o Bate-Folha e o Tumba Junsara, na realidade, tem muito de irmãos, porque o seu Bernardino tirou a mão num barco de meu avô Ciríaco na casa de Maria Nenén. Há pequenas diferenças, como o Angola, o qual segue mais o dialeto kimbundo, e o Congo, o kinkongo. O nkise quando dá a dijina, que no lado de ketu é o orukó, ele trouxe o que é dele. Agora, o nome dele não tem nada a ver com a dijina que é o nome pessoal. O nome do nkise, esse não é dito, é segredo. (Sajemi de Lembá, 2002.)

7 — "Os primeiros filhos de Ciríaco feitos em Santo Amaro, Ricardino de Besen, Vavá de Nanã, Jijal de Omulu e uma menina de Oxalá. Esse barco foi assumido por Mãe Emiliana Aguesi do Bogum, tendo todos sido feitos na nação jeje." (Cléo Martins, jornal *A Tarde*, Salvador, 2003.)

8 — O Ogã Bila, do Àṣẹ Ọpó Àfọ̀njá, tinha sido suspenso por Iansã. Num certo dia, ele chegou aqui junto com Clarice de Oxóssi, eu estava atendendo uma pessoa. Veio fazer um jogo [...] eu comecei a passar mal, me levantei e Iansã me tomou. E disse a ele, numa cabeça estranha, que, quando ele tivesse que ser feito, Iansã ia lhe avisar. E eu estou lhe avisando que a sua hora de confirmar chegou. Aí ele disse: "esse homem tem santo", ele não me conhecia, como sabia disto? Ele então passou a ser uma pessoa que, sempre que tivesse uma festa, ele estaria aqui. Eu fui acertar a cadeira dele [...] fechei o breve dele [...] Aquela casa tem história comigo. (Aderman de Iansã, 2003.)

HISTÓRIA DOS CANDOMBLÉS DO RIO DE JANEIRO | 385

9 — A cidade de Cachoeira fazia a produção de açúcar e tabaco. Havia várias fábricas de charutos, entre elas Leite Alves, Suerdick etc. A maioria das pessoas do santo era empregada nas fábricas de charutos. Alguns levantam a seguinte hipótese: a de que seria essa a razão de ser usado o fumo nas obrigações internas do ritual jeje.

10 — Algumas casas de tradição bantu-brasileira: Tumbansi — Roberto Barros Reis e Maria Genoveva do Bonfim; Tumba Junsara — Manoel Ciríaco de Jesus e Manoel Rodrigues do Nascimento; Bate-Folha — Manoel Bernardino da Paixão; Viva-Deus — Maria Leocádia dos Santos; Calabetão — Maria Calabetão; Gomeia — João Alves Torres; Beiru — Manuel Rufino; Lembá — Mariquinha de Lembá; Amburaxó — Miguel Archanjo; Gregório Makuende (1874-1934); Sandaió — Manezinho Sandaió. (Walter de Nkosi, 2001.)

11 — O Candomblé é uma religião que busca remodelar as pessoas por meio de seu inconsciente. (Omidarewà, 2008.)

12 — [...] aquela mesma baiana, igual a tantas outras [...] que passa o dia fritando acarajé para ganhar a vida, você sabe o que acontece à noite, quando ela vai para o seu terreiro, quando ela dança e entra em transe ao som dos atabaques e incorpora Oxum que ela carrega? Preste atenção: ela deixa de ser uma simples baiana, igual a milhares de outras, para se transformar naquilo que ela realmente é — uma rainha. Respeitada, tida e havida como tal por toda a comunidade do seu terreiro. E aquele estivador que passa o dia carregando sacos no cais do porto. Sabe o que acontece quando ele incorpora no Terreiro o Xangô que ele carrega? [...] ele se transforma num rei, porque sua verdadeira natureza é a de um rei. Você me pergunta, eu respondo: foi para isso, sim, que dediquei a maior parte da minha vida. Para contemplar e entender esse espetáculo único, o maior espetáculo da Terra, que é a manifestação plena da verdade que habita a pessoa humana. (Pierre Verger, 2002.)

386 | JOSÉ BENISTE

13 — Minha mãe Marocas tinha sob sua guarda o assentamento de Ogum de Cipriano Abedé, herdado por ela e devidamente cuidado. Ao falecer, tornei-me o guardião do Axé, e passei a cuidar dele. A mãe-pequena do Opo Afonjá, Helena de Ogum, comentando com Agenor, disse a ele que o santo de Abedé estava comigo. A partir daí, Agenor apareceu aqui em minha casa, e exigiu a entrega do assentamento de Ogum de Abedé. E eu, não sei por quê, não tive como lhe negar a entrega. (Orlando Ricardo dos Santos, iniciado da casa de Maroca.)

14 — Atualmente, o Axé de Mãe Maroca está sob os cuidados da Egbome Maria Helena de Ogum, iniciada por Mãe Maroca. Em relação aos assentamentos de Cipriano Abedé, esses nunca ficaram sob a guarda de Orlando Ricardo. Mãe Maria do Carmo contava que Mãe Maroca apontou ela como herdeira do Axé ainda em vida, e essa escolha foi confirmada pelo jogo de Tio Agenor e de Mãe Bida de Yemanjá. E disse que os assentamentos de Cipriano Abedé ficariam sob a guarda de Agenor, após a passagem dela. Agenor levou o Ogum e o Ossãe da casa de Mãe Maroca, no Jardim Metrópoles, por ser de direito dele. (Patrick Ferreira, neto de santo de Maroca.)

15 — Sabina de Omulu Jifuwoto, do Engenho Velho, esteve no Rio de Janeiro, a convite de Arnaldo de Oxalá, conhecido como Babaribô, para ajudar na feitura do primeiro e do segundo barco da casa dele. Depois, como houve suspeita de que ele não era iniciado, ela voltou para Salvador. Ainda houve um terceiro barco com Ọbà Ganjù, que depois foi consertar o santo com Natalina do Kwe Sinfá. (Àjàlèyí de Ògún, 2002.)

16 — Elbein — Juana Elbein dos Santos — parte da suposição de que Axé é sempre uma composição de elementos agrupados em três categorias: o sangue vermelho, o sangue branco, o sangue negro, correspondentes aos três reinos naturais: animal, vegetal e mineral. De onde tira tamanha coisa jamais o saberemos, porém, dedica páginas e mais páginas a glosar este princípio, mesmo que isto a obrigue a tornar vermelho o amarelo de Oxum,

ou o preto no azul de Ogum [...] Aqui temos duas questões. Uma já levantada pela crítica de Verger é que tal triângulo de sangues não existe na realidade religiosa nagô. (*Afro-Ásia*, n. 36, p. 171, Fernando G. Brumana, 2007.)

17 — Gayaku Luiza me informou, relembrando os desentendimentos que ocorreram entre os membros desse terreiro, depois do falecimento da primeira Gayaku da Roça do Ventura, que a Roça de Cima era jeje savalu, depois passou a ser marrim, mas depois do falecimento da primeira Gayaku passou a ser uma mistura de jeje marrim e jeje savalu, por causa de Aprígio, o Babalorixá do Pó Zerren, um candomblé vizinho do Bogum de Salvador. (Luiz Claudio Nascimento, p. 147.)

18 — Os noviços recebem nomes de acordo com sua caída no barco, portanto, o primeiro a cair (bolar) na formação do barco será chamado de Dofono. Já o segundo será chamado de dofonitinho. É claro que com o tempo estas palavras foram aportuguesadas e entrou a separação de masculino e feminino com o final O ou A. Hoje em Cachoeira utilizam esta nomenclatura, já aportuguesada: 1º Dofono ou Dofona, 2º Dofonitinho ou Dofonitinha, 3º Fomo (este é para o masculino ou feminino); 4º Fomutinho ou Fomutinha; 5º Gamo (este é para o masculino ou feminino); 6º Gamutinho ou Gamutinha, e por aí vai. Há quem diga que o nome na África seria Dofonitin, por exemplo. Mas Cachoeira desconhece, conhecendo apenas a forma aportuguesada. (Marcos de Carvalho, 2013.)

19 — Atualmente, o Axé de Mãe Maroca está sob os cuidados da Egbome Maria Helena de Ogum, iniciada por Mãe Maroca. Em relação aos assentamentos de Cipriano Abedé, esses nunca ficaram sob a guarda de Orlando Ricardo. Mãe Maria do Carmo contava que Mãe Maroca apontou-a como herdeira do Axé ainda em vida, e essa escolha foi confirmada pelo jogo de Tio Agenor e de Mãe Bida de Yemanjá. E disse que os assentamentos de Cipriano Abedé ficariam sob guarda de Agenor após a passagem dela. Agenor levou o Ogum e o Ossãe da Casa de Mãe Maroca, no Jardim Metrópoles, por ser de direito dele. (Patrick Ferreira, neto de santo de Maroca.)

ANOTAÇÕES

1. Roger Bastide declara na *Revista do Arquivo Municipal de São Paulo*, 1944, set. e out. p. 82: "É verdade que, qualquer que seja a boa vontade dos informantes, e eu tenho o prazer em render homenagens, aqui, a simpatia com que os sacerdotes de cor respondem aos que estudam sua religião com carinho e sinceridade, há coisas que nunca ficaremos sabendo."

2. Muitos costumes não são ensinados, obedecem às leis da transmissão. São gestos instintivos e que tiveram significados há milênios e que se foram ampliando ou, em outros casos, perderam-se no decorrer do tempo. Os gestos com a cabeça, sim ou não, palmas, apertar as mãos, o modo de olhar são alguns exemplos.

3. O Bogum, em Salvador, foi construído em 1927, sendo sua primeira casa feita de Taipa. Tiana do Jeje, de Oxum, estava na ativa em 1911, era mãe-pequena anterior à finada Emiliana e tinha marca da sua tribo africana no rosto. Emiliana morreu em 1946 aos 92 anos de idade. A estampa X do livro Costumes Africanos no Brasil. C. Brasileira, Rio, 1938, talvez seja sua foto.

4. O único relato a respeito do ritual Cabula que foi praticado na Bahia é feito por Nina Rodrigues (1862-1906), por meio de estudos realizados entre 1890 e 1905 e publicado em *Africanos no Brasil*, p. 402/409, em que ele acentua Cábula. Nina Rodrigues era ogã de Oxalá no Gantois no tempo de Pulquéria.

5. O pensamento da época é ressaltado nas páginas do livro de Nina Rodrigus que acreditava na inferioridade do negro e em sua incapacidade para integrar a civilização ocidental. Como médico-legista e psiquiatra, não viu mais que simples manifestações de histeria nos transes místicos em uma outra clara visão dos quadros de referência da época. Roger Bastide faz esses comentários em *O Candomblé da Bahia*, Brasiliana, 1961, p. 7. A pessoa iniciada passa a ter a marca do Terreiro na medida em que se aprofunda e participa. Isso porque não é determinante, isto é, o que aprendeu não quer dizer que não possa ser modificado, mesmo sofrendo atritos.

6. Ìyátèmi é um cargo usado nos ritos nagô-vodun e define a mãe-pequena. Pode derivar de um termo yorubá que significa Ìyá — mãe, tèmi —, meu, minha. Tem como nome iniciático Ìyátèmí (tèmí — espiritual), a mãe espiritual, com aspecto moral. No Candomblé do Gantois, há o cargo de Ìyátèní (tè — estender, ení — esteira) aquela que estende a esteira.

7. Cachoeira é uma cidade da Bahia que se localiza às margens do rio Paraguaçu e tornou-se importante na vida econômica do país.

8. Estudando o Candomblé da Casa das Minas em São Luís do Maranhão, Verger, em uma lista que lhe foi apresentada por Mãe Andreza Maria com os nomes dos voduns cultuados, em 1948, concluiu que eram formas divinizadas de antigos membros da casa real de Abomei, África.

9. As servidoras do culto a Xangô, em Òyó, podem ser assim relacionadas: Ìyá Òbà, designada a substituir a mãe do Aláààfin, por ocasião da morte dela. Usa o cabelo trançado em um estilo denominado de ìkokoro; Ìyá Kéré é a guardiã da realeza e quem coloca a coroa na cabeça do rei, sendo a responsável pelas incisões feitas no corpo das pessoas, não lhe sendo permitido se casar; Ìyá Nàsó é a responsável pelo culto a Xangô, tendo como assistente Ìyámònarí. Essa última tem a função macabra de matar por asfixia os devotos de Xangô condenados à morte, pois, como tal, não devem morrer pela espada. Em outras circunstâncias, seriam entregues ao Tètù, um tipo de xerife executor. Ìyáààfin ikú é a ajudante da Ìyá Nàsó no culto a Xangô e responsável pelo àgbò sagrado. Ìyá Orí, sacerdotisa de Orí, Ìyáléemòndè do culto de Ifá e Òbágùnté representante do rei no culto de Ògbóni, entre outras pessoas.

390 | JOSÉ BENISTE

10. Ọká, conforme a entonação da palavra, pode significar um tipo de serpente sagrada para o povo yorubá ou alimentos feitos com cereais.

11. Òkè Arò — Há um relato sobre a migração de Ilê Ifé para o oeste, o que resultou na fundação de Ketu e Sabé, registrado por S. Crowther, em 1853. Sob a liderança de Shopasan, neto de Oduduá, cruzaram o rio Ògùn e, então, dividiram-se em três grupos, indo o primeiro para o oeste, e fundando Ketu; o segundo grupo foi para o sul, onde fundou o reino de Sabé; enquanto o terceiro grupo fundou o reino de Ọyọ, ao norte. O primeiro grupo instalou-se na colina conhecida como Òkè Ọyán, e depois se mudou para Arò, onde Shopasan viria a falecer. Localizaram um enxame de abelhas que havia se instalado dentro de uma jarra que continha o crânio dos reis de Sado. O mel foi uma providência dos antepassados do povo de Ketu, pois, durante a primeira noite que passaram na nova região, festejaram com o mel de uma colmeia que descobriram nos galhos da árvore Iroko. A expressão *Òkè Arò* seria uma reverência ao momento em que o grupo se instalou, antes de chegar a Ketu, onde teriam se alimentado do mel para sobreviver, ficando interditado a Oxóssi. A história da ida do grupo de Arò para Ketu é relembrada durante a instalação das cerimônias de todos os reis, o Alákétu. Resumo de textos extraídos de Le roi-dieu ao Benin, Palau Marti, p. 176, Levrault, Paris, 1964: Kingdoms of the Yorubá, Robert S. Smith p. 78/79, Estados Unidos, 1976.

12. A doença e posterior morte de Aninha, do Àṣẹ Ọpó Àfọnjá, ocorreu por ter desobedecido ao Xangô, na iniciação de um barco de cinco ìyàwós. Xangô havia dito que ela não deveria pôr a mão nelas. Aninha retrucou que havia prometido, porém Xangô respondeu: "E a minha palavra, não vale?" Apesar disso, Aninha fez a iniciação cumprindo sua promessa, mas não viu a festa do nome no dia 13 de dezembro, vindo a falecer logo depois, no dia 3 de janeiro de 1938. Outra versão revela que Aninha foi procurada por uma mulher que queria fazer o santo com ela, pois ninguém a aceitava por ser um santo muito difícil. Aninha aceitou fazê-la. No intervalo da entrada para ser iniciada, Aninha consultou Martiniano do Bonfim que, ao fazer o jogo, disse-lhe que Xangô determinou que

ela não fosse feita, pois não tinha orixá algum, e, sim, o espírito de um morto que a acompanhava. Aninha alegou que já havia prometido fazer, e não podia voltar atrás.

13. A saída de Aninha do Engenho Velho ocorreu após a morte de Ọmọníkẹ́, em 1892, e não após a morte de Sussu, falecida em 1925, conforme relatado no livro *E daí aconteceu o encanto*, p. 20, data em que Aninha se encontrava no Rio, já com o próprio Terreiro em Salvador, devidamente organizado desde 1910.

14. Os relatos históricos yorubá revelam que Àfọ̀njá era um governante da cidade de Ìlọrin, com o título de Kakamfò, lembrado como líder da revolução que resultou no desmembramento da terra yorubá. Morreu em 1824, após sucessivos combates em defesa de sua cidade. Verger, citando a frase Ewé gbè mí, a folha me sustenta, revela que o Ọna Mọgba lhe havia dito que era uma forma de Xangô na época em que ele era um ser humano conhecido com o nome de Àfọ̀njá. "Isto me foi confirmado por um Ẹlẹgun Xangô, em Ọyọ, de nome Ṣàngó Déyí, o qual acrescentou que Àfọ̀njá era saudado assim, porque ele gostava de se utilizar das folhas em suas práticas mágicas." (*Notes sur le culte Vodun*, p. 311.)

15. "A féria média de uma mulher de Candomblé é de cem mil réis por mês, se tanto. E isso para o sustento dela e dos filhos e para suas obrigações com o templo. Maridos? Não há muitos, e de qualquer modo não são de confiança. Hoje em dia não há trabalho bastante para todos os homens. Eles não ganham o suficiente para si, quanto mais para sustentar a família." (Edison Carneiro em relato à autora Ruth Landes, em *A cidade das mulheres*, 1938, p. 48.)

16. A condição social e econômica segundo inquérito feito por Edison Carneiro (1912-1972) entre quarenta filhas do Engenho Velho, presentes a uma festividade de Oxóssi em 16 de junho de 1938, pode ser assim definida:

Profissão: 6 modistas; 16 vendedoras ambulantes; 18 domésticas.
Idade: 16 com mais de 20 anos; 8 com mais de 30 anos; 9 com mais de 40 anos; 5 com mais de 50 anos; 1 com mais de 60 anos; 1 com mais de 70 anos.

Possibilidades de ajuda financeira: 26 podiam dar $5; 7 podiam dar $2; 3 podiam dar $3; 2 podiam dar $1; 1 podia dar $10 = total $165.

Todas, sem exceção, habitavam em ruas e bairros pobres. (*Candomblés da Bahia*, Edison Carneiro, 2ª edição, p. 127/130.)

17. A dança de Candomblé é feita em roda no sentido anti-horário, no mesmo sentido da rotação da Terra. Os psicanalistas interpretam a direção da dança como expressão de dois instintos: quando a dança é em sentido contrário à marcha do tempo, expressa regressão ao tempo passado, com a finalidade de renascimento, o desejo de retornar à vida em melhores condições. Nos cerimoniais fúnebres, da condução do corpo à cova, a marcha do tempo é aceita não obstante a tendência de retardar o desfecho final por meio do movimento para a frente e outro, para trás, mas que não impede a chegada do corpo ao túmulo em um retorno às entranhas maternas.

18. Essa questão de tentar manter um Candomblé com a denominação da etnia de seus fundadores, como os exemplos de Maria Julia do Gantois, da etnia Ègbá, Eduardo de Ìjèṣà, Firmo de Èfòn, não impediu que o modelo do culto seguisse uma identidade nagô-yorubá.

19. O termo *irmão* tem um significado muito elástico na cultura yorubá. Ele é aplicado a qualquer parente e até a um servidor. Essa forma tem sido muito utilizada nos Candomblés. É muito comum todos se chamarem de "meu irmão" ou uma iyalorixá de "minha mãe". Menininha do Gantois era sempre referida como "minha mãe Menininha" por todas as pessoas, independentemente de vínculo carnal e espiritual.

20. Sobre Pinguelim, o Erê de Djalma de Lalú, contam-se histórias diversas já inseridas no folclore do Candomblé. De certa feita, uma mulher, não conseguindo ter um filho, pergunta o que deveria fazer para engravidar. Pinguelim responde que ele era a única pessoa que poderia lhe dar um filho. A mulher, duvidando, vai embora, retornando meses depois procurando por Djalma, aflitíssima, dizendo que o erê não a deixava em paz usando e abusando dela. Djalma foi ao jogo, e com grande surpresa

constatou que a mulher estava grávida, pois Pinguelim ofendeu-se e para se vingar engravidou a mulher. O comentário que se ouvia na época era que Djalma sabia tudo o que ocorria nos Terreiros, suas histórias e ocorrências.

21. O Candomblé de egúngún é o culto à ancestralidade. O termo *Àtúnwá* significa literalmente, aquele que volta de novo e revela a crença na reencarnação e, por conseguinte, na imortalidade da alma.

22. O primitivo barracão do Bogum era recoberto de massa de esterco de bovinos dos currais do Engenho Velho e por isso denominado de "Bosteiro". Substituía o cimento, conferindo solidez ao piso, evitando levantar poeira. Muitos copiavam esse procedimento, julgando que era uma forma de Axé. A cobertura, feita com palha ou folha de pindoba, substituída mais tarde por telhas de barro, mas nunca por laje, tornou-se uma tradição, quando na realidade não era comum o seu uso, na época.

23. O livro *Religiões do Rio* reúne reportagens que João do Rio, então jovem jornalista da *Gazeta*, publicara no período entre os meses de janeiro e março de 1904. Na época, o entusiasmo foi tal que as edições do jornal sumiram rapidamente e até mesmo os africanos retratados em alguns textos ensaiaram um protesto. Andando à noite pelas ruas estreitas, adentrando casebres, estalagens lotadas ou pequenos templos, João do Rio descreveu no seu "inquérito" a iniciação de filhas de santo no Candomblé, rituais dos alufás africanos, práticas, crenças e personagens daqueles tempos. Os comentários preconceituosos por vezes emperram a leitura, mas nada que diminua a importância da obra.

24. Ésà é o título de um dos ministros no conselho do reino de Ketu, o décimo na hierarquia. (E. G. Parrinder. *Les vissicitudes de l'historie de Ketu*, Cotonou, Editions du Flamboyant, 1997.)

25. Menininha do Gantois, curiosamente, chegou a fazer uma campanha publicitária para o Dias das Mães, em maio de 1978. Apareceu em jornais e revistas com uma máquina de escrever Olivetti no colo, coisa rara de acontecer entre a gente da religião. Utilizar a imagem de personagens da religião como favorecimento à divulgação de produtos de qualquer origem é um fato incomum na história da propaganda. Talvez por não

acreditarem no seu poder de persuasão ou o verem como um símbolo religioso deslocado de sua imagem sagrada.

26. Orúkọ é o nome religioso dado a uma pessoa que se inicia. Em antigas culturas religiosas, o toque divino em uma pessoa exigia a mudança do nome.

27. A Iyalorixá Nitinha da Oxum, respondendo se o uso de livros e vídeos colaborou ou prejudicou a religião: "Eu acho que têm livros que você lê e aproveita e gosta. O livro de José Beniste do Asé Opo Afonjá, você lê e dá gosto de ler, mesmo ele colocando muitas coisas de Axé que não deveria ter posto, tiro o chapéu para ele e para o livro dele, mas não tiro para os outros". (Informativo *Gemas do Candomblé*, 2006.)

28. O Maestro José Siqueira criou a ópera *Candomblé* utilizando os cânticos tradicionais das casas de Candomblé. Em 1978, este autor e acompanhantes estiveram em sua residência, na Zona Sul do Rio, onde foi relatada sua experiência para a criação dessa peça teatral, apresentada em diversos países da Europa.

29. Versão e tradução do cântico tradicional dos Candomblés Ketu, segundo Martiniano do Bonfim:

Ẹ̀yin kó fará yin mora	Vocês se juntem e abracem-se uns aos outros
Olówó e fara yin mora o	Aqueles que são ricos, abracem-se
Alákétu re, e o fará yin mora	Descendentes do Alákétu, abracem-se

30. Em *Costumes africanos no Brasil*, Manuel Querino (1851-1923) expõe várias fotos, algumas sem citação de nomes, mas que procuramos identificá-las:

Estampa VII — Eduardo Ijexá; VIII — Joaquim Ọbà Sanya; IX — Oxalá Falake; X — Emiliano do Bogum; XI — Piedade, Mãe de Martiniano; XII — Maria Julia Nazareth do Gantois; XV — Assentamento Bayani, Gantois; XVII — Dança das Quartinhas, Gantois; XVIII — Pulqueria Maria da Conceição, Gantois; XIX— Marcelina Ọbà Tosi, ao lado, talvez Bangboxe.

HISTÓRIA DOS CANDOMBLÉS DO RIO DE JANEIRO | 395

31. Origem das denominações dos Ọbàs de Xangô:

Abíọdún — Rei de Oyó que sucedeu *Máajéógbé*. Seu nome original era *Adégolu*.

Ààrẹ — Título na Corte do Alafim de Oyó.

Àrólú — Derivado de um antigo título da Sociedade Ogboni (Àró ìlú).

Tẹlà — Título na família real de Oyó.

Ọdọ̀fin — Título da Sociedade Ogboni (lit. ọ̀dọ̀ — ao lado da, òfin — lei).

Kakanfo — Título militar, chefe do exército.

Ọnànṣọkùn — Título de membro da família real (ọnà iṣọkùn).

Árẹsà — Denominação do chefe da cidade de Ìrẹsà.

Ẹléẹ̀rìn — Denominação do chefe da cidade de Ẹ̀rìn.

Oníkòyí — Rei de Ìkòyí.

Olùgbọn — Título do rei de Igbọn.

Ṣọ̀run — Título oficial — Baṣọ̀run correspondia ao cargo de primeiro-
-ministro.

32. O falecimento de Joãozinho da Gomeia por meio dos jornais e revistas do Rio:

O Globo, "Joãozinho da Gomeia em estado grave", 13/02/1971.

Última Hora, "Joãozinho da Gomeia continua em estado grave", 15/2/1971.

Jornal do Brasil, "Joãozinho da Gomeia piora em São Paulo", 15/02/1971.

Jornal do Brasil, "Joãozinho da Gomeia não melhora", 17/02/1971.

Correio da Manhã, "João, o pai de santo, morreu", 20/03/1971.

Fatos e Fotos, "Consternação e lágrimas na morte de João da Gomeia", 20/03/1971.

Tribuna da Imprensa, "Era assim o macumbeiro nº 1 do Brasil", 20/03/1971.

Jornal do Brasil, "Joãozinho da Gomeia morreu de câncer e corpo vem para Caxias", 21/03/1971.

Tribuna da Imprensa, "Morreu Joãozinho da Gomeia babalaô, filho dos orixás", 21/03/1971.

Jornal do Brasil, "Caxias recebe com rito corpo de Joãozinho da Gomeia", 22/03/1971.

O Globo, "Temporal cumpre sua promessa no enterro de João da Gomeia", 22/03/1971.

A Notícia, "Sucessão de Gomeia divide os terreiros de candomblé", 23/03/1971.

Última Hora, "O bom pagé da Gomeia e as suas pílulas de esperança", 23/03/1971.

Última Hora, "Filha de Oxum no trono de Gomeia", 23/03/1971.

Última Hora, "Rainha virgem dos orixás", 24/03/1971

Jornal do Brasil, "Juiz aceita escolha de menina como sucessora de Joãozinho da Gomeia", 1971.

Jornal do Brasil, "Caxias joga búzios para que santo indique sucessor de Joãozinho da Gomeia", 29/03/1971.

O Globo, "Candomblé perde sua rainha numa cisão", 29/03/1971.

O Globo, "Filha de Oxumaré troca bonecas pelo trono de Joãozinho da Gomeia", 30/03/1971.

O Globo, "Juiz dirá se menor pode ser Ialorixá", 31/03/1971.

Revista Manchete, "Funeral para um rei negro", 03/04/1971.

Jornal do Brasil, "Juiz aceita escolha de menina como sucessora de Joãozinho da Gomeia", 04/04/1971.

Tribuna da Imprensa, "Sandra, sucessora de Joãozinho da Gomeia, pode sofrer impeachment", 05/04/1971.

Revista Manchete, "Sandrinha a rainha menina do candomblé", 17/04/1971.

A Tarde, "O Axexê de Joãozinho da Gomeia", 14/05/1971.

Diário de Notícias, "Guerra na Gomeia com furtos de Santos de Joãozinho", 04/07/1971.

Última Hora, "Ilecy vai mandar no candomblé", 10/07/1971.

Última Hora, "Tião de Irajá foi quem jogou os búzios que indicaram Sandrinha como sucessora de Joãozinho da Gomeia. Ele diz que a menina é sucessora legítima do babalaô", 13/07/1971.

Última Hora, "Candomblé está em crise: 40 mil sem guia espiritual", 14/06/1971.

Última Hora, "Odecoiaci não abre mão; sou sucessor de Joãozinho", 20/03/1972.

Última Hora, "Luto Branco por João da Gomeia acaba hoje", 20/03/1972.

Jornal do Brasil, "Joãozinho baixa e faz sucessora", 22/03/1972.

Revista Fatos e Fotos, "Aos 7 anos, Sandra dos Santos foi escolhida pelos orixás para substituir Joãozinho da Gomeia. Hoje, aos 14, ela sonha ser pediatra, não quer nada com o candomblé, mas receia as consequências", 08/09/1975.

O Globo, "Mãe de Joãozinho da Gomeia desmente o leilão do Terreiro", 28/06/1976.

CONCLUSÕES

DIAGRAMA DOS 3 CANDOMBLÉS DA BAHIA COM GESTÃO DE CADA TITULAR E PERÍODO DE VIDA

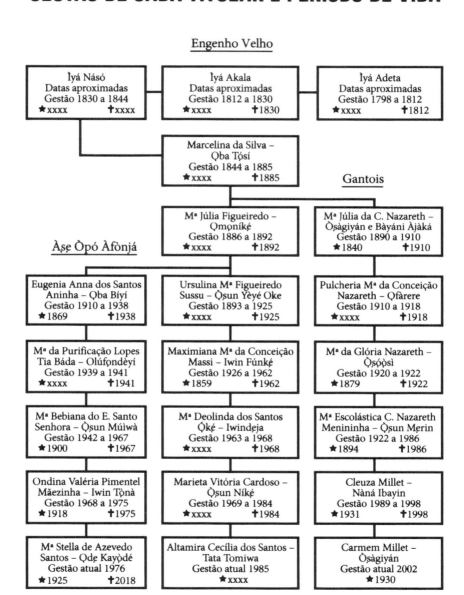

NOVOS ESTUDOS SOBRE O CANDOMBLÉ

A literatura afro-brasileira, a partir de 1950, passou por uma importante transformação quando novos cientistas começaram a se interessar pelos estudos do negro, sem se deixarem influenciar por concepções pessoais oriundas de sua formação acadêmica ou de seus conceitos religiosos. Havia uma carência de estudos sérios sobre o assunto, ou seja, uma visão mais aprofundada dos acontecimentos nos Terreiros. Alguns faziam suas observações de fora para dentro, o que o tempo provou que nunca daria certo, por ser o Candomblé uma religião que, para ser entendida, tem de ser exercida. Era um tipo de literatura difícil, que mais exibia valores linguísticos do que informava.

> [...] são pessoas que não vivem a religião na maior parte do tempo. Só escritos numa linguagem que não atinge ninguém, porque são pesquisadores que falam para intelectuais. E o povo não é intelectual. O povo gosta de ler coisas que são escritas na língua dele. (Gisele Omidarewà, em fevereiro de 1993.)

Outros buscavam informantes para os relatos necessários, o que nem sempre conseguiam. Tinham de tal modo sido enganados que temiam que qualquer comentário feito e não devidamente entendido se tornaria um fator de crítica e menosprezo. A partir de um novo conceito, esse obstáculo foi superado quando se compreendeu que a religião do Can-

402 | JOSÉ BENISTE

domblé, embora de origem africana, não era uma religião de negros. Em seu culto estão não só mulatos, mas também brancos e até estrangeiros. Houve uma dissociação completa da religião com a cor da pele. Era possível ser africano sem ser negro.*

> A vida religiosa de um terreiro de Candomblé, por exemplo, é um espaço em si de valor memorial, pois justifica e comunica os patrimônios africanos, suas variadas formas de resistir, de recriar e de criar no Brasil maneiras de ser além-Atlântico. (Raul Lody, 2005, p. 245.)

O Candomblé começou a se fortalecer com autores desprovidos de outras influências religiosas, que poderiam permitir distorções em suas conclusões. Ao aportar na Bahia em 1946, Verger começou a se interessar pelo que estava fotografando. A amizade com Bastide, que aqui estava desde 1938, foi extremamente importante para os temas relacionados com o Candomblé. Diante do que havia sido escrito até então, Verger se equipou com armas e bagagens e iniciou uma série de investigações, nos redutos de origens, colocando por terra muito do que havia sido aceito como verdade absoluta. Claro que não sem antes se preparar, integrar-se ao Candomblé por meio de ritos de borí e lavagem de contas, a fim de formalizar sua identidade afro-brasileira e de suas pesquisas serem as mais rigorosas possíveis.

> Em 1940, consegui emprego como fotógrafo do governo francês da África Ocidental [...] foi lá que encontrei Theodore Monod, foi ele que me deu uma bolsa do Ifan para estudar as raízes africanas das comunidades negras da Bahia e Recife. Mergulhei de cabeça na tarefa. A primeira coisa que descobri foi que seria impossível desempenhá-la bem se o mergulho fosse apenas intelectual. Teria que implicar também o meu corpo e a minha alma. (Pierre Verger em entrevista a Luis Pellegrini.)

Isto foi feito sem que se revelassem os conhecimentos, o que abalaria a estrutura do segredo em que se sustenta o Candomblé. Pelo contrário,

---

* Texto segundo comentário de Roger Bastide.

pois os fatos que já eram conhecidos erroneamente passaram a ser mais bem compreendidos.

> Ao longo de minhas pesquisas, pude constatar de que maneira informações expressas muitas vezes descuidadamente por pessoas respeitáveis noutros domínios criaram uma tradição aparentemente lógica, mas enganadora. Com o tempo foi-se acumulando vasta documentação escrita, tida como erudita [...] foram copiadas e publicadas inúmeras vezes sem que sua autenticidade fosse posta em dúvida [...]. (Pierre Verger, em *Religião e Sociedade*, p. 3.)

O historiador Alberto da Costa e Silva, integrante da Academia Brasileira de Letras, acredita que essa situação mudará com a consolidação do trabalho de novas gerações de pesquisadores que se mostram mais interessados nos estudos africanos:

> Viajando, pude confrontar o que lia e ouvia sobre a África com aquilo que via. E comecei a tomar cuidado para não cometer os enganos que os viajantes apressados costumam cometer, pois pensam que estão vendo bem quando veem apenas a superfície. É preciso ter paciência no olhar. Principalmente ter cautela para não construir grandes teses, que geralmente se revelam com alicerces de brisa, sem fundamento. Hoje isso mudou, e seguramente ainda vai se descobrir muita coisa. Estamos só começando a garimpagem. (Alberto da Costa e Silva, 2013.)

Outros futuros autores seriam, em sua maioria, ogãs suspensos, ou confirmados e zeladores de santo que teriam o mérito de conhecer a parte de dentro dos Candomblés.* A centralização do culto em torno de

---

* As primeiras cenas secretas e inéditas de rituais do Candomblé foram fotografadas no Terreiro de Rizo de Òṣóòṣì, mãe de santo natural de Salvador, no bairro de Plataforma, e publicadas na Revista *O Cruzeiro*. Posteriormente, foram editadas em forma de livro sob o título *Candomblé*, de José Medeiros, Edições O Cruzeiro, em junho de 1957.

Salvador, tomado como padrão para a prática religiosa, foi a maior opção dos estudiosos que esqueciam sua caminhada para outras regiões, como foi o caso do Rio de Janeiro.

Além de ser estudado, o candomblé passou a ser revisto em sua simbologia, com sua arte redesenhada e extremamente detalhada por meio de artistas plásticos, entre eles Hector Julio Paride Bernardo (1911-1997), que aqui ficou conhecido como Carybé, argentino, natural de Buenos Aires, e naturalizado brasileiro em 1957. Sua genialidade é associada à Bahia, cuja essência soube sintetizar em desenhos, aquarelas, esculturas e grandes murais. Foi um dos mais produtivos e inquietos artistas que o Brasil abrigou. Seus desenhos em detalhes revelaram a verdadeira arte religiosa afro-brasileiera. No dizer das Iyalorixás, depois dele tudo ficou mais colorido.

Ronaldo Pereira Rego, natural do Rio, utilizou-se de uma admirável originalidade desenvolvendo variações da arte afro, o que o tornou reconhecido nos principais núcleos de arte de diferentes países. Um artista que não é apenas um gerador de beleza, mas também um sacerdote com o compromisso que abrange a vida religiosa à criação artística, com o título de Aláàbò Oṣé Ṣàngó — o defensor do culto a Xangô — do Àṣẹ Àwọn Ọmọ Olódùmaré.

> Percorrer as peças de Ronaldo Rego é como estar ao mesmo tempo no Brasil e na África. Arrebanhou ele os elementos tradicionais de uma arte religiosa e, com eles, ergueu uma obra que volta a unir os dois continentes. Ver suas esculturas, andar entre elas, tocá-las, equivale a um mergulho nos significados dessa união. (Antonio Olinto, Academia Brasileira de Letras, 1998.)

Outro fato que vem merecendo atenção é a retomada de valores próprios de pessoas interessadas na história de seus Axés, como os Candomblés Congo e Angola, buscando suas autênticas origens, da mesma forma como tem sido feito nos Candomblés Jeje. Os atuais participantes dessas

HISTÓRIA DOS CANDOMBLÉS DO RIO DE JANEIRO | 405

modalidades de Candomblé vêm se interessando na reconstituição de suas origens. São formas religiosas esquecidas pelos primeiros estudiosos que concentraram seus estudos somente na cultura yorubá. Isso prejudicou bastante essas lembranças, a ponto de buscarem ritos similares e os integrarem em seu modelo religioso.

Essa busca se acentua a partir da denominação dada às comunidades. Na relação dos Terreiros pesquisados, podem ser observados nomes de santos católicos. Assim era feito até os anos 1950, quando houve liberação do registro dos Terreiros nas delegacias de polícia. A partir daí, foram complementados com palavras da dialética africana da qual o grupo descendia. Ao mesmo tempo, os convites passaram a ser grafados no idioma utilizado por essas casas. Buscavam, assim, uma autenticidade maior nas práticas religiosas, revelando o interesse da nova geração que estava surgindo.

> A cultura dominante manipula, deturpa e adultera as tradições e práticas de origem africana no Brasil, gerando desta forma absurdos equívocos linguísticos, religioso e cultural. (Fernandes Portugal, p. 19.)

O Candomblé adotou uma prática de tolerância religiosa sem crítica às demais religiões e sem questionamentos àqueles que o procuram. Se for pertencente a outros credos, ninguém irá se incomodar e será atendido educadamente. Não existe, na consciência das pessoas, o propósito de converter quem procura o Terreiro apenas para um jogo ou um trabalho de ajuda. Não há o desequilíbrio da agressão impondo convicções com a violência das palavras, como é costume de alguns grupos fanáticos. Se desejar usar algo que identifique o gosto por determinado orixá, será atendido com a mesma atenção. Há muitas pessoas que não são de Candomblé, mas que gostam de usar roupas brancas às sextas-feiras. Sentem-se bem assim, e é isso o que importa.

> O católico discrimina o judeu e vice-versa; o protestante discrimina o muçulmano e vice-versa. No Candomblé isso não acontece. Um filho de Oxalá não discrimina um filho de Oxossi só porque se trata

de um outro orixá. Não vai tampouco discriminar um católico, um judeu ou um muçulmano porque sabe que cada um deles, como todas as pessoas, também carrega um orixá. (Pierre Verger.)

Devemos destacar a tentativa de reafricanização do Candomblé, quando, a partir de 1974, Rio e São Paulo receberam grupos de bolsistas e universitários nigerianos, que, com raras exceções, perceberam o interesse que as pessoas daqui tinham sobre as coisas da África,[*] por meio do culto religioso. Os bolsistas passaram a ministrar aulas de yorubá, percebendo rapidamente que, mais do que a língua, eram as coisas da religião que, na verdade, interessavam a todos. A partir daí diziam-se iniciados visando à obtenção de lucros financeiros. Isso, a princípio, confundiu muita gente, motivando uma forte preocupação para o futuro do Candomblé, além do desrespeito às tradições ancestrais afro-brasileiras, que, de uma forma heroica, foram mantidas por várias gerações.

---

[*] Ver no livro *Òrun Àiyé*, deste autor, p. 328, uma exposição sobre esse assunto.

REVISÃO NOS HÁBITOS E TRADIÇÕES

A ideia de como deveria ser uma Casa de Candomblé começou a ser delineada no início do século XIX, com os personagens que já procuramos identificar obedecendo a determinados princípios, certamente influenciados por escravos e alforriados de posição mais elevada, reconhecidos como líderes religiosos e bem respeitados em relação à forma de vida da época, às necessidades e a quem nela viria a habitar. Apesar disso, possuíam escravos que os ajudavam, treinando-os para seguir na profissão, sendo, ao mesmo tempo, seus filhos de santo. Se melhor não fizeram, é porque não tinham condições para tal, o que fortalecia a ideia para tudo ser, em futuro próximo, redesenhado, abrigando novos ambientes, técnicas de observação e conforto para não entrar em choque com os hábitos e costumes do dia a dia.

Na implantação religiosa africana, no Brasil, alguns rituais foram revistos e adaptados aos costumes da colônia, tudo de forma oral, e ao estilo de vida e moradia da época. Isso foi confundido com tradições ou Axés necessários a serem seguidos, ou seja, exercê-los seria fundamental para a prática religiosa ter o devido valor. As roupas femininas usadas nas Casas Grandes foram mantidas como vestuário nos ritos religiosos e marcadas com a denominação de "baianas".

A invenção dessas tradições ocorreu em razão do conjunto de práticas, hábitos e até manias criados em certos momentos, e repetidos continuadamente, a ponto de serem entendidos como Direitos dos Costumes, ou seja, praticá-los tinha uma razão legal de ser. As justificativas eram relacionadas com uma expressão muito usada, "no meu Axé é assim", dando valia ao que vinha sendo feito. A referência que comprova o que pode e o que não pode, o que é e o que não é, é o Axé de origem de cada Casa. Por esse motivo, nem sempre há uma unidade de pensamento para se fazerem as coisas, no Candomblé, e um hábito não é, exatamente, uma real necessidade.

> Toda sociedade tem hábitos e costumes próprios. A prática repetida e prolongada desses costumes consolida certas regras sociais. Esse é o princípio básico do chamado Direito Consuetudinário: normas baseadas nos costumes de determinado grupo social. Não resulta do processo tradicional de criação das leis por um poder legislativo. São estabelecidas com base no comportamento da sociedade. Não há nada escrito, mas as pessoas têm convicção psicológica de que determinada ação ou omissão deve ser considerada aprovada ou reprovada pelos usos e costumes tradicionais. A partir desse conceito, entendemos como certas práticas, hábitos e tradições viram "leis". (Marcio Righetti, babalorixá e advogado, 2013.)

A escrita era uma coisa, e o saber, outra. O problema era entender se a oralidade merecia a mesma confiança da palavra escrita. Quantos mitos foram reinterpretados por pessoas que viam seus orixás adotarem posturas antiéticas e contrárias a seus princípios pessoais. "Ah! Meu orixá não pode ter feito isso", e modificavam as narrativas, sem saber que a divindade retratava nos mitos a fragilidade do ser humano.

Há pessoas que dizem que viram o que nada viram, fazendo coisas que nunca fizeram ou dizendo que são o que nunca foram, confundindo os atos rituais. Com uma vasta literatura à disposição, conhecendo dezenas de cursos, e outros meios estranhos, a pessoa faz sua pré-iniciação e caminha logo para abrir a própria casa. A partir daí, sai em busca das informações que lhe faltam, construindo atalhos de conhecimentos diversos, deixando sua casa sem um padrão de trabalho com uma confusa mistura de ideias que não combinam.

A transmissão do conhecimento era dependente da memória. A pessoa chegava, via, ouvia, sentia, repetia, tocava, cheirava, saboreava e guardava tudo na mente, exercida em toda sua plenitude. Os pormenores eram preservados na medida do possível. Precisava haver imaginação e um pouco de fantasia. Era uma química, pois todas as Casas possuem a sua e muitos a denominam de Axé. Gravar e fotografar, nem pensar. E perguntar? Impossível. "A revelação do segredo nos destrói", pensavam. Com isso, muito foi perdido ou ficou comprometido.

O aprendizado prático vem se revelando por meio da repetição dos mesmos rituais ano após ano. Uma forma de colegiado em que as aulas são sempre práticas coagindo as pessoas a se manterem presentes. A participação é fundamental, embora cansativa, e a ausência, um atraso no conhecimento. Nos dias atuais, a escrita tem precedência sobre a oralidade, e o livro constitui o principal veículo de conhecimento. Em razão disso, a pessoa chega ao Candomblé já com uma bagagem razoável, que, em muitos casos, serve para criar alguns conflitos entre a tradição da casa e o saber pessoal. Com isso, o relacionamento entre dirigentes e filhos de santo teve de ser adaptado a uma nova forma de relacionamento mais amistoso e, sobretudo, mais inteligente.

Nos anos 1970, o IBGE revelou que 80% dos integrantes de religiões evangélicas eram antigos praticantes do Candomblé e da Umbanda. Era um período em que o Candomblé não estava atrelado a um sistema de entendimento; o conhecimento e as razões de suas práticas religiosas. Havia exigência de participação constante; uma prática apenas imitativa, sem outras explicações. Isso fez surgir um tipo de participante sem convicção e inseguro.

Com a tecnologia avançando, as ciências evoluindo, e a busca pelo conhecimento presente em todos os setores da sociedade, houve o surgimento de uma geração identificada com o saber. As religiões afro revelaram novos estudiosos perfeitamente integrados com a religião, uma literatura especializada e cursos bem avaliados. O Candomblé passou a contar com integrantes mais intelectualizados, provocando, assim, mudanças no relacionamento. Uma mesa de jogo deixou de ser determinante. Hoje, discutem-se diferentes maneiras de práticas diversas em ambiente acolhedor e com melhor entendimento. Há necessidade de uma revisão e atualização nas práticas do Candomblé. Evitar ficar sonhando com o passado antes que tudo se torne um pesadelo.

> Eu sou uma iyalorixá que às vezes passa por isso. Ìyàwó nova vai para casa fazer um jogo para confirmar se o santo dela está certo. Eu mando ela levantar e procurar o que fazer. Outra discute qualidade de santo e já dizendo como quer as obrigações dela. (Beata de Yemanjá, 2003.)

ADAPTAÇÃO BAIANA NO RIO DE JANEIRO

No final do século XIX e início do século XX, o Rio estava sendo tomado por grupos kardecistas, ainda imbuídos de um espiritismo científico, assim intitulado para as danças das cadeiras e das mesas falantes.* Por outro lado, havia grupos bantus com suas reuniões de culto aos ancestrais, e variantes como o culto do Omoloko. Outros núcleos eram formados por dissidentes kardecistas que admitiam manifestações de espíritos africanos e indígenas, intitulando o movimento de Umbanda. O Candomblé ainda não era uma opção religiosa, existindo poucas casas bem discretas, com algumas funcionando em pequenos cômodos no interior de habitações coletivas, além de moradias nas encostas dos morros. Foi o caso do Morro da Favela, atual Providência, que abrigou, entre outros, os soldados vindos da campanha contra Canudos, na Bahia, em 1897.

Houve um crescimento no número de habitantes em razão da demolição dos antigos cortiços e outros prédios para a abertura de novas ruas, a partir de 1893. E é assim que as primeiras casas de Candomblé e demais cultos africanos se veem na obrigação de migrar para os subúrbios ou para as novas terras da Baixada Fluminense, o que determinará uma revisão

---

* Em 1863, o espiritismo foi introduzido no Brasil para nos anos finais do século ser fundada a Federação Espírita Brasileira, que já nasceu dividida por alguns grupos que consideravam o espiritismo uma religião e outros uma ciência. Foi Bezerra de Menezes quem conseguiu promover uma convivência pacífica entre os dois grupos.

na forma de culto pela ampliação dos espaços. Os Terreiros visitados por João do Rio com seu informante de origem yorubá localizavam-se na travessa São Diogo e nas ruas Barão de São Félix, do Hospício (atual Buenos Aires) e da América.

Nos anos 1940, constatou-se o crescimento razoável de casas de Candomblé em razão de o Rio ter acolhido a vinda de baianos que seriam iniciadores de Axés e outros que criariam suas filiais baianas. Integrantes dos cultos aqui existentes, o foco alimentador dessas casas, passaram a ingressar no Candomblé, conferindo um novo perfil a essas comunidades. Os baianos aqui residentes e os recém-chegados foram fundamentais para a expansão do Candomblé do Rio.

> Eu iniciei no santo por um motivo muito especial, pois, na época, o meu pai era axogum da casa de Pequeno da Muriçoca, onde eu ajudava a fazer pano da costa, e era quem levava a folha para ser colocada na boca do animal a ser sacrificado. Ele não cantava, eu sim, era quem fazia isso [...] e aí eu vim a ser confirmado, em 1935, pela Oxum de Lili de Oxum Alafunké. Em 1950 eu vim para o Rio, atendendo um pedido do Álvaro Pé Grande, para uma obrigação de santo. Vim e fiquei onde estou até hoje. (Luis Bangbala, 1992.)

A continuidade dessas casas transcorre não sem antes sofrer mudanças de comportamento provocadas pelas diferenças de costumes. Seria impossível trazer a Bahia inteira para o Rio e aqui exigir que todos se comportassem exatamente como baianos. A experiência, entretanto, comprovou que o baiano nunca deixou de ser baiano por morar no Rio.

> Nasci em 1923, e com 25 para 26 anos eu vim para o Rio. Não pensava em ser babalorixá, minha cabeça estava voltada para o trabalho. Eu fazia rezas que aprendi com Tia Clara. Quando vi, já estava num caminho sem volta. Aí fundei o Ilê Nidê em 1956. (Nino de Ògún.)

Houve uma adaptação necessária à cultura dominante de uma sociedade que por viver na capital da República queria ser vista como branca, estável e progressista, diferenciada daquela da Bahia. Além disso, outros fatores promoveram diferenças no modo de conduzir suas casas, como aspectos geográficos e culturais. O próprio sincretismo se confundiu com o catolicismo, obrigando mudanças. Ògún como Santo Antônio e Oxóssi como São Jorge na Bahia contrariavam o Rio que os via como São Jorge e São Sebastião, respectivamente. Se, por um lado, os umbandistas alimentaram as casas de Candomblé, por outro levaram práticas diferenciadas como o culto a Exu e a Caboclo, dentro de novos padrões. A maioria dos Terreiros, senão todos, é completamente independente, ditando suas próprias regras, diferentemente das igrejas que pertencem a uma organização central.

> Os Orixás são os meus educadores. Foi para eles que vivi 79 anos e ensinei meus filhos a acreditar na força de Deus e dos Orixás. (Olga de Alákétu, 2004.)

O sistema ético dos candomblés é guardado, em muitos casos, nos cânticos e nas rezas, cujos princípios são sempre lembrados, seja no ritual do kàrò, na entrega das contas de Oxalá e, necessariamente, na apresentação do iniciado, no tradicional cântico de saída de ìyàwó:

"Òun yẹyẹ wolẹ yò	"Ele é agradável e bem-vindo
Òun yẹyẹ	Ele é respeitável
Omi t'orò'dò	Como as águas seguem o seu caminho
Bàbá wa dẹrò	O nosso pai acalma e pacifica
A jale mò jẹ iro o	Ele conhece e concorda
Òun yẹyẹ wolẹ yò	Ele é bem-vindo
Ẹ ru gbogbo	Você dá apoio a todos
L'ẹyẹ l'ẹyẹ	E tem muito valor
A jale mò jẹ iro o"	Ele sabe e concorda"

A PARTICIPAÇÃO MASCULINA E HOMOSSEXUAL

O Candomblé soube receber esse público com respeito, sem nenhuma discriminação ou alguém dizendo para mudar o seu jeito de ser, como algumas religiões. Vistos como detentores do direito da individualidade, chegaram e foram aceitos sem o dom da repreensão.*

Historicamente, o início do Candomblé no Brasil era voltado à iniciação feminina, cabendo aos homens, apenas, a condição de babalaôs ou ogãs orientadores na execução de determinados rituais religiosos. A iniciação masculina começou a ser admitida com a introdução do candomblé de caboclo. Pudemos observar que os personagens citados na história dos primeiros Candomblés foram do sexo feminino. Tudo ficou na mão das mulheres, talvez por não se darem conta do crescimento e da aceitação que ocorreria nos anos vindouros.

No Candomblé do Engenho Velho, em Salvador, a iniciação masculina ainda ocorre somente na categoria de ogã. No Candomblé do Axé Opó Afonjá, Aninha abriu o precedente, em 1936, com a iniciação de José de Ogum e, mais tarde, a obrigação de Vidal de

---

* O homossexual não é uma doença moral nem emocional, é uma opção com direito à individualidade que ele traz em seu mapa de reencarnação. É alguém em estágio de evolução que deve ser amado e amparado. (Divaldo P. Franco, espírita.)

Oxaguiã Iwintadé — Oxaguiã está junto da realeza —, sobrinho de Mãe Senhora. No Gantois e no Alákétu, a sucessão, além de familiar, é sempre feminina. No Candomblé JeJe de Cachoeira, a exceção foi Tata Fomutinho, e, nos candomblés de Angola e do Congo, Maria Nenen não criou distinção entre homens e mulheres com as iniciações de Bernardino e Ciríaco, entre outros.

A participação masculina viria tomar vulto, a partir da década de 1930, com a dispersão de diferentes personagens dos Candomblés baianos para outras regiões do país, principalmente para o Rio de Janeiro, como profissionais de áreas diversas, em busca de melhores oportunidades. Ao lado de pequenas obrigações feitas no atendimento de pessoas, e longe da rigidez da casa matriz, puderam fazer a iniciação de pessoas diversas, sem qualquer critério de seleção, criando regras até para iniciação de orixás femininos, segundo o desejo das pessoas, a fim de que se ajustasse ao seu perfil. Uma forma de exteriorizar a feminilidade reprimida, com momentos de mulher, o que seria mais bem analisado mais tarde. As altas ofertas e cobranças bem pagas, em muitos casos, motivaram a entrada masculina e homossexual no Candomblé.

> Os homossexuais querem uma coisa para a qual o Candomblé fornece as mais amplas oportunidades: eles querem ser mulheres [...] as fantasias dos homossexuais passivos eram realizadas sobre a proteção do culto, na medida em que os homens dançavam com mulheres, nos papéis de mulheres, vestindo saias e recebendo espíritos. Além disso, suas danças eram altamente sensuais, em contraste com as "formas atléticas cultivadas pelo homem nas danças profanas". (Ruth Landes, *A cult matriarchate and male homosexuality*, 1940, p. 394.)

Houve a tentativa de se realizarem algumas modificações nas vestimentas de orixás femininos usadas pelos homens para evitar o constrangimento e manter o respeito a sua identidade. Para outros, houve uma difusão maior nas vestimentas, cujas variações também puderam ser estabelecidas no antes e depois da atuação de João da Gomeia no Rio de Janeiro, que difundiu não apenas o uso de torsos e panos da costa entre os homens, como também o hábito de vestir inteiramente como mulher os orixás femininos, incorporados em homens. Com uma história muito rica no Candomblé do Rio de Janeiro, sua atuação reconhecida como astro do antigo Cassino da Urca, que exigia brilho e cores nas roupas, passou a influenciar por demais as indumentárias do Candomblé.

O traje clássico feminino da baiana, uma marca mais destacada do Candomblé, e que foi definido como vestimenta oficial a partir do século XIX, veio a ser mais bem apresentado com bordados elaborados, paetês e outros tipos de brilho. Para o homem, o gorro, uma cobertura usual masculina, foi substituído pelo turbante com tecido demasiadamente exagerado, incentivando uma postura contrária a sua condição masculina.

AMPLIAÇÃO E DISSIDÊNCIAS NOS CANDOMBLÉS

Autorização para que um filho de santo abrisse sua própria casa permitiu que o zelador ampliasse seu poder de assistir os filhos dos filhos ou os netos dos filhos. Em muitos casos, será ele o maior concorrente do próprio filho de santo com a casa descendente aberta, pois a experiência vem comprovando que ele será sempre visto com saber superior ao do filho. Em muitos casos, não há compromisso ético nesse sentido. Embora com a casa descendente aberta, o santo do filho ainda se encontra na casa matriz onde foi feito, e, no caso de querer retirá-lo, haverá sempre a dúvida de lhe ser entregue ou não. É esse o pensamento que move as cabeças feitas, pois, se tudo foi pago com dinheiro, tudo lhe deve pertencer. Por esse motivo, alguns consideram o fato como uma apropriação indébita, por ser o zelador um depositário fiel do que lhe pertence. Isso tudo é comprovado com recibos de pagamento do material utilizado.

Porém, não é assim que o zelador pensa. Ele exige uma espécie de indenização. Na realidade, houve uma conjunção de fatores; se, por um lado, ele trouxe e pagou por todo o material, por outro, o Axé, as folhas e o conjunto dos rituais foram da casa, com novo contra-argumento de que, além do material, o filho pagou "o chão", ou seja, pagou a mão da feitura. Na realidade, são argumentos que visam a dificultar uma decisão de não permanecer mais na casa.

418 | JOSÉ BENISTE

> Se um filho quer ir embora, que vá. É melhor tê-lo longe do que ficar preso e perturbando a todos. Uma mãe de santo lida com cabeças, e se a pessoa não quer ficar que vá. Ela indo irá valorizar a casa. (Palmira de Iansã, 1998.)

> No Rio de Janeiro, quando morre um pai de santo, os filhos de santo são fiéis a ele, e na Bahia não acontece isso, são fiéis ao Axé. O que quero dizer é que, quando morre uma mãe de santo, as pessoas continuam na casa, mesmo que não a frequentem por um tempo, mas não trocam de Axé e um dia retornam. Mas no Rio não acontece isso. Quando um pai de santo morre, todos abandonam a casa. Aqui, quando morreu o seu Didi de Ajàgúnàn, todos saíram da casa. (Reginaldo de Oxalá, do Ilê Axé Ajàgúnàn, 2008.)

Em outros casos, há notícias de que certos santos são trocados. Apesar de toda a vigilância, substituem as pedras por outras. Nas casas mais antigas, onde ocorreram sucessões de dirigentes, o desconhecimento a quem pertencem certos assentamentos pode vir a acontecer. Nesses casos, é possível reaproveitar tudo.

> As ferramentas podem vir a ser refeitas segundo os novos padrões. (Ogã Amor, ferramenteiro, em agosto de 1978.)

Da mesma forma, ao falecer um filho de santo, se o santo não for localizado, nada é feito no despacho. Isso aconteceu por ocasião do falecimento de um antigo Ogã de uma Casa, cujo assentamento não foi encontrado.

> Não posso fazer um ritual de mentira. Se não tiver santo, nada pode ser feito. (Iyalorixá Cantu, 1986.)

Quando as pessoas abrem seus Terreiros, oriundas de casas extremamente tradicionais que não entregam os santos, como o Gantois, o Engenho Velho ou o JeJe de Cachoeira, há a necessidade de fazer um assentamento-

-substituto, pois certos rituais só podem ser feitos com a presença do santo da pessoa, ou seja, dos elementos identificados com sua iniciação, representativos do seu orixá.

> No Gantois, não levanta santo, todos ficam lá. Eu mesmo tive que fazer minhas coisas aqui no Rio, pedras, ferramentas. (Margarida do Gantois.)

> Aqui no Rio é a casa de meus filhos de santo, porque a minha é lá no Engenho Velho. A responsável lá é minha irmã Altamira Cecília, mas ela não faz nada sem minha presença. (Nitinha da Oxum.)

No Candomblé do Àṣẹ Òpó Àfònjá, ao tempo da iyalorixá Cantu, o fato obedecia ao sistema da mãe de santo não para se dar o santo. A pessoa é quem pegava. Assim, ela se eximia de responsabilidades junto ao orixá. Essas dissidências também são observadas no momento da troca de comando quando o titular falece. Nem sempre há concordância com as determinações. O sucessor atravessa uma fase difícil de adaptação, de aceitação por parte dos remanescentes. Na posse de Regina Lúcia, ela revela os acontecimentos:

> Tive muitos irmãos que pegaram o santo e foram embora. Eu ficava só sabendo. Diziam que queriam ver eu tocar isto para a frente. Agora tem uma pessoa que essa, sim, eu cito, o meu pai Beniste, foi uma pessoa que lutou muito por mim [...] agradeço muito, tenho uma consideração a ele imensa. Também a dona Beata e a minha amiga Palmira. Eu me sentei na cadeira no dia 25 de maio de 1989, numa festa de Oxóssi, quando chegou um recado de Salvador para que eu tomasse à frente comandando com pulso forte. (Regina Lúcia de Yemanjá. Entrevista *Jornal Espírita*, 2001.)

Em todos os casos citados foi observado que os filhos do Terreiro matriz costumam instalar-se em locais distantes. São raras as informações de

420 | JOSÉ BENISTE

casas de uma mesma raiz, próximas umas das outras. Esse procedimento garante bom convívio por evitar relações de vizinhança, concorrência, tornando tudo mais formal. Por outro lado, possibilita criar mudanças de comportamento, de ritos e até de vestimentas. No Terreiro de Joaquim de Omulu, as vestimentas com que eram paramentados os orixás não seguiam exatamente o padrão da casa matriz de onde ele foi iniciado.

> É com o apogeu de Joãozinho da Gomeia que se difunde o uso de torso, bem como o hábito de vestir como mulher os orixás femininos incorporados em homens. (Hélio Vianna, p. 369.)

Há uma vontade pessoal de alguns de tornar determinados toques ou festa um rico espetáculo de cor, de som e de beleza, onde os participantes viram atores, o que implica para alguns transformarem o Terreiro em clube, em local de encontro social onde as relações predominam sobre a devoção. Todos os elementos necessários para uma festividade e rituais para todas as finalidades são encontrados em centenas de lojas especializadas, sendo o seu espaço maior o Mercadão de Madureira, localizado no bairro de mesmo nome, um polo comercial onde tem tudo que for necessário. Inaugurado em 1914 e reconstruído em 2000, é hoje um dos maiores arrecadadores do ICMS no Rio.

MUDANÇAS PELO PODER DE MANDO

Muitas mudanças vêm sendo observadas e seguidas consciente ou inconscientemente pelos seus adeptos. Para muitos, é uma forma de atualização para o Candomblé ser mais bem compreendido. O líder de uma comunidade, confiante no seu poder pessoal e no conhecimento adquirido, pode chegar a alterar algumas práticas tradicionais no espaço onde atua. E isso é capaz de fazer com que seja seguido por seus adeptos e até por dirigentes de outras comunidades, tornando um modismo geral. De certa forma, conveniências pessoais geram modificações como forma de demonstrar independência.

> Se você segue o ritmo do seu Axé, por exemplo, o que o seu Ciriaco fez na Bahia, fez no Rio, o que meu pai Angorense fez na Bahia, também fazia no Rio, o que o seu João Lesengue fez na Bahia, fez no Rio, então é um seguimento, não há como ter essa diferença. O que muda é normal, pela região, pela cultura, pela maneira de encarar os atos, o importante é a energia, o Nkise. (Sajemi da raiz do Tumba Junsara, 2002.)

Outro aspecto é a distância no tempo. Um dirigente de um Terreiro descendente ou mesmo um sucessor de uma casa matriz dificilmente seguirá os mesmos passos de sua ancestralidade religiosa. Devido a isso, é costume ouvir comparações de antigas dirigentes que não percebem que não se pode servir da mesma forma gerações diferentes, pois as próprias pessoas mudam.

> Ninguém dentro do nosso Axé se considera completo com a obrigação de sete anos, e nem começa a dizer que é apta a receber oyê de iyalorixá ou babalorixá. Muito pelo contrário, é aí que começa o aprendizado de orô, e vai adquirindo maturidade. O orixá é que vai determinar o que ela vai ser. (Adailton de Ògún do Alákétu, 1998.)

O Candomblé já atinge quase dois séculos de prática organizada em solo brasileiro, e nada sobrevive sem enfrentar mudanças em um período tão longo. Na medida em que o tempo avançou, problemas de relacionamento foram surgindo. Determinados conceitos padronizados pela tradição foram esquecidos, com a participação de um novo público aceito sem qualquer critério de seleção. Tudo aconteceu de forma lenta e despercebida a ponto de serem aceitas como fatos normais. Podemos relacionar alguns:*

1º — Ritual de troca de nação.
2º — Obrigações de ano feitas em Candomblés diferentes.
3º — Manifestação do segundo orixá da pessoa.
4º — Saídas de ìyàwó com mais de três apresentações públicas.
5º — Ogãs que se incumbem de zeladores de santo.
6º — Iniciação afro-religiosa em outros países.
7º — Nigerianos e cubanos interferindo em nosso modelo religioso.

Essa questão de troca de nação me faz pensar no seguinte: a pessoa não se manda. Não pode querer mandar no orixá. Eu já vi pessoas do meu Axé que, quando Ciríaco morreu, procuraram fulano de outra nação. Quando chegou na hora — é um irmão meu que está comigo —, o santo

---

* Parte de um tema abordado sob o título "A Descaracterização do Candomblé", inserido na íntegra em *Mitos Yorubás, O Outro Lado do Conhecimento*, deste autor, Bertrand Brasil.

HISTÓRIA DOS CANDOMBLÉS DO RIO DE JANEIRO | 423

respondeu e disse: "Pare tudo, eu quero a minha nação. Devolvam esses bichos, não façam nada. Mande procurar um irmão mais velho. Eu quero a minha nação, eu quero as minhas águas." E nada foi feito. O zelador foi criterioso e disse: "Ouça, meu filho, Oxum está dizendo que quer a água dela." E hoje ele está aqui comigo. Aqui tudo é feito dentro do que o santo quer. (Sajemi, 2002.)

Nos casos da impossibilidade de evitar essa troca de nação ou quando um terreiro termina e a casa escolhida não pertence ao mesmo modelo religioso, fica aí a questão do orukó, o nome que o santo dá na iniciação. Se a pessoa passar, por exemplo, do angola para o ketu, o nome que o santo deu pode ser mantido, bastando apenas traduzir do idioma do angola para o ketu ou vice-versa. É tudo uma questão de saber analisar a coisa quando ela ocorrer. (Iyalorixá Yara de Oxum, 2001.)

Se você é ketu, como vai para a minha casa que é JeJe? Se é angola, como vai para a casa de JeJe? Você tem de procurar uma pessoa de suas águas que tenha mais idade e mais conhecimento. (Zezinho da Boa Viagem, 1993.)

Essa questão de receber dois orixás tem sido comum a alguns zeladores de santo. Manifestam com o primeiro e o segundo orixá, revelando uma visão de poder pessoal, ou seja, eles podem, os outros não. E outro questionamento é o de o Ogã extrapolar suas funções e desejar fazer coisas para as quais não foi designado. Os exemplos que o Rio vivenciou nos levam a lembrar nomes expressivos em nossa história: Álvaro, Caboclo, Cristóvão, Doum, que serviram de exemplos para que outros estejam tomando esse mesmo caminho. Na realidade dos fatos, esses personagens tiveram ao seu lado senhoras que acompanhavam todas as obrigações do Terreiro da qual faziam parte e, por isso, foram bem aceitos por todos.

424 | JOSÉ BENISTE

Lugar de ogã, vodunsi não entra; lugar de vodun, ogã não entra. Onde já se viu ogã desvirar o santo de alguém? (Alda de Iansã do Seja Hunde, 1994.)

A dedicação de um ogã pode torná-lo conhecedor de coisas que estão além de suas funções. Embora com conhecimentos, não deixam de ser ogãs e, por isso, são impedidos de fazer iniciações e outros ritos para os quais não foram preparados e, o que é mais importante, não tomam o lugar de pessoas qualificadas e que foram devidamente preparadas para a função.

> Uma equedi e ogã têm que ter muita dedicação. Em primeiro lugar aos orixás e às pessoas. Uma equedi e ogã não podem falar o que viram. Eu mesmo me policiei, não foi ninguém que me ensinou, não. Eu vim da Bahia e já sabia o que era ser uma equedi. Pode ver o que ver, mas não pode falar. (Equedi Celia de Oxum, 2008.)

E mais, dentro de suas funções de ogã, esquecem a necessidade do aprendizado do idioma dos cânticos que realizam para saber exatamente o que estão dizendo. Há alguns exemplos de que esses ogãs possuem a aquiescência de suas iyalorixás ou babalorixás que não veem nessas atividades motivos de críticas. Assim, há necessidade de criação de um sistema ético e disciplinador que tudo regula. Uma forma para a conduta das pessoas, distinguindo-lhes o que é certo do que é errado. Elas já estão nos redutos, bastando afastar as que comprometem as regras estabelecidas.

> Os ataques são constantes e nós não falamos nada. Para nós é muito cômodo dizer assim: a igreja tal nos ataca. E não nos perguntamos que dados estamos fornecendo a essa igreja para que ela nos ataque. O que nós estamos fazendo para permitir que essas pessoas tenham elementos para nos atacar? (Joaquim Mota de Omulu, em fevereiro de 1993.)

HISTÓRIA DOS CANDOMBLÉS DO RIO DE JANEIRO | 425

Essa situação deve ser vista em conjunto com outras que vêm ocorrendo e que parecem demonstrar que o Candomblé é terra de ninguém. Africanos e cubanos que aqui chegam se outorgam mestres de assunto, apenas por ter a pele escura e falar enrolado. Sem qualquer qualificação, assumem condições de sacerdotes e passam a fazer obrigações caríssimas. Outras pessoas saem do Brasil e vão fazer sua iniciação na África ou em Cuba, como se isso lhes conferisse legitimidade maior.

> No período colonial brasileiro, ex-escravos assim o faziam, iam à África com a justificativa da busca de conhecimentos e recuperação de tradições perdidas durante a experiência dolorosa da escravidão. Além disso, dando validade a sua autoridade religiosa e enfatizando a sua condição de libertos. (L. N. Parés, p. 113.)

É errado pensar que o Candomblé seja dependente do poder africano. Se for de lá a origem, não justifica a interferência em nosso sistema religioso, perfeitamente distinto da forma africana atual. É preciso entender que não há qualquer acordo bilateral nesse sentido. O mais lamentável foi assistirmos a iyalorixás consagradas se submetendo, de várias formas, a essas pessoas, dando exemplos aos demais.* O Candomblé é uma religião brasileira com dogmas aqui instituídos e outros devidamente adaptados à nossa cultura, mas sempre respeitando suas origens africanas.

> A cultura afrodescendente é o que todos nós devemos viver. Não temos que copiar as coisas da África, basta querer para termos tudo aqui. Agora mesmo, estou embaixo deste pé de Iroko, aqui em volta é Òsanyin, ali tem uma cajazeira e lá tem uma mangueira. Tudo isto é a África. Eu fiz a minha África no Rio de Janeiro. (Beata de Yemanjá.)

---

* Ver deste autor: *Òrun Àiyé*, 1997, Bertrand Brasil, "Os Problemas Atuais para o Futuro do Candomblé", p. 327/330.

426 | JOSÉ BENISTE

Onde está a religião tradicional na África? Está morta. Está no CTI, está desaparecendo porque a cultura europeia, a escrita, a televisão estão destruindo tudo. Se tivessem preservado a herança deles em livros, poderíamos voltar às fontes! E não tem engano, a África está aqui no Brasil com a gente. (Gisele Omidarewà, em fevereiro de 1993.)

As pessoas acham que vão a Ifé, para a Nigéria, que vão aprender iorubá lá e vão chegar aqui, abrir sua casa e agir de acordo com a maneira litúrgica de lá. Não. Nós somos afro-americanos, e, dentro da afro-América, somos afro-brasileiros. E é preciso respeitar a maneira de ser da latino-América como uma força criativa. Vá ser criativo aqui, longe, para não dizer nos quintos do inferno. (Professora Helena Theodoro, 2003.)

São oportunos alguns questionamentos feitos por Frei David Raimundo dos Santos, da Igreja de São João de Meriti, RJ, e Membro do Conselho de Padres Seminaristas Negros:

[...] o processo acelerado de presença do babalorixá e yalorixá brancos em suas hierarquias; o alto custo das oferendas e despachos que chegam a custar meio salário mínimo apenas um despacho; o grande número de fiéis pobres que se sentem impossibilitados de cumprir exigências das oferendas; o aumento do número de charlatões dentro das religiões afro; o predomínio como protetores do terreiro, de políticos, membros de partidos opressores do povo negro; as lideranças dos terreiros estarem afastadas do movimento popular. (Palestra no 1º Congresso dos Cultos Afro-Indígenas do Brasil, RJ, 1993.)

AMPLIAÇÃO DO ESPAÇO FÍSICO

A reinstalação dos Terreiros, do centro da cidade para áreas mais extensas nos subúrbios, motivou alterações na sequência de determinados rituais. Há alguns anos, as instalações de novos Terreiros vêm sendo dirigidas em grande número para a zona oeste do Rio. Jacarepaguá, Recreio, Sepetiba e Campo Grande são os locais escolhidos para mudanças. Sajemi, do Tumba Junsara, funcionou durante dezenas de anos em Brás de Pina até, posteriormente, adquirir o novo Terreiro em Campo Grande. A busca de espaços maiores motivou não só a reunião de um maior número de pessoas, mas a reestruturação de certos rituais que puderam ser mais bem elaborados. As Águas de Oxalá em suas três etapas, a Procissão de Yamasê, o Olubaje e a Fogueira de Aira, são alguns rituais que exigem espaços e gente disponível.

> É este manancial simbólico, principalmente, que vai propiciar a construção de uma identidade que pode ser compartilhada por negros de qualquer origem, por mulatos e brancos de todos os segmentos sociais que, através de um processo iniciativo, se tornam "irmãos" a introjetarem os mesmos bens simbólicos. (José Flávio Pessoa de Barros, Iluaiê, 1985, p. 7.)

Por outro lado, criou-se a tendência de uma decoração mais elaborada. Por exemplo: todos procuram ter um pé de dendezeiro que serve como um

428 | JOSÉ BENISTE

símbolo de que ali está uma Casa de Orixá. Na casa de Ajàléyí, o terreiro é decorado com um painel extenso de 30 metros, onde são apresentadas esculturas de diversos orixás, lado a lado de Exu a Oxalá. Na casa de Nino são frases estampadas nas paredes incentivando uma posição de firmeza religiosa.

Na Casa de Díca de Omulu, pinturas premiadas de Rafael Boca Torta. Em Edson Passos, Benedito de Oxalá herdou um Axé cujo barracão é adornado com uma grande coroa alusiva a Xangô. O professor e Babalorixá Flávio de Òsàgiyán legou a seus herdeiros uma linda comunidade, cujo barracão seguiu a tradição do Engenho Velho, com o poste central e a coroa de Xangô. Na Oficina Sacra de Ronaldo Rego, nascido no Rio e Alágbo de Xangô, os símbolos do Candomblé tomam novas formas, transformando-se em signos de arte, com muita riqueza de detalhes. São obras que já se encontram em espaços públicos da cidade, em museus nacionais e internacionais, e em coleções particulares.

Por diversos fatores, uma casa de Candomblé está sempre em obras. Falta de planejamento inicial, condições financeiras e crescimento não previsto motivam ampliações e mudanças constantes. O local, agora, embora amplo, encontra-se em áreas distantes e muitas vezes de difícil localização. Houve, porém, um processo para busca do público. Djalma de Lalú e Floripes do Gantois atendiam com jogos em Copacabana; Joãozinho, em Bonsucesso. Zezinho da Boa Viagem, com terreiro instalado na Baixada Fluminense, procurou manter-se mais próximo das pessoas que o procuram, com um apartamento em Copacabana. Geralmente são locais apenas para o jogo, pois as possíveis obrigações são feitas no Terreiro.

Essa ampliação de espaço atingiu uma distância maior com zeladores atendendo em outros estados e países. Nitinha da Oxum atendia um amplo Terreiro na Argentina para onde levava, eventualmente, seu grupo para elaboração de obrigações necessárias. Alvinho de Omulu, do Èfòn, tinha filhos em países da Europa.

> Tenho filhos na França, Itália, Estados Unidos, Suíça. O que acontece é que as pessoas fizeram o santo na minha casa. Quando casam, o

HISTÓRIA DOS CANDOMBLÉS DO RIO DE JANEIRO | 429

marido é de lá, e elas vão e me mandam chamar. Em Recife, Alagoas e Maceió tenho vários babalorixás que eu cuido. Eu tenho cabeça para cuidar deles, não sei por quê, mas tenho. (Zezinho da Boa Viagem.)

Outra maneira para ampliação dos espaços de trabalho ocorreu por meio da criação de programas de rádio. O Rio tornou-se o maior centro radiofônico de programas versados sobre Umbanda e Candomblé do Brasil. Todos os dias, nos horários noturnos, há sempre um programa sendo transmitido. Geralmente, são zeladores de santo que fazem chegar seus conhecimentos por meio do rádio, conquistando popularidade e angariando sempre novos clientes para as obrigações que se propõem a fazer. Embora alguns tornem o programa de rádio um sacerdócio, e não uma profissão, a maioria faz exatamente o contrário. As explicações e demonstrações de conhecimento chegam a confundir.

A tradição oral que obrigava uma participação constante para seu aprendizado foi substituída pela verbal, pelo rádio, pelos cursos, pelos livros, pelas apostilas, por uma miscelânea de produtos que mais confunde do que esclarece. É o uso da religião em proveito próprio caracterizando uma forma de comércio em que tudo é válido para que o retorno seja substancial, pois grande parte dos titulares não possui emprego fixo, vivendo exclusivamente da captação de clientes pelo rádio ou por outro meio equivalente.

Inicialmente, a partir da década de 1950, alguns programas foram rotulados de umbandistas e tinham interesses e ideologias pessoais. Esse clima passou a gerar modismos, infringindo tradições e impondo costumes, de forma consciente ou não. Essa investida junto ao rádio, além de não ser benéfica à Umbanda, serviu de ponte para o desenvolvimento do Candomblé, em vista dos assuntos inseridos. Foi um chamamento involuntário, em razão dos temas abordados sobre os orixás, mitos e rituais explicados sob a luz do Candomblé. Tudo influenciou as pessoas a dar uma espiada no Candomblé e lá acabar ficando. O Candomblé do Rio sentiu o poder do rádio como polo divulgador, mas assumindo igualmente um modelo desagregador de tradições instituídas.

SINCRETISMO ENTRE AS DIFERENTES ETNIAS NEGRAS

Ocorreram diferentes formas de sincretismo, como o regional na África, chegando ao Brasil já pronto. As constantes lutas tribais entre jejes, nagôs e hausás juntaram povos e costumes. A proximidade de tribos e reinos como os de Ketu e Jeje-mahi, na fronteira da atual Nigéria com o atual Benin, provocou uma fusão de crenças, costumes e linguagem, com assimilação de divindades que tiveram suas denominações modificadas do nagô para o jeje. Essa fusão iniciada na África originou no Brasil, conforme já vimos, o que se denominou de cultura jeje-nagô e, mais tarde, uma forma de Candomblé denominada Nagô-Vodun. Mesmo assim, algumas nações deixaram de existir na lembrança negra ou foram absorvidas pelas que se mantiveram.

> Quando dividiram a África, uma parte da nação yorubá ficou com o que é hoje o Benin e a outra parte ficou com o que é hoje a República da Nigéria. Essa divisão política já na própria África dividia uma cultura pela própria vizinhança de nagôs e jejes e pelas guerras entre os rivais. O contato era mais amplo, não só na religião como na estrutura familiar e idiomas. (Vivaldo Costa Lima, 1984, p. 15.)

HISTÓRIA DOS CANDOMBLÉS DO RIO DE JANEIRO | 431

Os africanos das diversas tribos yorubás e jejes vizinhas de Ketu que aqui se encontravam juntaram-se aos recém-chegados que tinham conhecimentos mais atualizados das práticas religiosas. Em razão disso, a palavra Ketu ganhou um sentido de reunião, definindo tudo como Candomblé da Nação Ketu, porém, na realidade, é uma fusão de ritos tribais yorubás das regiões de Ijexá, Abeokuta, Oyó e Egba. Essa seria a possível razão de sua predominância religiosa, e não o fato de serem mais estruturados religiosamente ou de possuírem conhecimento muito mais profundo do ritual de sua religião.

A identidade/religiosidade esquecida dos grupos bantus, os primeiros a aqui aportarem, como os angolas, congos e cabindas, seria revivida, em parte, com a chegada dos nagôs a partir de 1790. Sendo os últimos a aqui chegarem, puderam manter vivas suas formas religiosas, adaptando-as à nova terra. A partir daí, esses bantus passaram a adotar o modelo estabelecido em seus rituais juntamente com outros de suas tradições, agora lembradas. Formou-se, assim, uma modalidade de prática religiosa por assimilação devido ao contato cultural entre todos, mantendo, porém, cada grupo parte de suas tradições com sua linguagem natural nos cânticos e nas rezas.

> Comparando alguns rituais, podemos definir:
> Na iniciação — *Orúko Ìyàwó, Dijina Muzenza, Hunyi Vodunsi.*
> Nas interdições — *Panan, Kitanda.*
> Oferendas comunitárias — *Olúbaje, Kukuana, Amalá, Edibangulangu Nzazi.*

Outros rituais sofreram forte influência dos Candomblés Jeje, com a Inkita e Boitá, respectivamente obrigação na mata e encerramento. O Sihun, equivalente ao axexê, teve sua elaboração influenciada pelo Zeri, com sua forma de percussão feita com varetas, em vez das mãos diretamente nos atabaques.

> Não teria havido, no Brasil, sincretismo entre os cultos de Loko — Iroco, Oxumaré e Bessen? Claro que sim [...] o que se combate é o sincretismo

de justaposição com a Igreja católica [...] a religião dos Orixás não necessita de se atrelar a outra como garantia de legitimidade. Sincretismo de justaposição é aquilo que chamo de misturar azeite com vinagre, ou a popular expressão baiana *jalapa com batata*. (Cléo Martins.)*

Para dissimular suas práticas e abrandar possíveis perseguições, os antigos grupos de Terreiros registravam suas casas com nomes de santos católicos. O Candomblé de Nitinha de Oxum é de Nossa Senhora das Candeias, o de Senhorazinha era de São Jerônimo e Santa Bárbara, e o Bate-Folha é o Candomblé de Santa Bárbara. Para dissimular a verdadeira religião, muitos dirigentes fizeram parte de confrarias católicas, sendo capazes de se esconder e passar suas crenças "sob as saias de Maria".

Em 1946, Jorge Amado é eleito deputado federal pelo PCB e, residindo no Rio, faz uma emenda constitucional criando a liberdade religiosa, dando como extinta a lei anterior, que obrigava os Terreiros a requerer um alvará da polícia para funcionar. Com isso, outros nomes foram adicionados ou já existiam de forma oculta. O mais antigo reflete bem o conceito da época, Sociedade Beneficente São Jorge do Engenho Velho, recebendo mais tarde uma complementação, Ilé Axé Ìyá Nasô Oka, o São Jorge do Gantois é o Ile Omi Axé Yamase, a Sociedade Cruz Santa é o Axé Opó Afonjá, a Sociedade Fiéis de São Bartolomeu é o mesmo Zoogodo Bogum Male Hundo.

Essas e outras mudanças conferiram formas definitivas ao Candomblé. As denominações simples de Centro, Tenda, Terreiro e Abassá foram substituídas por outras, como Inzo, Kwe, Ilê Axé, Palácio, Templo e outros. Isso acarretou a necessidade de conhecer o idioma nativo de sua raiz religiosa, a fim de que a composição das palavras escolhidas ficasse de forma correta, do mesmo modo como era feita a escolha cuidadosa do orukó, o nome iniciático.

---

* Advogada e Iyalorixá, com cargo de Agbeni no Axé Opó Afonjá, até 2009, quando se desliga do Candomblé para clausura como monja, no Rio Grande do Sul. Posteriormente, retomará às atividades de estudos sobre o Candomblé.

ORIXÁS, SANTOS E CABOCLOS — A VISÃO DO SINCRETISMO

Boa parte dos Terreiros de Candomblé tem um anexo para culto aos Caboclos, de pena ou de couro. Alguns por influência umbandista, de quando eram praticantes dessa religião, não esquecendo seus guias, e outros por tradições baianas. É importante ressaltar que um dos pontos de atração da Umbanda é a flexibilidade na aceitação de entidades espirituais entre indígenas, africanos, ciganos, orientais e malandros, em comparação com as prescrições rígidas do Candomblé. Por outro lado, a relação Caboclo-Orixá nos Candomblés de Caboclo não é a mesma como na Umbanda, em que a linhagem de Caboclos é subordinada a falanges ou linhas ligadas aos orixás. A data de 2 julho é até símbolo oficial da independência na Bahia, conseguida após luta armada em 1823, e que determinou a época desse culto. Muitos dirigentes reconhecem as virtudes alcançadas pela participação de seus Caboclos, que já eram guias dos dirigentes antes da iniciação ao orixá.

> Eu faço minha obrigação para orixá, mas tem os Caboclos. Quem abriu aqui foi o Caboclo, aqui no meio do mato. Eu não posso deixar de fazer a mesa de jurema, uma vez por ano, do Caboclo Sultão Rei dos Astros da Aldeia de Roxulucumbe. (Mafalda de Iansã, em março de 2001.)

> Aqui no Rio, fiquei muito tempo trabalhando. Tive sete filhos, com 19 anos de feita, meus filhos começaram a ter visões. Eu fui procurar a falecida Zezé de Iansã. Não pensei ter casa [...] Foi quando o seu Boiadeiro me pegou e ele foi organizando tudo. Quem me ajudou muito foi Margarida, minha irmã. (Lindinha do Gantois, em abril de 1999.)

> Minha mãe Olga do Alákétu incorporava o Caboclo Jundiara, nos segundos domingos de janeiro, no Terreiro de Vila Abrantes. Foi ele que a salvou de ficar cega quando ela era criança. (Celina de Iansã, 1984.)

Há uma razão encontrada para esse culto já integrado em muitas casas de Candomblé, não apenas pela condição de eles serem os donos da terra, mas também por serem denominados Encantados como justificativa de diferenciá-los dos espíritos de mortos, manifestação que o Candomblé, por natureza, não admite. E chega até a ser curioso que, na briga pelo término do sincretismo, não se tenha citado o Candomblé de Caboclo.

> Quando a religião iorubá atravessou o Atlântico, certos aspectos foram necessariamente condenados e alterados. No Brasil não poderia haver uma irmandade de caçadores no sentido africano, pois a selva era habitada por populações indígenas que tinham suas técnicas próprias de lidar com os espíritos que habitavam as plantas, os animais, as águas e as características do ambiente [...] Foi por intermédio do irmão de Ogum, o arqueiro Oxossi, que foi feito o contato religioso com a floresta ameríndia, resultando no desenvolvimento da linha de "Caboclo" do Candomblé. (Judith Gleason, 1999, p. 85.)

A divinização do Caboclo brasileiro pode ser entendida a partir da chegada de D. João VI ao Brasil, quando se buscava o personagem que representasse a nacionalidade brasileira. E isso foi encontrado na figura do índio, exaltado em prosas e versos, a partir do Romantismo, por Castro

HISTÓRIA DOS CANDOMBLÉS DO RIO DE JANEIRO | 435

Alves, como símbolo da nacionalidade brasileira. Foi um sincretismo afro-ameríndio entre culturas dominadas pela miséria do escravismo colonial brasileiro. Nos Candomblés de Caboclo, são denominados de Encantados, e nos Terreiros são chamados de Caboclos. É inegável que a participação do nativo da terra, no conjunto religioso, marcou o início da caminhada para a nacionalização dos cultos afro.

Por ter sido irmão em sofrimento do índio, o negro o aceitou em suas unidades religiosas. A partir daí, os nomes desses nativos da terra passaram a ser usados oficialmente em localidades e como nomes próprios das pessoas, o que antes não era comum. Por outro lado, o negro reverenciado pela literatura como o eterno sofredor tornou-se uma lembrança do movimento abolicionista, aquele que criou o filho do branco e que deixou sua marca em todos os pontos do país, tornou-o o preto velho exaltado nos terreiros.

O sincretismo afro-católico, explicável no período passado, mas injustificável no momento atual, motivou perseguições e críticas da Igreja, que o aceitou por interesses, passando a criticá-lo posteriormente, quando viu o culto se desenvolver. Essa atração de imagens de santos a orixás foi mais uma busca de novos símbolos para fortalecimento de crenças, uma prática comum entre os africanos.

> Essa questão de sincretismo é como juntar óleo e água. Eles estão no mesmo lugar, mas não se misturam. (Balbino Daniel de Paula, Oباràyí.)

Em época mais recente, publicações da Igreja foram feitas no sentido de melhor estudar a religião. Sacerdotes que eram inimigos mortais do Candomblé passaram a modificar seu pensamento.*

> Vir à Bahia e não visitar ou rezar num terreiro é algo parecido a ir a Roma e não visitar São Pedro. Todos os cantos são cultuados na língua-mãe, e isso é de fundamental importância [...] Quem aprende a

---

* Ver o capítulo "Sincretismo I — Batismo e Fusão de Crenças".

436 | JOSÉ BENISTE

saudar um povo em sua língua nativa recebe em recompensa imediata seu sorriso mais belo. O pessoal dança de olhos fechados. Creio que é o esforço necessário para fechar as janelas que mostram o mundo exterior e se concentrarem no "íntimo mais íntimo" para o encontro com o divino que habita o coração. (Pe. Arnaldo Lima do Instituto de Teologia de Salvador, 1972.)

Essa mudança de comportamento foi entendida como uma forma de aproximação justificável, no sentido de fortalecimento diante de um crescimento neopentecostal solidário no desrespeito a crenças contrárias a seus princípios.

A tradição de mandar rezar missa para os santos assimilados aos orixás teve sua fase forte no Rio. Talvez alguns ainda a mantenham. A missa é realizada dentro do Terreiro por sacerdote da Igreja Católica Brasileira. Por outro lado, grande parte dos Terreiros aboliu a ida da ìyàwó à igreja por ocasião de sua iniciação. Afinal, o que a ìyàwó vai fazer na igreja? Ver o padre levantar a hóstia? Lembranças das obrigações permitidas nas senzalas desde que, depois, fossem tomar a bênção ao padre. Essas pessoas esquecem que a escravidão já acabou.

> Candomblé vai à Igreja. Iaôs acompanhados de seus ogãs e mãe de santo, vestidos a caráter, foram assistir à missa das 10 horas em companhia do babalaô, Odecoaci da Bahia [...] saíram de um "roncó", onde passaram três meses [...] foram pedir proteção do Senhor. O babalaô explicou que isto é possível, porque todos, inclusive ele, são católicos. (Jornal *O Dia*, Rio de Janeiro, 30 de setembro de 1967.)

É ainda o santo católico quem determina a data das festividades do orixá a ele assimilado. Por exemplo, a maioria das casas faz o Olúbájé, cerimônia em louvor a Omulu, no decorrer do mês de agosto, por ser o dia 17 consagrado a São Roque. Esse mês é o mais rico nessa especialidade de datas: dia 10, São Lourenço, sincretizado com Tempo ou Kitembo; dia 15, Nossa Senhora da Glória, Yemanjá; dia 24, São Bartolomeu, sincretizado com Oxumaré.

Duas delas, porém, não abrem mão, são datas fixas: data de São Pedro, que determina a Fogueira de Aira, e Corpus Christi, que reverencia Oxóssi.

> Não existe uma explicação propriamente dita. É bem provável que, como Oshosi é um dos orixás mais importantes, o povo do Candomblé tenha escolhido um feriado também significativo para celebrá-lo. (Prof. Julio Braga.)

Esse sincretismo pode ser entendido de outra forma: o Corpo de Cristo alimenta a fé religiosa e Oxóssi dá o alimento de sobrevivência. Foi um modo de aproximação para justificar a data. Da mesma forma como reverência ao contingente escravo da família real Arò.* O que devemos entender é que essa forma de identificação é fruto de uma violência cultural, quando os escravos aqui chegados foram impedidos de professar sua fé e introduzidos compulsoriamente no catolicismo. Há pessoas que já nascem sincréticas, batizadas na Igreja e abençoadas em um Terreiro. Como entender essa dedicação conjunta aos santos e orixás?

> No dia de São Bartolomeu tem a missa de Besen, como tem na Casa Branca a missa para Oxose. É realizada na Igreja N. S. do Rosário dos Pretos, lá no Pelourinho. Aí tem o toque. No período da Quaresma não fazemos nada. (Índia do Bogum, 2009.)

Durante a escravidão o sincretismo foi necessário para a nossa sobrevivência; agora, em suas decorrências e suas manifestações públicas, gente de Orixá, ialorixás, realizando lavagens de igrejas, saindo de camarinhas para as missas, nos descaracterizam como religião, dando margem ao uso da mesma como coisa exótica, folclore, turismo. Iansã não é Santa Bárbara. As duas são sagradas e

---

* Sociedade Beneficente e Recreativa São Jorge do Engenho Velho, sendo, em Salvador, São Jorge sincretizado com Oxóssi em lembrança aos primeiros escravos vindos do Reino de Ketu, onde estavam pessoas pertencentes à linhagem real *Arò*.

merecem o nosso respeito, cada uma em seu departamento, não tem que misturar. Que nossos netos não tragam de volta à escravidão. (Ìyá Stella de Oxóssi.)

Há uma interpretação diferente por parte de uma outra tradição baiana, o que comprova a dificuldade de entendimento:

> Em primeiro lugar, nada temos contra a Igreja católica, e nem a nossa crença vai contra ela. Em muitas coisas elas são iguais, só que com nomes diferentes. Nossos santos, nossos Orixás. Olhe Iansã, por exemplo, é a Santa Bárbara dos brancos e assim outros santos. Acreditamos em Deus, temos os santos e os espíritos e deu tudo certo com a Igreja católica, só que nós fazemos certas coisas que os padres não podem, não é que eles não saibam, mas não está na linha deles fazer. Agora, nós precisamos da Igreja Católica, tanto nas igrejas como em nosso terreiro. Muitos trabalhos estão ligados a ela. (Olga de Alákétu.)

Podemos lembrar outro pensamento sobre o assunto. Segundo a Enciclopédia Britânica, o termo *sincretismo* é empregado por aqueles que concordam em esquecer divergências. Há o sincretismo político, religioso, filosófico e racial. A mulata brasileira é um sincretismo étnico, ou seja, a união de pessoas na formação de um terceiro elemento possuidor da herança de ambos. Conforme já vimos, os Estados Unidos fizeram de tudo para que não houvesse esse sincretismo entre brancos e negros, mas foram eles que fizeram a glória do país nos esportes, na música, na política e na guerra. Aqui não ocorreu dessa forma. Por isso, o Brasil passou a ser conhecido como um país dos mestiços, sendo eles os construtores desta nação.

A HERANÇA DOS TERREIROS —
OS HERDEIROS DO AXÉ

Nos relatos apresentados sobre o surgimento dos Axés no Rio verificamos que há uma ideia inicial para sua organização partindo do líder apoiado por alguns seguidores. Essa medida supõe um investimento coletivo em que todos se integram para manter a sociedade, arcando com os custos normais. A sua sobrevivência estará mantida caso seu registro se faça em nome da sociedade, o que permitirá que, na ausência natural do titular, outra pessoa o substitua dentro dos padrões estabelecidos pelo Candomblé. Um aspecto se tornou claro nessas situações: o Axé não morre, mas o local de sua instalação, o espaço físico, é passível de desaparecer.

Quando o Terreiro é registrado em nome do seu líder, surge a possibilidade de ele não ter a continuidade desejada quando do falecimento do titular, isso se os herdeiros não forem ligados com a religião e desejarem se apropriar do imóvel. Mas com toda certeza terá vida curta de acordo com os exemplos observados, como os de Djalma de Lalú, Theodora, Aroede, Joãozinho da Gomeia, Gamo e Neive Branco. Nesses casos, o Axé resiste, porém o espaço físico desaparece. Outros ficam paralisados sem solução, como os de Reinaldo de Ṣàngó, Bida, Mundinho, Marina, Floripes e Joaquim de Omulu, esse último reaberto, em 24 de março de 2015, sob a direção de Ana de Ọsun Omi Ṣọlá.

Há um critério tradicional, tanto pelo jogo de búzios como pela decisão pessoal, de que a pessoa escolhida já seja devidamente iniciada de todas as suas obrigações. Entretanto, pode ocorrer o contrário, com uma pessoa jovem, sem a experiência necessária, sendo a escolhida, como foram os casos dos Axés de Caboclo, Regina e Flavio de Oxaguian. Para isso é indicada uma pessoa qualificada para acompanhamento até que o aprendizado seja considerado suficiente para sua tarefa de zelador.

Em Niterói, o Terreiro de Nilson de Osanyin esteve em vias de fechar após o seu falecimento. Primeiro, pelo jogo de Agenor Miranda, que disse que o égún de Nilson não queria que a casa continuasse, o que não foi considerado até determinando a realização do axexê, com a duração de dois dias apenas, o que surpreendeu a todos, pois o tempo clássico seria o de sete dias para o tipo de zelador que Nilson representava. Segundo, pela irmã do falecido que reivindicou a posse do terreno e da casa que nem legalizados estavam. Gustavo de Omulu assumiu e articulou a usucapião, dando forma legal ao imóvel. Com competência e decisão, continua com as atividades religiosas, baseado no princípio de que foram todos do grupo que ajudaram na sua construção, fundando, assim, a Associação Afro-Brasileira Ọmọ Ilé Òrìṣà Ọdẹ Ewé — Àṣẹ Ṣàngó Déyí. Essa tem sido a medida tomada mais recentemente para revelar que todos são os herdeiros e que talvez venha criar jurisprudência sobre o assunto.

> É como se você derrubasse a casa, tirasse o seu sangue. O Axé não é um clube, não é um cinema que você aluga para montar e funcionar. Tem todo um ritual que é feito, desde quando abre o espaço da porteira até o seu andamento geral. Mas, infelizmente, ultimamente vem acontecendo isto; o Pai de Santo morre e a viúva ou os filhos vêm e vendem o terreno. Nem todos tiveram a inteligência de Mãe Aninha, que comprou um espaço, criou a sociedade, que é mantenedora do Axé e colocou o terreno em nome dessa sociedade, isso em 1903 e 1910, quando foi inaugurado. Ao deixar de existir, os bens materiais seriam todos do Axé, de maneira que ninguém possa mexer e tudo continuar. (Ìyá Stella de Oxóssi.)

Toda sucessão causa agrados e desagrados. São fatos normais e que dão a oportunidade da saída de pessoas, algumas para abrir as próprias casas. O crescimento das Casas de Candomblé ocorreu por meio desse procedimento. Supõe-se que a atual dirigente deveria ter os mesmos modos, as mesmas maneiras e hábitos da pessoa ausente. A história revela o seguinte: o sucessor de uma casa matriz dificilmente seguirá o mesmo jeito de ser do seu antecessor. São formas de gerações diferentes, pois as próprias pessoas mudam, em razão da busca constante pelo aperfeiçoamento.

RELIGIÃO E POLÍTICA — O CRESCIMENTO DO CANDOMBLÉ

O Candomblé sempre foi um grupo de interesse político, e nunca se distinguiu devidamente o que é Umbanda e o que é Candomblé. Os Terreiros são usados como palanques de campanha com promessas absurdas que nunca são cumpridas pelos candidatos, que, quando eleitos, nunca mais são encontrados. Costuma-se dizer que a Umbanda e o Candomblé não elegem ninguém, significando que não são confiáveis. Talvez haja alguma procedência nisso, pois, historicamente, são constituídos por um povo sem mentalidade política por tradição. Isso pode ser mais explicado: sempre houve um silêncio político na cabeça dos antigos dirigentes e líderes religiosos. Foram perseguições políticas, policiais e religiosas em uma fase de muita dificuldade na tentativa de manterem vivas suas concepções religiosas.

Foi uma época conturbada no antigo Rio, precisamente durante o regime autoritário da era Vargas, quando se desenvolveu a vigilância sobre os cultos afro. O crescimento observado de Centros e Terreiros determinou a criação da Lei dos Alvarás emitida pela polícia, o que deu a entender à sociedade a qualificação de marginal aos grupos de Terreiros constituídos, obrigando-os a solicitar registro policial no Departamento de Tóxico e Mistificações da Polícia, mediante um interrogatório humilhante.

HISTÓRIA DOS CANDOMBLÉS DO RIO DE JANEIRO | 443

É nesse período que os Terreiros se registravam com nomes de santos católicos, uma postura adotada para não atrair a atenção da polícia, atuando, assim, às escondidas e realizando seus rituais discretamente e às vezes de portas fechadas, mesmo depois da era Vargas, quando a exigência do alvará havia terminado. Não existiam adeptos bem estabelecidos junto aos poderes governamentais, e, se havia, omitiam-se com medo de serem tachados de macumbeiros, como ainda ocorre nos dias atuais. Essa é a fase das invasões, das extorsões policiais e do confisco de símbolos religiosos. A alegação era que todos eram subversivos.

Em razão disso, tanto a Umbanda quanto o Candomblé nunca assumiram uma identificação política, o que tem sido um erro histórico. Por esse motivo, os candidatos que se apresentam outorgam-se como representantes da religião sem que ela os tenha escolhido. Este é o segundo erro, e talvez explique a frase anterior. A religião teve a oportunidade de contar com alguns candidatos e foi possível observar o esforço que fizeram. Ocorre que o Candomblé ainda não acordou para essa realidade e para a necessidade de criação de uma bancada política com suas cores e pensamento.

Algumas práticas de campanha que nunca deram certo são repetidas e os tempos vão revogando, mas os candidatos não se dão conta. É preciso saber o que se fala e o que se escreve. Por meio da fala, da dicção e do repertório verbal, a humanidade decide. O formato eleitoral atual não abre mão da palavra, a principal portadora do convencimento. Ela deve ser a condutora de ideias claras e propostas identificadas com as necessidades da religião.

É necessário viver a realidade das transformações que o tempo exige. Os exemplos de outros grupos vitoriosos estão aí. As lideranças existem, mas cuidam somente de seus Terreiros, o que entendemos por lideranças mal exercidas. São erros de base que se arrastam pelos anos. Com esse quadro, não há candidato que se eleja, e, se vier a acontecer, será sempre com grande dificuldade. É preciso modificá-lo para ocupar o espaço de forma segura e racional no movimento governamental do país.

Basta visitar um terreiro de Candomblé para mostrar que nossa lógica não é binária, mas múltipla e integradora. Isso tem a ver com a plasticidade, a tolerância e o gosto de viver do nosso povo [...] por formação acadêmica, sou cartesiano, mas como brasileiro respondo ao chamamento da cultura, tendo assim uma pitada de Candomblé. (Presidente Fernando Henrique Cardoso, 1999.)

GLOSSÁRIO

Abìkú — tipo de espírito que exige iniciação especial.

Abíyán — noviça que aguarda a iniciação para atingir o estágio de ìyàwó.

Acarajé — massa de feijão-fradinho frita em dendê em forma de bolinhos.

Águas de Oxalá — cerimônia de purificação feita durante três domingos seguidos. Em yorùbá: Àwọn Omi Òṣàlá.

Ajíbọ́na — acompanhante de uma pessoa no ritual de iniciação.

Àkàsà — comida votiva de todos os orixás, feita de farinha de milho branco e envolta em folha de bananeira.

Alabê — alágbè, tocador de atabaques.

Alágbà — título maior de sacerdote no culto aos espíritos ancestrais.

Alápinni — sacerdote no culto aos ancestrais denominados de egúngún.

Apẹ̀tẹ̀bi — cargo feminino auxiliar do babalawô.

Àṣẹ — Axé, força, poder, energia, também denominação de uma casa de Candomblé.

Aṣògún — responsável pelos sacrifícios animais no Candomblé.

Assentamento — representação simbólica dos orixás devidamente consagrados em forma de minerais etc.

Assentar o santo — forma de cultuar um orixá sem a iniciação tradicional.

Atabaque — tambores votivos dos Candomblés.

Atinsa — árvores especiais para o culto aos voduns nos Candomblés jejes.

Axé — o mesmo que uma casa de Candomblé, indicando a casa matriz.

446 | JOSÉ BENISTE

Axexê — ritual fúnebre equivalente ao sihun ou sigun. Em yorùbá: Áṣẹ̀ṣẹ́.

Àyaba — rainha.

Bàbá — pai, também usado como prefixo para indicar alguém detentor de grandes conhecimentos.

Babalawô — o responsável pelo jogo de consulta aos orixás, o mesmo que Olúwo.

Bálẹ̀ — título no culto de egúngún ou outros.

Barco de ìyàwó — grupo de pessoas iniciadas apresentadas ao público.

Barracão — o espaço maior de um Terreiro onde são realizadas as festas públicas.

Bolar — a primeira manifestação de uma pessoa com seu orixá.

Bọrí — ritual de obrigação à cabeça no intuito de fortalecê-la, renovando o equilíbrio físico e espiritual da pessoa.

Caboclo — mestiço de índio com o branco e também usado para denominar os espíritos de índios que se manifestam em Terreiros, como Caboclos de Pena.

Caboclo de Couro — entidades espirituais identificadas com os vaqueiros do sertão.

Cabula — antigo culto afro-sincrético que era realizado nas matas. Também denominada toque de etnia bantu.

Cair no santo — manifestar-se com seu orixá.

Calundu — tipo de espírito bantu, termo usado para designar local de reunião.

Camarinha — dependência destinada às cerimônias privativas. O mesmo que *hunko* (leia runcó).

Candomblé — denominação genérica das casas religiosas afro-brasileiras.

Cavungo — Omulu na nação de Angola.

Confirmar — ato de um ogã ou equedi fazer sua iniciação.

Corrente — grupo de trabalhos no ritual de Umbanda.

Dar comida à cabeça — o mesmo que o ritual de *bọrí*.

Darrum — do yorùbá, *dáhùn*, responder, no momento em que o ogã homenageia algum orixá com toques e cânticos característicos.

Deré — o mesmo que mãe-pequena, auxiliar da mãe de santo na nação jeje.

Dijina — nome iniciático na nação de Angola.

HISTÓRIA DOS CANDOMBLÉS DO RIO DE JANEIRO | 447

Dobrar o couro — ato de homenagear um visitante ilustre com toques de atabaque.

Donę — uma das três denominações de mãe de santo do ritual jeje.

Egúngún — espíritos materializados dos mortos também denominados de *Égún*.

Equedi — título feminino de auxiliares que não incorporam.

Erê — entidade infantil dos Candomblés.

Ésà — título dado aos ancestrais devidamente qualificados.

Èwọ̀ — tabu, coisa proibida, equivalente a kizila, dos angolas.

Fazer o santo — ato de se iniciar para um determinado orixá.

Feito, feitura — diz-se de uma pessoa que é iniciada no Candomblé.

Filho de santo — uma pessoa iniciada.

Fio de contas — colar com as contas da cor de um determinado orixá.

Fundamento — os elementos sagrados e secretos do Candomblé.

Gayaku — outra denominação de mãe de santo no ritual jeje.

Grá — forma de espírito que antecede uma iniciação no ritual jeje.

Herdar o santo — o ato de cuidar dos assentamentos de uma pessoa falecida.

Hunjębe — tipo de fio de contas especial específico do ritual jeje.

Hunpami — denominação do Candomblé para local de extensa área com vegetação e demais elementos para a prática específica do ritual jeje.

Hunyi — refere-se ao nome iniciático no Candomblé jeje.

Ìpàdé — ritual que antecede as festas de candomblé, homenageando todos os participantes.

Ifá — sistema de consulta às divindades por meio de coquinhos do dendezeiro.

Ìyá è fọ̀n — responsável pelas pinturas de iniciação.

Ìyá ẹgbẹ́ — cargo, mãe da sociedade.

Ìyá Nàsó — ancestral feminino fundador do Candomblé do Engenho Velho, na Bahia (leia nasô).

Kèlè — fio de contas, símbolo de uma iniciação.

Ketu — nação política yorubá e denominação do modelo de Candomblé nagô. Em yorùbá: *kétu*

Kwe — o mesmo que casa ou Terreiro Jeje (kuê).

448 | JOSÉ BENISTE

Lágídígba — fio de contas feitas do chifre de búfalo.

Lavar as contas — procedimento inicial de lavagem do colar de contas do orixá da pessoa, que abrirá o caminho para uma futura iniciação.

Linhas — denominação de faixas vibratórias na Umbanda.

Macumba — antigo instrumento tipo reco-reco.

Mãe de santo — o mesmo que Iyalorixá.

Mãe-pequena — auxiliar direta da mãe de santo.

Mahi — modalidade religiosa da etnia jeje.

Màrìwò — folha nova desfiada do dendezeiro.

Mironga — mistérios.

Modubi — modalidade religiosa da etnia jeje.

Nação — forma de definir o modelo de Candomblé pela sua etnia ou segundo sua procedência africana.

Nkise — divindade equivalente a orixá na nação de Angola ou Congo.

Obì — noz-de-cola, fruto africano que se abre em quatro partes para jogo divinatório.

Obrigação — denominação dos ritos obrigatórios.

Obrigação de sete anos — última parte das três etapas obrigatórias feitas após a iniciação e que possibilita a pessoa deixar de ser ìyàwó.

Ogã — título masculino definido como pai.

Òjé — sacerdote do culto de egúngún.

Ojúbọ — espécie de assentamento coletivo.

Olhador — aquele que utiliza o jogo de búzios para consulta.

Omoloko — forma de culto afro-sincrético do início do século XX.

Oriki — forma especial de saudação.

Òrìṣà — divindade da etnia yorubá.

Orò — ritual, fundamento, obrigação.

Orógbó — semente de um fruto africano utilizada para o jogo consagrado a Ṣàngó.

Orúkọ — nome civil ou iniciático no idioma yorùbá.

Ọṣẹ — semana; por extensão define os preceitos feitos aos orixás semanalmente.

Òsì — esquerda; nos casos citados, indica o segundo sucessor do titular.

Osù — massa cônica usada em uma iniciação (oxú).

Òtún — direita; nos casos citados, indica o primeiro sucessor do titular.

Oyè — título que uma pessoa poderá ter após a iniciação.

Palha da costa — ráfia extraída de uma palmeira africana. Em yorùbá: *iko*

Peji — altar jeje. Na Umbanda, o altar é Gongá.

Pejigan — título jeje; gan; = senhor que cuida do Peji-altar.

Pẹpẹlé — prateleiras onde ficam depositados os símbolos dos orixás.

Pessoa feita — o mesmo que ser iniciado.

Plantar o Axé — consagrar o espaço para dar início a um Terreiro com os elementos indicados para a segurança da casa.

Ponto riscado — traços ou desenhos com poderes mágicos.

Qualidade de santo — outras denominações do orixá, relacionadas com seus atributos e fatos históricos ou mitológicos.

Quartinha — pequeno vaso consagrado ao culto e utilizado para guardar as águas votivas.

Quarto de Santo — espaço, aposento onde estão guardadas as representações das divindades.

Raiz — forma de denominar a origem religiosa de uma pessoa.

Rituais de Candomblé — conjunto de cerimônias onde se procura homenagear as divindades.

Roça — outra forma de denominar uma casa de Candomblé.

Roda de santo — sequência de cânticos para as *iyàwó* em roda dançarem para os orixás.

Santo — expressão equivalente ao orixá.

Şèrè — cabaça ritualística em forma de chocalho.

Sessão — cerimônias públicas na Umbanda.

Şiré — forma popular para definir a sequência de cânticos (xirê).

Terreiro — outra forma para definir o local onde se instala um Candomblé.

Tios, tias — forma respeitosa para citar as pessoas do Candomblé.

Tirar a mão — o ato de substituir quem iniciou a pessoa.

Tirar o osù — desfazer as obrigações feitas quando uma pessoa iniciada morre.

Toque — execução de sons de atabaques acompanhados de cânticos.

Tronqueira — local na entrada do terreiro destinado a Exu, na Umbanda.

Virar com o santo — manifestação de uma pessoa com seu orixá.

Vodun — divindade jeje.

Xirê — sequência de cânticos. Em yorùbá: *şiré*.

Zandró — ritual do Candomblé jeje.

Zelador — o equivalente a babalorixá ou pai de santo, aquele que zela pelo Terreiro.

BIBLIOGRAFIA CONSULTADA

ABIMBOLA, W. *Yorubá Oral Tradition*. Ifé (Nigéria): Editora da Universidade Obafemi Awolowo, 1975.

AGUIAR I. Jaré — Uma instalação africana na Chapada Diamantina. *Revista Afro-Ásia*, Salvador, 1980.

ALMEIDA, G. G. de. *Heróis indígenas do Brasil*. Rio de Janeiro: Cátedra, 1988.

ALVARENGA, Oneida. *Música popular brasileña*. Cidade do México; Buenos Aires: Fondo de Cultura Económica, 1947.

AZEVEDO, S.; MARTINS, C. *E daí aconteceu o encanto*. Salvador: Graf e Cor, 1988.

BARRETO, C. X. P. *A cidade do Rio de Janeiro e suas dúvidas*. Rio de Janeiro: Aurora, 1959.

BARROS, J. R. Senzala e Macumba. *Jornal do Comércio*, 1939.

BASTIDE, R. *Brasil — Terra de contrastes*. São Paulo: DEL, 1973.

BASTIDE, R. Imagens do Nordeste místico em branco e preto. *O Cruzeiro*, Rio de Janeiro, 1945.

BENISTE, J. *Òrun Àyié — O encontro de dois mundos*. Rio de Janeiro: Bertrand Brasil, 1997.

_____. *Jogo de búzios — Um encontro com o desconhecido*. Rio de Janeiro: Bertrand Brasil, 1999.

_____. *As Águas de Oxalá*. Rio de Janeiro: Bertrand Brasil, 2002.

452 | JOSÉ BENISTE

_____. *Mitos Yorubás — O outro lado do conhecimento*. Rio de Janeiro: Bertrand Brasil, 2006.

_____. *Dicionário Yorubá-Português*. Rio de Janeiro: Bertrand Brasil, 2011.

BRAGA, J. *Ancestrais afro-brasileiros*. Salvador: Centro de Estudos Afro--Orientais [CEAO], s.d.

BROWN, D. "A história da Umbanda no Rio de Janeiro". In: *Umbanda e Política*. Rio de Janeiro: ISER, 1985.

CANNECATTIN, B. M. *Dicionário da língua bunda:* ou angolense, explicada na portugueza, e latina. Lisboa: Nabu Press, 2010 [1840].

CAPUTO, S. G. *Educação nos terreiros*. Rio de Janeiro: Pallas, 2012.

CARNEIRO, E. *Candomblés da Bahia*. Rio de Janeiro: Editora Ande, 1948.

_____. *Ladinos e crioulos*. Rio de Janeiro: Civilização Brasileira, 1964.

CARRERA, A. *Mandingas da Guiné Portuguesa*. Guiné: Centro de estudos da Guiné Portuguesa, 1947.

CARVALHO, M. *Gayaku Luiza e a trajetória do jeje mahi na Bahia*. Rio de Janeiro: Pallas Editora, 2006.

CASCUDO, L. da C. *Superstições e costumes*. Rio de Janeiro: Antunes, 1959.

_____. *Made in África*. Rio de Janeiro: C. Brasileira, 1965.

COARACY, V. *Memórias da cidade do Rio de Janeiro*. Rio de Janeiro: José Olympio, 1965.

COSTA, N. "O Rio através dos séculos". *O Cruzeiro*, Rio de Janeiro, 1965.

_____. *Rio de ontem e de hoje*. Rio de Janeiro: Leo Editores, 1958.

DION, M. *Omindarewa, uma francesa no Candomblé*. Rio de Janeiro: Pallas Editora, 2002.

EDMUNDO, L. *O Rio de Janeiro no tempo dos vice-reis*. Rio de Janeiro: Conquista, 1956, v. 3.

_____. *A corte de D. João XVI no Rio de Janeiro*. Rio de Janeiro: Conquista,1957, v. 3.

_____. *O Rio de Janeiro do meu tempo*. Rio de Janeiro: Conquista, 1957, v. 4.

ENDER, T. *O velho Rio de Janeiro*. São Paulo: Melhoramentos, s.d.

ENEIDA. *História do carnaval carioca*. Rio de Janeiro: Civilização Brasileira, 1958.

ESTERMANN, C. *Etnografia do Sudoeste de Angola*. Lisboa; Junta de Investigação Ultramar, 1960.

HISTÓRIA DOS CANDOMBLÉS DO RIO DE JANEIRO | 453

_____. *A possessão espírita entre os bantus*. Sá da Bandeira: Estudos Universitários de Angola, 1968.

FADIPE, N. A. *The Sociology of the Yorubá*. Ibadan: Ibadan University Press, 1970.

FERNANDES, G. *Xangôs do Nordeste*. Rio de Janeiro: Civilização Brasileira, 1937.

FILHO, L. V. *O negro na Bahia*. Rio de Janeiro: José Olympio, 1946.

FREITAS, D. *Escravos e senhores de escravos*. Rio Grande do Sul: Mercado Aberto, 1983.

FREITAS, M. M. de. *Reino negro de Palmares*. Rio de Janeiro: Biblioteca do Exército, 1954. v. 2.

FREITAS, O de. *Doenças africanas no Brasil*. São Paulo: Brasiliana, 1935.

FREYRE, G. *Novos estudos afro-brasileiros*. Anais do Congresso Afro-Brasileiro de 1934, Civilização Brasileira, 1937.

_____. *O escravo nos anúncios de jornais brasileiros do século XIX*. Recife: Imprensa Universitária, 1963.

GERSON, B. *História das Ruas do Rio de Janeiro*. Rio de Janeiro: Editora Souza, 1954.

GLEASON, J. *Oya: Um louvor à Deusa africana*. Rio de Janeiro: Bertrand Brasil, 1999.

GOULART, J. A. *Da palmatória ao patíbulo*. Rio de Janeiro: Conquista, 1971.

GOULART, M. *A escravidão africana no Brasil*. São Paulo: Alfa Ômega, 1975.

GOUVEIA, M de. *História da escravidão*. Rio de Janeiro: GTL, 1955.

JUNOD, H. A. *Moeurs et coutumes des Bantus: La vie d'une tribu sud-africaine*. Paris: Payot, 1936.

KARASCH, M. C. *A vida dos escravos no Rio de Janeiro de 1808-1850*. São Paulo: Companhia. das Letras, 2002.

KI-ZERBO, J. *História da África negra*. São Paulo: Ática, 1980, v. 1.

KLOPPENBURG, F. B. O.F.M. *Posição católica perante a Umbanda*. São Paulo: Vozes, 1954.

KOSHIBA, L. *História do Brasil*. São Paulo: Atual Editora, s.d.

LANDES, R. *A cidade das mulheres*. Rio de Janeiro: Civilização Brasileira, 1967.

LESSA, C. *O Rio de Janeiro de todos os Brasis*. Rio de Janeiro: Bertrand, 2001.

454 | JOSÉ BENISTE

LIMA, B. B. "A Origem do Homem Americano e Tribos Indígenas do Brasil." *Revista do Arquivo Municipal de São Paulo*, 1950.

LIMA, Pe A. *Macumba. Cultos afro-brasileiros*. Rio de Janeiro: Paullinas, 1972.

LIMA, V. C. *A família de santo nos Candomblés Jeje-nagô:* Um estudo de relações intragrupais. Salvador: Editora Corrupio, 2003 [1977].

LIMA, V. C. Encontro de nações africanas. *Estudos Afro-Orientais*, Salvador, 1984.

LIMA, V. C. *Cartas de Edisom Carneiro a Arthur Ramos.* São Paulo: Corrupio, 1987.

LODY, R. *Joias de Axé.* Rio de Janeiro: Bertrand Brasil, 2001.

LODY, R. *O negro no museu brasileiro.* Rio de Janeiro: Bertrand Brasil, 2005.

LUCAS, J. O. *The Religion of the Yorubás.* Lagos: Athelia Henrietta Press, Inc., 1948.

LUNA, L. *O negro na luta contra a escravidão.* Rio de Janeiro: Leitura, 1967.

MARTINS, C. *Euá: A senhora das possibilidades.* Rio de Janeiro: Pallas, 2001.

MATTA, J. C. da. *Ensaio de diccionário kimbúndu-portuguez. Lisboa*, 1893.

MATTOS, K. M. de Q. *Testamento de escravos libertos na Bahia no século XIX.* Salvador: UFB, 1979.

MEDEIROS, J. Candomblé. *O Cruzeiro*, Rio de Janeiro, 1957.

MOURA, R. *Tia Ciata e a Pequena África no Rio de Janeiro.* Rio de Janeiro: Funarte, 1983.

NASCIMENTO, L. C. do. *Bitedô.* Rio de Janeiro: CEAP, 2010.

NETTO, M. F. *Terreiros de Candomblé do Rio de Janeiro.* Rio de Janeiro: IPHAN, 2009.

OLINTO, A. *Brasileiros na África.* Rio de Janeiro: Edições GRD, 1964.

PARÉS, L. N. *A formação do Candomblé.* Salvador: Editora Unicamp, 2007.

PARÉS, L. N.; CASTILLO, L. E. Marcelina da Silva e seu mundo. *Afro-Ásia*, n. 36, Salvador, 2007.

PEREIRA, J. C. M. da S. *À flor da terra: o cemitério dos pretos novos no Rio de Janeiro.* Rio de Janeiro: Garamond, 2007.

PERES, F. R. Notas sobre o Reino do Congo no século XVI. *Revista Afro-Asia*, Bahia, 1976.

PIERSON, D. *Brancos e pretos na Bahia.* Brasiliana: CEN, 1971.

HISTÓRIA DOS CANDOMBLÉS DO RIO DE JANEIRO | 455

PINTO, L. A. C. *O negro no Rio de Janeiro*. São Paulo: CEN, 1954.

PORTUGAL, F. *Guia prático da língua yorùbá*. Rio de Janeiro: Madras, 2002.

QUERINO, M. *A Bahia de outrora*. Salvador: Progresso, 1946.

_____. *Costumes africanos no Brasil*. Rio de Janeiro: Civilização Brasileira, 1938.

QUINTÃO, J. L. *Gramática de Kimbundo*. Edições Descobrimento, 1934.

RAMOS, A. *Folclore negro do Brasil*. Rio de Janeiro: Casa do Estudante, 1935.

_____. *O negro na civilização brasileira*. Rio de Janeiro: Casa do Estudante, 1956.

RIBAS, O. *Ilundo: Espíritos e ritos angolanos*. Luanda: Instituto de Investigação de Angola, 1975.

RIO, J. do. *As religiões no Rio*. Rio de Janeiro: Civilização Brasileira, 1951.

RISÉRIO, A. *Os fios da meada*. Salvador: Fundação Casa de Jorge Amado, 1991.

ROCHA, A. M. *Os Candomblés antigos do Rio de Janeiro*. Rio de Janeiro: Pallas, 1994.

RODRIGUES, N. *Os africanos no Brasil*. Rio de Janeiro: Companhia Editora Nacional, 1945.

_____. *O animismo fetichista dos negros baianos*. Rio de Janeiro: Civilização Brasileira, 1935.

RODRIGUES, N. A. *As tradições dos antigos*. Rio de Janeiro: Casa Publicadora Baptista, 1923.

SANTOS, D. M. dos. O culto dos ancestrais na Bahia. In: *Olóòrìṣà*. São Paulo: Ágora, 1981.

_____. *Axé Opó Afonjá*. Rio de Janeiro: Inst. Brasileiro de Est. Afro-Asiáticos, 1962.

SANTOS, E. dos. *Etnologia africana*. Lisboa: J. Castelo Branco, 1969.

_____. *Sobre a "medicina" e magia dos quioco*. Lisboa: Junta de Investigações do Ultramar, 1960.

SANTOS, J. B. dos. Uma Casa de Xangô no Rio de Janeiro. *Revista Dédalo*, São Paulo, 1985.

SANTOS, M. S. de A. S. *Meu tempo é agora*. Salvador: Oduduá, 1993.

SILVA, A. V. da. Reflexos da cultura Yorubá na Arte e nos Artistas Brasileiros. *Revista Afro-Asia*, Bahia, 1983.

456 | JOSÉ BENISTE

SILVA, A. da C. e. *Um rio chamado Atlântico*. Rio de Janeiro: Nova Fronteira, 2004.

_____. Sem a África o Brasil não existiria. *Revista de História*, n. 1, 2005.

SILVA, M. T. B. da. *Silas de Oliveira: Do jongo ao samba-enredo*. Rio de Janeiro: Funarte, 1981.

SILVEIRA, R da. *O Candomblé da Barroquinha*. Salvador: Maianga, 2006.

SIQUEIRA, P. *Vida e morte de Joãozinho da Gomeia*. Rio de Janeiro: Nautilus, 1971.

SOARES, C. E. L. *Reino do Zungu, a construção do Brasil, nossa História*. São Paulo, 2006.

SOARES, M de C. *Devotos da cor*. Rio de Janeiro: Civilização Brasileira, 2000.

SODRÉ, M. *Um vento sagrado*. Rio de Janeiro: Mauad, 1996.

SOUZA, L. de. *O espiritismo, a magia e as sete linhas de Umbanda*. Rio de Janeiro: Liceu de Artes e Ofícios, 1933.

SPALDING, W. *Tradições e supertições do Brasil Sul*. Rio de Janeiro: Simões, 1955.

VÁRIOS — *Afro-Ásia,* n. 36 e 37, Salvador, 2007.

VÁRIOS — *A ética e a ótica do santo*. I Encontro, Instituto de Estudos da Religião [ISER], 1993.

VÁRIOS — *Caminhos da alma*. São Paulo: Edições Selo Negro, 2002.

VÁRIOS — *Egbe Òrìsà*. Rio de Janeiro, 2003.

VÁRIOS — *Encontro de nações de Candomblé*. Salvador: UFB, 1981.

VÁRIOS — *Fascículos de Nosso Século*. São Paulo: Abril Cultural, 1980.

VÁRIOS — *História da Baixada Fluminense*. Apostila do IPAHB, 2003.

VÁRIOS — *História dos Bairros — Saúde, Gamboa, Santo Cristo*. Rio de Janeiro: João Fortes Engenheira, 1987.

VÁRIOS — *História geral da África*. São Paulo: Ática, 1982.

VÁRIOS — *Iluaiê*. Rio de Janeiro: Órgão de Divulgação da Cultura Afro--Brasileira, 1985 e 1991.

VÁRIOS — Informativo *Gemas do Candomblé, UUCAB*, Rio de Janeiro, 2006.

VÁRIOS — Jornal *A Tarde*, Salvador, Cleidiana Ramos, 8 de fevereiro de 2009.

VÁRIOS — *Jornal Icapra,* Rio de Janeiro, 2006/2012.

HISTÓRIA DOS CANDOMBLÉS DO RIO DE JANEIRO | 457

VÁRIOS — *Macumba, Culto Afro-Brasileiro — CNBB Leste.* São Paulo: Paulinas, 1976.

VÁRIOS — *Nossa História.* 2006, São Paulo, nᵒˢ 29 e 36.

VÁRIOS — *Novo Dicionário de História do Brasil.* São Paulo: Melhoramentos, 1970.

VÁRIOS — *O negro no Brasil.* Anais do Congresso Afro-Brasileiro de 1937, Civilização Brasileira, 1940.

VÁRIOS — *Primeiro Congresso do Espiritismo de Umbanda,* 1941.

VÁRIOS — *Revista Cultos de Nação — Especial 03,* São Paulo, 2006.

VÁRIOS — *Revista Odara,* Rio de Janeiro: UERJ, nº 15, 2009.

VAZ, J. M. *No mundo dos cabindas.* Lisboa: Editorial LIAM, 1970. v. 2.

VELLOSO, M. P. *As tradições populares na Belle Époque carioca.* Rio de Janeiro: Funarte, 1988.

VERGER, P. *Notes sur le culte des Orisa et Vodun.* Dakar: Ifan, 1957.

_____. *Orixás.* Salvador: Corrupio, 1981.

_____. Religião e Sociedade, nº 8, Rio de Janeiro, 1982.

_____. Os libertos — Sete caminhos na liberdade de escravos da Bahia do século XIX. Salvador: Corrupio, 1989.

VIANNA, H. *Somos uma montanha.* Rio de Janeiro: UFRJ, Museu Nacional, 1999, v. II.

Outras obras consultadas e autores estão citados no contexto do livro.
E-mail do Autor — jbeniste@gmail.com

AGRADECIMENTOS PELOS DEPOIMENTOS E CESSÃO DE IMAGENS

Abril Cultural
Acervo Biblioteca Nacional
Acervo Axé Oxumaré
Acervo Engenho Velho
Acervo Memorial Gantois
Acervo Ohun LaiLai
Adailton de Ogum
Adélia Ponciano
Adenor Gondim
Ademilson de Oxóssi
Aderman de Iansã
Agenor Miranda
Ajaleyi de Ogum
Alba Valeria M. Carvalho
Alberto da Costa e Silva
Alberto Lobo
Alda de Iansã
Alvinho de Omulu
Alzira Motilewá
Amaury de Odé

Ana Ottoni
Andre Decourt
Arlene de Katendê
Augusto Malta
Aurelino da Encarnação
Bajigan Ailton de Oxóssi
Beata de Yemanjá
Benedito de Oxalá
Benta de Ogum
Biblioteca Nacional do Rio de Janeiro
Bida de Yemanjá
Bira de Xangô
Boaventura Kloppenburg
Cantulina de Xangô
Cléo Martins
Constância de Avimaje
Debora d'Ayra
Delinha de Ogum
Díca de Omulu
Dila de Obaluaiê

Djalma de Lalú	Jorge de Yemanjá
Doné Nicinha Lokosi	José Augusto de Xangô
Edison Carneiro	José de Ògún Benika
Editoria de Arte *O Globo*	José Flávio P. de Barros
Edmilson Gomes da Silva	José Medeiros
Egbomi Caçula	José Milagres
Eleci da Gomeia	Kil de Inlé
Elias de Iansã	Lina (Axé Bángbóṣé)
Elzira de Oxalá	Lindinha do Gantois
Equedi Célia	Lúcia Luppi
Equedi Jilú	Luis Bangbala
Eunice de Oxalá	Luís da Muriçoca
Everaldo de Oxóssi	Mabeji de Omulu
Fábio de Oxaguiã	Mafalda de Iansã
Fernandes Portugal	Manoel Falefá
Folha de S.Paulo	Marc Ferrez
Frei Boaventura OFM	Marcelo Fritz
Frei David R. dos Santos	Márcia Ferreira Luz
Fundação Joaquim Nabuco	Marcio de Jàgún
Gamo de Oxum	Marco Antonio Teixeira
Gaiaku Luíza de Iansã	Marcos Carvalho
Glorinha de Lógun Èdẹ	Margarida de Oxum
Glorinha de Oxum	Margarida de Yemanjá
Gún Jobí	Maria Celeste de Oya
Hélio Tozan	Maria de Xangô
Henrique de Oxóssi	Maria Isabel Vitorino
Ícaro de Oxóssi	Mariinha de Nanan
Iraci de Iansã	Mario Souto
Iva de Oxum	Meninazinha de Oxum
Ìyátemi Jurema	Menininha do Gantois
Januário Garcia	
João Tobioba	
Joaquim de Omulu	

Mario Jorge Souto	Rafael Eiras
Memorial Ìyá Davina	Railda de Oxum
Mestre Didi	Raquel Bertol
Miguel Conde	Regina C. França Borges
Miguel Deondá	Regina Lúcia de Yemanjá
Miguel Falefá	Revista *O Cruzeiro*
Miguel Nunes de Xangô	Ricardo Fernandes
Milton Hatoum	Robson Rogerio Cruz
Milton de Oxum	Ronald Salgado
Míriam Leitão	Ronaldo P. Rego
Muiji (Bate-Folha)	Rosemary de Iansã
Neive Branco	Sajemi de Lembá
Nino de Ògún	Sergio F. Ferreti
Nitinha de Oxum	Sergio de Souza
Ogã Amor	Stella de Oxóssi
Ogã Jaçanã	Tio Santana
Ogã Jesus	Vanda da Encarnação
Ogã Maia	Vinicius Clay
Ojé Ovídio	Waldomiro Baiano
Olga de Alákétu	Walter de Nkosi
Omidarewa	Wanderley de Xangô
Omolodun Braga	Wilson Pastor
Orlando de Oxalá	Z. Andrade
Palmira de Iansã	
Paula Pape	
Paulo Davida	
Paulo Guerreiro de Oxalá	
Paulo da Pavuna	
Paulo Victor de Oliveira	
Pierre Verger	

Este livro foi composto na tipografia Minion Pro,
em corpo 11,5/16, e impresso em papel off-white
no Sistema Cameron da Divisão Gráfica
da Distribuidora Record.